中华内丹学典籍丛书

吕祖全书

海山奇遇
纯阳诗集

（清）李涵虚　编纂

盛克琦　点校

华龄出版社
HUALING PRESS

图书在版编目（CIP）数据

吕祖全书 / 盛克琦点校；（清）李涵虚编纂.

北京：华龄出版社，2025.5. -- ISBN 978-7-5169

-3002-1

　Ⅰ. B223.05

中国国家版本馆 CIP 数据核字第 2025YU7826 号

策划编辑	南川一滴		责任印制	李未圻	
责任编辑	梅　剑		装帧设计	世纪锐腾	
书　　名	吕祖全书		作　者	（清）李涵虚　编纂	
				盛克琦　点校	
出　　版	**华龄出版社** HUALING PRESS				
发　　行					
社　　址	北京市东城区安定门外大街甲 57 号		邮　编	100011	
发　　行	（010）58122255		传　真	（010）84049572	
承　　印	文畅阁印刷有限公司				
版　　次	2025 年 5 月第 1 版		印　次	2025 年 5 月第 1 次印刷	
规　　格	710mm×1000mm		开　本	1/16	
印　　张	34.5		字　数	575 千字	
书　　号	ISBN 978-7-5169-3002-1				
定　　价	148.00 元				

整理说明

吕洞宾，名喦（或作嵒、岩），字洞宾，号纯阳子，自称回道人，唐代河东蒲州河中府（今山西省运城市芮城县永乐镇）人。唐宋内丹学重要代表，内丹派祖师。师事钟离权，后传道于刘海蟾和王重阳等，被道教全真派尊奉为"北五祖"之一，是民间传说中八仙之一，世称"吕祖"。

一、宋元以来，即流传有吕洞宾的诗文著作，如明版《正统道藏》太玄部收录有《纯阳真人浑成集》2卷和《万历续道藏》收录《吕祖志》6卷。清乾隆八年（1743年）刘体恕汇集吕祖事迹、诗文、经诰等辑为《吕祖全书》32卷（称"涵三宫"版），乾隆四十年（1775年）钱塘邵志琳在刘本基础上增辑《吕祖全书》64卷（武林王氏刊本）。

二、本次整理的《吕祖全书》与上二本不同，由《海山奇遇》和《纯阳诗集》两部分构成，系清道光二十六年（1846年）李涵虚编纂，空青洞天刊本。该本收入萧天石（1909—1986）主编《道藏精华》第九集之四，1979年台北自由出版社影印出版，以《道藏精华》影印版为底本，参校空青洞天原刊本。

三、《海山奇遇》又名《吕祖年谱海山奇遇仙迹》，7卷，书首题"吕祖年谱"，"板藏空青洞天"。记载了从唐德宗贞元十四年（798年），到清代道光二十六年（1846年），合计1049年间192则（增补3则）显化度人的故事。本书将有关吕祖的传说基本收集齐全，其中的《黄粱梦》《三醉岳阳》《寰瀛图》等脍炙人口，被杂剧、传奇、话本小说等取作素材。民间对吕祖的信仰颇盛，当与此书之宣扬有关。

四、《纯阳先生诗集》，9卷，书首题"淮海陆潜虚原本，火涵虚重编""道光丙午（1846年）岁镌""板藏空青洞天"。本书是一部"吕祖编年诗集"，收录了题名吕祖自唐代到清代的诗词。吕祖诗词文采斐然，是道教度世诗、丹诗的代表之作，《全唐诗》多有收录。吕祖深具"济世度人"情怀，留下大量诗篇，以警示世人，化度众生，昭示人生如梦幻、弃富贵如浮云，只有排遣爱欲、舍弃功名，绝尘超俗，才能脱离苦海，体人生之至乐。丹诗是文学史上的一个创造，成为丹家传道著书的主要手段，以诗、词、歌、曲、偈来描述内丹、外丹的炼制过程和法诀，是丹道文化的一个特色。丹家将炼丹法诀寓于诗歌之中，既便于记诵，又将"天机"隐入诗中，待有缘者悟解。另外，炼丹过程的具体性、形象性、只可意会不可言传的特点，也正好借诗歌的形式表达。①

五、吕祖丹诀，可以重点研读《百字碑》《鼎器歌》《真经歌》《采金歌》《谷神歌》《三字诀》《敲爻歌》《指玄篇》《百句章》《窑头坯歌》《黄鹤楼赋》《咏蛰龙法》《玄牝歌》《金丹阴阳内外歌》《男女变易歌》《满庭芳·咏大道》《步蟾宫·再过珍奴馆唱此度之》《沁园春·七返还丹》等丹诗。

六、本书附录五个方面，一是《吕祖本传》，二是《〈指玄篇〉注》，三是《敲爻歌》《〈沁园春〉注》，四是《吕祖〈百字碑〉注》，五是《太乙金华宗旨》。20世纪20年代，《太乙金华宗旨》被德国著名汉学家卫礼贤（Richard Wilhelm）译成德文，他邀请瑞士心理学家荣格（Carl Gustav Jung）撰写长篇评述。1929年，两人合作完成的《太乙金华宗旨》德文译注本出版，题为《金花的秘密——中国的生命之书》，后被译成英文、法文、意大利文、日文、朝文等多种文字。

《钟吕传道集》《灵宝毕法》，已经收录在《中华内丹学典籍丛书》之《钟吕丹道文献集》中，不再重复收录。

盛克琦

2024 年夏至日于北京

---

① 胡孚琛主编.中华道教大辞典.北京：中国社会科学出版社，1995：1564，1576.

《吕祖全书》再版前序

　　道家文化与儒家文化，同为中国文化之二大主流。道家宗承羲黄，以道德为本，自然为宗，而由老子集大成；儒家祖述尧舜，以伦理为本，仁义为宗，而由孔子集大成。穷其根本，则皆源于大《易》。孔易法《周易》而首乾，故重以阳刚为用；老易法《归藏易》而首坤，故重以阴柔为用。二者相对，正所以相生；相反，正所以相成。圆极二者而神化之，互为体用，则相得益彰，以天道如圜也。由上观之，故自其异者视之，儒、道殊途；自其同者视之，老、孔不二。其所以二者，后人囿于知见门庭，而自为流派耳。自汉武帝用董仲舒策，尊儒黜百家，不但儒道相诎，即百家亦互相诎，其弊在自小其封界，而不能大其藩篱也。若能了然于"天下殊途而同归，百虑而一致"，则是非之知见可泯，而思想之纷歧可通也。

　　道家中有丹道派，又称丹鼎派，实道家之别传，亦祖羲黄、老庄，而以养生适性，归真返朴，清静无为，自隐无名为务。迨后汇合春秋前期之神仙道与战国末期方士之术，饵丹服食成仙为致，二者兼融，遂使道家蒙上一层神秘色彩，以求变化神形、长生不死为专务，此则适与道家正统思想背道而驰矣。自晋葛稚川著《抱朴子》，梁陶弘景著《登真隐诀》与《真诰》，魏伯阳援《周易》著《参同契》，于是神仙丹道之学，便上继黄老养性之微旨，正式成为道家学术思想之别派，而有"宇宙心为主，丹道性中王"之称矣。尤以《参同》一书，丹家奉为圣典，正所谓"万卷丹经，《参同》第一"者是。此养性一宗，虽似以阴阳、五行、炉火而言丹道，然其学术地位与价值，堪称千古不朽巨著，且复深隐《易》中先天之学旨在焉。宋陈抟承之以《易》中无极、太极之学而言丹道，迄邵康节，更大畅宗风，此一先天学脉，始得宏扬于后世。复由两宋理学开祖周濂溪之《太极图说》，引发儒家不传内学之神髓而深入堂奥，简要精微，弘通淹贯，兼而有之。穷其脉络，源出道家，法乳亦旁及于吕祖。至若北宋张紫阳之《悟真篇》一书，世宗为南宗圣典，则又与禅理相通，援禅入道，以佛入丹，大道玄微，于焉更张皇幽渺，使性宗与命宗合一，阴阳与清静同流，大有功于吕祖学脉。世谓"《悟真》千秋耀日月，万古丹经祖《参同》"，诚非虚语。盖以《参》《悟》与《钟吕传道集》，同应视为丹家之圣经与仙宗之不二心法也。

所谓丹道，世恒称"金丹大道"。显言之，实即心性大道，一以炼养心性，切实为人，由超凡入圣，而至超圣入神，超神入化，以"与天地同流，与太虚同体"为宗旨。然要不离以本分做人为第一义，惟欲求超脱，须了幻躯；欲透脱乾坤，须人天无碍。欲完先天性命，须从后天性命起修。从无可摄有，从有可入无；炼形可以全神，尽性可以至命；穷理可以入道，内圣可以外王。欲极高明，须从最卑下处涵融；欲极博大，须从最细微处锻炼。即伟大即渺小，即渺小亦即伟大；即超越即平凡，即平凡亦即超越。故丹道派者，修神仙事业，要不外脚跟踏地，切实为人而已。百尺竿头，更进一步。人之极则圣，圣之极则神。入手总不离身心性命之内，工夫要不外阴阳天地之间。儒家主入世，佛家主出世。神仙家则儒佛双融，儒佛双绝，故尔入出皆可用，入出皆不取。即人我超人我，即世间超世间，即天地超天地，经虚涉旷，潇然物外。常住宇宙无根处，直到鸿蒙未判前。应世而不滞于世，应物而不累于物，虽日涉万机，概应以无心；虽日修道妙，概圆极无法，此其所以博大无极，而悠久无疆也。

丹道正统派，又称全真派，以少阳真人王玄甫为全真第一祖，正所谓"隐隐龙楼瑞霭霞，风流紫府少阳家。昆仑高耸光千丈，初放全真第一花"者是。以正阳真人钟离云房为第二祖，以纯阳真人吕岩洞宾为三祖。大阐丹道，广开真宗，法脉普衍，永垂不绝，纯阳翁之功，为不可灭。吕祖之于中国丹道，亦犹六祖慧能之于中国禅宗。影响于后世中国文化与学术思想者，备极深远。故对于吕祖生平、言行史迹，切不可以神话视之也。且所谓丹道学者，实非炼铅烹汞之学，而乃人生身心性命之学。其哲学思想远肇自黄帝《阴符》、老子《道德》、庄子《南华》三大圣经，尤与《易》道阴阳合其为道也。直可与天地同其博大，与日月同其光华，而与万物同其化化不已，生生无息，故乃能合宇宙之道，通阴阳之变，极自然之化，妙心性之奇。而以养性全真，炼心合道，无为合天，清虚自然，性命双修，形神并化，自隐自藏，无名无相为务者也。

《吕祖全书》，青城山天师洞有藏本，此取空青洞天藏版本，系淮海陆潜虚初编，而由火西月李涵虚重编本，系以《草堂自记》《道缘汇录》为主。查吕祖传记，世传本互异者不少。本书《年谱》，因系李翁于博参群书后，亲为编定，故较为尤切，惟与《岳州青羊观石壁记》仍有出入。记云："曾祖讳景，仕至翰林学士，金紫光禄大夫。祖讳献，位于河南府尹。父讳渭，礼部尚书。先生讳岩，字洞宾，蒲州蒲坂永乐人也。唐德宗贞元十四年丙子四月十四日，生于林禽树下。至唐文宗开成元年丁酉岁，擢进士第，年二十有二也。"吕祖于岳州事迹特多，正如其诗所云："朝游北海暮苍梧，袖里青蛇胆气粗。三醉岳阳人不识，朗吟飞过洞庭湖。"则《石壁记》，亦应有其可参之处。举此一端，以概其余。又如其受正阳先生嫡传金丹法脉与天遁剑法等，各书所传亦互相出入。盖神仙事迹，类多大抵如斯，不可拘泥于考据。其授受心法，有《钟吕传道集》可供参究，而《七真史传》，亦为不可或忽之要典。悟道入道、修道证道，均可资为师法。惟须知："一粒粟中藏世界，半升铛内煮山川。"（吕祖诗）犹滞神通化境；"丹田有宝休寻道，对境无心莫问禅。"（吕祖诗）方具上乘仙致。再上一关仙阙，则非文字语言，可得而传也。

吕祖下开法嗣，最大者为北派与南派，后又有东派、西派，及中派、三丰派、伍柳派等之分。吕祖首传王重阳，王传邱处机，开北宗，世称龙门派。有名之"北七真"，即指邱长春、刘长生、谭长真、马丹阳、郝太古、王玉阳、孙不二而言，皆重阳同一时期之弟子。邱祖学脉，平易务实，汇百川而会三教，旨亦宏大矣。吕祖又传刘海蟾，刘传张紫阳，开南宗。张传石杏林，石传薛道光，薛传陈泥丸，陈传白玉蟾，为"南五祖"。张祖又传刘永年，白又传彭鹤林，均为不世之杰出人物，故又合称"南七真"。其《悟真篇》虽秘传南宗接命、续命之术，然仍以养性、了性为无上纲宗，以禅道一如为性命要旨，正如其诗所谓"不移一步到西天，端坐西方在目前。顶后有光犹是幻，云生足下未为仙"者是。其次，东派则为陆潜虚所创，西派则为李涵虚所开，各得秘钥，自立门庭，均称为吕祖亲传法乳。二真又复神光晔然，普照六合，著作等身，大宏丹宗，其于大道，厥功甚伟。景刊本书，即为涵虚火西月据陆潜虚原本加以重编者。此外复有张三丰创新派，世又称三丰派。尹真人师弟创中派，伍冲虚、柳华阳师弟创伍柳派，此皆吕祖法嗣下丹道门庭之概貌也。清代丹家刘悟元援儒入道，朱云阳援禅入道，修持炼养，纯主清静，风裁别具，殊多玄趣。至若高自风致，如关尹子系下之文始派，青城丈人系下之青城派等，道法俱极高远幽玄，其传承则不属钟吕之全真一脉。至若左道旁门，三千六百，非缙绅先生之所雅言者，远离真宗十万八千里，不具赘及。

夫丹宗秘旨，本无言可说，强为之言，要在极心性之养，冒阴阳之用，源道德之妙，通天地之化，达生死之真，顺自然之常而已矣。至若龙虎、铅汞、鼎炉、火药等万种喻词密语，要皆假名。正吕祖所谓"道本无言法本空，强名指作虎和龙"者是，切不可执以方物。尤不可徒在命功上打滚，须知"纵是囊储不死药，万劫仍是落空亡"。故服食胎息、金石符咒、黄白元素、盗机采补，尽属旁门小道，非吕祖全真道之所取也。全真者，在道存三教之真，以内全性命之真，外全天地之真，使无稍欠缺也。元元和子有云："全真之教，微妙玄通，广大悉备，在人贤者识其大，不贤者识其小。大抵绝食去欲，返朴还醇，屈己从人，懋功崇德，则为游离之渐。若乃游心于淡，合气于漠，不以是非好恶，内伤其生，可以探其堂奥矣。"实则此犹非堂奥也。余尝谓：至道之要，自处真一，与独为邻，而无对于天下；寂然不动，不得已而自应；与化为体，因自然而行。虚心而冥，涵宇宙而无迹，无心而照，普万化而无物。与物冥一，而无间也；与道玄合，而无待也。动静俱泯，内外两忘，达于无相无名、无知无言、无道无法、无修无为之境。超然圣外，体归无极。且复自可"不离日用常行内，直到先天未画前"，反心即是，简易之极！

《吕祖全书》，上下二册，首刊《吕祖年谱》，又名《海山奇遇》，共七卷，有单行本行世。可与《仙鉴》《道缘汇录》《历代真仙史传》、北派《七真修道史传》《历世真仙体道通鉴》《金莲正宗记》《玄宗心灯录》等书，互为参证。次刊《吕祖诗集》，多为度人救世、传道传法之作。与上书同采编年体，略于《年谱》者，详于《诗集》；略于《诗集》者，详于《年谱》。本书所揭诗文，不少为坛社龙沙之迹，虽为神来之笔，要皆为心诚之事。道法唯心，心法唯诚。诚则存，存则形；形则著，著则化；化则通，通则灵，故曰"诚则灵"，几诚而得。未有不诚而灵，不诚而得者也。初不可以其事不可解，而即谓之为"未之有也"。吕祖得道、成道，均历尽千种魔难、万般艰苦，复三千功德行满，方得登真作祖，并非一蹴而几，顿悟而成者。迄其道成，复又菩萨心切，不以自了为已足，发大慈悲心，誓愿度尽天下苍生，及万世之具有圣根种子者。入圣而不住圣，其存心之广大无边，直与天地同其体，日月同其明矣。

　　本全搜罗广博，所遗憾者，在《年谱》中对修道始末，记述过简。读者如欲藉资有所取法，则宜读《钟吕传道集》。欲明丹宗清静无为、大乘法门微旨，则宜究吕祖《玄宗正旨》，及吕祖《心法五篇注》。欲探真宗上乘诀法，则宜诵吕祖《无上心经秘传集注》，或可有补本书之所不及也。总之，炼丹无别事，唯有"炼心"一法门。吕祖所谓"千言万语，只不过发明'炼心'二字"，"金丹万法，实只是'养性'二字"，"万千法门，概以行善法门，为不二法门"。此不但为吕祖一脉正传，且亦为万卷丹经之头脑所在，为不可片刻或忘者也。

　　本书为空青洞天藏版，年久保存欠佳，不少处印刷欠清晰，稍加修版。校既竟，特景刊此书，以广流通，俾小有惠于道门修士也。初版系于1967年丁未四月，余曾略序其因缘于指南宫下石屋草堂，列为《道藏精华》第九集之四。今《道藏精华》全书则已出至第十七集，选刊书共达六百余种之多，亦足证人心向道之众也。兹以本书再版伊始，再检旧序，觉意有未尽者，特略为增订数语以补之，要亦为蛇足之添也。

　　是为序。

萧天石

一九七九年己未七月于石屋草堂

目　录

題朗吟過洞庭寶像即次元韻

雲生長天月掛梧桐
庵風起浪花鹿麓唄
翠茅萬里煙波興一路
吟聲正滿湖　南一道人

朝遊北海暮蒼梧袖
裏青蛇膽氣麁麁三醉
岳陽人不識朗吟飛
過洞庭湖

吕祖年谱海山奇遇

（板藏空青洞天）

序

昔吕祖游陆仙北海草堂，现身说法以度良缘，作《宾翁自记》数十则，据实书写，如话家常。此盖以入世、出世之迹，歆动潜虚，使知仙根甚重，真道难逢，功名不必恋，世事不必贪。寰瀛图不必再游，黄粱梦不必重做，所谓"以身设教"也。细察其心，比度卢生、陈生更为畅快。月生也愚，幼读《列仙传》，辄爱吕祖，似于师有夙缘者。后阅邯郸院本，因赋一诗曰："名心冷在十年前，要占卢生一着先。不入黄粱卿相梦，便携琴剑学神仙。"此又月之自觉，而不费师之婆心者也。

一日，入寺观古画，见有青巾皂绦腰笛手拂者，知为吕祖真容，求而祀之。寻又得涵三《全书》，开卷大悟，始知神仙事业，皆在自己，不在蓬莱三山也。焚香顶礼，愿奉真宗。自后考祖师事实，必记其度人之地，度人之时，及所度者之颠末，如一篇记叙，非立传也。凡以志度世之心，精且详、严且慎也。所歉然者，窃怪仙书记载，于吕祖生成出处之实，彼此互异，每欲考求其真，以浅见而未果。最后，得淮海陆仙《道缘汇录》一卷，及《宾翁自记》一册，诸说纷纷，于焉始定。稽首座前，愿为吾师敬述年谱。

谱成，有一老人，长须五绺，号吾山先生。携一扬州俊士，同称南中人。謦欬若洪钟，见《年谱》而悦之，云得吕祖实际，并为旁批数十行，飘然而去。月时方炊炉煮酒，拟待幽人，及排尊候教，已不知其所之矣。或以吾山者，五口一山也。南中者，终南颠倒之语。又词名有"南中吕"，必系吕先生也。扬州俊士，其即陆仙乎！

凡例九则

一、《年谱》崇实具载，向来记叙，纷纷不同，兹编以《草堂自记》《道缘汇录》为主，盖亲承面受者，视众说为特真也。

二、吕祖善于游戏，姓氏里居，生年月日，举以示人者，迄无一定，盖亦丹经之喻言也。

三、龙沙自明、清乃盛出，然不过十而取一。吕祖云："一日大赴三千场。"其中数百坛，不过取一二坛，一二坛中，不过取数人，重核实也。

四、《海山奇遇》，多记度人之事，韩、何、曹、蓝，其事迹亦如吕祖，多有同异，此编特详辨之。师徒仙迹，两两分明。

五、吕祖所度者，皆系名实相符之士，载在古书，遗漏者少。至于显迹纷繁，不过万中之一耳，识者谅诸。

六、萧洞玄、王常辈，《神仙鉴》称为吕祖弟子，而宋朝《太平广记》，皆志为贞元以前之人，此编不敢拉入。

七、《海山奇遇》与《诗集》，互相发明。《诗集》略，则《海山》详；《诗集》详，则《海山》不复再记。

八、《海山奇遇》，亦有与诗、小序相同者，重编年也，故不妨重出。

九、此书重在系事、系年，有足证神仙史鉴之讹者，即或有未周详处，俟博古君子重补正之。

吕祖年谱海山奇遇仙迹总目

第一卷（凡七十三年。内载六记）

火龙传剑记

罗浮访仙记

黄粱梦记

入终南记

参黄龙记

游平都山记

第二卷（唐。凡一百零五年）

度柳仙

度张辞

度施肩吾

寰瀛图度陈季卿

度僧怀一

度韩湘（湘，误作"湘"。附《韩湘不是神仙考》）

度何仙姑（附《广州增城何仙姑考》）

度李奇

邯郸梦度卢生

度牛生、夏侯生

五代论

度饶廷直

度马仙姑

度蓝采和

度刘海蟾

度耿仙姑

度黄澄虚

牧童赋诗

哀南唐

化茶坊女

度乔二郎

度刘方

说麻姑化天妃记

仙迹余记六则（皆宋初事）

度孙卖鱼

同钟祖度姚平仲

度谯天授

外记仙迹八则（附稗说二则）

吕祖师编年诗集年谱卷之一

海山奇遇

江上弟子火西月　述

年谱原引

神仙者，长生久视之人也。蓬莱水浅，海复扬尘，皆极言其长久耳。吕祖师由唐迄今，千有四十九年矣。往者既远，来者更长，何年谱之胜纪哉？特其生世入世、避世出世、留世度世，万古不敝之真神，其见于五代、两宋、元、明、清朝者，志传仙书，历历可考，故其年虽不胜纪，而不妨强为纪之，使慕祖师者，耳目一新，并使后世之谓无仙者（欧阳文）知有仙，谓无长生者（程子语）知有长生，谓仙不久者（《七修类稿》）知仙之能久也。年谱中，兼载其修身普度、显化游行、坛社龙沙之迹，凡以著其长存也。祖师云："桑田改变依然在，永作人间出世人。"於戏！言虽大而非夸也，遂为谨述年谱。

唐德宗贞元十四年，戊寅（798 年）。

《御纂月令辑要》：吕仙，名岩，字洞宾，蒲州永乐县人。贞元十四年四月十四日巳时诞生，异香满室，天乐浮空，有白鹤飞入帐中不见。

（凡作贞观丙午年、天宝乙未年、贞元十二年，以及八月初四日、四月十四日上升者，均误。详后辨。）

《仙鉴》云：吕祖，系古圣王皇覃氏临凡。（皇覃氏者，因提纪之君也。

治世二百五十载，逊位入太白山，养真得道，证位天君。）《仙经》云：天君在天宫，历劫至天宝元年正月九日，侍元始天尊几，与十极真人，演说灵砂丹诀，奉谕于贞元十四年四月十四日，降生河南吕宅，大振元①风。

先世为河南永乐县人。曾祖延之，仕唐，终河东节度使。祖渭（贞元进士），终礼部侍郎。伯父四人，温（贞元末进士，户部员外郎，为衡州刺史）、良（早隐）、恭（元和进士）、俭（进士）。父让（元和进士），海州刺史，母王夫人。诞生吕祖，幼名绍先。鹤顶龟背，虎体龙腰，翠眉凤眼，修颈露颧，鼻梁耸直，面白黄色，左眉角有一黑子，如箸头大，后变赤色，两足纹隐如龟坼。在襁褓中，马祖见之曰：此子骨相不凡，自是风尘表物，他时遇庐则居，见钟则叩，留心记取。（见《史纂》及《编年考》）

（自题墨像，姓李名珏。又，《趵突泉》自叙姓李名琼，皆喻言也，详后辨。）

己卯，二岁。

庚辰，三岁。

辛巳，四岁。

《仙鉴》云：天资颖敏，周岁至三四岁，即能诵读，知孝悌，亲戚咸珍爱之。

壬午，五岁。

癸未，六岁。

甲申，七岁。

顺宗永贞元年，乙酉，八岁。

《仙鉴》云：五岁就外傅居，灯火三四年，凡典坟、百家无遗。

《本传》云：少聪敏，日记万言，矢口成文。

宪宗元和元年，丙戌，九岁。

---

① 元，本作"玄"，避讳清康熙"玄烨"名，故改"玄"作"元"。

丁亥，十岁。

戊子，十一岁。

己丑，十二岁。

庚寅，十三岁。

辛卯，十四岁。

壬辰，十五岁。

癸巳，十六岁。

甲午，十七岁。

乙未，十八岁。

丙申，十九岁。

丁酉，二十岁。

时年二十岁。《仙鉴》云：年二十，父命婚刘校尉女。既长，身长八尺二寸，淡黄笑脸，微麻，喜顶华阳巾，服白襕衫，系大皂绦，状类张子房，又似太史公。

按：武昌黄鹤楼，有吕祖数十代元孙题匾楼头，可见仙嗣有人也。《本传》与《仙鉴》有二十不娶，结缡未近之说，不可为训，特正之。

戊戌，二十一岁。

己亥，二十二岁。

庚子，二十三岁。

穆宗长庆元年，辛丑，二十四岁。

壬寅，二十五岁。

癸卯，二十六岁。

甲辰，二十七岁。

敬宗宝历元年，乙丑，二十八岁。

丙午，二十九岁。

文宗太和元年，丁未，三十岁。

戊申，三十一岁。

己酉，三十二岁。

庚戌，三十三岁。

辛亥，三十四岁。

壬子，三十五岁。

癸丑，三十六岁。

甲寅，三十七岁。

乙卯，三十八岁。

开成元年，丙辰，三十九岁。

丁巳，四十岁。

戊午，四十一岁。

己未，四十二岁。

庚申，四十三岁。

武宗会昌元年，辛酉，四十四岁。

壬戌，四十五岁。

癸亥，四十六岁。

时年四十六。《本传》云："会昌中，两举进士不第。"

《道缘汇录》云："会昌间，功名失意。"

《仙鉴》云："四十六岁，赴试长安。"亦同。特其作天授二年，则非也。

甲子，四十七岁。

乙丑，四十八岁。

丙寅，四十九岁。

以上三年，即在失第之后，浪游江州。

火龙传剑记

（《道缘汇录》）

吕先生，会昌中，功名失意，遂游江州。至庐山，遇葛仙公弟子火龙真人，姓郑，名思远，号小祝融，世称神医。遇人有疾，则书符诵咒，立见消融，与上古祝融氏相类（《仙鉴》作祝融氏，非也。祝融氏证位衡山，为火德天君，并无火龙之号）。真人见吕祖骨相清灵，游心世外，即传以内丹炼己之诀，制成通天灵剑（即天遁剑法），并诗曰："万里诛妖电光绕，白龙一片空中矫。昔持此剑斩邪魔，今赠君家断烦恼。"临别，嘱曰："子可居此山，以完玉炼，他日闻钟声响处，乃得闻金炼之诀。"遂去。

据此，则《仙鉴》先遇钟祖，后遇火龙之说，非也。惟《本传》与此相同。又《征异录》云：会昌中，两举进士不第，游庐山，遇火龙真人，授天遁剑法。后遇钟离祖师，授以金丹大道。序次井然。

宣宗大中元年，丁卯，五十岁。

时年五十。《江州望江亭自记》云："三举进士不第，因游江湖，五十道始成。"或曰两举，或曰三举，均就会昌中言。五十道始成，则系大中元年也。始成者，初得，小成也。

戊辰，五十一岁。

己巳，五十二岁。

时年五十二。《草堂自记》云："予年五十二，修得内丹，依然儒士，寄身家园，混俗人间，亦时有庐山之游。"《本传》作："混俗货墨于人间。"

庚午，五十三岁。

《本传》云：年五十三，归宗庐山。归宗者，归依仙宗，将欲修大道于庐山也。

（仙宗亦称玄宗，乃超凡入圣、超圣入神之事，非徒以长生久视为功也。遁叟记。）

辛未，五十四岁。

壬申，五十五岁。

癸酉，五十六岁。

甲戌，五十七岁。

乙亥，五十八岁。

丙子，五十九岁。

《草堂自记》："予年五十四，至五十九，寄迹庐山，养静。入省父母，出卧烟霞，读三教书，玩一壶景。往来轻健，道全其形。"正在此时也。

丁丑，六十岁。

游罗浮山，有《赠罗浮道士诗》。纲目：大中十一年，上好神仙遣使迎道士轩辕集于罗浮山。

罗浮访仙记
（《道缘汇录》）

大中十一年，吕祖游罗浮山，访轩辕集。集，罗浮道士也。得桐君之传，修炼罗浮山中，数百余岁，容颜不衰。吕祖往访之，适集被召入朝。独自盘桓山内，忽遇马仙来游，相得甚欢。马名湘，字自然，杭州盐官人。遇魏伯阳，传以大道，以大中十年归家，借竹杖化形而去。十一年春，在梓橦白日飞神。既而访胜罗浮，得见吕祖之面，曰"大仙伯也"。轩辕还山，行过石桥，见石楼有二人下迎。一是马自然，携竹杖，挂酒瓢；一位裹青巾，衣黄衫，麻鞋皂绦，背剑持拂，如功曹使者。（顶批：此系真容）集问之，自然代答曰："吕先生，有出尘之志，度世之心。"集愕然曰："得见何晚也。"聚首言心，临别作诗，赠轩辕而去。

吕祖是时，未遇钟祖。《仙鉴》云："马自然曰：'此正阳首徒，纯阳子也。'"误。

马自然有二：一系大中间人，"自然"其字也；一系刘海蟾弟子，"自然"其名也。所作道歌，有"五遇海蟾为弟子"之句。后人混为一人，殊不知海蟾遁迹，在燕王刘守光称帝时，得道于后唐之间，距大中七十余年，岂有海蟾未遇吕祖，其徒孙先成道者？

戊寅，六十一岁。

闲居家山。

懿宗咸通元年，己卯，六十二岁。

时年六十二。《本传》云：“咸通初，举进士第。”

黄粱梦
（《道缘汇录》）

咸通初，吕祖奉亲命，入长安赴试。至酒肆中，浩然叹曰：“何日得第，以慰亲心？何日得道，以慰我心？”旁有一道翁，闻而笑曰：“郎君有出世志耶？”观其人，青巾白袍，长髯秀目，手携紫杖，腰悬大瓢，书一绝句于壁曰：“坐卧长携酒一壶，不教双眼识皇都。乾坤许大无名姓，疏散人间一丈夫。”吕祖大惊，窥其状貌奇古，诗情飘逸，因揖问姓氏？道翁曰：“复姓钟离，名权，字云房。”吕祖再拜延坐。云房曰：“子可吟一绝，予欲观之。”吕祖遂书其后云：“生日儒家遇太平，悬缨重滞布衣轻。谁能世上争名利，臣事玉皇归上清。”云房见诗暗喜，因同憩肆中。

云房自起执炊，吕祖忽困倦，枕案假寐。梦以举子赴京，进士及第，使自州县而擢郎署，台谏给舍、翰苑秘阁，及诸清要，无不备历。升而复黜，黜而复升。前后两妻，富贵家女，婚嫁早毕，孙甥振振，簪笏满门，几四十年。又独相十年，权势熏炙。忽被重罪，籍没家资，妻孥分散，流于岭表，一身孑然，穷苦憔悴。立马风雪中，方兴浩叹，恍然梦觉。

云房在旁微笑曰：“黄粱尤未熟，一梦到华胥？”（顶批：千古佳话）吕祖辣然曰：“翁知我梦耶？”云房曰：“子适来升沉万态，荣悴多端，五十年间一顷耳。得不足喜，丧何足悲？且有此大觉，而后知人世一大梦也。”吕祖感悟，知功名皆幻境。再拜曰：“先生非凡人也，愿求度世术。”云房故辞曰：“子骨节未完，志行未坚。若欲度世，须更数世可也。”吕祖叩头乞度，誓修现在良因。云房曰：“子尚有数年尘缘，犹未了也。”（批：师徒授受非易）翩然别去，吕祖如有所失。不得已，强赴春闱，名书雁塔，吕祖哑然曰："又入黄粱梦耶？慎勿至'立马风雪'时也。"（顶批：妙悟）

庚辰，六十三岁。

时年六十三，始通仕籍。自叙云：咸通二年冬，赴江州德化任。

辛巳，六十四岁。

时年六十四岁，出任江州，复遇钟离祖师。

陈上阳云："以科举授江州德化县令，因纵步庐山，游澧水之上，遇正阳授道。"（批：人生遇合有数，大道授受，尤非轻易可得而传也。）

入终南记

咸通三年，吕祖宰江州德化县。六月炎天，游庐山避暑。忽闻钟声响，钟祖从山中出来，心知其时到也，即求指示前途。钟祖即携坐林间，授以金丹妙旨，并教其致仕归家，早入终南。吕祖即抽簪解组。卜吉小阳之月，即往从师。行次终南第一层，即见师面。钟祖曰："真信人也！子得火龙之法，今已炼还童体。当此六十四岁，卦气尽而返于天，复成乾象，可号纯阳。"（《仙鉴》作上朝元始，赐此号。）又云："而今而后，子即吾山中友也。"为更名岩，字洞宾，并勉其结庵。静坐以炼还丹，私心易之，临炉三次不就，中心茫然。钟祖曰："人心未死，火候不严故也。必再冥心，入于泰定乃可。"（批：死人心，则道心见；得泰定，则真火自生。真火起，再严火候。古仙多传药不传火，世人得凡火已不易矣。）

一日坐榻上，杳冥中，忽云"自长安归，见家人皆病殁，心无悼怛，但厚备棺具已，而殁者皆起"；忽云"鬻货于市，议定其值，市者翻然只酬其半，吕亦无所争，委货而归"；忽云"有丐者，倚门求施，与以钱物，丐嫌其少，再为与之，丐嫌其迟，榱傫嫚骂，吕祖皆礼谢，丐者笑而去"；忽云"牧羊山中，遇虎来过，吕居群羊之中，虎目舍羊视吕，若贪人而贱物者，吕知其不可免，直前当之，虎释去"；忽云"居深山草舍观书，俄来一女子，年可十七八，光艳照人，妆饰靓丽，自言归宁迷路，借此少憩，夜逼同寝，吕竟不为动"；忽云"出郊归家，舍中所有，尽为劫盗席卷，殆无以供朝夕，了无愠色"；忽云"躬耕自给，于锄下见金数十饼，速掩之不取。又于坊肆，买古铜砚归，磨之，金也，即访主人还之"；忽云"有疯狂道士，在城中市药，自言服者立死，旬日不售，吕异之，因买药归，服之无恙"；忽云"春江水发，唤渡至中流，风涛掀舞，端坐舟中不动，竟亦无虞"；忽云"独在室中，见奇形怪状，鬼神无数，有欲击者，有欲杀者，一无所惧；复有夜叉数十，械一囚，血肉淋沥，哭曰：'汝宿世杀我，急偿我命。'吕曰：'杀人偿命，其又奚辞？'遽索刀绳，欲自尽。忽闻空中叱声，鬼神皆不见"。

云房抚掌而下曰："尘心难灭，仙才难遇。吾之求人，甚于人之求吾也。吾见汝心君大定，魔光十现，而皆不为所折。（批：不动心）得道必矣。"

（师自云：人言钟祖试我，而不知为我自试也。魔光十现，能持其心，必如是乃可入室还丹。难哉！难哉！或言：吕祖累世簪缨，登进士第，何得有卖货、牧羊、躬耕自给诸事？又云：武城取二三策，今于十试亦然。是言也，以十试为人间之事，必未尝守己持心，经过魔炼者也。）

"但功行未满，授子黄白秘术，可以济世利物，使三千功满，八百行圆，方来度子。"问曰："所作庚辛，有变易乎？"曰："三千年后，还本质耳。"吕祖愀然曰："误三千年后人，不愿为也。"云房笑曰："子推之于此，三千八百，悉在是矣。"（叟案：存心如此，不是神仙，也是神仙矣！）因与之叙弃世得道来历，且言受苦竹真君记曰："此后遇有两口者，即汝弟子。若得其人，以吾日月交并法传之。（注意：日月交并法）今详君姓，实符苦竹之记矣。子来终南，未入妙境，予居鹤顶，能从游乎？"吕祖即随往，星月交辉，四顾寂寥。

云房执手偕行，才数步，恍如骑快马，历山川。俄顷，至洞南，门下钥矣。云房以铁杖敲之，门忽自开，豁然明朗。（《仙鉴》与《本传》，俱作以碧绦系吕祖带，从门隙中入，未免是小说家言也。今特正之。）登一高峰，至大洞门东，前有二虎踞守，云房叱之，虎伏不动。引入，金楼玉台，珍禽琪花，光景照耀，气候如春。相与坐盘陀石，饮元和酒三杯。俄有一青衣，双鬟金铃，朱裳翠袖，云履玉佩，异香氤氲，持茧纸金书，曰："群仙已集蓬莱上宫，要先生赴天池会，论五元真君神游记事。"云房将去，吕祖虑其不返，赋诗送曰："道德崇高相见难，又闻东去幸仙坛。杖头春色一壶酒，顶上云攒五岳冠。饮海龟儿人不识，烧山符子鬼难看。先生去后身须老，乞与贫儒换骨丹。"云房曰："汝但驻此，不久仍还也。"遂望东南，乘紫云而去。

吕祖将所附《素书》，披阅玩诵。旬日，云房又回，曰："子在此岑寂，得无忆归否？"吕祖曰："既办心学道，岂有家山思乎？"云房曰："善哉！吾今以九转金液大还丹法，传付于子。"

"夫道，有分合阴阳之妙。守阴，则只是魄；守阳，则只是守魂。若能聚魂合魄，使阴阳相会，是谓真人。"

吕祖问曰："魂魄冥冥，至理甚深，何以全形？"

云房曰："慧发冥冥，泰定神宁。神既混合，岂不契真？金形玉质，本出精诚。大丹既成，身乃飞轻。"

吕祖问天地日月、四时五行、水火龙虎、铅汞抽添、河车内观、十魔九难等事。云房悉传以上真玄诀，洞达条明。又问："有何证验？"

云房曰："始也，淫邪尽绝，外行兼修，采药之际，金精充满，阴魄消融；次心经涌溢，口出甘液；次阴阳搏击，腹鸣如雷；次魂魄未定，梦寐惊恐；次或生微病，不疗自愈；次丹田夜暖，形容昼清；次若处暗室，而神光自现；次若抱婴儿，而上金阙；次雷鸣一声，关节通，而惊汗四溢；次玉液烹炼，成凝酥，而雪花飞坠。或化血为乳，而渐畏腥膻。或尘骨将轻，而渐变金玉；次行如奔马；次对境无心；次吹气疗疾；次内观明朗；次双睛如漆；次绀发再生；次真气足，而常自饱；次食不多，而酒无量；次神体光泽，精气秀媚；次口生异味，鼻有异香；次目视万里；次瘢痕销灭；次涕泪涎汗皆绝；次三尸九虫尽除；次内志清高，外景清虚，凡情皆歇，心境俱空；次魂魄不游，梦寐自少，神强气聚，不分昼夜；次阳精成体，灵府坚固，寒暑不犯，生死不干；次嘘呵可干外汞；次神光坐卧常生；次静中常闻天乐，金石丝竹之清，非世所常闻；次内观如游华胥，楼台殿阁之丽，非世所常见；次见凡人腥秽；次见内神出现；次见外神来朝，功圆行满，膺箓受图，紫霞满目，金光罩体。或见赤龙飞，或见玄鹤舞，彩云缭绕，瑞气缤纷，天花散空，神女下降，出凡入圣，逍遥自然，此乃大丈夫功成名遂时也。"吕祖闻言，得大欢喜。

云房又授以《入药镜》一集，曰："得此，采取火候，皆明矣。"

问："何上真所作？"

云房曰："崔公名珏者手著。仙秩已高，为玄元真人也。"

吕祖读而赞之曰："因看崔公《入药镜》，令人心地转分明。"

云房曰："予初于终南石壁间，得《灵宝经》三部，上曰《元始金诰》，中曰《元皇玉箓》，下曰《太上真元》，义凡数千卷。予撮其要，为《灵宝毕法》（非今之所传《毕法》也），为三乘六义十六科。盖明阴中有阳，阳中有阴，天地升降之道；气中生水，水中生气，心肾交合之机。以八卦运十二时，而其要在艮；以三田互相反覆，而其要在泥丸。至下手功夫，姑借咽气、嗽液为喻，而真凭口诀，实在口口相传，不在文字间也。"

又以神丹数粒相示，曰："此非世间五金八石，乃是异宝合成。有质无形，如云如火，如光如影，可见而不可执。服之与人，魂识合为一体，轻虚微妙，非有形之丹也。子他日金液功成，亦须炼此随身，乃能点枯骨，度有缘，超不识字之群生，拔尘海中之九族也。（顶批：神丹之妙，又高金液一层。）"复赠诗一章曰：

知君幸有英灵骨，所以教君心恍惚。

含元殿上水晶宫，分明指出神仙窟。

大丈夫，遇真诀，须要执持心猛烈。

五行匹配自刀圭，内有龟蛇颠倒缩。

三尸神，须打撤，进退天机法六甲。

知此三要万神归，来驾火龙离九阙。

九九道至成真日，三界四府朝元节。

气翱翔兮神烜赫，蓬莱便是吾家宅。

群仙会饮天乐喧，双童引入升玄客。

道心不退故传君，立誓约言亲洒泣。

逢人兮，莫乱说。遇友兮，不须诀。

莫怪频频发此言，轻慢必有阴司折。

执手相别意如何，今日为君重作歌。

说尽千般玄妙理，未必君心信也么。

仔细分明付与汝，保惜吾言上大罗。

吕祖闻言，尽豁尘俗。复尽问："三元三清、三宝三境之说？"

云房曰："第一混洞大无元，从此化生天宝君，治玉清境，清微天宫，其气始青；第二赤混大无元，从此化生灵宝君，治上清境，禹馀天宫，其气玄黄；第三冥寂玄通元，从此化生神宝君，治太清境，大赤天宫，其气玄白。故《九天生神气经》云：三号虽殊，本同一也（师云：此特分其层次耳）。三君各为教主，而又一气相连（此句师添），乃三洞尊师也。"

授受将毕，忽闻有扣户声。启视，见二人体凝金碧，相揖共坐，乃清溪郑思远、太华施胡浮也。

思远曰："适为真人尹思逸，丹成致贺，并造仙扉。"

施曰："此一侍者，何人也？"

云房曰："本朝吕海州之子。少习儒墨，性灵心悟。大中间，得遇郑公，传以玉液还丹、天遁剑法。既与予邂逅长安酒肆，志心奉道，始通阴阳制炼、形神入道之微。"

施笑曰："二师皆得此高弟子耶！"

郑正色曰："此云房先生之正传，吾与子当赞成之。"

施亦起敬曰："形清神注，目秀精藏，子欲脱尘网，可示一诗。"乃授以金管霞笺、灵胶犀砚，即献诗曰：

> 万劫千生到此生，此生身始觉非轻。
>
> 抛家别国云山外，炼魄全魂日月精。
>
> 比见至人谈九鼎，欲穷大药访三清。
>
> 如今获遇高真面，紫府仙扉得姓名。

二仙叹其才清，各以所秘相赠而别。（师云：郑师复赐仙方，施翁特赐《易经真解》。）

时春禽嘤嘤，云房于洞口，题曰："春气塞空花露滴，朝阳拍海岳云归。"复曰："吾朝元有期，十洲羽客，至玉清启奏功行，以升仙阶，恐汝不能久居此洞。后十年，洞庭相见。"取笔，于洞中石壁上，草书曰："昼日高明，夜月圆清。阴阳魂魄，混合上升。"

俄有二仙，绡衣霞彩，手捧金简宝符，云："上帝诏钟离权，为九天金阙选仙使。"拜命讫，云房谓洞宾曰："住世修功，他日亦当似我。"洞宾曰："岩志异于先生，必度尽众生，方升上界。"（顶批：当仁不让何等志量）

时翔鸾舞鹤，玉节金幢，仙吹嘹哓。云房与捧诏二仙，乘云冉冉而去。

壬午，六十五岁。

是时，鹤顶闲居，有怀火龙先生、钟离先生之诗。

癸未，六十六岁。

甲申，六十七岁。

《草堂自记》云："钟祖去后二年，予居终南山中，殷勤修养金液大丹，九还功成，十月神全。闲取金丹妙道，放为诗歌。时咸通甲申之六年也。"

乙酉，六十八岁。

参黄龙

(《道缘汇录》)

（顶批：《南康志》：黄龙山在县西三十里。《庐山志》：由西道入隘口，两山对峙，西北为庐阜，东南为黄龙山，晋时文女仙跨黄龙升天处也。）

咸通七年，吕祖金丹已成，不觉洋洋自喜。乃复纵游庐阜，至黄龙山（《全书》作武昌黄龙山，误），值海机禅师升座。吕祖登搞鼓堂听讲，师诘座下何人，吕祖曰："云水道人。"师曰："云尽水干，何如？"吕祖曰："叹杀和尚。"师曰："黄龙出现。"吕祖曰："飞剑斩之。"师大笑曰："咄！此固不可以口舌争也。"因问："汝功夫如何？"吕祖曰："一粒粟中藏世界，半升铛内煮山川。"师曰："这守尸鬼耳。"吕祖言："争奈囊储不死药，安知与佛有参差。"师指铁禅杖云："饶经千万劫，终是落空亡。"吕祖豁然大悟，乃留一偈曰：

弃却瓢囊摵碎琴，大丹非独水中金。

自从一见黄龙后，嘱咐凡流著意寻。

遂拜礼辞去。

又《五灯会元》云：吕真人常游庐山归宗寺，未几，道经黄龙山，值黄龙禅师升座。吕问："一粒粟中藏世界，半升铛内煮山川。且道此意如何？"

龙指曰："这守尸鬼。"吕曰："争奈囊储不死药，安知与佛有参差。"龙曰："饶经八万劫，终是落空亡。"吕恍然大悟，再拜求指归，言下顿契。

《仙佛同源》云：黄龙诲机者，乃商山四皓之一，夏黄公所化也。初引钟离祖师，见东华帝君王玄甫，继托迹于庐山之黄龙寺，架箭张弓，以俟吕真人。其慈悲可谓至矣，其所启发者，正复不少。则吕祖之受益黄龙，黄龙之传灯吕祖，使其集大成归神化者，岂浅鲜也哉？（《指月录》亦记有本则公案。）

游平都山
（《道缘汇录》）

咸通中，吕祖由南康黄龙山之湖南，泛览彭蠡洞庭，复由楚入蜀。闻王方平、阴长生，常在平都，因往访之，不遇，遂游青城山。他日再过平都，方平一见，即惊曰："神仙宗伯也。"相得甚欢。是时，乙酉之岁，七月中元。吕祖临别，题诗于壁云：

> 盂兰清晓过平都，天下名山所不如。
> 两口单行人不识，王阴仙馆甚清虚。

又曰：

> 一鸣白鹤出青城。再谒王阴二友人。
> 口口惟思三岛乐，抬眸已过洞庭春。

《武阳旧志》：唐懿宗时，有吕仙师者，来游锦江，每歇崖洞中，数日不出，人怪之。迹其卧处，只见衣冠草履，委弃于地，已不知其所之矣。吕祖诗云："曾于锦水为蝉脱。"或即此也。

丙戌，六十九岁。

丁亥，七十岁。

戊子，七十一岁。

己丑，七十二岁。

庚寅，七十三岁。

以上五年，圣神功化之极，道德崇高之时也。

《草堂自记》云：咸通中年，予感黄龙之示，更穷万仞之功。北登医吾闾山，了却归空大道。自此则神满太虚，法周沙界，度人心事，无岸无边。

《锦州志》：仙人岩，在医吾闾山，北镇庙东北，孤石峭拔，上镌吕仙圣像，又名吕公岩，想即炼神处也。（乃玉炼、金炼以后事。欲了此一大事，宜住名山洞天圣地。）

吕祖年谱海山奇遇卷之二

弟子火西月　敬编

小引

　　古仙云："度人先度己，成己后成人。"以上七十三岁，吕祖大道圆成，已将自己度矣。向后长生久视，万劫长存，其岁数不烦俱书。惟于每朝之末，总书若干岁一句，于余皆省文。至历朝甲子，及改元继统之事，又当序次分明，方于度人济世灵踪，以便因时实录。如此，则年谱互有发明，而游行显化，遇之成道，见之生光者，遍山逾海，事与人并传，真奇遇也，故名曰《吕祖年谱海山奇遇》云。

　　度柳仙　度张辞　度地仙施肩吾　寰瀛图度陈季卿　度僧怀一　度地仙韩湘　度何仙姑　度地仙李奇　邯郸梦度卢生　度牛生、夏侯生　五代论度饶廷直　度马仙姑　同钟祖度蓝采和　度刘海蟾　与何一阳度耿仙姑　度黄澄虚　牧童赋诗　哀南唐　化茶坊女　度乔二郎　度刘方　说麻姑化天妃记　仙迹余记六则

　　辛卯，咸通十三年。
　　是时，吕祖大道圆成，还家省墓。

度柳仙

（《道缘汇录》）

柳仙本郭姓，吕祖同乡也。幼失怙恃，孤哀无依，海州公怜而育之，取名寄儿，言郭家寄命之子也。

幼伴吕祖读书，性灵识字。吕祖道成，还家省墓。行至南郊蒲阴村，适郭寄拜扫荒邱。吕祖恻然，怜其心慈年老，即以成丹服之，顿觉神清骨变。吕祖乃陈词墓所，拈香下拜，曰："使岩度尽有缘，九族同升上界。"复至家，觇妻子，临别嘱曰："汝且安居，俟他日重相见耳。"遂携郭寄同去。郭平生喜植柳，自号柳青，一号青青子。年高体健，人称柳仙，亦呼老树精，久并忘其为郭姓也。吕祖即为更之，柳其姓，荣其名，并戏之以诗曰："好个城南老树精，分明知道神仙过。"言其有年华，有识见也。

柳真人自记曰："世有以余为柳精成道者，甚哉误也。经云：'人身难得，中土难生，真师难遇。'又吕祖云：'万劫千生得个人，须知先世种来因。'岂有物类成道者哉？吾姓郭，性喜植柳，自号柳青。长生久视，人遂称吾柳仙耳。"

《仙鉴》云：吕祖步南郊，见一人坐柳树下。问其从来，即行童寄儿，为主家零落，缢死柳树下。一灵耿耿，常出现形。吕祖曲为点化，付成丹服之，易其魔相，令守炉执炊，呼曰郭上灶。误矣。（见后《郭仙传》）

度张辞

（《道缘汇录》）

辞，咸通初，进士下第。游江淮间，浪迹数年。遇吕祖，得闻道术，常养气绝粒。好酒耽棋，洋洋自喜，不少羁勒。一日至盐城，匪类乘其醉，与相竞力，令见而系之。既醒，作述德、陈情二诗以献。其《述德》诗云：

门风常有蕙兰馨，鼎族宗传霸国名。

容貌静悬秋月影，文章高振海涛声。

讼堂无事调琴轸，郡阁何妨醉玉舩。

今日东尖桥下水，一条从此镇常清。

　　令见诗，知其为风雅道德之士，急释之，并求其元要。辞以令方宰巨邑，未暇志玄，但书吕祖诗，以开其意。曰：

何用梯媒向外求，长生只合内中修。

莫言大道人难得，自是行心不到头。

　　令拜服。他日，将与令别，复口占云：

张辞张辞他不会，天下经书在腹内。

身即腾腾处世间，心已遥遥出天外。

　　其后于江南上升。于是南游诸名山，遇设炉火术者，辞大哂之，命笔题其壁，云：

争奈乌金沙，头上飞不住。

红炉漫烧药，玉颜可安驻？

今朝花发枝，明朝花落树。

不如旦饮酒，莫管流年度。

　　（《编年诗集》先生有《示张辞秀才》诗）

　　先生归家后，出游江淮。试灵剑，斩长蛟。至洞庭湖，登岳阳楼自饮，云房忽降，曰："来践前约。上帝命汝眷属，悉居荆山洞府（刘夫人，尚在家）。子之名字，已注玉清。"三月十八日，引拜苦竹真君，酬传日月交并法，苦竹望而叹曰："真仙宗也。"复上朝元始玉皇，敕授选仙使者。自此在人间，隐显度世，变化莫测（《仙鉴》与《本传》作六十四岁上朝元始，盖讹"七"字为"六"字也）。是时，有洞庭湖君山颂诗。

　　《草堂自记》：余作《君山颂》之前，云房先生约于洞庭相见。浪迹至此，拱候云车，翘首青霄，徘徊咏叹。明日，先生来曰："上帝命汝眷属，悉居荆山洞府。"逾日，复朝元始玉皇，敕授选仙使者。

　　是时，有赴瑶池仙会、留题寺壁、寄学道诸君诗，有醉后以道袍戏质酒家诗，有知音难遇仍还星渚庐山诗，有过洪都西山遇施希圣诗。

度地仙施肩吾

肩吾，字希圣，睦州分水人。元和十五年，登进士第。长庆中，即携家隐洪州西山，退藏不出，自称元和进士、长庆隐沦。尝结庐于西山，穷究延年之学，得旌阳五种内丹，及存神仙方，又得太极真人杜冲十六字诀，曰："一灵妙有，法界融通。离种种边，允执厥中。"希圣守此，保固形躯，四十年来，未能入化。咸通初，吕祖来游，见其趣向烟霞，授以金液还丹、大道秘秘。修之，遂成真仙。尝作《西山静中吟》，曰：

> 重重道气结成神，玉阙金堂逐日新。
>
> 若数西山得道者，连予便是十三人。

其同心道友李文英，拜为弟子。

（《仙鉴》作，长庆初，吕祖游睦，授以大道。时吕祖尚未修玄，安能以道授施乎？此序，特正之。）

寰瀛图度陈季卿

季卿，江南人。辞家十年，举进士无成。羁栖辇下，尝访青龙寺僧不值。时有终南山翁，亦伺僧归，揖季卿同坐。适东壁有寰瀛图，季卿乃寻江南旧路，因长叹曰："安得自渭泛于河，游于洛，渡淮济江而达于家，亦不悔无成而归。"翁笑曰："此不难致也。"乃命僧童，折一竹叶作舟，置图中渭水上，曰："君但注目此舟，则如君愿耳。然至家慎勿久留。"季卿熟视之，觉渭水生波，叶舟渐大。席帆既张，恍若登舟。始自渭及河，维舟至禅窟兰若，题诗于南楹，云：

> 霜钟鸣时夕风急，乱鸦又向寒林集。
>
> 此时辍棹悲且吟，独向莲花一峰立。

次日，至潼关，登崖，题句于关门东，普通寺门，云：

> 度关悲失志，万绪乱新机。
>
> 下坡无马力，扫门尘满衣。

计谋多不就，心口自相违。

已作羞归客，还胜羞不归。

凡所经历，亦如前愿。旬余至家，兄弟妻子，拜迎于门侧，题江亭晚望诗于书斋，云：

立向江亭满目愁，十年前事信悠悠。

田园已逐浮云散，乡里半随逝水流。

川上莫逢诸钓叟，浦边难得旧沙鸥。

不缘齿发来迟暮，吟对远山堪白头。

此夕，谓妻曰："吾试期已近，不可久留，即当进棹。"乃吟诗一章别妻，云：

月斜寒露白，此夕去留心。

酒至添愁饮，诗成和泪吟。

离歌凄凤管，别鹤怨瑶琴。

明月相思处，秋风冷半衾。

又别诸兄弟，云：

谋身非不早，其奈命来迟。

旧友皆霄汉，此身犹路歧。

北风微雪后，晚景淡云时。

惆怅清江上，区区趁试期。

一更后，复登舟而逝，家人恸哭，伤其去矣。复遵旧路，至于渭滨，寺宇宛然，见山翁拥褐而坐，季卿谢曰："归则归矣，得非梦乎？"翁曰："俟六十日后，方知耳。"时日将晚，僧尚不至，山翁亦别去，季卿还寓所。后二月，其妻子斋金帛，自江南来，谓季卿厌世矣，故来访之。妻曰："莫月某日归，是夕作诗于西斋，并留别二章。"实非梦也。明年春，季卿下第东归，至禅窟及关门兰若，见所题两篇，翰墨犹新。后年，季卿成名，遂绝粒，入终南山，寻见山翁，始知其为吕祖也。遂从游不返。

仙史曰：以梦觉梦，吕祖原是会家。世人知邯郸梦，不知寰瀛图何也。此则悲凉悽恻，与邯郸之热闹荣华，皆使人哀乐尽兴，真奇观也。事见《慕异记》《神仙鉴》《太平广记》，及《全唐诗》小说。

度僧怀一

怀一，本越人。时住青州云门寺，凌晨欲上殿燃香，有二道流，英爽绝俗，顾怀一，曰："有一奇境，能往游乎？"怀一曰："可。"即与入山，花木芬芳，泉石幽胜。或连峰排天，长松夹道；或琼楼蔽日，层城倚空，所见不可殚述。久之，觉馁，道流已知，曰："山桃可以疗饥。"授一枚，大如升，奇香珍味，非人间所有。食讫，即凌波不濡，升虚不碍，矫身云表，振袂空中，仰视日月，下窥星汉。无几，复归旧居，已期月矣。道流谓曰："吾回姓，此吾徒郭柳也。子已游蓬莱，当先得仙，复归于释。"乃去。怀一自此，不食谷食。一旦，回越，与父母话其事，欲往云游，遍历名胜，许之。

懿宗置戒坛，度僧尼，民间翕然崇佛，乃轻道重释之时也。吕祖引怀一入道，正是急水下篙。

壬辰、癸巳。

甲午，僖宗乾符元年。

乙未、丙申（是岁王仙芝，陷淮南）。

丁酉（黄巢陷沂郓）。

戊戌、己亥、庚子（改元广平，黄巢陷东都，入长安，称大齐皇帝）。

以上九年，吕祖佩剑执拂，青巾草履，往来名山。有《下庐山遇轩辕集来访诗》，有《赠侠客剑客》等诗，有《赠嵩高上下石室主人诗》，有《游华岳遇马湘诗》，有《商山度韩清夫诗》。

度地仙韩湘
（非韩湘）

湘，字清夫，韩昌黎之从侄孙也。贞元末年九月初三日生，幼而奇异，不入名场。遇小洪崖先生，传以清修之法，童真不漏，号元阳子。行踪无定，放浪不羁。长庆间，韩湘登进士第，昌黎教湘读书，应举似汝兄荣，湘对之曰："孙与公所好相异。"因作"青山云水窟，此地是吾家"诗，以言其志，公知其不可强也。及公贬潮州，韩湘随侍，一日抵蓝关，风寒雪紧。忽闻有笛声，迎马首吹来，至则韩湘也。公大喜，即携同傅舍，仍欲以功名期之。湘笑而不答。临别，出药一丸，与之曰："服此，可御瘴毒。"飘然而去。咸通末，避居商山中，欲炼九华神丹，未知火候精微（火候最难），吕祖来游，因以钟祖秘法付之。

韩湘不是神仙考

韩湘，字北渚，愈之侄孙也。愈兄弇，弇子老成（即十二郎），老成子湘。登长庆三年进士，能诗文，与一时士大夫相倡和，生平在功名场中，未尝学仙。长庆间，姚武功有《答韩湘诗》云：

> 昨闻过春闱，名系吏部籍。
>
> 三十登高科，前途浩难测。

又有《送韩湘赴江西从事诗》云：

> 年少登科客，从军诏命新。
>
> 行装有兵器，祖席尽诗人。

湘尝送文公过潮州，今《昌黎集》中，有《次曾江口示侄孙湘》二首。又左迁至蓝关，有《示侄孙湘》一首。即贾岛亦有《寄韩湘诗》，均见《全唐诗》内。并无落拓不羁，少游云水之事，此可见其非仙也。然则韩仙一事，岂遂无人乎？亦非也。

《道缘汇录》云：韩昌黎从侄孙，有韩湘者，贞元末年九月初三日生。幼而奇异，未入名场。遇小洪崖张氳，传以清修，童真不漏，号元阳子，遂乃放荡形骸，归宗元教。长庆初，韩湘及第，愈教湘读书应举，似乃兄荣。湘对曰："孙与公所好相异。"因作言志诗，云：

> 青山云水窟，此地是吾家。
>
> 后夜餐琼液，凌晨咀降霞。
>
> 弹琴碧玉调，炉炼白朱砂。
>
> 宝鼎存金虎，芝田养白鸦。
>
> 一瓢藏世界，三尺斩妖邪。

解造逡巡酒，能开顷刻花。

有人能学我，同去看仙葩。

愈知其不可强也。湘自言能造奇花，愈令试之。湘乃取一盆，实以土，须臾出牡丹一丛，红艳异常。花瓣中，有金字诗一联，曰：

云横秦岭家何在，雪拥蓝关马不前。

愈问："此何意？"对曰："久自知之。"后愈贬潮州，道过蓝关，大雪不能前进，而韩湘适至，为扫除其雪，愈方悟花中诗意，乃为八句足成之。愈亦稍释旅怀，即携同傅舍，仍欲以功名相期，作诗云：

才为世用古来多，如子雄文世孰过。

好待功成名就日，却收身去卧烟萝。

湘笑而答云：

举世都为名利醉，伊余独向道中醒。

他时定自飞升去，冲破秋空一点青。

临别，出药一丸，与之曰："服此，可御瘴毒。"飘然而去。咸通末，湘年六十余，复遇吕祖于商山，得授神丹之学，乃飞升焉。今人知有湘，而不知有湘。盖因"湘""湘"二字，鲁鱼帝虎之讹也。以湘为仙，则诬湘。由是湘之事，尽归于湘；湘之事，尽归于无矣。今特并其事而互发之，使人知韩湘乃功名，韩湘乃神仙也。湘者，清浅水貌，故号清夫云。

（或言昌黎犹子；或言昌黎外甥；或言十二郎子；或言韩湘之子，故曰"韩湘子"。诸说纷纷，皆无定论，大抵系当时远处传闻，士大夫各立小说，竦人观听，遂至讹误若斯耳。兹以《道缘汇录》为正，并合事迹相同者附焉。按：韩若云《韩仙传》，皆附会无稽，兹不赘论。）

度何仙姑

（《道缘汇录》）

仙姑，永州零陵人也。父讳英，母钟氏，喜清净布施。一夕，梦游潇湘之滨，见水面有缟衣女子，足踏大白莲花，浮波而至，曰："吾潇湘神女也。将寄汝家，一游人世。"母注目久之，觉而有娠，以元和三年十一月初一日生。生不食乳，母搅莲粉饲之。年八九，姿容端丽，喜入女道观游。诸女冠教以经书文字，若素熟习者。十三岁，怙恃俱失，姑与老苍头，守己幽居，性甘茹素。有求布施者，亦如父母在时，皆乐助焉。后有南岳观，老女冠募姑，改注生真君像，脏腑中忽得《黄庭经》两卷，有跋云："何人有缘？何人有福？若得此经，瑶池快乐。"姑见而喜之，以为两"何"字，虽无定词，而今则明明合我也。请以他经易归，老女冠慨然相与。自此家居，长诵《黄庭》。年十八，守贞不字，就家上女冠，焚香扫地，拜礼扶桑帝君。久之，有青童君，奉东华命，降于其家，授以紫芝丸饵之，并为讲《黄庭》"琴心三叠""漱咽灵液"之法，姑受之。自此，则体生光华气香兰，却灭百邪玉炼颜矣。零陵有求聘于姑者，姑乃佯狂作癫，出入零陵市上，污体秽形，人乃目为疯癫而不之顾。亦有强称为仙姑者，姑乃益加韬晦。年六十，乡里人多物故，而姑仍如二十许人。适吕祖南游衡湘，见姑于市上，知为上根道器。以一桃与之，仅食其半，自是不饥，能谈休咎。度入终南，拜见钟祖，教以神丹服食，遂能身轻步虚，上下无碍。吕祖曰："功夫至此，以臻大乘。"乃引之东游，见少阳祖师，又引见木公、金母。金母携回阆苑，命扫蟠桃落花。积功已深，升东海青霞洞，真大元君，道号一阳。尝从吕祖游行世间，显迹最盛云。

考何仙姑有二：一系广州增城人，何泰次女。幼随女伴，入山采茶，失侣迷径，见东峰下，有一高冠道士，姑往拜，道士与一桃。食之，顿忘饥渴。后梦神人麻姑，教食云母粉。久之，往来山谷，轻身飞行。则天长寿间，诏命赴阙。行至中途，耸身上树杪，不知所之。其后在豫章，累现于麻姑坛上。《女仙传》所谓"送子三仙"者，即广州何姑与蘷姑、麻姑也。

度地仙李奇

（晚唐高士传）

华阳隐士，李翁名奇者，得小还丹，年数百岁，容貌不衰。吕祖游句容，访金坛洞天胜景，遇翁于松阴云水之间，望而知为高士，教其炼金液大还。翁大喜，请拜为徒。吕祖曰："吾尚少于先生，结为云霞之交，可也。"

翁曰："道无先后，高者为师。"卒下拜。吕祖探囊中秘密授之，并赠以诗云：

> 华阳山里多芝田，华阳山叟复延年。
>
> 青松岩畔攀高树，白云堆里饮飞泉。
>
> 不热不寒神荡荡，东来西去气绵绵。
>
> 三千功满好归去，休与时人说洞天。

吕祖临别，约异日会于华山（见后），更留二诗赠之，翩然而去。

邯郸梦度卢生

乾符中，吕祖北游，自号吕翁，行邯郸道中（一作开元十九年，一作开成七年。开元间，吕祖尚未出世。开成，只五年耳。均误）。息邸舍，摄帽驰囊而坐。俄见一少年，衣短褐，乘青驹，将适于田，亦止旅中，与翁共席坐，言笑殊畅。问姓名，曰："卢英，字萃之。"生自顾衣装弊褒，乃长叹息，曰："大丈夫生世不谐，困如是也。"翁曰："观子形体，无苦无恙，谈谐方适而叹息其困者，何也？"生曰："吾苟此生耳，何适之谓？"翁曰："此不谓适，而何适？"答曰："士之生世，当建功树名，出将入相，列鼎而食，选声而听，使族益昌而家益肥，然后可以言适。吾尝志于学，富于游艺，自谓当年青紫可拾。今已过壮，犹勤畎亩，非困而何？"言讫，目昏思寐。

时主人方蒸黍，翁探囊中青磁枕，以授生曰："自枕吾枕，当令子荣，一如其愿。"生俯视枕窍，两端有小口，渐大明朗，乃举身入。至家数月，娶清河崔氏女，容甚丽，嫁赀丰，由是服御，日益鲜盛。明年，举进士第，释褐登朝，授校书郎，应制渭南尉。俄迁监察御史，转起居舍人，知制诰三载，出典同州，迁陕州。生性好上功，自陕西凿河八十里，以济不通，邦人利之，刻石纪德。移节汴州，领河南采访使，征为京兆尹。是时，神武皇帝方事戎狄，恢宏土宇。会吐蕃，悉那逻，及烛龙莽布支，攻陷瓜沙。而节度使王君㚟新败死，河湟震动。帝思将帅之才，遂除御史中丞，河西道节度，大破戎虏，斩首七千级，开地九百里，筑大城，以遮要害，边人立石于居延山以颂之。归朝册勋，恩礼极盛，转吏部侍郎，迁户部尚书，兼御史大夫。时望清重，群情大翕。为时宰所忌，以非言中之，贬瑞州刺史，三年征为常侍。未几，同中书门下平章事，与萧中令嵩、裴侍光庭，同执大政十余年。嘉谟密令，一日三接，献替启沃，号为贤相。同列害之，复诬与边将交结，所图不轨，下制狱，府吏引徒至其门，而急收之。生惶惑不怿，谓妻子曰："吾家山东，有良田五顷，足以御寒馁，何苦求禄以至于此？而今而后，再欲衣短褐、乘青驹、行邯郸道中，不可得也。"引刀自刎，其妻救之获免。后为三省中官保护，减死罪，投驩州数年。帝察其冤，复诏为中书令，封燕国公，恩旨殊异。生五子，曰俭、曰傅、曰位、曰倜、曰倚，皆有才器。俭进登第，为考功员外；傅为侍御史；位为大常丞；倜为万年尉；倚最贤，年二十四为左衮。其姻媾，皆天下望族，有孙十余人。两窜荒徼，再登台铉，出入中外，徊翔台阁五十余年。崇盛赫奕，性颇奢荡，好佚乐，后庭声色，皆第一绮丽，前后赐良田甲第、佳人名马，不可胜数。后年渐衰迈，屡乞骸骨不许。病中候问者，相接于道；名医上药，无不至焉。将没，上疏曰："臣本山东诸生，以田园为娱。偶逢圣运，得列官叙。过蒙殊奖，特被鸿私，出拥节旌，入升台辅，周旋中外，绵历岁时，有忝天恩，无裨圣化，负乘贻冠，履薄增忧，日惧一日。不知老至，今年逾八旬，位极三公，钟漏并歇，筋骸俱耄，弥留沉顿，待时益尽，顾无成效。上答休明，空负深恩，永辞圣代，无任感恋之至，谨奉表陈谢。"诏曰："卿以俊德，作朕元辅，出拥藩翰，入赞雍熙，升平二纪，实卿所奈。比因病疹，日谓痊平，岂期沉疴，良用悯恻。今令骠骑大将军高力士，就第候省。其勉加针石，为予自爱，犹冀无药，期于自瘳。"是夕，薨。

卢生欠伸而寤，见其身方偃于邸舍，吕翁坐其旁，主人蒸黍未熟，触类如故。生蹶然而兴，曰："岂期梦耶？"翁曰："人生之适，亦如是矣。"生怃然良久，谢曰："夫宠辱之道，穷通之理，得丧之情，生死之际，尽知之矣。此先生所以窒吾欲也，谨受教。"稽首再拜，求度。翁慨然许录，传以大丹之秘，并授以剑术，遂从吕翁往来海上云。

是时，有时遭大乱，西归河中，移家终南，遇司空表圣归隐诗，郝天挺注。吕祖云："咸通及第，两调县令，黄巢之乱，移家终南。"

《草堂自记》云："乾符间，黄巢作乱，余偕柳仙归河中。发妻刘氏在家为女冠，四子谋生于外，因携入终南，付紫云庵中，令何姑教之。尸解后，招入荆山洞府。"

又《自叙墨刻小像》云："有四子，为避乱，只携妻入山。"

据此二说，可知有妻、有子，实有其事。但《墨刻》所述，未言道成之后，还家来携耳。至所谓姓李名珏，夫妻双修，故更姓吕，皆喻言。（详后天启六年）

度牛生、夏侯生

牛生山、夏侯生子云，河中秀才也。龟形鹤骨，有神仙气。吕祖还家，怜其为同乡人，教以火寄冥宫、水济丹台之法。命其远隐云山，速离世网。二子拜受而去。子云有诗才（子云后隐大涤山），尝作《乐圃五绝》云：

> 绿叶红英遍，仙经细讨论。
>
> 偶移崖畔菊，锄断白云根。

此可见其幽致也。

唐僖宗中和元年辛丑、壬寅、癸卯、甲辰；

僖宗改元光启乙巳、丙午（王朝据福州）、丁未；

僖宗改元文德戊申；

唐昭宗龙纪元年己酉（钱镠据杭州）；

昭宗改元大顺庚戌、辛亥（杨行密据扬州）；

昭宗改元景福壬子、癸丑；

昭宗改元乾宁甲寅（李茂贞据凤翔）、乙卯、丙辰、丁巳；

昭宗改元光化戊午（王审知据闽）、己未、庚申；

昭宗改元天复辛酉（李茂贞岐王）、壬戌、癸亥（朱全忠梁王、杨行密吴王、钱镠越王）；

唐哀帝天祐元年甲子、乙丑、丙寅、丁卯（梁王朱全忠，弑帝自立）。时河东、凤翔、淮南、西川犹奉唐正朔，称天祐四年（马殷据潭州，梁以为楚王，以荆南高季昌为节度，以钱镠为吴越王，梁王自称太祖）。戊辰（蜀王建称帝，吴王杨隆演薨，晋王克用薨，子存勖立）、己巳、庚午（闽王王审知，燕王刘守光）、辛未（燕王称帝）、壬申（梁友珪自立）、癸酉（梁友贞）甲戌、乙亥、丙子（蜀王宗衍）、丁丑（南汉刘岩）、戊寅、己卯（吴王杨溥）、庚辰、辛巳、壬午。

后唐庄宗灭梁，建元同光元年癸未、甲申、乙酉（唐灭蜀）；

明宗天成元年丙戌（闽王王延翰）、丁亥（赵太祖生、契丹太宗）、戊子；

明宗改元长兴己丑、庚寅、辛卯、壬辰（吴越王元瓘）；

闵帝立位，癸巳（闽王延钧）；

闵帝应顺元年甲午，废帝即位，改元清泰（蜀王孟知祥称帝，秋殂，子昶立）。乙未（吴王杨宽、闽王王昶）、丙申，唐废帝崩（晋石敬瑭称帝）、丁酉。

吴王宽，禅位于徐知诰，复姓李名升，建元升元，国号南唐。戊戌（闽王义）、己亥、庚子、辛丑（吴越宏佐）、壬寅（南汉刘玢，晋主重贵立）。

南唐元宗保大元年癸卯、甲辰（南汉刘晟）、乙巳、丙午（唐平闽）、丁未（晋亡。汉高祖刘暠，契丹世宗，楚王希广，吴越王宏俶）、戊申、己酉（汉隐帝承佑，荆南高保融）、庚戌（汉主赟）、辛亥（周郭威，弑汉主赟于宋州，自即位，后汉亡。北汉刘崇起，契丹穆宗立）、壬子、癸丑、甲寅（周世宗柴荣）、乙卯、丙辰（北汉刘承钧）、丁巳。

南唐中兴元年戊午（南汉刘铱）、己未（周恭帝）、庚申（周亡。宋太祖建隆元年，荆南高保勖）、辛酉。

南唐后主煜立，仍用中兴年号。壬戌（荆南高继冲）、癸亥（宋灭荆南，改元乾德）、甲子（宋灭蜀）、乙丑、丙寅、丁卯（北汉刘继元）、戊辰（宋改元开宝）、己巳、庚午、辛未（宋攻南汉）、壬申（南汉亡）、癸酉、甲戌（宋太祖崩，太宗即位）、乙亥（南唐终）。

自贞元十四年戊寅，至咸通十二年庚寅，共七十三年，一卷。咸通十三年辛卯，至南唐末年乙亥，二卷，共一百零五年。吕祖在唐，历年一百七十八岁矣。

五代论

（《草堂自记》）

唐自中和以后，四海分崩，群雄窃据，史家以五代编之，不如以后唐、南唐序之也。哀帝二年，朱全忠弑君自立，直乱臣耳。幸而河东、凤翔、淮南、西川，犹奉唐之正朔。尽梁三世，而只称天祐年号者，河东、凤翔也。李克用本唐赐姓，舍朱耶而归华夏，勤劳况瘁，以平黄巢，功封晋王，誓于一生靡敢失节，何其忠也。存勖乃晋王主器，恪守父爵，且性孝，惜其灭梁之后，未求唐宗室而立之耳。然其得国宝，称后唐，编为正统，良不诬也。石敬塘迁都帝汴，特割据之雄耳，何足为正？徐知诰建国金陵，复还李姓。杨宽奉国，称帝于吴。后唐以丙申终，南唐以丁酉起，则正统即在此也。刘知远称孤，晋阳人洛守汴，势亦同乎割据。郭威起而刘贇亡，又一弑君之朱温也。柴荣继立，异姓相传，虽号为周，实非真主。吾作《敲爻歌》（见《纯阳诗集》），起句不曰"汉末周朝"，而曰"汉终唐国"者，诚以割据之辈终，而南唐尚在也。上下九十余年，无人混一疆宇，而唐以一线相承。反以梁、晋、汉、周，攒为五代，此吾所不解也。宋太祖奉天承运，扫荡群奸，而南唐最后终，宋继南唐之统，可了然也。请以寄之读史者。

度饶廷直

廷直，字亮工，南城人。僖宗中和初，登进士第，尝过武昌黄鹤楼，闻笛声，寻求，遇吕祖授以静功秘诀。自是不迩妻妾，翛然端居。后为邓州通判卒，其枢还乡甚轻，盖尸解去。

《道缘汇录》《征异录》《氏姓谱》，皆作唐进士，《全书》独作宋末人。盖因《仙鉴》叙在景定间耳，不知《仙鉴》所载，乃因宋末显神，与吕祖偕游南岳，补叙其出身也。

度马仙姑

（《道缘汇录》）

光化间，吕祖游括苍，过处州，度马仙姑。姑，青田人也。既嫁，家贫，养姑最孝。遇吕先生，授以仙术。往来佣织富室，去家百里，有羹不食，以箬笠先浮还家，敬于姑。姑识其笠，知为妇所遗，遂取食。往还轻便，人始知其不凡，呼为马大仙姑。吴越王钱镠闻之，给钱帛养其姑，未几姑亡，仙姑亦无疾而逝。邻人见之于野，曰："吾随师归蓬莱也。"

同钟祖度蓝采和

（自记云：采和字养素，吾道友也。少遇正阳师，传以玉炼、金炼。天复①初，大丹已成。吾劝其再修神丹，然后超神入化，可度群生。其后，神丹已成，于濠梁上升。）

蓝采和，上古伶伦高真，谪于尘寰者也。周游歌咏，觉世盲聋。常衣破蓝衫，六镑黑水腰带，阔三寸余，一脚着靴，一脚赤跣。夏则衫内加絮，冬卧雪中，气出如蒸。人问其所得，答曰："谁云男子无孕，偏我十月怀胎。"每行城市乞索，持大拍板，长三尺余，老少皆随看之。歌曰：

> 踏踏歌，蓝采和，世界能几何？
>
> 红颜三春树，流光一掷梭。
>
> 古人混混不复返，今人纷纷来更多。
>
> 朝骑鸾凤游碧落，暮见桑田起白波。
>
> 长景明晖在空际，金银宫阙高巍峨。

歌词颇多，不及具载。率尔而作，皆神仙意，人莫之测。得钱则用绳穿拖行，散失不顾，或赠贫者，或与酒家，洒洒然无所拘也。后尘居数

---

① 天复，唐昭宗年号（901—904）。

年，自云："将入终南山，采食神芝。"（此即吕祖劝之也）朱梁时，忽来濠梁酒楼沽饮，大醉，闻空中有笙箫声，仙鹤下降，采和乘之，轩举于云端，掷下靴、衫、带、板，冉冉而去。（外有长笑先生蓝方者，另是一人，见后。）

度刘海蟾

海蟾，名操，字宗成，燕山人。以明经擢甲第，仕燕为卢龙司马，累迁至相位。平昔好谈性命，钦崇黄老。忽遇正阳先生，为演清净无为之宗，以道全形之旨。及守光僭称帝位，谏之不听，遂托疾解印，辞去。作诗曰："抛离火宅三千口，屏去门兵百万家。"更名玄英，号海蟾子。遍游访道，遇吕祖授以金液还丹，乃遁迹修真，得成仙道。游行尘世，远泛秦川，陶真于太华之间，涸迹于青城之下。陈希夷遇之，恳求玄旨，海蟾即传以金丹妙道。希夷与弟子张无梦、贾得升、种放，皆同请业焉。海蟾喜希夷，寄怀高尚，尝过其山斋，与之谈论一日，戏以墨泼石上，皆成字句。后张、贾、种至山，各言于某日刘师来家，泼墨作字，盖同日分形也。后当坐化时，白气从顶门出，化鹤飞升。元至元六年，封明悟宏道真君。

与何一阳度耿仙姑

吕祖携一阳仙姑南游。有耿氏女者，南唐人。性高洁，心灵妙。吕祖见而识之，曰："何先生，此可为汝弟子也。"一阳曰："大道无私，须试乃可。"时耿女出郊，携菜篮独步。一阳直前，戏之曰："姑娘有汤，可与女道人解渴否？"曰："有则有之，离家稍远。"一阳曰："将篮来，我命人往汝家取去。"耿女曰："何人持去？"曰："篮自会行耳。"耿弗信，一阳默运神通，即以篮浮之，须臾间，篮去来，将耿女衣裙盛至。耿大惊曰："女道姑，术士耶？仙真耶？"一阳笑曰："以此为术，术可学也；以此为仙，仙可从也。"耿憬然有悟，愿从学仙，以究其术。一阳以原身告之，耿大喜。并教与吕祖叩拜，传以道法双修之妙。耿即弃家云游，能捏雪为银，画布为绣。朱文公见而奇之，问以道法。耿作狂语乱之，朱亦不能强究也。自后奇幻益多，人称风仙姑。

七真马宜甫之妻孙不二，早从重阳学道，后遇仙姑，携至洛阳，辟风仙洞居之。不二道成，仙姑亦飘然不返。封清灵妙悟耿仙姑。

度黄澄虚

澄虚，南唐时人。养静于桐柏山中，心好道而修不勤。吕祖过访，题诗警之，并跋六言于后，云：

留此片言，用表其意。

他日相逢，必与君决。

莫退初心，善爱善爱。

时黄适他往。归，见庵门上，仙笔留题，不觉翻然醒悟。他日，吕祖复来，携之同去。

牧童赋诗

钟傅弱翁，帅平凉。吕祖幅巾衣白絟衣上谒，有牧童牵黄犊随之。立庭下，弱翁异其气局闲雅，指牧童曰："道人能诗，可赋此乎？"道士笑曰："不烦我语，是儿自能之。"牧童乃操笔，大书曰：

草铺横野六七里，笛弄晚风三四声。

归来抱饭黄昏后，不脱蓑衣卧月明。

既别。人皆见其担二瓮，长歌出郭。或报弱瓮曰："瓮二口，此吕瓮也。"亟往追之，不复见矣。

哀南唐

南唐保大末，吕祖在江南，化一渔人，自号"回同客"。每日持莎笠纶竿，唱《渔家傲》，其舌为鸣榔之声，以参之音清，悲如在烟波间。往来金陵，凡年余，无有悟者。其词曰：

二月江南山水路，李花零落春无主。

一个鱼儿无觅处，风和雨，玉龙生甲归天去。

唱罢，且行且叹。人或与钱不受，与酒则不辞。甲寅二月朔日，忽卒，众痤之。一夕，风雪大起，塚裂无尸。时元宗亦于甲岁仲春，殂于正寝。始知"二月江南，李花零落"者，即指唐元宗宾天之期也。并知"回同客"，乃吕洞宾寓意也。

《五代史补》：南唐李升，自徐家起而为君，先有童谣云："东海鲤鱼飞上天。"东海，即徐之望也；鲤者，李也。

化茶坊女

唐中兴时，汴京民，有石氏者，以开茶坊为业。日令幼女行茶，尝有丐者病癞，垢污蓝缕，直诣肆，索饮。女敬而与之，月余无厌容，并择佳茗以待。父兄见之，怒逐丐，笞女。女略不介意。又数日，丐者复来，女供奉益谨。丐谓曰："汝能缀我余茶否？"女颇嫌不洁，少覆于地，闻异香，亟饮之，神气爽然。丐曰："我吕仙也。可随汝所愿，或富贵，或寿考，皆可得也。"女不识富贵，只求长寿，不乏财物。吕祖遗以《渔夫词》，曰：

子午长餐日月精，玄关门户启还扃。

长如此，过平生，且把阴阳仔细烹。

复授以口诀而去。女白于父母始悔，遍寻之不得。他日复来，石氏留之。师曰："今年夷夏俱大丧，余恐远人未化，将北游。"劝其来宾，遂去。后女年及笄，嫁管营指挥家，享年百二十岁，一生妆食有余，是亦长于寿而裕于财者也。

度乔二郎

二郎，唐末宋初人也。吕祖与皇都遇之，弥留款洽，终年不厌。吕祖见其精诚，授以水中采金之法（乃丹家要法），命其修炼。二郎即弃名利，结茅松山，照法行之，遂得证果。后复遇吕祖携去。

度刘方

方，字子义，汴都人也。建隆初，方见天下未平，兵戈未息，遂淡于仕途，渴慕陶渊明之为人，背城面郭，筑小丹邱自居。虽结庐人境，亦自有心远地偏之致。吕祖于汴都闲游，自号"回先生"。适方行市中，呼与剧饮，方慨然陪坐，共论太古高人，及天下兴亡之事。先生曰："海内河山，斜阳流水，石火光阴，槿花性命。我见六国烟尘，八方风雨，将来净愁雾而拭青天者，必宋国也。治世有人，吾侪何必代为耽忧？"方大惊曰："顷见先生眉宇，疑是豪侠者流。今闻先生议论，乃安期、羡门辈矣，愿明以教我。"回祖乃作歌与之，曰：

> 六国愁看沉与浮，携琴长啸出神州。
>
> 拟向烟霞煮白石，偶来尘市见丹邱。

又勉之曰：

> 刘君刘君审听我，流光迅速如飞过。
>
> 八琼秘诀君自知，莫待铅车空又破。

其诗甚长，大抵皆绵绵策励之旨。方拜而受之。吕祖既去，方即遁迹深山，勤修秘炼，终其身不出。

说麻姑化天妃记

（《道缘汇录》）

（天妃，水神名。司马光曰：水乃为阴类，其神为女子。又妃者，言其慈母之心，与天匹配也。）

扬州灯夕，青城刘丈人，枉驾茅斋，自言从吕祖说麻姑化身事云。唐末宋初，祖师南游麻姑坛，遇方平先生，坐论丹台，适麻姑翩然来归，神采天容，不可名状。吕祖谓方平曰："东南海屿，飓风多狂刚暴者，须以柔和制之。某欲于西王母处，荐举一人，觅善族降法身，到天风海涛间，拯救危难，此非有神通者，不能言下承当也。"吕祖言毕，以目视麻姑。方平会意，微笑曰："非大士宝筏，不能也。自古女真，大半以游戏为乐，蓬山阆苑中，吹笙度曲，饮酒簪花。其尤者，不过按行海岛，采访仙籍耳。"麻姑冷笑，微启朱唇曰："此事亦由人做，特无地可以投足。"吕祖曰："莆田林氏，世积阴德，此大鹏展翅处也。"姑即慨然自许，俟缘至而往投之。如是者数年，闻林披（别作"都巡检林愿"）夫妇仁爱，生九子皆贤，号九牧林。姑乃念麻姓，除去"广"（醯上声）字，即"林"字也，于是降生其家。时南唐中兴庚申，宋太祖之建隆元年也。三月二十三日方夕，见红光射室，异香氤氲，而天妃诞。弥月不闻啼声，因名曰"默"。生而神灵，预知人祸福。八岁从塾师训读，悉解文义。十三岁，有老道士元通，授妃玄微秘诀。年十六，窥井得符，知变化，驱邪救世，应手随心。间或御风神游，飞度天海。年二十，九九日前一日，妃与家人曰："明朝重阳，适有登高之愿，预告别。"至期，径上湄峰最高处，浓云捲岫，白气亘天，空中闻钧天之乐，乘风直上，众皆唏嘘而叹。凌虚见纯阳先生，佩剑执拂而来，笑谓妃曰："姑又开一番生面也，化身林家，妙年得道。某将闽海一涯，祈姑保障。"遂别去。自后，于海上屡昭灵异，封天妃，在湄洲屿上建庙祀之。凡遇海天风浪者，但呼娘妈数声，即有神灯点点，隐约于万顷烟波之内，或仍现麻姑形像，坐于樯桅上，顶挽一髻，余发下垂，尘拂指挥，蛟龙效顺，如此便风恬浪静，长帆直渡矣。功德崇高，证位碧霞元君，历代敕封，不可具述。

闽海之有天妃，犹南海之有大士也。然人知有天妃灵异，而不知为麻姑化身，并不知麻姑之来，乃扶危拯溺之吕翁所玉成者。观与王方平一席话，为苍生求安澜之人，忙中极闲，冷中极热，似激似劝，卒令麻姑立功。天妃著迹，神仙济世之心，至吕祖而功溥矣。海蟾言之，潜虚记之，可作一则仙史读，非徒宣扬而已。

仙迹余记六则
（皆宋初事）

一

建隆初年，南唐中兴之三年也。宋太祖得见吕祖于后苑，称太祖为朱陵上帝，留语移时，左右皆不得闻。太祖解赭袍玉带赠之，倏不见，遂命画工绘其像于太清楼。

二

建隆之末，吕祖化一老翁，卖药长安市上，常携一大葫芦。人有疾求药，不计钱有无，皆与之，药皆神效。或戏问："有大还丹否？"曰："有一粒，一千贯，与草木不同也。"群以为狂。每于城市，笑骂人曰："有钱不买金丹，尽作土馒头去。"

一日，于市中抖擞葫芦已空，内只余一丸，极大光明，安掌上，谓人曰："百余年来，无一人肯把钱，买此物吃者，惜哉！今将送赤帝归真矣。"言讫，遂以药自投于口，足下五色云起，望东南而去，人始叹悔不及。计其上升，正太祖宾天时也。

三

《宋事实类苑》：吕仙洞宾，有剑术，百余岁，面如婴童。华阳隐士李奇，自言开元中郎官，年数百岁，与吕仙尝至陈希夷斋中。尝以朱书青纸，令小僮持寄希夷，希夷与唱和。（李奇见前）

四

又《宋史》曰：逸人吕纯阳，善剑术，年百余岁，步履轻捷，顷刻数百里，人皆称神仙。

五

又《宏简录》曰：吕洞宾，年百余岁，有剑术，面如童颜，步履轻疾，往来丁少微家。少微，乃亳州人。隐华潼谷，与陈希夷齐名，所受不同，未尝相通，而其志高清洁，则一也。少微善服炁，多饵药，百余岁，康强无疾。宋太祖召赴阙，以巨胜、南芝、玄芝为献。问其受益处，对曰："洞宾先生也。"留数月，遣还山。

六

全州道士蒋晖，志行高洁。吕祖往访之，适蒋他出，遂题诗于蒋之门，曰：

醉舞高歌海上山，天瓢承露浴金丹。

夜深鹤透秋空碧，万里西风一剑寒。

末书"无上宫主访蒋先生作"。蒋归，惊曰："'宫'字无上，乃吕翁也。"追之不可及。

吕祖年谱海山奇遇卷之三

弟子火西月　敬编

北宋仙迹引

　　上二卷，编载吕祖年谱，一百七十八岁。今从北宋太平兴国元年丙子，叙至钦宗靖康元年丙午，是为北宋仙迹，凡一百五十一年。合前一百七十八岁，共三百二十九年矣。

　　宋太宗太平兴国元年丙子、丁丑、戊寅、己卯（灭北汉）、庚辰、辛巳、壬午、癸未（契丹隆绪）；

　　太宗改元雍熙甲申、乙酉、丙戌、丁亥；

　　太宗改元端拱戊子、己丑；

　　太宗改元醇化庚寅、辛卯、壬辰、癸巳、甲午；

　　太宗改元至道乙未、丙申、丁酉；

　　真宗咸平元年戊戌、己亥、庚子、辛丑、壬寅、癸卯；

　　真宗改元景德甲辰、乙巳、丙午、丁未；

　　真宗改元大中祥符戊申、己酉、庚戌、辛亥、壬子、癸丑、甲寅、乙卯、丙辰；

　　真宗改元天禧丁巳、戊午、己未、庚申、辛酉；

　　真宗改元乾兴壬戌；

　　仁宗天圣元年癸亥、甲子、乙丑、丙寅、丁卯、戊辰、己巳、庚午、辛未；

　　仁宗改元明道壬申、癸酉；

　　仁宗改元景佑甲戌、乙亥、丙子、丁丑；

仁宗改元宝元戊寅、己卯；

仁宗改元康定庚辰；

仁宗改元庆历辛巳、壬午、癸未、甲申、乙酉、丙戌、丁亥；

仁宗改元皇佑戊子、己丑、庚寅、辛卯、壬辰、癸巳；

仁宗改元至和甲午、乙未（契丹洪基）；

仁宗改元嘉祐丙申、丁酉、戊戌、己亥、庚子、辛丑、壬寅、癸卯；

英宗治平元年甲辰、乙巳、丙午（契丹改国号辽）、丁未；

神宗熙宁元年戊申、己酉、庚戌、辛亥、壬子、癸丑、甲寅、乙卯、丙辰、丁巳；

神宗改元元丰戊午、己未、庚申、辛酉、壬戌、癸亥、甲子、乙丑；

哲宗元祐元年丙寅、丁卯、戊辰、己巳、庚午、辛未、壬申、癸酉；

哲宗改元绍圣甲戌、乙亥、丙子、丁丑；

哲宗改元元符戊寅、己卯、庚辰；

徽宗建宗靖国元年辛巳；

徽宗改元崇宁壬午、癸未、甲申、乙酉、丙戌；

徽宗改元大观丁亥、戊子、己丑、庚寅；

徽宗改元政和辛卯、壬辰、癸巳、甲午、乙未（女真称帝，国号金）、丙申；

徽宗改元重和丁酉；

徽宗改元宣和戊戌、己亥、庚子、辛丑、壬寅、癸卯（金天会）、甲辰、乙巳；

钦宗靖康元年丙午。

三头六臂像

　　太平兴国间，四夷尚未宾服。吕祖每现三头六臂异像，衣黄道袍，盘坐黄鹤上，以法相喝服诸酋，化导归中夏，盖以息干戈，养民生也。三头者，上鹤顶，中狮首，下本像。六臂者，左提飞龙剑，右执珊瑚尺，中两手结无遮印，左五雷诀仰，右剑诀覆。太宗命道录陈景元，传其像于世云。

黄鹤楼

江夏郡辛氏，卖酒。有一先生，飘然而来，衣甚褴褛，人物轩昂，入座谓辛曰："有好酒肯与饮否？"辛以巨觥，斟美酿奉之，饮毕而去。明日复来，不待索，又与饮。如此半载，辛未尝嗔。先生谓辛曰："多负酒债，无以为酬。"取黄橘皮，画一鹤于壁，谓："有客来饮，但令拍手而歌，鹤即下舞，以此还汝酒值。"试之，果然。四方豪士，闻而欲观，俱挥金买醉。历十年，辛氏巨富。一日，先生来，辛谢曰："今已富矣，愿留久款。"先生笑曰："吾岂图是哉？"取笛吹数弄，须臾白云降空，壁上画鹤，飞至膝前，先生跨鹤冲天，杳然而逝。辛氏从飞升处，建一高楼，名曰黄鹤楼。人始知先生，乃吕洞宾也。

《草堂自记》云：黄鹤山，旧名蛇山。昔因王子安骑鹤升空，后人筑楼纪胜。五代间，毁于兵火。至宋雍熙初，余有画鹤飞空之事，辛氏乃筑楼祀我。唐以前，为子安鹤迹；宋以后，则为道人所托也。

据吕祖自记，其先为子安鹤迹，其后为自己鹤迹也。

西月考：子安，乃周末时人，自言简王之后。从兄子明学道二十年，死葬黄山。有黄鹤来栖冢树，鸣声如呼"子安"，安忽自地底跃出，跨鹤而去，此子安鹤迹也。更有与吕祖大相同者。晋太和间，仙人繁阳子，姓朱名库，善音律，曾授笛于桓伊。伊攻寿春之先，江夏黄鹤楼有卖酒辛猷丕者，识人好施。日有道士就饮，醉则出玉笛，倚楼作梅花三弄，饮不偿值者三年。一日，云："黄鹤去不复返，空留此名。吾将表之，以实其事。"取橘皮，画一鹤于壁，以筯招之，即下舞。临行，谓辛曰："参军桓子野，吾尝授以笛谱。若来，可向之索饮值。"遂跨鹤，飞于空中。时夏五月，犹闻笛声嘹喨。伊往，作赞于楼，嗣是贵客皆就饮，辛致巨富。异哉，吹笛同、画壁同、跨鹤同、卖酒姓辛者又同，何典故之多同也？谓为混传，实非混传。此中有天然奇趣，吕祖触景生情，一追古迹耳。独叹子安遗迹，繁阳古记，至吕祖而尽掩，使后人知有吕祖，而不知有朱、王二翁，书传之哑，不如人言之响也。吕祖曰："久假荆州竟未还。"先生让名之心，于此可见。

同海蟾度陈希夷

雍熙间，吕祖同刘海蟾，西游华山，教希夷出神秘诀。希夷名抟，字图南，亳州真源人也。唐长兴中，举进士第。游四方，有大志，见世运衰微，喟然叹曰："时不可为也。"父母殁，乃尽散家赀，惟携一石铛，遁入太华。周世宗高其风致，赐号"白云先生"。首遇海蟾子，授以道要。麻衣子传以相法，次遇孙君仿，劝隐武当，久之复归华山，居云台观。尝乘驴，游华阴，闻宋太祖登极，拍手大笑曰："天下自此定矣。"帝手书诏召之，辞曰："九重仙诏，休教丹凤衔来。一片野心，已被白云留住。"帝咨嗟不已。高隐华山，自称"莲峰道士"。得蛰龙法，恒卧不起。吕祖与海蟾，时往过之。祖赠以诗，云：

> 莲峰道士高且洁，不下莲宫经岁月。
>
> 星辰夜礼玉簪寒，龙虎晓开金鼎热。

并勉其及时温养，借睡全真。宋太祖累迁使，趣命入朝，抟不得已，应召出山。至京师，藏真不露。帝大喜，谓宰相曰："陈抟独善其身，不干势利，可谓方外之高士矣。"赐号"希夷先生"，放还。吕祖与海蟾、麻衣，复往过之，教以出神法，希夷敬受焉。或问："先生居溪崖，寝止何室？"希夷笑吟曰：

> 华山高处是我宫，出即凌空跨晓风。
>
> 台榭不将金锁闭，来时自有白云封。

端拱初，忽遣门人火龙子贾得升，凿石室于张超谷。既成，造视曰："吾其归于此乎！"端然坐化。有五色云，封谷口弥月。历年一百一十八岁。

破瓜谶

至道初，参政张公洎，与吕端同朝。公早年家居，有道者谒之，自称"吕翁"，与张讲《周易》，并言孟子"存心养性"之旨。自后文章日进，翁作八分书，诗一章留别。徽宗他日，将佐鼎席之意，其末句曰："功成当在破瓜年。"至此位果参政，后十六年而卒。以破瓜为二八之谶也。

槐验

咸平间，王旦知枢密院事。其父祐，奉纯阳像甚虔。一旦，祖师来语曰："君家素修阴德，子孙必有致位三公者，请树槐为验。"祐乃植三槐于庭。至是旦，果大拜，其后封魏国公。

三醉岳阳

咸平间，吕祖于白鹤山池中，见一巨蟒，能大能小变化，取人魂魄。吕祖见而喝曰："孽畜，毋得乃尔。从吾归正，令汝饱啖天下奸血。"招入袖中，化为绕指柔，即青蛇剑也。遂携游岳阳，三沽村酒自醉，诡名卖药翁。一粒千金，三日不售，乃登岳阳楼，自饵其药，忽腾空而立，众始骇慕，欲买之。吕祖笑曰："道在目前，蓬莱跬步。抚机不发，当面错过。"即吟诗曰：

> 朝游北岳暮苍梧，袖里青蛇胆气粗。
> 三醉岳阳人不识，朗吟飞过洞庭湖。

瓦罐示异

吕祖游长沙，诡为"回道人"。持小罐乞钱，所得无算，而钱常不满，人皆神之。日坐市中，言："有能以钱满吾罐者，当授以道。"人争以钱投之，竟不满。有僧驱一车钱至，曰："汝罐能容否？"道人唯唯。及推车近罐边，戛戛然相率而入罐，忽不见。僧曰："神仙耶？幻术耶？"道人口占曰：

> 非神亦非仙，非术亦非幻。
> 天地有终穷，桑田每迁变。
> 身固非我有，财又何足恋？
> 曷不从吾游，骑鲸腾汗漫。

僧惊疑，欲执之。道人曰："若惜此钱乎？吾偿汝。"取片纸投罐，祝曰：

"速还来。"良久不出，曰："非我自取不可。"因跃入罐中，寂然。僧遂击碎之，见有纸题一诗，曰：

> 寻真要识真，见真浑未悟。
>
> 一笑再相逢，驱车东平路。

僧怅然归。次东平，忽见道人曰："吾俟汝久矣。"以车还之，钱皆在，曰："吾吕纯阳也。始谓汝可教，今惜钱如此，不可教也。"僧方悔，谢不及。

又游广陵市，以十千钱，散之方陌。暨异日视之，十千拾者无遗。止余其三，一坠泥中，一坠草中，一坠井中石缝内，去井口三寸许。最后有两人汲水，见而争取之。师于其旁笑曰："世人爱财之心，固如此乎？"

兖州妓馆

咸平间，兖州妓侯姓者，为邸以舍客。吕祖诡服，求授馆。蚤出暮归，归必大醉，逾月不偿一金。侯召啜茶，师曰："钟离先生谓汝，可以语道。"侯不省，以酒饮之，师索饮不已，侯滋不悦。师乃伸臂示之，金钏隐然，解一令市酒，侯利其金，曰："饮毕，寝此乎？"曰："可。"登榻鼾鼾。至夜分，侯迫榻前，师以手拒之，侯亟去。迟明，失师所在，视所拒处，丹色彻肌肉，隐隐有"吕"字纹。侯感悟曰："此吕仙也。得非宿世，一念之差，遂至于此，今其来度我乎？"即短发布服，往寻吕祖。路遇何仙姑，引入终南，不复出。

（观侯妓与琴操，闻东坡一转语，即日削发为尼者，同一果决。具此气概，自当得道矣。）

永康酒楼

永康军有倪庚者，新开酒楼。日有道人来，上楼索饮。自旦及暮，饮佳酿石馀，豪情未止。众怪之，相聚以观。倪需酒金，道人瞪目不语，颓然醉倒，倪坐守之。曙鼓动时，道人忽起，援笔题壁曰：

鲸吸鳌吞数百杯，玉山谁起复谁颓。

醒时两袖天风起，一朵红云海上来。

末书"三山道士纯阳作"。以土块，掷倪面。出门望东北，紫云飞来，大踏步去，倏不见。刮其诗，墨彻数分。视土块，乃良金也。自是酒楼大售。

决寿
（刘贡父诗话）

黄觉，字明先，景德进士，任殿中丞。有诗名，与杨文公、刘子仪、章郇公、宋宣公相唱和。因送客都门外，入旅舍，遇洞宾道人曰："明年江南相见。"既而果得江南，道人至，赠大钱七文，其次十文，又小钱三文，与药寸许，曰："每岁以酒磨服，可保无病。"语毕，飘然而去。黄年七十馀，药垂尽，因作诗曰："床头历子无多日，屈指明年七十三。"是年果卒。

《神仙鉴》载：黄觉，名觉能，叙为宣和时人。亦言在东都门外，先遇吕祖曰："明年江南见君。"及吕祖游吴兴，见妓张珍奴，每夕沐浴，炷香上告，求脱去甚切。乃作《步蟾宫》一曲遗之，曰："向后有官长，召汝佐酒，欲听道家词曲者，以吾词歌之，必得脱籍。"未几，黄为湖州守。询诸妓，有能为道情词曲者，俱无以应。珍独以前词奏之，黄甚喜，即判与脱籍。

今以《刘贡父诗话》考之，黄乃景德时人，在宣和之先，一百馀年。故《神仙鉴》一书，辑述甚富，而编年却未清晰，欲为参证考订之，以为壶中历记，盖有愿而未偿也。《仙鉴》用意，亦重编年。重编年，则必牵引故典，以为连络。其实，听道情者，别是一个州守，非黄也。此盖因"江南相见"一语，遂以黄觉之仕江南，为宣和时之守吴兴者也。

度郭上灶
（《征异录》）

郭上灶者，天禧间，为执灶佣，瀹汤涤器于汴州桥茶肆中。一日，遇吕道人，随去十馀年始归。语赵长官曰："大数垂尽，愿施一小棺，乞于棺首凿一穴，插竹筒于穴中，以通其气。"长官笑曰："既死矣，犹有气乎？"郭不答。明日，汲水浴身，卧槐下遂绝。葬于河岸，是秋水涨，赵往视，获棺无尸。（郭无名，为执灶佣，故名"上灶"。观此则非柳仙，也明矣。）

丁谓遇仙

谓为鄱阳倅。有秀才，往谒曰："吾唐吕侍郎之孙也。经史百家，无弗通晓。观君状貌，颇似李德裕，他日出处皆如之。"谓后果大拜。以女巫妖诞事发，坐贬崖州司户参军，信似赞皇矣。

度僧大云

吕祖伪为回处士，游大云寺。随堂会食，月馀不厌。因谓掌院僧曰："汝馔甚精，但少面耳。"遂去。旬日，携少许面至。自炮设，数百僧皆饱足，殊惊讶之。掌院僧遂烹佳茗，请处士共啜，偶举丁谓诗曰："花随僧箸破，云逐客瓯圆。"处士曰："此句虽佳，未尽茶理。"乃书一律曰：

玉蕊一枪出绝品，僧家造法极功夫。

兔毛瓯浅香云白，虾眼汤翻红浪俱。

断送睡魔离几席，增添清气入肌肤。

幽丛自落溪岩外，不肯移根入上都。

僧叹其清绝。处士乃以丹一粒遗僧，曰："服此可不死。"后竟仙去。

台州退涨

乾兴间，夏竦为台州郡佐。山水横发，率僚属祷于山椒，忽见黄衣道士，冒雨而来，衣不沾湿，目竦曰："若遂修道，可登真箓。"竦不答。道士笑曰："亦须位极人臣。"言讫而去，水亦随退。盖吕祖欲往江州，见竦心虔，故晤之。后竦，果居台铉焉。

死鱼放生

天圣初，吕祖游庐山酒肆。见剖鱼作脍，谓曰："吾能令此鱼再活。"剖者曰："子能生，吾亦能放。"祖师乃以药一粒，纳鱼腹中，顷复跳掷。剖者惊，放于江，悠然而逝。及欲问吕祖姓名，风过处，不复见矣。只于地上，画两圈而去。

度僧法珍

庐山开元寺僧，有法珍者，坐禅二十年，颇有戒行。吕祖化披发头陀，往问曰："师谓坐禅，可了道乎？"珍曰："然。"头陀曰："佛戒贪嗔，淫杀为甚。方其坐时，自谓此心无他。及遇景触物，不能自克，则纷飞莫御矣。吾向游一寺，以剑化一艳妇。入寺，僧行纵观之，神驰意丧（杀人剑）。一僧独不顾，迳出禅堂，似不动心者。吾以为可教，出观，则已候而挑之，乃知欲之莫能遏也。"因与珍历云堂，见一僧方酣睡，谓珍曰："吾偕子坐此，试观此僧坐。"未几，僧顶门上出一小蛇，长三寸许，缘床左足至地，遇涕唾食之，又循溺器饮。出轩外，渡小沟，绕花台，若驻玩状，复欲渡一沟，以水溢而返。师当其来径，以小刀插地，蛇见之畏缩，即寻别径，至床右足而上，还入僧顶。遽惊觉，问讯，曰："吾适一梦，与二子言之。初从左门出，逢美斋，食之。又遇美酒，饮之。因褰裳，渡小江，见美女数十，恣观之。将更渡一小江，以水骤涨，不能往。路逢一贼，欲见杀，乃走捷径，入右门，遂觉。"师大笑，出谓珍曰："以床足为门，以涕唾为斋，以溺为酒，以沟为江，以花木为美女，以小刀为贼。人之梦昧幻妄，睡醒无二也。此僧性毒多嗔，熏染变化，已成蛇相。他日瞑目，即受生于蛇矣，可不畏哉？吾吕道人也。鉴子精诚，可以学道，因来此度汝。"珍即相随，师授以丹诀，令潜修于青牛谷。谓曰："昔洪志乘青牛，冲举于此。道成，当来引汝。"

度侯道士

吕祖游庐山寂真观，临砌淬剑。道士侯用晦问之曰："先生剑，何所用？"师曰："削平地上不平事。"侯心异之，以酒果召饮，谓曰："先生道貌清高，必非风尘中人。"师曰："且剧饮，勿相穷诘。"既醉，以箸头书《磨剑诗》于壁，曰：

> 欲整锋芒敢惮劳，凌晨开匣玉龙嘷。
>
> 手中气概冰三尺，石上精神蛇一条。
>
> 奸血默随流水尽，凶顽今逐渍痕消。
>
> 削平浮世不平事，与尔相将上九霄。

题毕，初视若无字，既而墨迹灿然，透出壁后。侯惊拜，因问剑法，曰："有道剑，有法剑。道剑，则出入无形。法剑，则以术治之者，此俗眼所共见，第能除妖去邪耳。"侯曰："戮奸人于稠众中，得不骇俗乎？"曰："人以神为母，以气为子。神存则气聚，神去则气散。但戮其神，则人将自没。或有假手于人，皆此类也。"侯叹曰："此真仙之言也！愿闻姓氏？"曰："吾吕道人也。"言讫，掷剑于空中，化为青龙，跨之而去。侯乃笃志自修，后亦尸解。

点虬化龙
（吴锡麒《泰山纪游》）

泰山王母殿南，有吕公洞。宋天圣中，纯阳子于此题诗。内有纯阳石像，两童子夹侍，秀目竦眉，自成仙格。其上为飞虬岭，宋焘①《泰山纪事》云：昔吕公题诗石壁，有虬尝对诗顶礼。一夕，吕公复至，挥笔点其额，遂化龙飞去，因以为名云。

题诗天庆观

宝元中，吕祖游秦州天庆观。适道流悉赴邻院醮席，独一小童在。欲求笔书壁，童辞以观堂新修，戒毋污染。吕祖曰："但烦贮火殿炉，欲礼三清。"童既往。见殿后池水清泚，以瓜皮画壁，曰：

　　石池清水似吾心，刚被桃花影倒沉。

　　一到邦山宫阙内，消闲澄虑七弦琴。

末题"回后养书"。道流回观，皆叹为异，始悟"回后养"，乃"吕先生"反对也。

警石直讲

庆历初，石守道（讳介），为国子监直讲。有方外士，自称"回叟"。上谒，袖出一诗，曰：

　　高心休拟凤池游，朱绂银章宠已优。

　　莫待祸来名欲灭，林泉养浩预为谋。

石逊谢，延以酒食。日将夕，叟辞去，石留之宿，曰："吾孤云野鹤，安可以留也。"（后因孔直温谋逆，石尝有书与之，坐贬。）

---

① 宋焘（1572—1614），字岱倪，号绎田，又号青岩，山东泰安人，"泰山五贤"之一，万历二十九年（1601年）中辛丑科进士。著有《泰山纪事》三卷，"一卷曰《天集》，记天神事；二卷曰《地集》，记古迹；三卷曰《人集》，记名宦人物"。

岳阳绘像

庆历四年春，滕子京（名宗谅）谪守巴陵郡。越明年，政通人和，百废俱兴，乃重修岳阳楼。增其旧制，驰书范仲淹，请为之记，苏舜钦书石，邵竦篆额。一日，有回道人来游，风神耸秀，谈论高华。子京与论名胜，引道经云："两火一刀可以逃，的系何所？"道人曰："言剡中诸山，可以避灾也。故汉晋以来，多隐逸之士，括苍天姥是其处。"子京曰："按会稽籍，天姥在剡之东鄙，接天台华顶峰。既入括州，何云吴地？"道士曰："禹导吴江，会诸侯于祈山，秦置会稽，郡属吴。其郡治多灵异，《老子枕中记》言：吴之华山可度难，山半有天池，产千叶莲，服之羽化。予暂作彼山之伽蓝也。"子京曰："君其仙乎？"道人曰："然。"子京乃作诗，送之曰：

> 华州回道人，来过岳阳城。
>
> 别我游何处，秋空一剑横。

道人去后，子京绘其像，供于楼上。

戏陈执中

皇祐间，平章陈执中，求罢。政和初，范缜论其不病家居，宜速退之，以弭天灾。时执中，建甲第于东都，延亲朋为乐，有褴褛道士来谒。执中问曰："子何伎能？"曰："有仙乐一部，欲奏之以侑华筵。"腰间出一画轴，悬于厅壁上，绘仙女十二人，各携乐器。道士呼使，下皆累累前，列两女执幢幡以导，馀女奏乐。皆玉肌花貌，丽质娇音。顶七宝冠，衣六铢衣，金珂玉佩，转动珊然。鼻上各有一粒黄玉，如黍大，而体态轻虚，终不类夫凡女。乐音清澈烟霄，曲调特异。陈曰："此何物女子？"道士曰："此六甲、六丁玉女。人学道成，则身中诸神，皆能变化而为此。公亦愿学否？"执中以为幻惑，道士顾诸女曰："可以去矣。"仍悉上画轴，道士卷而吞之。索纸笔作诗曰：

> 曾经天上三千劫，又在人间五百年。

（仙家以一瞬为五百年，非拘定数目。）

腰下剑锋横紫电，炉中丹焰起苍烟。

才骑白鹤过沧海，复驾青牛归洞天。

小伎等闲聊戏耳，无人知我是真仙。

末题"谷客书"，俄出门不见。陈始知谷客，为洞宾也，恨欲抉目。未几卒。

同钟祖度曹景休

嘉祐间，有曹景休者，清才俊质，或劝其出就功名。曰："吾不就朝市，愿就崖谷。"因改名谷就（一作谷岫），隐迹山林，葛巾野服，矢志栖真。一日，钟吕二师来，问曰："闻子修养，所养何物？"曰："养道。"曰："道何在？"谷就指天。曰："天何在？"谷就指心。二师笑曰："心印天，天即道，子亲见本来矣。"遂授以还真秘旨，令其精炼。未几，道成。即持大拍板，先入都度世，唱道情曰："叹人生，多忙乱，火宅尘缘，日日相萦绊。蓦地喉中三寸断，性魄神魂，自此俱消散。任妻儿哀切，唤万句千声，更不回头看。饶你在生多讨算，落在荒郊，失了惺惺汉。"以后每随吕祖游行，号混成子。

考《潜确类书》云：曹国舅者，《苗善时传》不能举其名，第言丞相彬子，皇后弟。少而美姿容，性安恬，上及皇后重之。一旦，求出家云水，上以金牌赐之，抵黄河，为篙工索渡值，急用金牌相抵。纯阳见而警之，遂拜为弟子，得道。《苗传》如此，不足据也。夫为曹彬之子，上与后所重之人，尚不能举其名乎？此盖耳闻"曹谷就"三字，疑为"国舅"，遂举曹彬子，皇后弟实之。小说之所以多诬也。今人因"谷就"二字，讹为"国舅"，谓是曹彬之孙，皇后之弟。今考《宋史·外戚传》，有曹佾者，并不知修炼，犹之"杜拾遗"讹为"杜十姨"也。

知来不知去

河南处士邵尧夫先生，精于《易》理。治平间，静坐安乐窝中，忽见风过，占之，遇兑。复占外卦，复遇兑。喜曰："吕先生至矣。"俄而一道人至，尧夫亲叩其道。道人曰："既知我来，能知我去否？"邵惘然，恳求道要。道人曰："《易》理通脱，就中探之，可得也。"复授以口诀，邵依法修之，遂得尸解。

诗赠东老

熙宁元年八月十九日，湖州归安县沈思，隐于东林，因号东老，能酿十仙白酒。是日，有客自称"回道人"，长揖东老曰："知君白酒新熟，可许一醉否？"公命之坐，徐观其目，碧色灿然，光彩射人，与之语，无不通究，知非尘埃中人也。因出与饮，自日中，至暮，已饮数斗，殊无酒色。回曰："久不游浙中，今为子有阴德，留诗赠子。"乃劈席上榴皮，画字题于庵壁，云：

西邻已富忧不足，东老虽贫乐有馀。

白酒酿成因好客，黄金散尽为收书。

飘然辞去。视壁上所书，皆成金色字，东老大喜。（东坡先生闻之，有和诗三首。）

度浴室僧

熙宁间，知制诰李大临，出为江西转运使，过陵零，访何仙姑得道处。姑现身，谓曰："舍人志节，千载流芳。"大临揖，问："吕先生动履，而今何处？"姑曰："近日过此。言久客宜春，与开元寺浴室僧相善，喜其有道骨，曾遗以金。"大临默志之。先袁州开元浴室，有大井，泉水清冽，吕祖爱，留于彼，因与此僧款密。僧朴野不贪，待之尽敬。师曰："吾将游荆襄。"赠墨二笏，僧藏之笥箧。大临至袁，觅僧，问之曰："吕先生曾赠汝金乎？"僧曰："前有回道人，赠我墨耳，金则无也。"出示之，墨则金也。大临摩挲骇异，欲以他金易之。僧弗受，以一笏转赠，且问："运使何由得知？"大临曰："何仙姑为言之耳。"他日，吕祖复来，问僧："墨在否？"僧具以实告。师笑曰："何女饶舌。然李大临、王拱宸，皆吾故友也。"遂授僧禅定之理，后亦度世。

又《宋类苑》曰：潭州夏钧，尝过永州，问何仙姑曰："世多见吕先生，今安在？"姑笑曰："今在潭州兴化寺设斋。"钧到潭日，取寺中斋历观之，其日有华州回客，曾来设供。

度石玉休

石舍人玉休，因避暑山中，有褴褛樵夫，持斧而前，眉目秀整，议论清快。石问乡里及世系，曰："老夫生于河南，移居于终南山。唐礼部侍郎吕渭之孙也，所学者，《庄子》《老子》，此外无所为。"石曰："终南有何佳处？"曰："佳处甚多。"因举陶隐居诗，曰：

> 终南何所有，所有惟白云。
>
> 只可自怡悦，不堪持赠君。

石异之，款留三日，极谈出有入无，超生离死之法。将别，曰："吾将往岳阳。"以成丹一粒，遗石服之，年九十余，面如婴儿。后亦度世。

度刘跛仙

长沙刘跛仙，一号刘铁拐，以跛为名，别无名也。遇吕祖于洞庭君山，得灵龟吞吐之法，功成，归隐岳麓，自号潇湘子。尝侍吕祖，往来抱黄。吕祖数游城下，有诗曰："南山七十二，独爱洞真墟。"后有郑思者，遇跛仙于清泰门外，相与俱仙去。

王鼓刀改业

吕祖游武昌，货墨于市。一笏仅寸余，索价三千钱。众笑侮，连日不售。有鼓刀王某，曰："墨小而价高，得毋有异？"遂以三千钱，求一笏，且与剧饮。醉归昏睡，午夜闻叩门声，乃墨客还钱而去。比晓视墨，乃紫磨金也，两端各有"口"字。遂弃鼓刀之业，别营生理。

梳化龙

吕祖游天心桥（武昌），货敝木梳，索价千钱，连月不售。俄有老媪行乞，年八十余，龙钟伛偻，秃发如雪（不知哪位仙姑装的）。吕祖谓曰："世人循目前袭常见，全不思货敝物而索价高者，此岂无意乎？乃千万人，咸无超卓之见，尚可与语道耶？"遂呼老媪至前，为之理发，随梳随长，发黑委地，形容变少，螺髻高盘，众始神异之，争欲求梳。师笑曰："见之不识，识之不见。"乃投梳桥下，化为苍龙飞去。师与媪皆不见，后始知为吕仙也。

仙枣亭

鄂州治南亭前，有枣树一株，相传自唐以来，未尝结实。熙宁间，吕祖偶憩其下，忽有实如瓜。太守命小吏，采而进食。吏性至孝，亲死无依。是日，遇吕祖教其私唉，吏从之，食枣甫毕，即飞去。因更名仙枣亭。

石照亭改吕仙亭

熙宁七年秋，鄂州太守与州倅对弈。倏有道人至前，曰："吾国手也。"守试与弈，才下八子，即曰："太守负矣。"守曰："子未盈局，安知我负？"

道人曰："吾已分据要津矣。"已而，果然如是者数局，守皆负。道人亦拂袖去。守令人寻之，闻在郡治前吹笛。及至，则闻在东门。至东门，则又闻在西门。乃随声转变，直至黄鹤楼前。道人走往石照亭中不见，但见亭中有诗，曰：

> 黄鹤楼中吹笛时，白蘋红蓼满江湄。
> 衷情欲诉谁能会，惟有清风明月知。

末书一"吕"字，始悟为吕仙，因名吕仙亭。

是时，有《鄂渚道歌》，有《指玄篇》七律十六首，有绝句三十二首，有《百句章》一首。

赠慧觉禅师

熙宁间，吕祖南游韶郴，东下湘潭，至江滨。观智度寺觉公禅学，性源淳洁，与促膝对坐。良久，谓曰："收光内照，一衲之外无馀衣，一钵之外无馀食，达生死岸，破烦恼壳。方今佛衣寂寂无传，禅理悬悬几绝，扶而兴者，其在吾师乎？"作偈赠之，曰：

> 达者推心方济物，圣贤传法不传真。
> 请师开说西来意，七祖如今未有人。

游黄鹤山

江夏黄鹤山前，石洞如扉（今为吕公洞矣）。有军巡夜，逢三人（三口也），衣冠甚古，遗以黄金片片。携归，光彩焕发，邻里来观，皆化为石。或欲独得之，以为奇玩，众弗许。官觉，收之，命藏于军资库中。此熙宁间事也。他日，有冯当世者，言于东坡，坡记以诗，转寄李公择云：

> 黄鹤楼前月满川，抱关老卒饥不眠。
> 夜闻三人笑语言，羽衣着屐响空山。
> 非鬼非人乃其仙，石扉三叩声清圆。

洞中铿鈜落门关，缥缈入石如飞烟。

鸡鸣月落风驭还，迎拜稽首愿持鞭。

汝非其人骨腥膻，黄金乞得重莫肩。

持归包裹敝席毡，衣穿茆屋光射天。

里闾来观已变迁，似石非石铅非铅。

或取而有众忿喧，讼归有司今几年。

无功暴得喜欲颠，神人戏汝真可怜。

愿君为考然不然，此言可信冯公传。

酬笔师

渌江笔师翟某，喜延方士。吕祖往访之，翟馆于家，礼遇殊至，自是往来弥年。一日，携翟游江之浒，啮笔管为二片，浮于波上，吕祖履其一，引笔师效之。笔师怖，不敢前。吕祖笑而济，及岸，俄不见。翟始知其异人也。浃旬复来，自絜饮食食翟，皆腐臭也（神奇）。翟揜鼻谢，弗食。吕祖太息，曰："若不能食，良可惜也。然吾当以肉酱两瓶，酬君。"遂去，不复见。开视酱瓶，皆麸金也。两瓶者，盖亦两瓮之类，寓"吕"字也。

警陈澹然

陈澹然，富而儒者也。延云水士多年，竟无所遇。吕祖诡为佣者，为治圃岁馀，所作工役，力过常人。陈爱之，然止以佣工待之而已。一日，陈与一道友讲《阴符经》，至"人发杀机，天地返复"，未晓"杀机"之旨。吕祖从旁，接声曰："生者不生，死者不死；已生而杀生，未死而学死，则长生矣。"陈大惊，曰："汝殆非佣者也，谁教汝为此言？"既而诘之，则谬悠其辞不可解。道友曰："田野村夫，定于何处窃得此语耳，非真通晓也。"居无何，忽辞陈，曰："吾将远行，明年五月五日午时相见也。"既去，寂然。陈有乡邻，客于巴陵，遇之，曰："为我寄语陈公，我吕洞宾也。始谓公可授道，不忍逆揣。徐察之，则不然。吾不复来矣。"言讫，走入吕仙亭竹林中不见。明年于端午日午时，陈竟暴卒。

警侯玖、马善

东都马善（字性根），少师尧夫，三举不第，遂灰心学道。一日，与道者侯玖，游于汴，见一羽士，青巾布袍，腰携紫竹笛，足蹑黄棕鞋，风姿洒洒，面无尘浊，马心甚异焉。即召啜茶，且以饮食为敬。侯性素嗔，偏叱之。羽士曰："汝有何法？"侯曰："飞符召鬼，点石化金，归钱返璧。"羽士曰："所为皆非正法。"侯问："何能？"羽士曰："吾能清吾神，壮吾气，试观之。"乃吐气射酒肆，去烛数十步，而烛立灭。复吐气吹侯面，若惊风大发，凛凛不可支。二人起，谢曰："先生非凡人也，幸见教。"羽士曰："学仙须立功行。"侯曰："弟子平生，以药济人。"羽士曰："子杀物命，以济人命，是杀彼以生此也。不若止用符水，愈疾为佳。"语及曙，羽士辞去，曰："吾将返湘水之滨，与子酌别。"于柳阴之下，以金令侯市酒，适无酒。羽士以一瓶，命侯取汴水，投药一丸，立成美酒，三人共饮大醉。羽士留诗一章，曰：

> 三口共一室，室畔水偏清。
>
> 生来走天下，是即姓与名。

既别。二人测之，乃"吕洞宾"三字，皆大悔恨。

引韩魏公归天

韩魏公晚年，始延方士。有道者，鹑衣垢面求谒，韩意轻之，问："何能？"曰："能为墨。"试令为之，即掘地坎溲焉。韩不悦，道者和揉坎中泥为墨，曰："成矣。"遂去。公取墨视之，乃良金也。两端有"口"字，破之彻理，韩知是吕翁，追悔无已，寻卒。或有见魏公骑大兽，从一跨鹤者，冲天而去。然后知吕祖之来，盖引韩公归真矣。

警巴陵守

吕祖自东都南游，知巴陵守，素行清酷，欲化之。值守出衙，故犯其节，前驱执之。太守置诸狱，令书款，日将晡，无一辞。吏趣之，吕祖笑曰："须我酒醒。"忽失去，但遗诗曰：

> 暂别蓬莱海上游，偶逢太守问根由。
> 身居北斗星杓下，剑挂南宫月角头。
> 道我醉来真个醉，不知愁是怎生愁。
> 相逢何事不相识，却驾白云归去休。

太守大惊，曰："此吕仙也。"夙兴焚香，谢过。一日，见于水盆中，亟召画吏图之，与滕子京，本绝类也。

度黄莺

莺，广陵妓也，有姿色，豪客填门。吕祖托为秀才假宿，莺以褴褛拒之。师乃题二诗于屏，飘然径去。诗曰：

> 嫫母西施共此身，可怜老少隔千春。
> 他年鹤发鸡皮媪，今日花颜玉貌人。
> 花开花落两悲欢，花与人还事一般。
> 开在枝头防客折，落来地下请^①谁看。

莺观诗，有悟，即谢客入道。丁巳春，吕祖再至，语以女金丹，教先积气于乳房，大抵以汞为主，以铅为宾，教其下手速修，待予北度众生水厄，然后来招子也。（后七月，河决澶州。）

---

① 请，底本作"倩"，校者改。

面斥惠卿

熙宁中，惠卿在真州作守。忽有异人过，遗以诗，曰：

> 野人本是天台客，石桥南畔有旧宅。
>
> 父子生来共两口，多好清歌不好拍。

后有《渔父词》，曰：

> 万劫千生得个人，须知先世种来因。
>
> 速觉悟，出迷津，莫使轮回受苦辛。

惠卿婿余中，解之曰："第一首，乃吕洞宾吟也。"惠卿首附王安石，因得骤进执政。既又与安石异志，安石命邓绾发惠卿奸恶，遂免惠卿出陈州。吕祖复来，斥之曰："吾前以宗姓而来度子，今子怙恶不悛，非吾侣也。天鉴不远，必置尔于无所建立之地。然后知青苗助役，皆非功名也。"言讫，不见。惠卿悚惧者数日。后二年，竟以有罪，安置建州。

范纯仁得黄白术

熙宁二年，罢判国子监范纯仁于河中府。纯仁，文正公次子也。忠爱仁厚，为奏王安石变祖宗法度，掊克财利，民心不宁。安石大怒，乞加重贬。神宗曰："彼无罪，姑与一善地。"命知河中府，寻徙成都转运使。以新法不便，戒州县毋得遽行。当纯仁初至河中之时，满怀仁念，郁而难伸，慨然曰："安得有点石化金，充山塞海者，以利苍生乎？"忽有吕秀才晋谒，谓范纯仁曰："君家义庄，世德之根也，其用犹足否？"纯仁惊曰："是亦不足也。"秀士曰："济众博施，尧舜犹病。君有爱人之心，而无回天志力。我无君相之柄，颇有黄白之方。"乃袖出一书，竟授纯仁而去。纯仁默用其术，以资义举，因作《渔庄录》传其家焉。绍圣间，纯仁徙岭南。在道覆舟，恍惚中，见前秀士扶之，遂得浮江出坎，纯仁向天礼谢。建中靖国时，将卒之日，口占遗表，神气不稍衰。言讫，以手枕肱而逝，年七十五，空中闻鹤唳之声。

与滕生饮酒

元丰初，东京有一道人，自称"谷客"，与布衣滕生名忠者同饮。将去，以药一丸遗滕。滕素有风癖，服之即愈。又三年，于扬州开明桥东重遇，谷客坐水次，以手拍①滕，滕取路，跨桥而往，至则无所睹，始悟"谷客"为洞宾也。

赤壁舟中示坡仙梦

元丰中，东坡先生出为黄州团练使，寓临皋亭。壬戌十月之望，复游赤壁山，返而登舟，放乎中流，听其所止而休焉。时夜将半，四顾寂寥，适吕祖化一大鹤，横江东来，翅如车轮，玄裳缟衣，戛然长鸣，掠坡舟而西去。须臾客散，坡亦就睡，梦一道士，羽衣翩跹，过临皋之下，揖坡而言曰："赤壁之游乐乎？"问其姓名，俯而不答。坡悟曰："我知之矣，畴昔之夜，飞鸣而过我者，非子也耶？"道士大笑，坡亦惊悟，开户视之，不见其处。

《道缘汇录》云：东坡在黄州后，游赤壁，先见一大鹤，横江东来。次梦一道士，过临皋之下，皆吕祖示警也。师在抱黄，曾言之。

游黄州、惠州两度坡仙
（《道缘汇录》）

东坡在黄，与客谈李卫公辅中原，张虬髯游海外事，曰："此神仙英雄也。"及夕，风来月上，见一俊后生，携乌革囊，从一长髯五绺者，太踏步入，坡骇曰："神人即张、李二公耶？"长髯曰："吾海上道人吕洞宾，此小徒卢黄粱也。"坡喜遇仙，频首称弟子（《东坡集》中，有《海上道人传以神

①拍，疑为"招"字之讹。

守气诀诗》，谁知即是吕祖）。道人约他日再见，倏然而去。后在惠州白鹤新居，邓道士叩门相访。时已三鼓，月色如霜，忽有衣桃榔叶，携斗酒，丰神英发，如前遇洞宾像者，坡喜曰："吕先生惠然肯来乎？"其人曰："吾非洞宾，乃九霞山人李靖也。子尝真一酒否？"就坐，各饮数杯，击节高歌，合江楼下，风振水涌，大鱼皆出。袖出一书，授东坡，乃《真一法》，及《修养秘事》而去。此盖吕祖因东坡思李靖丰神，先往皋亭示之，后又托名李靖，于白鹤居度之也。（此事后半见《坡公全集》，前半见《道缘汇录》。盖《坡公文集》，原多遗失也久矣。）

查初白①云：东坡晚年，留心养生之术，于龙虎、坎离之说，不但能言，而且能行。所作《辨道歌》，及《赠陈守道》二诗，阐抉道家内外丹，殆无余蕴。

《宋杂记》云：东坡由惠州，过儋耳，安居海岛，对景无心，将海上道人吕洞宾所传秘诀，刻意修之。既而北归有诏，坡拜玉局②之际③，卒于常。盖已尸解，为玉局仙人矣。

又《斜川集》中《大人生日诗》云："畴昔东华典秘藏，于今菴暖水云乡。欲知万里雷霆谴，要与三山咫尺望。世上功名那复记，洞中仙籍已难量。仇池何用追仙驭，香案仍归侍玉皇。穷寓三年瘴海滨，箪瓢陋巷与谁邻？维摩示疾原非疾，原宪虽贫岂是贫？仙姝固尝占异梦，肉芝还已献畸人。世间出世何由并，一笑荣枯等幻尘。"皆实录也。

丹赐李积

积，字德成，兖州人。儒而精医，恒必济人。常于隆冬，遇一贫窘道士，单衣无寒色，与李入酒肆，自据主席，李怪之，店者曰："交钱取酒。"道士指店中三籍瓶，曰："中各有一升酒钱。"店者视之果然，遂以三升酒与之。道士酌酒与李，止取一瓶，而以二瓶自竭。曰："此小术耳，吾吕洞宾

---

① 即查慎行（1650—1727），字悔余，号他山，杭州府海宁花溪人，清代诗人、文学家。晚年居于初白庵，故又称查初白。

② 宋哲宗元符三年（1100年），苏东坡接朝廷诏命："官复朝奉郎，提举成都玉局观。"

③ 际，底本作"除"，校者改。

也。"李惊喜，求度，道士书一绝云：

> 九重天子寰中贵，五等诸侯门外尊。
>
> 争似布衣狂醉客，不教性命属乾坤。

以药一粒赐李，曰："服此当享高寿。"遂去。元祐初，司马康延李治疾，时已八十余，发不白，齿不落。百有七岁而卒。

赠陈烈

烈，字季慈，福州处士也。嘉祐末，曾征为直讲，不至。熙宁间，文潞公又荐之。元祐辛未秋，至是遣使召之，仍辞不赴。吕祖尝与往来论道，适诏使至，因作诗赠之，曰：

> 青霄一路少人行，休话兴亡事不成。
>
> 金榜因何无姓字，玉都必定有仙名。
>
> 云归大海龙千尺，雪满长空鹤一声。
>
> 深谢宋朝明圣主，解书丹诏召先生。

烈得诗，益喜，未几卒。吕祖复弔之，曰：

> 天网恢恢万象疏，一身亲到华山区。
>
> 寒云去后留残月，春雪来时问太虚。
>
> 六洞真人归紫府，千年鸾鹤老苍梧。
>
> 自从遗却先生后，南北东西少丈夫。

烈见王安石行青苗法，作诗讥之，遂隐居不仕。殁后，有见吕祖偕之西去者。

游大庾

横浦大庾岭，有富家子慕道，建庵接云水士多年。延众建黄箓大斋，方罢，忽有一褴褛道人至，众不知恤，或加凌辱。道人题《减字木兰花》词于壁，曰：

> 曾游大庾，白鹤飞来谁共语。
>
> 岭畔人家，曾见寒梅几树花。

春来春去，人在落花流水处。

花满前蹊，藏尽仙机人不知。

末书"无心昌老来"五字，作三样笔势。题毕，径入云庵，迹之不见。徐视其字，深透壁后，始知"昌"字无心，乃吕仙也。众共叹惋。

神光观画像

吕祖游山阳神光观，丐笔自写己像，于三清殿北墉，眉目修整，貌古怪，不类世所传。上有北斗七大星君相，被发秉珪立，傍作一符，径丈余，书曰"元祐二年作。如知吾下笔处，可以语道"。人以疾，刮符服之，往往良已。或有见神人，仪观甚伟，曰："吾神观符使也。世人知吕祖之符甚灵，而不尊吕祖之像，何也？"人始以碧纱幕护之。

游朱明观

吕祖游罗浮，至朱明观，值道士他适，独小童在。童揖曰："先生请坐小斋。"遂窃道士酒以献。吕祖满引，使童酌其余，童不屑。素患左目内障，吕祖以余酒噀之，目忽开明，若索无患者。乃取笔，画一山于壁，山下作池三口，谓童曰："汝饮吾酒，则得仙。不饮，命也。然当享最高寿。"言讫，飞入石壁。及道士归，见所遗画彻壁，大惊曰："山下三口，乃'嵩'字也。得非吕祖乎？"深憾不遇。后童，年百有五岁，果符其言。

度张仙姑

姑，南阳人，父亡母老，性至孝。元符间，姑年十余岁，自樵自炊以奉母。入山遇吕翁，以桃一枚啖之，遂不思饮食。他日，复授以神符气水之法，命其救人立功，则来携汝。自是出入人间，行踪诡异。人有病延治，仙姑辄瞑目，潜为布气攻之，俄觉腹热如火，已而鸣声如雷，虽沉疴无不立起。崇宁间，徽宗召至京，试之，果效。后闻与何仙姑同去，不知所之。

捏土为香

张天觉，名商英。大观四年，时久旱，彗星中天。商英拜尚书仆射，是夕彗没，明日雨。徽宗书"商霖"二字赐之。有褴褛道人，及门求施，商英不之礼，戏问："有何术？"曰："能捏土为香。"即于阶侧，取泥捏而焚之，奇香酷烈。烟罢，道人不见。案上留诗一章，曰：

> 捏土为香事有因，世间宜假不宜真。
>
> 皇朝宰相张天觉，天下云游吕洞宾。

商英自恨不识，从此格去非心。

东都妓馆

有妓杨柳，东都绝色也。一道人，往来其家，屡输金帛，然终不及乱。杨一夕，乘醉迫之，笑曰："吾先天坎离配合，身中夫妇，圣胎曾结，婴儿屡生，岂复恋外色乎？"杨疑讶其语。时张天觉，出知河南府。幕宾萧姓者，常与杨狎，杨以道人言告，萧转述于天觉，遽往即之。道人大呼，疾走，径趋栖云庵云堂不出。良久，排闼，寻之不见，惟壁上有诗，曰：

> 一吸鸾笙裂太清，绿衣童子步虚声。
>
> 玉楼唤醒千年梦，碧桃枝上金鸡鸣。

询其貌，则前所见者也。后庵遭兵火，而诗壁岿然独存，亦一异也。

宫中治祟

徽宗政和间，宫禁有祟，白昼现形，盗妃嫔金宝，不得休息，盈庭惶惧。帝召林灵素、王老志治之，息而复作（仙品有限）。帝精意虔祷，奏词凡六。一日，昼寝，见一道士，碧莲冠，紫鹤氅，手持水晶如意，前揖曰："奉上帝命，来除此祟。"良久，一金甲丈夫，捉祟物劈而啗之。帝问："金甲者何神？"道士曰："此陛下所封崇宁真君关某也。"帝问："张桓侯何在？"关曰："桓侯与臣累劫兄弟，世世为豪杰。身在唐为张睢阳，今已为陛下，生于相州岳家。他日辅佐中兴，桓侯将有功焉。"（当为子孙记之）上问："道士何姓名？"曰："臣姓阳名纯，四月十四日生。"梦觉，召林、王言之，曰："此吕仙师也。"自是宫禁帖然，遂诏天下有纯阳香火处，正妙通真人之号，塑像于景灵宫，奉祀不绝。

张紫阳前身

紫阳，于元丰末尸解，入王屋山，炼天元功竟，复返天台山，优游二十余年。及政和间，行至江陵，遇董凝阳，知亦受道于海蟾仙师，乃往太华相访，得见海蟾翁，同谒钟、吕二祖。吕祖谓紫阳曰："子本紫微天宫九皇真人，因校劫运之籍不勤，遂与同事三人，并谪人间。今垣中，可见者六星，潜曜者三。子为紫阳真人；汝南黄冕仲尚书，为紫元真人；维阳于敬伯，为紫华真人。今子与于，已复清都。惟冕仲沉沦宦海，来世苟复迷妄贪尘，则必坠入恶趣，无复升仙之期矣。子可一往，使其觉悟，庶几还原返本。"紫阳承吕祖命，飘然而去。时黄君在延平，素习容成之术，且酷嗜炉火。紫阳屡化不听，惟自号紫元翁，寻卒。紫阳叹惜，将复俟其转世而觉之。

昌虚中

徽宗宣和间，有一道人，自称"昌虚中"。往米诸琳宫，动履怪异，饮酒无量，自埋大雪中，旬日不出，或行水上如平地。又善草书，作枯藤游丝之势，一举笔数千，络绎不绝，人争携帛以求，往往不与。又能治祟，帝命召之不得，但于其游息处得诗曰：

遥指高峰笑一声，红云紫雾面前生。

每于尘市无人识，长到山中有鹤迎。

时弄玉蟾驱鬼魅，夜煎金鼎煮琼英。

晨朝又赴蓬莱会，知我仙家有姓名。

度珍奴

宣和间，吕祖游吴兴。见妓张珍奴，色容华美，性情淡素，每夕沐浴更衣，炷香告天，求脱去甚切，乃化一士人访之。珍见风神秀异，礼敬殊深。去而复至，如是者月余。珍曰："荷君眷顾已久，独不留宿，何也？"士曰："固自有意，而汝每夜吁天，实何所求？"珍曰："失身于此，又将何为？但自念入是门中，妄施粉黛，以假为真，讴歌艳曲，以悲为乐，本是一团臭脓皮袋，借伪饰以惑人。每叹世之愚夫，睹我如花，情牵意惹，非但丧财，多致殒命，使妾罪愈重而孽愈深。以此昕夕告天，早期了脱耳。"士曰："汝愿如此，何不修道？"珍曰："陷于此地，何从得师？"士曰："吾为汝师，可乎？"珍即拜叩。士曰："再来乃可。"遂去。珍望不至，深自惆怅，作词曰：

逢师许多时，不说些儿个，安得仍前相对坐？

懊恨韶光空自过，直到如今闷损我。

士至，见其词，因续曰：

道无巧妙，与你方儿一个，子后午前定息坐。

夹脊关，昆仑过，恁时得气力，思量我。

复与太阴炼形丹法。临别，作《步蟾宫》一阕与之，曰："向后有官长召汝佐酒，欲听道家词曲者，以吾词歌之，当得脱籍。"词曰：

坎离乾兑分子午，须认取自家宗祖。

地雷震动山头雨，待洗濯黄芽出土。

捉得金精牢固闭，炼甲庚要生龙虎。

待他问汝甚人传，但说道，先生姓吕。

珍秘而不言。未几，有湖州守喜听道情，询诸妓有能为道情词曲者否，俱无以应。珍独以前词奏之，守讶曰："吕先生曾过汝乎？"珍具述所以，遂得脱籍。自是徉狂乞丐于市，投僻地密修，逾二年尸解。

张商英寻吕先生，至湖见珍，曰："此女大福，已超物外矣。我尚沉沦苦海，何日得登彼岸？"及见时事日非，遂远入滇南修炼。未几，亦遇吕祖度世。

警徽宗

宣和间，徽宗设斋，要一千道人，只阙其一。适有一疯癫道士求斋，监门官力拒之。其时，徽宗与道士林灵素，便殿谈话，而道人忽在其阶前，亟遣人令去赴斋。道人以布袍袖在便殿柱上一抹而往，帝见而怪之，起身观柱上，有粉字，书云：

高谈阔论若无人，可惜明君不遇真。

陛下问臣来日事，请看午未丙丁春。

帝以为仙家显化之常，竟不惊异而已。后靖康丙午丁未，二帝北狩之难，谁知已预示于此。

题太平寺扉

尚书郎贾师雄奭，初为太守时，有家藏古镜甚宝，常欲淬磨，无有能者。吕祖称"回处士"谒焉，请试其技，笥中取药少许，置镜上，辞去，曰："俟更取药来。"久之，不至。贾命吏察之，但见所寓太平寺扉上，题诗曰：

手内青蛇凌白日，洞中仙果艳长春。

须知物外烟霞客，不是街头磨镜人。

贾见而异之，知为吕仙。视镜上药，已飞去，一点光明如月。后复儒冠，登武冈谯楼，叹曰："佳哉山水，五百年无兵火，可避乱也。"

度孙卖鱼

孙卖鱼者，不知其名，尝卖鱼楚州市中。时当盛暑，鱼不售，吕祖见而戏之。曰："汝鱼馁矣，能饮我，可使鱼活。"遂饮以斗酒，鱼果活焉。因与谈，竟日而去。自是通晓古今事，决人祸福辄应。宣和中，诏至京师，赐号"尘隐居士"，复还楚州。靖康初，常于亳州老子庙，号咷大哭而去，记其日，乃汴京陷时也。及相秦桧，复号于市，曰："冤哉！中原不可复矣。"遂隐钵池山不出。

同钟祖度姚平仲

姚平仲者，山西人也。靖康中，金兵围京城。时平仲为都统制，率步骑夜袭金营，被金人觉之，捣阵即陷，遂乘青骡亡命，一昼夜，行七百五十里。至邓州，入武冈。嫌华山为浅，乃入蜀，至青城，复进大面山。解骡倚石而坐，顿觉心地清凉。闻有吹笛者，从一双髻胡髯、披襟坦腹道人，自山冈下。曰："汝为蛮触上一点功名，几致失身殒命。夫当此残害忠良之日，见几原非罪过。予汉钟离，此吕纯阳也。汝事迹，与予相类，今特来兹度汝。"平仲即拜伏求度。钟离曰："子能坚修，何患无成？"令于山洞静养，至九九日，即能出神入化，通往知来，自以为有得。钟祖复至，曰："此阴神也，不能久视。须①得金液，乃是阳丹。"吕祖以九还之诀示之，平仲乃混迹勤修，积功累行，遂成大道。

后淳熙戊申，范成大为剑南廉访使，于青城山遇之，紫髯过腹，双眸如电，并述得道之由，长啸而去，声振崖谷。范廉访遂辞官归吴，隐于石湖，自号"石湖老仙"云。

《剑南诗稿·寄姚太尉序》云："姚太尉，名平仲，字希晏。靖康初，在围城中，夜将死土，攻贼营不利，骑俊骡逸去。建炎初，所在揭榜，以观察使，召之不出。淳熙甲午、乙未间，或见之于丈人观，年近九十，紫髯长委

---

① 须，底本作"处"，校者改。

地，喜作草书。盖得道于山中者。"

又云："姚将军以战败亡命。建炎中，下诏求之，不可得。后五十年（淳熙中），乃从吕洞宾、刘高尚（海蟾），往来名山，有见之者。予感其事，作诗寄题青城山上清宫壁间，将军倘见之乎？"诗曰：

> 造物困豪杰，意将使有为。功名未足言，或作出世资。
>
> 姚公勇冠军，百战起西陲。天方覆中原，殆非一木支。
>
> 脱身五十年，世人识公谁？但惊山泽间，有此熊豹姿。
>
> 我亦志方外，与公乃同师。年来幸放废，倘遂与公辞。
>
> 从公游五岳，稽首餐灵芝。金骨换绿髓，欻然松杪飞。

其《寄姚太尉五律》云：

> 太尉关河杰，飞腾亦遇时。中原方荡覆，大计易差池。
>
> 素壁龙蛇字，空山熊豹姿。烟云千万叠，求访固难知。

度谯天授

天授，涪陵人也。初学《易》于郭曩，至汴京，复与程伊川游。靖康初，召为崇政殿说书，不就。建炎中，复召用之，亦不可，乃归蜀，隐青城山。遇吕先生，纳玄理于儒理之中，为讲孔孟存心养气处，在人身天地之间，这才是真幽独、真腔子。天授曰："今而知'退藏于密''独善其身'，竟有如许学问，审能行此，更可成世外神仙也。"遂求乾坤门户、上下同流之妙，以卒其业，人皆见其仙去云。

《剑南诗稿·寄谯先生序》云："青城大面山中，有二隐士：一曰谯先生，名定，字天授。建炎初，以经行召至扬州，欲留之讲筵不可，通直郎直秘阁致仕。今百三十余岁，巢居崭绝，人不能到，而先生数年辄一出，至山前，人有见之者。一曰姚太尉（见上篇）。盖皆得道于山中云。偶成五字二首，托上官道人寄之。"诗曰：

> 寄谢谯夫子，今年一出无？万缘随梦断，百念与形枯。
>
> 云护巢松谷，神呵煅药炉。凭高应念我，白首学征租。

以上二则，儒书与道录相合，可谓信而有征也。

外记仙迹八则

（附录稗说二则）

一

监文思院赵应道，病瘰疬，渐渐委顿，泣别亲旧。曰："吾将死矣。闺阁中一物皆舍得，独白发老亲无托，为可悲耳。"语未竟，忽有道人叩门，语赵曰："病不难愈也。"取纸二幅，各掐其中，为一方窍，径可二寸许，以授赵。曰："子可烧一幅，以灰调乳香汤涂病上，留一幅以待后人。"言讫，道人不见。始悟"两方窍"，"吕"字也。赵病应手而痊。

二

又，东京一岁，民大病虐，有老母家鬻茶，子孙皆病。一日，有道人来，姆善待之，以子孙病为请。道人曰："翌旦待我。"明早，赴待之。道人绛纱裹药，曰："病发者，使持之自愈。一丸可愈百人，过百人，即不验矣。"姆从之，子孙皆效。遍疗及百人满，果不复验。姆拆囊，已不见药，但书"吕洞宾"三字在内，方知遇吕仙也。

三

又，桐庐有通守，忘其姓名，以母病发背，百方不瘥。祈祷备至，感吕祖夜梦之曰："公至孝动天，命予救援。若迟一日，不复可疗。"乃授以灵宝膏方，栝蒌五枚取子、乳香五块如枣大，二味各研细，以白砂蜜一斤同煎，成膏。每服三钱，温酒化下。通守市药，治服即愈，后以施人立效。

四

又，赵州贫民刘某，病跛二十年，每夕炷香祷天。一日，有道人手携铁瓢，谓刘曰："可随我行。"刘随之行二里许，指地下，曰："此下深三尺余，有五色石。"试掘之，果得一石，大如弹丸，五采殊常。道人曰："子可持归，暴露九日，为细末，以木瓜皮，煎汤服。俟病愈后，可来城东驻云堂东廊，第三间左壁会我。"及刘疾脱然愈，即往寻之，但见壁上有吕祖像，宛然携瓢者云。

五

又，世传鄂城濒阳，有一贫妇，素患痛病，每日膝行，至桥上乞钱。一日，遇一道人过，见而问之。妇曰："夫故，遗姑年八十余，无以为养，故来此丐些钱米，以奉姑耳。"道人闻已，遂将所执棕拂子，谓妇人曰："汝试牵此起来，吾薄有钱米与汝。"妇果牵之而起。又曰："汝试再随我行。"妇即随之，行不数步①，妇大愈如平人。妇曰："先生何处住？我好来叩谢。"道人曰："我在某氏楼上。"妇归，姑见，骇问其故，妇述所以。次日，姑媳寻至其家楼上，盖所奉纯阳帝君像也。某以吕祖显神之故，因留其姑媳奉持香火，以终身焉。此亦妇之孝，念有以感之，不仅愈其疾，且资其生，其慈悲为何如耶！

六

又，武昌省城西城外，黄鹄矶石上，有桃痕，相传吕祖假卖桃，以验众。售者第云，归遗稚子，无有言及父母者，吕感忿，掷桃于石上而去，此痕至今犹存。

七

又，吕祖游江夏，诡为吕元圭，往来居民杨氏家，为人言祸福事甚验。一日，忽辞去，曰："恶人至矣，吾将避之。"是夕，提点刑狱喻某，行部自鄂，首觅吕，已不见。得其平日所与往还者岑文秀，诘其所得，岑曰："无有。"喻厉以声色，将罪之，岑答如故。喻命搜其家，得所遗卷长歌一首，论内丹事。喻省之，曰："此吕先生也。'元圭'者，拆'先生'二字耳。恶人者，谓予将迫之也。"

---

① 步，底本作"武"，校者改。

八

稗说神仙五百年，一遭雷劫，躲过则生，遂传吕祖在北宋间，曾于蔡端明炉中，避藏劫难。谓端明，乃状元根器，雷不得而惊之也，殊属可笑。夫北宋前，吕祖方一百余岁，并非五百年也。况神仙九转大还之后，三千行满，八百功圆，能叱咤雷电，挥斥甲丁，安有畏雷劫者？惟炼小还丹，神气未定，五百年难免三灾。通身制伏之气，郁而必发，如狂风暴火、雷电交奔，将肢体焚化，此即"雷劫"之说也。然不可以论上仙矣。

俗有蔡君谟襄[①]，洛阳桥传奇，谓大士助力，纯阳赠金，此不言而知其谬也。但君谟根柢，实自仙山而来，故得海神效顺。按：君谟，乃仙游人。初县尉凌景阳，以事出郊，有道士携二童来谒，谓凌曰："此仙种也，可善抚之。"凌见其眉目疏秀，迥超凡品，遂引归衙舍，课以经艺。秩满，嘱太守置之郡学，后俱擢上第，即君谟与弟高也。道士，即吕祖化形。是神仙未倚状元避雷，状元反赖神仙启蛰也。书奉小说家，添一段佳话。

以上二则，正小说也。

---

① 蔡君谟襄，即蔡襄（1012—1067），字君谟，福建路兴化军仙游县（今属福建省莆田市）人。北宋文学家、书法家，与苏轼、黄庭坚、米芾并称"宋四家"。

吕祖年谱海山奇遇卷之四

弟子火西月　敬编

南宋仙迹引

　　上三卷编，载吕祖年谱三百二十九岁。今从南宋建炎元年丁未，叙至帝昺祥兴二年已卯，是为南宋仙迹，凡一百五十三年。合前三百二十九岁，共四百八十二年矣。

　　高宗建炎元年丁未、戊申、己酉、庚戌；

　　高宗改元绍兴辛亥、壬子、癸丑、甲寅、乙卯、丙辰、丁巳、戊午（金天眷）、己未、庚申、辛酉（金皇统）、壬戌、癸亥、甲子、乙丑、丙寅、丁卯、戊辰、己巳（金天德）、庚午、辛未、壬申、癸酉（金贞元）、甲戌、乙亥、丙子（金正隆）、丁丑、戊寅、己卯、庚辰、辛巳（金大定）、壬午；

　　孝宗隆兴元年癸未、甲申；

　　孝宗改元乾道乙酉、丙戌、丁亥、戊子、己丑、庚寅、辛卯、壬辰、癸巳；

　　孝宗改元淳熙甲午、乙未、丙申、丁酉、戊戌、己亥、庚子、辛丑、壬寅、癸卯、甲辰、乙巳、丙午、丁未、戊申、己酉；

　　光宗绍熙元年庚戌（金昌明）、辛亥、壬子、癸丑、甲寅；

　　宁宗庆元元年乙卯、丙辰（金承安）、丁巳、戊午、己未、庚申；

　　宁宗改元嘉泰辛酉、壬戌、癸亥、甲子；

　　宁宗改元开禧乙丑、丙寅、丁卯；

　　宁宗改元嘉定戊辰、己巳（金大安）、庚午、辛未、壬申（金崇庆）；

　　宁宗改元至宁癸酉（金祯祐）、甲戌、乙亥、丙子、丁丑（金兴定）、戊寅、己卯、庚辰、辛巳、壬午（金元光）、癸未、甲申（金正大）；

理宗宝庆元年乙酉、丙戌、丁亥；

理宗改元绍定戊子、己丑、庚寅、辛卯、壬辰（金天兴）、癸巳；

理宗改元端平甲午（金亡）、乙未、丙申；

理宗改元嘉熙丁酉、戊戌、己亥、庚子；

理宗改元淳祐辛丑、壬寅、癸卯、甲辰、乙巳、丙午、丁未、戊申、己酉、庚戌、辛亥、壬子；

理宗改元宝祐癸丑、甲寅、乙卯、丙辰、丁巳、戊午；

理宗改元开庆己未；

理宗改元景定庚申（元世祖中统）、辛酉、壬戌、癸亥、甲子（元改元至元）；

度宗咸淳元年乙丑、丙寅、丁卯、戊辰、己巳、庚午、辛未（元始定称国号，称大元）、壬申、癸酉、甲戌；

恭帝德祐元年乙亥；

端宗景炎元年丙子、丁丑；

帝昺祥兴元年戊寅、己卯（宋亡）。

度蓝方

衡峰道人蓝方，字岳山，性善笑。凡遇逆意者，皆能一笑去之，因号"长笑先生"。建炎初，遇吕祖同蓝采和，来游衡州，授以还丹结胎之旨。遂入南岳深处结炼，不数载而道成。吕祖命刘海蟾教其出壳，海蟾遇尚书郎李观，语曰："奉烦寄语岳山先生蓝方，十月怀胎，如何尚不得出？"观至南岳，语方。方惊曰："吾养圣胎已成，念非海蟾，不足以成吾道也。"是年尸解。

景定间，吕祖偕饶廷直、张可大，往游衡山绝顶。庐蓬中二道者，逊坐稽首，启问云："南渡时，有道长蓝方者，入岳静坐，言已得大还丹。怀胎既久，在此温养，吾侪得以师事之。前有李玉溪，奉海蟾翁寄来十语，乃抚掌大笑，顶间霹雳一声而化，敢求指教。"吕祖曰：

九年火便直经过，倏尔天门顶中破。

真人出现大神通，从此天仙可相贺。

"至此，则金丹大事毕矣。"祖与饶、张分手而去。二道于庵中，立位祀之曰："岳山长笑先生。"

据此，则知长笑先生，非蓝采和也。他本谓蓝方，字养素者，亦非采和。名太露，君子恶其文著，故号养素。

（李观，字玉溪。非唐时李观也。）

警御女之术

建炎中，梓潼娄道明，家富，善玄素术。常蓄少女十人，才有孕，即遣之，复置新者，不减其数。昼夜迭御，无休息，阴火强盛，面若桃红。或经日不食，年九十七，止如三十许人，尤好夸诞大言。对客会饮，或言玄女送酒、素女送果，彭祖容成，往来遣书。吕祖诡为丐者，娄不识，叱使去。吕祖以两足踏石上，成两方窍，深可寸许。娄始惊异，即延置座右，曰："子非凡人也。"出侍女，歌《游仙词》侑酒。吕祖口占《望江南》词，酬之曰：

瑶池上，瑞雾霭群仙，素练金童锵凤板。

青衣玉女啸鸾弦，身在大罗天。

沉醉处，缥缈玉京山。

唱彻步虚清曲罢，不知今夕是何年，海水又桑田。

女进笺请书，吕祖自纸尾，倒书彻纸首，字足不遗空隙。娄请问道要，吕祖曰："吾已口口相传矣。汝知浔阳翟庄乎（字祖休）？孝友著名，耕而后食，尝以猎钓为事，中年不复猎。或问：'同是害生，何为独去其猎？'曰：'猎自我，钓自物，未能顿禁，故先节其甚者。'于是不复钓，端居蓬门。征命皆不就，尝曰：'岂以饵吞钓者耶？'予爱其保身立命，惜物全生。子之狂妄，奚为哉？"俄登门外大柏树杪不见。娄自是忽忽不乐。未几，吐膏液如银者数斗（强蓄淫精），遂卒。"口口相传""石上方窍"，皆"吕"字也。

示刘法真

吕祖游华阴，一道者伏地拜迎。吕祖曰："子何为也？"对曰："仆乃刘法真。昨见黄云渐近，今犹覆顶，故知圣真降临。"祖因问其从来，刘具述："天宝中，同人入寿春作茶，各致一驮，至陈留遇贼。有人导去魏郡，又遇一老僧，令往五台，众意山寺尚远，僧已知其畏劳，因邀入兰若，发心出家，住持二十余年。后知僧，即文殊菩萨。一日，谓曰：'有大魔起，必索汝等。'令众各散去。仆后居华阴云台观为法师，嗣遇张公弼，邀入石洞，寻亦别去。每恨遇仙佛，而心不坚，遂致郁为腰疾，伏望圣师救拔！"吕祖曰："子之道业过半，为心无所住，致受折磨。今更往峨眉，拜求菩萨，则大行成矣。予亦将游蜀中。"法真即随至青城山，分途而去。

警黄若谷

吕祖游青城山丈人观，见道人黄若谷，风骨清峻，戒行严洁。常以天心符水、三光正炁，治人疾，良验。得钱帛，即以散施贫苦。吕祖称"宾法师"上谒，款留月余。所作符篆，往往吹起，皆为龙蛇，云雾飞去；斩妖召将，必现形，通言语；足踏成雷，目瞬成电，呵气成云，喷沫成雨；善画不用笔，但含墨水喷纸，自然成山水人物、亭台花木之状，略加拂拭而已。每画得钱，即市酒与若谷痛饮。若谷素无量，而每为宾所困。问曰："先生还可语我道否？"曰："子左足北斗七星缺其一，奚能成道？更一生可也。"谷惊曰："宾公真圣人矣。"盖其左足下有黑子，作七星状，而缺其一，未尝为人知故也。复问："寿几何？"吕祖倒书"九十四"字，作两圆相围之。谓曰："欲偕徐佐卿游越中。"即别去。若谷始悟两圆相，为"吕"；"宾"姓，乃其字也。后若谷四十九岁而卒，果符倒书之谶。

遇徐神翁闲话

吕祖游会稽，适老仙徐神翁，亦还越州，与吕祖相见。翁问曰："公济世心勤矣。闻有柳仙、卢生者，从未一显其迹，于今安在？"吕祖曰："昔攻小技，今喻大乘。柳尝见人绘《竹林七贤图》，耸身入画卷中，与人点化笔墨，旋复自图内飞出。众视之，觉阮籍像独异，唇若方啸，坐客大骇，掷采与之，散与贫者，此微功也。卢尝于楚州遇唐山人，自夸炉火，添金缩锡。卢假意求之，唐不与，卢攘臂瞋目，曰：'某刺客也。如不得，将死于此。'怀中探乌革，囊出匕首，刃势如偃月。执熨斗削之，宛如木片。唐恐惧，具述。卢笑曰：'汝术止此乎？某师吕仙也。令某等十人，索天下妄传黄白术者，杀之。至添金缩锡，传者亦死。'唐大惊，倏失所在。此皆唐末事也。"神翁闻之，拍掌称快。吕祖曰："吾将暂往江右。"遂别去。

度关肇

绍兴初，关肇为新昌令，喜道术，建斋宝箓宫，大集方士角技能。一道者直前，自赞其能异众，取药少许，实掌中，吹数过，俄而红云四溢，成宝轮相，现"吕洞宾"三字。众大愕，倏忽不见。师遂招肇，至密室，传以正道，并言幻术误人之事，不可不戒。肇乃揖退方士，奉行阴德，后亦度世焉。与苏云卿，显相于宜兴山中，忽不见。

戏道会

绍兴癸丑间，会稽山大集道会。有道人，携凉笠至，混迹其中。会散之际，道人乃挂笠空壁而不坠，吟诗曰：

偶乘青帝出蓬莱，剑戟峥嵘遍九垓。

我在目前人不认，为留一笠莫沉埋。

众随其后，倏不见。后乃知为吕祖也。

训宁玮

符离城天庆观道士宁玮，少年谈《老》《庄》，有奇趣，素敬葛仙。吕祖即为卖药道人，自称"抱璞子"，至观访之，与宁共谈。曰："吾观禅学，皆出于《老》《庄》。千经万卷，反复议论，要皆自立门户。然其源流授受，终不出此也。"宁伏地，求度。道人曰："容再晤。"临别，题诗扉上。云：

> 松枯石老水潆洄，个里难教俗客来。
>
> 抬眼试看山外景，纷纷风急障黄埃。

（已寓金兵之乱）

越数日，又至。适宁他往，更题二绝。曰：

> 秋景萧条叶乱飞，庭松影里坐移时。
>
> 云迷鹤驾何方去，仙洞朝元失我期。

> 肘传丹篆千年术，口诵《黄庭》两卷经。
>
> 鹤观古坛松影下，悄无人迹户长扃。

宁归，叹息曰："惜缘薄，不能再见。"每刮其字疗疾，效如桴鼓。后诣罗浮，遇葛公，始知前所遇之"抱璞子"者，乃吕祖借葛公之号也。

题石二十字

绍兴中，张九成贬知邵州，闻城外有吕祖遗迹，往观之。数年前，有老妪卖酒城外，倏有吕道人至。索饮，偶无酒。妪以所藏清酒一升与之，吕问："价几何？"妪曰："每升钱二十。"祖即指蘸酒，书二十字，于门外紫石上而去。屡经风雨不磨。好事者，传其石，字迹下透，由是观者不绝，酒肆大售，因其地建集仙观。

访薛炼师

江州太平观道士薛孔昭，有高志。常有回道人过访，叩以《道德》，深通玄奥，薛甚敬礼之。回言："犍为郡东十里外，有一道观，在深岩中，石壁四拥，予尝往居住之。"临别，赠诗曰：

落魄薛高士，年高无白髭。

云中闲卧石，山里冷寻碑。

夸我饮大酒，嫌人说小诗。

不知甚么汉，一任辈流嗤。

末书"回道人同三客访薛炼师作"。由是，知为吕洞宾也，薛乃求其秘要。得刘子羽助以丹资，未几化去，时绍兴甲子春也。

度三香

安丰县妓女曹三香者，得恶疾，拯疗不痊，贫甚，为客邸以自给。有寒士求托宿，欲得第一房，主事仆以其褴褛拒之。三香曰："吾既立此门户，垢净何择焉？"便延入，且礼遇之。士闻呻吟声，因询其故，仆且以疾告。士曰："我能治此。"三香求视，士以箸针其股，曰："回心、回心。"三香问何姓，亦曰"回心"。时门外，有皂荚树甚大，年久枯死，士以药一粒，实树窍中，以泥封之，俄失士所在。是夕，树复生。至旦，蔚然。三香疾顿愈，始悟"回"之为"吕"，遂去粉黛，毁冠服，弃家寻师。至荆门，复遇吕祖。三香跪而求道，师始授以女金丹，即觅静处修炼。绍兴末，忽还安丰，颜貌韶秀，邑老人犹有识之者，乃于其地，建吕仙祠。

度重阳

重阳姓王，名中孚，字允卿，咸阳大魏村人，以政和壬辰年十二月二十二日吉时诞生。早通经史，壮习弓刀，易名世雄，字德威。初试武举，获甲第，时年四十七，绍兴之二十八年也。喟然叹曰："孔子四十而不惑，孟子四十不动心，已过之矣，尚无闻若斯乎？"遂解组归，拂衣尘外。二十九年己卯，游终南，遇钟、吕二祖，再拜求道，纯阳即授以口诀。有诗曰："四十八上始逢师。"明年庚辰，复遇于醴泉观，更授以《金丹直指》，为更名嚞，字知明，号重阳，时值九月九日也。二师去后，重阳乃穴居以修。道成，出关东游，度马丹阳、孙不二夫妇，及邱处机、刘处玄、谭处端、王处一、郝大通，是为七真。

（或曰金人，非也。是时，虽在咸阳，而功名则本宋也。况已避世乎？）

游白云堂

吉州旧有白云堂，在龙庆寺边，尝有道人在堂挂搭，喉下复有一口，以吹铁笛，吹罢复塞以纸。笠上题诗，云：

> 铁笛随身助朗吟，别开两口度仙音。
>
> 一声吹彻斜阳外，唤起江潮万里心。

小孩群尾其后，辄将铜钱撒地，使竞取之。他日，又题一诗于白云堂后，云："牵牛离织女，依旧白云堂。"遂去，皆莫晓其意。后郴州寇李元砺反，白云堂闭门，不容挂搭，以防奸细。三年后复开，开之日，乃七夕后一日也。始悟其诗，及悟"二口"为"吕"也。

又吉水县北，有云浪阁，在崇元观中，唐吕仙有诗，见《吉安府志》。

青城鹤会

绍兴末，吕祖赴青城鹤会，憩一卖果饼人家，人不之识也。师乃自研浓墨，大书四句于门之大木上。曰：

> 但患去针心，真铜水换金。
>
> 鬓边无白发，骎马去难寻。

投笔，飘然而去。笔势俊伟，光彩殊常。取刀刮之，深透木背。有识者，测之曰："此'吕洞宾来'四字也。"士人关云祚见之，即绘其像，乃一清癯道人也。是后，饼果大售。

福州饭店

福州长溪县，有老妪开设饭肆。乾道中，有道人来，食毕，以大柴头书壁，作"吕洞宾"三字，光焰奇伟，神采惊人。太守闻之，即督骑往观，至则渐就销落，独余"吕"字。盘桓久之，并"吕"字，亦无余迹，信神笔也。太守怅然而归。

警乔守

(《楚志》。此则，与前《警巴陵守》相似，其诗全前。)

乾道中，三月三日，有道士衲衣髻发，竹笠草履，行乞于市。暮憩澧州元妙观，或卧河洲上，人莫识者。一日，乘醉过西南桥，值乔守出，犯前节，乔怒而执之，将逮以罪。道人曰："吾醉矣，弗能辞。"命下狱，诘旦引问，道人亦无言，乃赋诗云（见前）。书已，遂乘云冉冉而去。乔忱然，始知其为吕仙也。

游华亭

乾道壬辰，吕祖见孝宗敬天勤民，好道，故乐周旋，行化于宇内。初过华亭北禅寺，手植樟于殿后。数年，樟死。至此复来，取瓢内药一粒，瘗诸根下，樟复活，叶叶皆瓢痕。人始感悟，因号"吕公樟"。

游江陵

江陵傅道人升，事吕祖像甚谨。乾道癸巳元日，有客方巾布服，游于通衢，顾傅者再，傅即邀回。拥炉对坐，与语仙真事迹，滔滔不绝，傅敬之。自是，旬日一来。升目昏，多泪。客教以生熟地黄，切焙。取川椒，去枝目，及闭口者，微炒。三物等分，炼蜜为丸，清晨盐米汤，服五十丸。升如其教，服之，久能视①细物。追思客貌，宛若所奉吕祖，自是供养益诚。

与王岳州奕

太常王纶，性好道，出守岳州。有一道人上谒，貌清癯，短褐，不掩骭，语音清圆。纶异之，因问其姓字。道人曰："不必问。所来请教者，奕棋耳。"遂与奕。纶素号国手，至是连负之。日云暮矣，乃酌以酒。又问其姓氏，道人遂书一诗，云：

> 仙籍班班有姓名，蓬莱倦客吕先生。
>
> 凡人肉眼知多少，不及城南老树精。

纶惊讶间，已失道人所在矣。庭下烟云瀚然，移时乃散。纶遂告疾还家，精思仙道，后遇柳仙于山中，云："奉吕祖来，授以成丹，及尸解之法。"寻亦度世。

度陆游及宋生

淳熙初年，陆放翁以别驾摄蜀州事。三年丙申，缘事免官，别领桐柏祠禄（有《奉祠桐柏》诗云："罪大初闻收郡印，恩宽俄许领家山。"）。四年丁酉，换授主管台州崇道观，寻又授牧叙州，均未赴任。秋八月，往来邛

---

① 视，底本作"试"，校者改。

州，闲游大邑县鹤鸣西岩诸境。山中与宋生同行，至鸭翎馆阻雨。肆中见一异人，独据上席坐，风姿矫劲，气宇清雄。放翁同宋生揖之，异人亦不复让，即邀同饮，纵谈天地间一切不平之事，袖中出宝剑示，曰："吾以此枭奸党之魄也多矣。"（神仙惟吕祖，毕竟英雄。）并以剑法授宋生，宋即弃名学道。又谓放翁曰："子能从我入太华乎？如其不能，他日访汝于越中。子年五十三矣，自今以往，多作祠官，清才与清职相称，勉乎哉！后当为玉局清忠仙人。"（这官衔更体面。）言毕，飘然而去。后五年，放翁山居就家，加主管成都玉局观衔，食玉局俸，多作玉局官，始知其言之验也。后放翁于丙午岁，出知严州，值有蜀使归，因作诗《寄邛州宋道人》，云：

> 鸭翎铺前遇秋雨，独与宋生栖逆旅。
> 坐门惝恍见老仙，剧谈气欲凌天宇。
> 袖中出剑秋水流，血点斑斑新报仇。
> 我醉高歌宋生舞，洗尽人间千古愁。
> 老仙约我游太华，是夕当醉莲峰下。
> 语终冉冉已云霄，万里秋风吹鹤驾。
> 我今伶俜践衰境，不如宋生弃家猛。
> 西望临邛一慨然，青松偃盖丹炉冷。

复由严州提举冲祐观及佑神观，升宝谟阁待制，乃致仕焉。放翁寿高神旺，其得道每形于诗，尸解之日，口占《示儿》，云：

> 死去元知万事空（神仙），但嗟不见九州同。
> 王师北定中原日，家祭无忘告乃翁（忠孝语）。

以手枕肱而逝。

游永丰

淳熙初，吕祖住永丰颇久，托名吕生，隐于丐中。一衲被体，寒暑不易，亦无秽恶气。父老之诈者，遂谓其童稚时曾识之，今莫记其甲子矣，口虽异而心则否焉。邑西有废祠，瓦盖不完，生席地而处。数年祠坏，乃止真隐观。人厌之，又止县市道室中，邑人蔡氏舍之荒园。陈尚书天祐谪居于信，礼谒之，生遥见即走林莽间，解衣固辞，赠千钱亦不受。忽自书死日，乃淳熙丙申一月癸卯也，用薪烬书偈而逝。人以一席捲之，埋于山下。生死后二年，蔡氏子押戍至汴，日暮相遇，道生平欢。蔡以囊竭告生，赠以草履，令瞑目，曰："吾送汝归。"漏三下，遂抵家。白于县令，殊异之，发其冢，见席化为画，酷肖吕祖形，草履化双鹤飞去。画藏真隐观，太守金锐作图记之，建来鹤庭于原墓。

警崔道士

淳熙初，有崔中者，新举进士第。道过巴陵，于旅邸歌《沁园春》乐章。适吕祖以补鞋，隐于市中，问："其所歌何曲？"曰："东都新声也。"吕祖曰："吾欲奉和三首，但不解书，子为我书之。"崔代录其词，皆醒迷觉悟、阐道谈元之旨，不胜骇然。因问其姓氏，曰："生江口，长山口，今为守谷客。"明日，崔谒李太守言之，曰："此吕洞宾。"丞往，叩其户，先有应声，继而声渐远，排闼而入，阒无人矣。壁上留诗曰：

> 腹内婴儿久已生，且居尘市暂娱情。
>
> 无端措大刚饶舌，却入白云深处行。

崔恨无缘。李曰："不但此也。师曾题长安酒楼，有'促拍满路花'一阕，与此同一清妙。"崔与李，共叹不已。

度广真

广真，严州唐氏女也。既嫁，得血疾，梦道人与药服之而愈，自是入道。初往苏，谒襄衣何真人，何称之为仙姑（号无思道人）。淳熙八年辛丑二月间，赴郭氏饭，未竟，蓦然还寓，昏昏如醉。至两夕，方甦。言方饭次，若有唤我者，出门逢吕纯阳、曹混成，引至海边，跨大虾渡海，随游洞府。吕祖又命至庐山，拜紫虚真人崔元静，洞中学书，书大字诗二百余篇讫。吕祖问曰："汝欲超凡入圣耶？身外有身耶？留形住世耶？弃骨成仙耶？"对曰："有母在，愿尽孝道。"吕祖曰："如是，则且留形。"遂以丹一粒，分而为四，投之盘中，圆转甚疾，攫其一吞之遂醒。自是辟谷，以符水治人疾，良验。帝闻之，降香往请符水，召入德寿宫，宣问灵效之故。对曰："但以心为法，以神为符，以气为水，以意作书。"高宗书"寂静元君"四字赐之，遣还。尝语人曰："符水仅救人疾苦。若数之修短，非金丹不能回天也。"后吕祖再至严州，携去。

潭州太平观

漳州兵马都监赵不间，于太平观作鹤会。一道人，不知所自来，摄衣升阤，不与人揖，径入知客堂房内不见，但于壁上书一绝句，云：

这回相见不无缘，满院风光小洞天。

一剑当空又飞去，洞庭惊起老龙眠。

末题"谷客书"。不间录呈朱晦庵详之。晦庵曰："洞宾也。"时淳熙九年四月十四日事。

同采和度蓝乔

绍熙间，龙川蓝乔，举进士不第，即隐霍山，尝吹铁笛。一日，有笛声自空中应之，降其庐，则吕祖也。乔叩其道，吕祖以还丹服之，即悟本来。乔后赋诗云：

太乙庭前是我家，满床书史作生涯。

春深带雨不归去，老却碧桃无限花。

既忽遇踏歌狂者，携之上升。

现黄袄翁像

长沙钟将之，字仲山。嘉定己巳，自金陵罢官归，舟次巴陵南浦。晡时睹一舟过，中有黄袄翁，风貌奇峻，凝然伫立，熟视仲山良久。窥其蓬中无他物，惟船头有黑瓶罐十枚，蓬前两青衣童，参差凝立。仲山意其必径渡，既而竟行二丈许，即回棹。而翁已端坐蓬后，再熟视仲山良久，忽失船所在。仲山始谓"巨商，不与之语"，至是恍然惊讶，知其为异人也。翌日，往吕仙祠拜礼真像，俨然有两青衣童侍侧，其貌俱与昨所见者相肖。仲山自恨凡目不识，感叹无已。周星作《水调歌头》词，有"更似南津港，再遇吕公船"之句。次年卒。仲山之孙，尝出其祖所绘黄袄翁像示人，诚为清矫绝俗云。

题金鹅寺

吕祖游四明，抵金鹅寺。顾方丈萧然，顷有童子出，祖问曰："汝这方丈，云何寥寥？"童答云："莫道寥寥，虚空不着。"吕祖嘉其语，因作诗题壁，有"道是虚空也不着，主翁岂是寻常人"之句。童识而异之，拜求开示。师叹曰："道缘在余，义不可却。"乃以金粉，令服之，其后童亦度世。

携张天纲入四明山

天纲，金臣也。甲午年，金亡，被获临安府，薛琼问曰："何面目至此？"天纲曰："兴亡何代无之？我国虽破，比汝二帝何如？"琼奏其语，帝诏曰："汝不畏死耶？"天纲曰："患死不中节耳，何畏之有？请死。"帝弗听。后忽逸去，莫知所之。

时吕祖云游临安，见天纲独行江滨，如屈大夫状，怜其孤忠，引至四明，令拜子期真人为师。天纲仕金，正直敢言，金主敬殚之。居家奉道，尊礼纯阳仙像，故吕祖于此报之也。

元世祖敕封"纯阳演正警化真君"。元世祖中统初年，即宋理宗之景定年间也。是时，吕祖显化迹著，世祖闻之，敕封如此。

游戏南岳

景定甲子三月，为玄帝生辰。衡岳观道众，设斋不诚。先一日，有怀孕尼至观求宿，众恶其厌秽，令宿门外。中夜闻孩儿声，乃尼产焉。主者大怒。次早，抱孩欲入醮坛观玩，众拒之。拖曳逾时，尼以孩掷地，鲜血溅流，尼飞入空中，拍掌大笑而去。视孩则葫芦，血则朱砂也。葫芦内有"回仙来"三字，众大惊。

游秦川

景定甲子秋，吕祖往来陕地，假为货墨。至凤翔天庆观，题诗于壁，曰：

得道年来四百秋，不曾飞剑取人头。

（寓言未遇第一流人）

玉皇未有天书至，且货乌金混世流。

（在世选仙，自少诏见。）

吟罢，复之四川。

师自咸通甲申，了道终南。至宋之景定甲子，四百年矣。其间所度者，韩、施、柳、何、蓝、曹、刘、王，皆第一流人也。兹云"不曾飞剑取人头"者，盖愿宏而嫌少耳。

游成都

成都药市，有道人，垢面鹑衣，手持丹一粒，大呼于市。曰："我吕洞宾也，有能再拜我者，以丹饵之。"众以为狂道人，往还数四，竟无有拜之者。

道人至五显庙前，火池上坐，儿童争以瓦砾掷之。道人笑曰："世人欲见吾甚切，既见吾又不识吾，命也。"乃自饵金丹，俄而周身五色云起，顷之不见。众始悔恨，晚矣。

昔有富商，极慕吕祖师，朝夕拜祷，颇虔洁。一日，吕祖化一贫道人，将敝袍一件，欲质钱。商捏袍袖内，有钗一枝，意道人或不知也。遂将衣，质钱去。取钗出视，内有纸一幅，书云："今日忆，明日忆，忆得我来不相识。钗子酬君作香钱，从今与你不交易。"此正所谓"世人欲见吾甚切，既见吾又不认吾"也。商见所书，悔憾不已。

游江州会道观

景定末，江州瑞昌县，有吕公泉之异，遣使以香帛往取泉。在会道观前，有道人来挂搭，无包无伞，仅有一笠。值堂鄙之，曰："尔无包伞，云何挂搭？"道人曰："既不挂搭，愿乞一茶。"值堂取茶出，道人以笠置地，饮毕，空身而去。值堂曰："子笠遗矣。"道人不顾，其行如飞。值堂举其笠，毫不能动，方大骇。会众讽经谢罪，其笠随风自起，地上现一"吕"字，始知为吕仙师也。后有病者，取土煎服即愈。数年遂成一井，水泡常结"吕"字，划开复合。内侍取归，帝已宾天矣。

警似道

咸淳初，贾似道母两国夫人，设云水道人斋。忽有群道人，拥一孕妇将产而来，斋未罢，产婴在地。群道人，即扶女子而去，只留婴在地。众人拾起婴儿，乃一剑袋也。始知吕祖为此，以戏凡俗云。

又，似道日在葛岭起楼台，延羽流塑己像其中，建多宝阁，大设云水斋。有二道人入座中，啖饮太过，狼藉倒地，家人恶之，拽以出，则剑囊、琴囊也。众以真仙降临为庆，而不知吕祖化为两口戏之也。

荀叔伟，憩江夏黄鹤楼上。有人飘然，降自霄汉，乃驾鹤之宾也。宾主

欢对，已而辞去，跨鹤登空，渺然而灭。（见《征异录》）

曹州单县，有吕公井二，一在城北隅，一在城南。金大定间，吕仙翁来游，水初苦滞，不可饮。翁掷瓦砾其中，味遂甘冽。二井相去二里云。

《名胜志》：仙翁鹤草，在单县城东北隅。相传仙翁，以四月十四日来游。邑人包九成者，于前日，积虔致祷。次早，果有白鹤四只，从西南来，晡时方去。自是每仙翁诞期，祠草荆上，陡成鹤形，日高乃散。至今尚然，人呼为"吕翁鹤草"云。

吕祖年谱海山奇遇卷之五

弟子火西月　敬编

元朝仙迹引

　　上四卷编，载年谱四百八十二岁。今从元世祖至元十七年庚辰（1277年），叙至顺帝至元三十四年戊申（1346年）止，是为元朝仙迹，凡八十九年。合前四百八十二岁，共五百七十一年矣。

　　元世祖至元十七年庚辰、辛巳、壬午、癸未、甲申、乙酉、丙戌、丁亥、戊子、乙丑、庚寅、辛卯、壬辰、癸巳；

　　成宗元贞元年甲午、乙未；

　　成宗改元大德丙申、丁酉、戊戌、己亥、庚午、辛丑、壬寅、癸卯、甲辰、乙巳、丙午、丁未；

　　武宗至大元年戊申、己酉、庚戌、辛亥；

　　仁宗皇庆元年壬子、癸丑；

　　仁宗改元延祐甲寅、乙卯、丙辰、丁巳、戊午、己未、庚申；

　　英宗至治元年辛酉、壬戌、癸亥；

　　英宗改元泰定甲子、乙丑、丙寅、丁卯；

　　英宗改元致和戊辰；

　　文宗天历元年戊辰、己巳；

　　文宗改元至顺庚午、辛未、壬申；

　　顺帝元统元年癸酉、甲戌；

　　顺帝改元至元乙亥、丙子、丁丑、戊寅、己卯、庚辰、辛巳、壬午、癸未、甲申、乙酉、丙戌、丁亥、戊子、己丑，庚寅、辛卯、壬辰、癸巳、甲午、乙未、丙申、丁酉、戊戌、己亥、庚子、辛丑、壬寅、癸卯、甲辰、乙巳、丙午、丁未、戊申（元终，明太祖元年）。

度方妙智

元至元间，句曲易迁宫中方妙智，被谴于临安。邵武张腥为主薄，买以为妾，犯之则不从，已五六年矣。吕祖入闽至潼，恒止双节庙，与阚氏夫妇，论"凝神栖息"之道。至邵，见妙智尘限将满，假为贫士诣张，自言能造墨，张馆之令造。一夕，闻其在妾卧室内谈笑，张急入，见二鹤冲霄偕去，始知为仙。因吸其所留墨汁，痼疾均除。后出知江州，愿立功以报遇仙之恩。

访郝天挺

天挺，字晋卿，山西陵川人也。为人有崖岸，有气节，尝言"读书不为艺文，选官不为利禄，惟通人能之。"又曰："今之仕者，多以贪败，丈夫不耐饥寒，一事不可为也。"

至元间，吕祖闻其名，托一老儒访之。语言甚洽，及诱以出世之谈，天挺不可，然心异为奇人，遂密叩其姓氏。老儒曰："咸通进士，两宰江州，黄巢作乱，移家终南。在世四五百岁，吕洞宾是也。"郝大惊，下拜。祖忽飘然而去，郝叹羡不已，即绘其像祀之。

皇庆中，天挺为御史中丞，以直声著。一日静坐，梦一黄衣道士，曰："郝先生读书厉行，居官为国，即俺老吕一流人也，何不从我一游，得遂初衣乎？"天挺忽痊，感叹久之。（见《仙缘录》）

加封孚佑帝君

至大间，吕祖显化于世。武宗闻之，加封"纯阳演正警化孚佑帝君"。

手上产芝

吕祖尝憩于广西梧山，郡人因构亭其上，曰"吕仙亭"。元天历间，时疫大作。有张彦才者，梦一道士入其家，求庭前樟树为吕仙像，张许之。明日，樟被风拔至亭下，疫遂息。今吕仙像，即此木也。元末仙之左手指间，产芝一本，状若莲花，馨香袭人。

九天探访使

至顺间，陈上阳云："吕祖至今在世。天帝颁诏为九天采访使，五月二十日奉诏。"有诗云"纠司天上神仙籍"，就以此日为上升之晨。

洞庭湖和张三丰诗

元统间，仙人张三丰，云游洞庭，遇吕洞宾先生，记以诗曰：
这回相见不无缘（用吕翁句），访道寻真数十年。
雅度翩翩吹凤笛，雄风凛凛背龙泉。
身从海岳来斯地，手沸湖云看远天。
愿学先生勤度世，洞庭分别到西川。
吕祖闻之，即和其韵。（诗见《编年》）

治疽方

元末，嘉兴桐乡县后朱村徐通判，素慕吕祖，朝夕供礼。一日，疽发于背，势垂危，犹扶起礼之如昔。偶见净水盂下，白纸一幅，视之，有诗云：

纷纷墓土黄金屑，片片花飞白玉芝。

君主一斤臣四两，调和服下即平夷。

意其为吕祖所赐也。然不知何物为"黄金、白玉"，乃复叩祖师，师曰："大黄、白芷也。"服之，果验。后以之医人，无不验者。徐无子，方竟传婿沈氏。至今沈以治生，数百里来货药者无虚日。族大而分数十家，惟嫡枝居大椿树下，药乃效云。

度吕山人

山人名敏，字志学，毗陵人也。少欲举进士，遭时兵兴，遂避地梁溪汾湖之间，闭门教授，粗衣蔬食，以勤苦自励，绝不枉求于人。吕祖喜其宗姓，并爱其清高，因化为老人访之，自称"同姓翁"，说其入道，从事黄冠。山人曰："吾已知时不可仕，则韬晦以养其真耳。何必变衣冠之制，弃诗书之业，托迹山林，溷形庄老，长往而不返哉？"翁曰："非也。干戈之际，武夫得志。章甫缝掖之流，不为人所喜，必为人所迫，不如是不足以自绝也。子不闻五代时之郑遨张荐明乎？"山人豁然，曰："诺。"乃着黄冠，谢弟子，从翁东游海滨，求深山长谷居之，遂飘然不返。（见《道缘汇录》）

按：明初高青邱先生，有《送吕山人入道序》，即此人也。

游锦屏山

吕祖游锦屏山，望而叹曰："阆州城南天下稀，真信然也。"遂题诗云：

半空豁然雷雨收，洗出一片潇湘秋。

长虹倒挂碧天外，白云走上青山头。

谁家绿树正啼鸟，何处夕阳斜倚楼。

道人醉卧岩下石，不管人间万种愁。

又以瓜皮为汁，题于锦屏，云：

时当海晏河清日，白鹿闲骑下翠台。

本（亦作却）为君平川里去，不妨却到锦屏来。

观者云："真有神仙风度。"

访蒲居士

停云岩，在南部县，北蒲景珣家于此。一日，吕祖访之不遇，以瓜皮写诗于石壁，云：

我自黄粱未熟时，已知灵谷有仙奇。

丹池玉露装珠浦，剑阁寒光烁翠微。

云锁琼楼铺洞雪，琴横鹤膝展江湄。

有人试问君山景，不认君山景是谁。

其字痕常湿，随擦随见。后洪武中失去，只存一奁。

吕祖年谱海山奇遇卷之六

弟子火西月　敬编

明朝仙迹引

　　上五卷编，载吕祖年谱，五百七十一岁。今从明太祖洪武二年己酉（1369），叙至怀宗崇祯十七年甲申五月初止（1644），是为明朝仙迹，凡二百七十六年零四月。合前五百七十一岁，共八百四十有七年矣。

　　明太祖洪武二年己酉、庚戌、辛亥、壬子、癸丑、甲寅、乙卯、丙辰、丁巳、戊午、己未、庚申、辛酉、壬戌、癸亥、甲子、乙丑、丙寅、丁卯、戊辰、己巳、庚午、辛未、壬申、癸酉、甲戌、乙亥、丙子、丁丑；

　　建文元年戊寅、己卯、庚辰、辛巳、壬午；

　　成祖永乐元年癸未、甲申、乙酉、丙戌、丁亥、戊子、己丑、庚寅、辛卯、壬辰、癸巳、甲午、乙未、丙申、丁酉、戊戌、己亥、庚子、辛丑、壬寅、癸卯、甲辰；

　　仁宗洪熙元年乙巳；

　　宣宗宣德元年丙午、丁未、戊申、己酉、庚戌、辛亥、壬子、癸丑，甲寅、乙卯；

　　英宗正统元年丙辰、丁巳、戊午、己未、庚申、辛酉、壬戌、癸亥、甲子，乙丑、丙寅、丁卯、戊辰、己巳；

　　景宗景泰元年庚午、辛未、壬申、癸酉、甲戌、乙亥、丙子；

　　英宗天顺元年丁丑、戊寅、己卯、庚辰、辛巳、壬午、癸未、甲申；

　　宪宗成化元年乙酉、丙戌、丁亥、戊子、己丑、庚寅、辛卯、壬辰、癸巳、甲午、乙未、丙申、丁酉、戊戌、己亥、庚子、辛丑、壬寅、癸卯、甲辰、乙巳、丙午、丁未；

孝宗宏治元年戊申、己酉、庚戌、辛亥、壬子、癸丑、甲寅、乙卯、丙辰、丁巳、戊午、己未、庚申、辛酉、壬戌、癸亥、甲子、乙丑；

武宗正德元年丙寅、丁卯、戊辰、己巳、庚午、辛未、壬申、癸酉、甲戌、乙亥、丙子、丁丑、戊寅、己卯、庚辰、辛巳；

世宗嘉靖元年壬午、癸未、甲申、乙酉、丙戌、丁亥、戊子、己丑，庚寅、辛卯、壬辰、癸巳、甲午、乙未、丙申、丁酉、戊戌、己亥、庚子、辛丑、壬寅、癸卯、甲辰、乙巳、丙午、丁未、戊申、己酉、庚戌、辛亥、壬子、癸丑、甲寅、乙卯、丙辰、丁巳、戊午、己未、庚申、辛酉、壬戌、癸亥、甲子、乙丑、丙寅；

穆宗隆庆元年丁卯、戊辰、己巳、庚午、辛未、壬申；

神宗万历元年癸酉、甲戌、乙亥、丙子、丁丑、戊寅、己卯、庚辰、辛巳、壬午、癸未、甲申、乙酉、丙戌、丁亥、戊子、己丑、庚寅、辛卯、壬辰、癸巳、甲午、乙未、丙申、丁酉、戊戌、己亥，庚子、辛丑、壬寅、癸卯、甲辰、乙巳、丙午、丁未、戊申、己酉、庚戌、辛亥、壬子、癸丑、甲寅、乙卯、丙辰、丁巳、戊午、己未；

光宗泰昌元年庚申；

熹宗天启元年辛酉、壬戌、癸亥、甲子、乙丑、丙寅、丁卯（大清天聪）；

怀宗崇祯元年戊辰、己巳、庚午、辛未、戊申、己酉、甲戌、乙亥、丙子（大清崇德）、丁丑、戊寅、己卯、庚辰、辛巳、壬午、癸未、甲申（五月初明革，大清顺治鼎元）。

家庆楼

峨嵋县北二里飞来冈上，有家庆楼，系唐懿宗敕建，其楼名乃宋魏了翁书。洪武间，吕祖来游，无有识者，因于西壁题诗云：

教化先生特意来，世人有眼不能开。

道童只接云游客，不识终南吕秀才。

后宏治间，督学王公敕游此，以刀剜其数字，入茶饮之，墨俱透壁。今余字尚在，观者旁午。嘉靖二年，楼毁，过者惜之。

卢生再世

山东王姓，世行阴德，居恒奉吕祖像甚虔，日久不懈。一夕，梦黄衣道士，携一金色少年来舍，告之曰："此富贵神仙也，奉上天敕令，以报汝累世修因。"王后得子，遂改名敕。生而智慧，仙风道骨，成童读书，一目数行下。吕祖化一秀士访之，如曾相识者，临别，赠诗一首曰：

> 琅函裂石火光催，一得能将慧眼开。
>
> 我有一言君记取，黄粱再梦早归来。

吟罢，飘然而去。敕遇师后，心中暗喜。作茂才时，支席云门寺。偶见一地，夜有火光。发之，得石匣一函，书二册，读之通慧，能知未来休咎，御风出神。

宏治间，由翰林督学四川。至峨嵋罗目街，知有异物，掘地，得一石碣，书"紫芝洞"三字（即硃矸洞），旁注"一山五口道人书"，盖吕祖笔迹也。因为竖于道左。

以后更多奇迹，如为河南、四川督学时，诸生见锁院窗庑，各有一公危坐鉴视。一日较士，忽见白云一片起，公遣骑追至云落处，得白石如雪，细切烂煮，以遍食诸生，其甘如饴。在辉县山麓，忽令人掘土，得一大石，玲珑苍翠，今尚置之白泉山中。

又，于道旁古垣，开出紫石砚二枚，各有鸳鸯一只，雌雄相向，其家至今宝之。

又，同僧扃门，入山采杞，僧先归，公已在屋内。采杞僧临终，公问："何欲？"僧曰："欲富贵兼之。"公曰："不能。但堪作一藩王耳。"因批其臂曰"蜀王"。后产二子，背上隐隐有公批手笔。

公预知死期，但化时，四城门皆见公，羽衣鹤氅而去。生平深晓天文曲折，王明阳先生极信服之。公字嘉谕，龙城人，年三十八，中成化甲辰探花。

度陆潜虚

潜虚，名西星，字长庚，淮海人也。幼慕玄修，冥心参悟，购读丹经万卷，未能洞达其旨。潜虚慨然曰："不因师指，此事难知。回先生不我欺也。"嘉靖丁未，以因缘得遇吕祖于北海草堂，弥留款洽，嗣后尝至其家。一日，谓潜虚曰："居。吾语汝，汝今四世分神矣，劫劫栖真，皆明大道。赐以玄醴，慰以甘言，三生之遇，千载难逢。"既以上乘之道，勉进潜虚，并授以结胎之歌、入室之旨，及《宾翁自记》数十则，《终南山人集》二卷。微言奥论，动盈卷帙，笔而藏之，旨其言而未能畅也。研寻二十载，流光如箭。甲子嘉平，潜虚乃遁于荒野，览镜悲生，二毛侵鬓，慨勋业之无成，知时日之不再，复感吕祖示梦，去彼挂此，遂大感悟。由是入室求铅，不数载而事毕。平生著述甚富，所作有《老子元览》二卷、《阴符测疏》一卷、《参同测疏》一卷、《紫阳四百字测疏》一卷、《就正篇》一卷。《方壶外史》八卷、《南华副墨》八卷，俱行于世，启发后人。吕祖常命两仙童受业于潜虚，偶与嬉戏，童子飞空而去，潜虚知天符事近，急欲述吕祖遇钟祖、众仙遇吕祖事迹，编为一册，名曰《道缘汇录》。书将成，而吕祖乃至，索纸题诗，以指代笔，末有云："每一下阶，众仙为之侧目。"自此仙迹渺然，潜虚亦由此坐化。陆氏子孙，至今珍藏此卷，书尾犹带指上螺纹。

西苑面斥严嵩

嘉靖间，西苑宫中，日日以请仙为事。每当女真降临，则命宫人礼拜，歌咏其诗。若丰翁、周颠下临醮坛，帝则钦加封赠。其凛然在望者，惟纯阳先生至，帝必倍加优礼。一日，开坛，吕祖降时，严嵩亦在苑中。先拈名香，拜叩吕祖，祖即掷笔曰：此香有铜臭气，想为必从黉缘中来，带了些污秽也。"严嵩心大怖，逡巡展转而退。他日，三丰翁作《宫祠》数篇，以存讽谏之意，其首章即记吕祖面斥严嵩事也。词曰：

西苑无人白昼长，至尊端敬吕纯阳。

神仙早已知名分，不受分宜一炷香。

治痿

（此隆庆庚午冬月事）

金陵万与石者，尝病痿，数载不愈。一日，有道人云"自普德山来"。见与石询之，万以实告，谓诸医咸以为偏枯，道人笑而不言，但以手按其患处，忽觉酸痛入骨，曰："是岂得为偏枯？行当自愈也。"万因叩其姓字，曰："我乾姓，字思屯，寄寓于清源观。"遂与言乾坤屯蒙之旨，为天地君亲师之位，皆世人未经道者。万归，疾顿愈，步履如常，乃以其所遇白诸友人。其中有善解者，曰："此纯阳先生也。思为系，屯为屯，乾为阳，盖隐语耳。"万寻访不得，后于清源观见吕祖像，与前遇道者相似。

度广陵徐氏及临江李常篷

鹤城徐氏，久在空门，实践乐施，致身颠沛，年逾七十，道心不退。虽无冲举，亦有深功。吕祖承玉音，命度苍生，慧照人间，感诚下降，遂于广陵徐氏坛上，说《一品》《二品》仙经度之。

又至临江府缪丁村，遥见月明庵中，李常篷打坐修行，参学真一。于是见形庵中，谕之请箕，篷闻师言，焚香百拜，随置箕砂，求无不降。复告篷曰："吾奉天帝命，遍历五陵四海、八极九州，阐教垂经，浮沉浊世，行化度人。所有妙音，无人可告。"常篷闻谕，再拜恳求，师遂以第八篇授之，以全《八品仙经》。观此知李常篷，已入吕祖之门也。惟演四、五、六、七品，并不载有弟子，才难不其然乎！

演《前八品仙经》

八品者，八篇也。一、二品，授于广陵；三、四品，授于金陵；五品，授于毗陵；六、七品，授于信州；八品，授于临江。经成，命广陵弟子童启玄，汇齐梓布，李启真序之。同时，孙子得富、朱子霓，咸与有功，师皆传以至道。其间杰出者，童、李二生，集仙楼中，恒盘旋不能去，梓功告竣，则万历十七年己丑岁三月吉日也。

再游临江演《后八品仙经》

童启玄刻《前八品经》毕，广陵之人多谤之。然其一片诚心，始终不懈。吕祖曰："吾尚有炼神之机，当授启玄。特以维扬矜薄，人多妄谈，前传《八品》，徒招讪谤，此中语云，不足为外人道也。"逾及年余，万历庚寅，始于临江府水月庵中，重招启玄等，授以《后八品仙经》，命其秘藏庵内，俟八十余年后，自有见而刻之者。

清朝康熙乙卯，徐太极请移武昌刊之，即此经也。噫！道高毁来，千古同慨。若非祖师神力，鲜不为小人沮气也。可胜叹哉！

嘉禾诗会
（《朱竹垞诗话》）

万历庚寅秋，古鄞吴道人，以符箓游淮间，寻抵嘉禾。吕祖降神于周处士履靖逸之宅，自称曰"无上宫道人"，又曰"崖老"。缚笔于乩，挥洒若风雨之骤，一时诸名士，无不望而心惊。由是彭辂子、殷文嘉、休承、皇甫汸子循、张之象月麓、侯一元舜举、李奎伯文、仇俊卿谦之、冯皋谟明卿、莫云卿是龙、李日华君实，异而交和之，处士裒为一卷，子殷序之，君实跋其尾焉。

示冷生

万历间，有冷生者，不知其名字里居。业岐黄，喜游云水，每来湖南、湖北，风月扁舟，吹铁笛以自娱。或言冷谦显相，或疑冷谦化身，皆无定论。生尝云："古来神仙，吾仰纯阳祖，及今张三丰，隐显人间，逢缘普度。"又云："纯阳有三大弟子，为群真冠，海蟾开南派，重阳开北派，陆潜虚汇东派，吾愿入西方，化一隐沦，亲拜吕翁之门，身为西祖。"一日，上黄鹤楼，忽遇吕祖从空而下，谓之曰："汝欲临凡耶？今乃万历丙午，再候二百年丙寅之岁，手握金书，降生锦水之湄，精修至道，阐发玄风，为吾导西派可也。"言讫，吕祖即乘鹤飞去，冷亦不知所之。

陈将军

陈将军，讳洪范，字九畴，别号东溟。儿时遇佩剑道者，眼光射人，熟视将军曰："孺子勉之，异日统百万貔貅，为国家干城。"幸自爱，发未燥，即喜习尚父司马兵法，以报国自矢。已未春，会辽左四路进师，将军当后劲。大军失利，被创堕马，僵卧草中，见儿时所遇道者，相慰劳云："救尔者至矣。"忽闻马蹄声数百，跟跄觅路，遂以马乘，将军疾驰而归，始信吕翁之神鉴，为不虚也。将军念仙翁，与有夙缘，节钺所至，必为立祠。红螺固其家山，至若在甘肃则祀之，在招宝又祠之。迨莅昌平镇，平齐凯还，度铃阁右，购隙地建堂三楹，丙舍为丹室，崇门邃庙，视诸祠尤雄丽。惜将军未盍遇，遂其谈笑吞吐之志，以慰吕公。然随在必桓桓著壮猷，人皆知为廉将，不知为文将，筹边诸著作，凿凿中肯綮，与戚大将军后先伯仲。将军祠吕公之意，政未可量也。祠后砻石，索翰林学士董其昌记之。董闻而叹曰："司马子长之记轩后也，固曰'且战且学仙'。留侯、郏侯，亦必借剑刃上，了其护生之愿。"《真诰》所载"碧落上真"类，皆血性男子，所主在忠孝节义，清净其寓境也。

陈仲醇得药

陈仲醇，号眉公，松江华亭人也，与董思白同乡里。年甫壮，即弃名习隐，结庐于小昆山之阳，买舟载书，称"无名钓徒"。每当草蓑月冷，铁笛霜清，仿佛张志和、陆天随一流人也。时吕祖混迹华亭山野间，有本一禅院，朝往暮来，多著灵迹。见仲醇，喜之曰："隐士也。"复遗仲醇药一瓢，命其施济，取用不竭，思白闻之，叹为奇事。

《八品经》传赵性粹

性粹，号还阳道人，滇中太守也。受性恬简，有志于道，居恒奉吕祖甚虔，凡有所为，必以告师鉴其诚，往往降箕，以示规训，赠以诗歌。及迁滇守，吕祖至澄怀轩，召而语之曰："昔著《八品经》，业已梓之广陵矣，特其传未广。子令守滇，滇为古六诏地，夷汉杂处，民性羯羠①。子序是经，而广其传，则为利益溥。"赵唯唯。时万历甲寅之冬也。

再定《八品经》授复诚子

复诚子，不传其姓氏里居，儿时刲股活母，以愚孝称。嗣因父罹于难，过痛失明。吕祖感而降之，赐方药、符水，目明如初。复投诚入道，师授以《语录》一集、《修真忏》一卷、《斗光度厄大神咒》一帙，更将《八品仙经》诠次讲明，一并授之。吕祖飘然而去，时天启丙寅正月上元日也。

考吕祖重校《前八品经》授复诚子时，其经讹传已久。因阅第八品，有添"须俟西年西月西日酉时"十字者，吕祖笑而删之，口占曰："几个人生百岁延，回头迅速在当前。爱河欲海无边苦，安忍迟迟待酉年。"

---

① 羯羠：性格勇猛、强悍。西汉·司马迁《史记·货殖列传》："其民羯羠不均，自全晋之时固已患其僄悍。"

唐宗室姓李名琼字白玉解

天启丙寅秋月，济南太守樊时英，请降乩于趵突泉之来鹤亭。祖师自序曰：“余本唐之宗人耳，姓李名琼，字白玉，配金氏，生四子。”又曰：“不意唐有日月当空[①]之祸，余是以弃四子而携一妻，移于山下，隐于洞中（弃四子，携一妻，只要“阴阳二品丹”之喻也）。时为两口，故更姓曰‘吕’；因在山下，故易名曰‘岩’；常处洞中，故改字曰‘洞宾’。其后妻亡身孤（炼尽纯阴也），乃扁其号曰‘纯阳’。”

此与《自叙墨刻小像》所云“姓李名珏”者，同一游戏也。或问：“游戏云何？”答曰：“‘家室’者，玄元皇帝嫡派也；‘李’从木子，‘东家子’也；名‘琼’者，八琼丹也；‘白玉’者，内丹玉炼洁净无瑕也；‘配金氏’者，外丹金炼、水府求铅也；‘四子’者，四象会中宫也。以下皆敷衍其说，以全游戏之文也。”

窃谓：吕祖本系贞元年间吕侍郎之孙，吕衡州之侄，儒书确然可考。愚蒙不知其秘，故信其辞而不能解其意。又“日月当空”，乃指则天武曌，吕祖岂则天时人哉？此亦《枕中记》之笔墨耳。《枕中记》，出于开成年间，而用天宝时事演之，极妙幻哉！

乩仙记
（节录《虞初志》）

乩，或作“卟”，与“稽”同，卜以问疑也。后人以仙降为“乩”，批名为曰“乩仙”，亦称“箕仙”，又谓之“扶鸾”。凡鸾仙，多吕祖语，极灵验。崇祯末，台州诸生张报韩，字元振，善请吕祖鸾，云传自金坛贵游子，其咒乃吕祖亲授，持咒极熟，随意书符，请之无不立应。同时，有庠生朱日昌、董万宪、王人玉、洪涞咸，持符咒，称天仙弟子。凡仙降，先赋诗，喜饮酒

---

① 日月当空，喻指“曌”字。

行令，索句输者，罚巨觥，或罚跪，月三次，命题作文。郡城有白云山，文毕，仙命送置山中某岩穴处。次日，往携，咸仙亲笔所评者，凡有遗赠，悉批示取于某岩某穴。仙弟子各赠以自写纯阳小像一幅，悬奉于家。

一日，于白云山书院楼中，批既久，咸未食，仙曰："汝辈饿乎？"群曰："然。"曰："予为汝辈乞之。"停乩半刻，复批曰："可于窗前取，而分啖之。"视之，盖竹箸盘贮松花饼数十枚也。叩其由来，曰："予适向天台国清寺僧处，乞得之耳。"群食之，腹殊饱畅。复一日，各赐以葫芦一具，仙桃数枚。其葫芦，皆五色彩绅粘成者，内衔赤城山珠砂数粒。桃亦不甚大，味与凡桃等，诸生皆受而食之。

逾年，沧桑改变，张生既物故，王生、董生亦相继亡。或言食仙桃者，可百岁而上之，张、王诸生均食桃者也，何均不能周甲子乎？仙不仙，未可知也。余曰："此读书作文辈，搜索枯肠，祖师摘山桃以助逸兴耳。若求不死之服食，非拜为玄门弟子，研寻大药，不可得也。"

《乩仙记》，乃顺治乙未进士洪若皋所作。其记甚长，所言皆明末、清初吕祖降神于台州之事也。《海山奇遇》，例用编年，故分为数则读之。此则在明末也。

乩沙记

明崇祯末，湖广武昌秀士，有稽肇新者，善布吕祖乩沙。少时遇吕祖亲授宝诰、灵符及咒赞，自后登黄鹤楼，有请必降。一日，吕祖复至。

肇新敬问曰："祖师长生至人也，何不现形一示，特著精神？"

吕祖曰："噫！子亦知乩沙之道，至精至神乎？夫乩者，仿于《易》之卜筮。孔子曰：'问焉而以言，其受命也如响。无有远近幽深，遂知来物。非天下之至精，其孰能与于此？'是乩也，即筮道也。"

又云："卜巫者，须要诚心正意，无思无为，不以休咎分其心，而后能通休咎。孔子曰：'《易》无思也，无为也，寂然不动，感而遂通天下之故。非天下之至神，其孰能与于此？'至精至神，此即赫赫明明，法身昭著也。"

肇新曰："乩用诰、符、咒者，何也？"

吕祖曰："诰也者，颂扬之词也。欲叩其神，先以词颂扬之，使神欣而意愜飞动；符也者，契合之文也。欲请其神，先以文契合之，使神知而明验自来；咒也者，祝告之言也。欲降其神，先以言通禀之，使神听而迎机剖断。自昔张辅汉天师，受太上灵文，默默持诵，太上即自丹台教之，故天师即祖其意而为乩卜，制真诰、符咒秘书。要之，诵真诰者，须至万遍，乃或于定中、梦中，得受神人指示，书字号以与之，名曰符章。其字宛如篆体，问乩者照此书写，焚于坛上，神即见符契合。洋洋如在，乃以叩问之事，默默陈之。录于纸者，为疏、为表、为呈词；念于口者，为祝、为诉、为祷告，皆谓之咒。时人称为通白，并非奇文异字、怪诞不可解者，以为符咒也。咒从二'口'一'几'，言陈两端于案前，祈神一决可否也。但书符、诵咒之际，总要一心镇静，不思善，不思恶，不以是非见解先据胸中，神乃怜而明教之。"

肇新曰："妙法如此，可另有嘉名乎？"

吕祖曰："此空中传语法也，使人闻其声而不见其形，即'问焉以言，受命如响''寂然不动，感而遂通'之旨也。上等遇仙，形声并得；中等遇仙，示以声而不示以形；下等遇仙，临坛一二次，即杳然无声，委而去之也。至若求诗求字、求画求词、求方药风水者，无不慨然相与，以其皆细事也。"

肇新曰："乩沙有天尊之命否？"

吕祖曰："明初有乩沙会，太上降武当山，命玄天文昌及诸仙神将，以空中传语法，流播人间，演经立训以醒世，讲道谈玄以觉迷。有为仙真弟子者，则不以乩沙为常，而必现身说法，以示金丹阳神也。"

肇新闻言，惊喜不已。他日述其语于钟祥进士，黄公卷志之，名曰《乩沙记》。（见《信征录》）

乩沙妙语二则

《吕祖栖真录》曰："吾之为乩沙也，有数种焉：一曰龙沙，言龙蛇走于沙中也；一曰鸾沙，言鸾鹤舞于沙中也；一曰箕沙，言天之喉舌吐于沙中也；一曰樵沙，言人之薪传采于沙中也。一曰驻鹤，一曰飞鸾，一曰降笔，一曰降乩，皆言降神也。正人遇正神，邪人遇邪神，此登坛所当知者。又言扶乩三法：由诵诰入者，先难而后易。盖其精诚相感，久持圣号，千周万遍，使神动心，不降则已，一降必真，侍者之诚心不懈，仙人之留住必长也；由持符入者，难合而易离。盖仙家字号草为天篆，不得已而传之其人，使人遇事求我救厄，求我符到神驰，立解疑难，所以济世也，乃人或轻之，或戏之，或以邪诬之，事不可以问者，而亦问之。盖其平日间，先未尝苦诵宝诰，久积诚心，幸而得符，不思感佩，反以神仙为指麾，可使符契为幻妙通灵，妄撰栖仙、催仙无稽怪诞之文，以乱人耳目，传为法律奇书，此其人或与仙遇，转瞬与仙离也；由咒语入者，有应有不应。呼吁之惨，其事关乎重大者则应，否则不应也；祝告之虔，其心至于恳切者则应，否则不应也。亦有貌为吃紧之言，呼吁上圣，苟为祈祷之语，祝告天尊，应之则淡漠相逢，不应则立坛毁谤。盖其未念咒告之前，神已察其虚伪矣，故不应也。余降栖真观多年，宋生诵吾宝诰至数万遍，吾故频频相访，不必符咒相通也。"

又，《吕祖全集》载，阿难尊者，借乩说法曰："且道今日我来，为是我书，为是汝众生手书？若汝众生手书，汝手即应自书，何故藉此朽木一株？若我自书，如何我不亲现色身，手书而又假汝众生手共扶持，乃能书，何以言的？又是佛法，汝心尚不能透，何因能书？汝试谛审、谛审！汝二侍者，非一身体，非心口同，何以两人两手，共书一字？我之色身，究何所在？为在于空、为在汝身？若在空者，空非有体，何汝二人能书？若在汝身，在此一身，不能兼两；若为在两，则为偏体。汝细参细参！我之法身，同汝慧性，今汝二人，并一朽木，则如汝之四大，和合幻缘所成，能动能书，非汝手动，非彼木动，由我神动。吾神气一去，木不能动，手亦不书，譬汝四大一坏，汝之真性，究归于空。汝试静参！汝此四大一坏，汝在何处安身立命？汝试思此木一不动，我在何处？为在灵山？为在坛内？若在坛者，则我一色宛然；若在灵山，缘何汝二人手一扶即至？汝试参究！若这里参得透，方是佛门弟子，如来手摩其顶，亲为如来之所授记。咦！梦里说江山，醒来无一物。且道未梦未醒时，作么生道？"

乩沙者，小术也，传道之筌蹄也。得鱼兔，则筌蹄可去。行之正者，亦得正法行之。邪者，必入邪途。大修行，凝至诚以格真师，务必面传口授，不用小术也。

吕祖年谱海山奇遇卷之七

导江腾岩涵虚弟子火西月　敬编

皇清燮元赞运孚佑帝君仙迹引

以前唐、宋、元、明六卷，编载吕祖年谱八百四十有七年矣。今从清朝顺治元年，叙至道光二十六年，是为清朝仙迹，凡二百有三年。共一千零四十九年，猗与休哉！道光上下，勤施四方，朝帝运无疆，祖师之显迹，亦与昌期而并长矣。

顺治元年甲申（十有八年）；

康熙元年壬寅（六十一年）；

雍正元年癸卯（十有三年）；

乾隆元年丙辰（六十年）；

嘉庆元年丙辰（二十有五年）；

道光元年辛巳（万寿无疆）。

携手飞空

顺治初，秦蜀未平。吕祖乘时辅运，见张三丰尘世往来，隐显莫测，行且叹息，叹已复笑，笑已复歌，曰：

乾坤明不明，豺虎尚横行。

拂袖归三岛，蓬莱看水清。

吕祖佩剑执拂而来，依声和之，曰：

> 五更天欲明，出栈看云行。

> 与子同归去，天得一以清。

和毕，谓三丰曰："真人立功明朝，今可以休息矣。"三丰稽首相答，忽见放大毫光，空中红云飞舞，结成"吕"字，两仙师腾空而去。（见《三丰全集》）

两叶"清"字，皆妙。二仙师，可为本朝告太平之圣瑞也。

剑传刘海石

（《聊斋志异》）

刘海石，蒲台人。从父母避乱于滨州，时年十四岁。负豪侠气，慨然有剪寇除盗之心，与滨州生刘沧客同函丈，因相善，订为昆季。无何海石失怙恃，奉丧而归，音问遂阙。

沧客家颇裕，年四十，生二子，长子吉十七岁，为邑名士。次子亦慧。沧客又内邑中倪氏女，大嬖之。后半年，长子患脑痛，卒，夫妻大惨。无何妻病，又卒。逾数月，长媳又死，而婢仆之丧亡，且相继也。沧客哀悼，殆不能堪。

一日，方坐愁间，忽阍人通海石至。沧客喜，急出门，迎以入。方欲展寒温，海石忽惊曰："兄有灭门之祸，不知耶？"沧客愕然，莫解所以。海石曰："久失闻问，窃意近况，未必佳也。"沧客泫然，因以状对。海石欷歔，既而笑曰："灾殃未艾。余初为兄吊也，然幸而遇仆，请为兄贺。"沧客曰："久不相晤，岂近精越人术耶？"海石曰："是，非所长。阳宅风鉴，颇能习之。"沧客喜，便求相宅。

海石入宅，内外遍观之，已而请睹诸眷口。沧客从其教，使子媳婢妾，俱见于堂，沧客一一指示。至倪，海石仰天而视，大笑不已。众方惊疑，但见倪女战栗无色，身暴缩短，仅二尺余。海石以界方击其首，作石缶声，海石揪其发，检脑后，见白发数茎，欲拔之。女缩项跪啼，言即去，但求勿拔。海石怒曰："汝凶心，尚未死耶？"就项后拔去之，女随手而变，黑色如狸。众大骇，海石掇纳袖中，顾子妇曰："媳受毒已深，背上当有异，请验之。"妇羞,不肯袒示。刘子固强之,见背上白毛长四指许,海石以针挑出,曰:"此毛已老,七日即不可救。"又察刘子,亦有毛,裁二指,曰:"似此,可月余死耳。"沧客以及婢仆,并刺之,曰:"仆适不来,一门无噍类矣。"问:"此何物?"曰:"亦狐属,吸人神气以为灵,最利人死。"沧客曰:"久不见君,何能神异如此,毋乃仙乎?"笑曰:"特从师,习小技耳。何遽云仙?"问其师,答云:"山石道人。适此物,我不能死之,将归献俘于师耳。"言已,告别。

觉袖中空空,骇曰:"亡之矣。尾末有大毛未去,今已遁矣。"众俱骇然。海石曰:"领毛已尽,不能化人,止能化兽遁,当不还。"于是,入其室而相其猫,出门而嗾其犬,皆曰无之。启圈,笑曰:"在此矣。"沧客视之,多一豕,闻海石笑,遂伏不少动。提耳捉出,视尾上白毛一茎,硬如针,方将检拔,而豕转侧哀鸣,不听拔。海石曰:"汝造孽既多,拔一毛,犹不肯耶?"执而拔之,随手复化为狸,纳袖。欲出,沧客苦留,乃为一饭。问后会,曰:"此难预定。我师立宏愿,常使我等遨游海上,拔救众生,未必无再见时。"

及别后,细思其名,始悟,曰:"海石殆仙矣。'山石'合一'岩'字,此吕祖尊讳也。"

敬仙报

(节录《虞初志》)

洪若皋之父,与长子涞,及台州诸生,事吕祖甚虔。每逢仙降,公必登楼礼四拜,饮酒必令尽欢而散。

时顺治初,公年六十有余,偶往乡,染时疫归,发热三日不汗,六日热甚,发谵,医人咸却走,计无所施。酒祈之吕祖,符方发扶乩,乩跃入地。再持起,纵横乱击,扶者手破血流,沙盘皆碎裂。若皋等俯伏,哀求祖方,大批云:"尔父病亟,请我何迟也?命急取梯来,向楼檐某行瓦中,取吾药方下。"即如言,取下黄纸一卷,药方一章,灵符三道,皆紫硃所书,其药件,皆人所常服者。随命抄誊,赴坊取药,原方焚之。复命取水一碗,用桃仁七枚，捣碎和之，焚三灵符于药内，以饮洪公。嘱饮后，手持木杵，向床中四旁击之。若皋等手捧水至床前，公素信仙，一吸而尽，复如言持杵击左右前后。祖停笔以待，曰："汗乎？"视之，果汗，随命服汤药。既服，复停乩以待，曰："睡乎？"视之，果睡。即命取白米煮粥以俟，少顷，举乩曰："睡觉乎？"视之，果睡觉。曰："急进粥。尔父病瘳矣。吾去命碧桃子，守尔家。"洪乃供碧桃仙像。碧桃嗜水，朝夕奉水一大盂，无他供也。未三日，洪公服食如常，一似未尝病者。

他日，设酒食酬拜吕祖，洪公伏地感而且泣。未几，祖赠洪公小像，墨迹甚淡，视之如影，然酷肖公状，上书"九天紫府纯阳道人赠"，其词曰："霖雨飘衣，清歌满谷。鹤之餐云，鹿之咽月。先生一蓬莱客，只谱片词，为君售也。"又赞曰："脸臒而衷腴，所举又若拘。其语言落华而存实，至接物宏以宽。温温安安，浑浑漫漫。继繁兰桂，鸿渐于磐。近天子之龙飞，庆上国光辉，其容舒舒，其象如愚。是武城墨士，弦歌方隅。抑西河先生，课古诗书，称泗杏之通儒。盛哉猗与！"公拜受而珍藏之。

示洪若皋

台州洪涞，与同郡诸生，素奉吕祖乩，称天仙弟子。顺治乙酉，设坛于自家楼上，凡请仙必须楼，所谓"仙人好楼居"也。时涞有一弟，年方舞勺，善诗文，登楼礼谒，祖师即批云："此子可教。"随命更名"若皋"。凡为仙弟子者，其名皆仙所命。因示若皋同会文题，不忮不求，至何足以臧？艺完，命送置白云山土地祠中。次早，往领，独取若皋文，圈点叠加，备极褒美，其砾皆紫色，其笔如悬针倒韭，字法绝似螳螂张膝、蜻蜓点水，不类俗手所为。末注云："三千六百九十日，予言始验。"若皋默志之。后至乙未，若皋果会试云。

决科

顺治戊子，洪若皋登贤书。壬辰会试，其兄涞，代问吕祖云："若皋捷南宫否？"师降批"中阿"二字，再叩不答。是科，若皋落第，其乡邻何公纮度，及陈公璜中式。盖折"何"与"陈"姓之半，而成"阿"字也。

乙未会试，复问如前，批诗云："大国崔嵬正展旗，春光逗发远为期。君家福分非轻浅，先报琼林第一枝。"是科，若皋果宴琼林。其兄问："殿试几甲？"则批一"里"字，再问则云："二十二十，又二里。"及闻报，则二甲四十二名也。盖"里"字，移两画于上，成"二甲"。更逆数是年三月某日，揭晓之期，以验前之所云"三千六百九十日"者，殆晷刻不爽云。

邗江驻鹤

顺治丁酉，驻鹤邗江湖南草堂，授《圣德诸品妙经》，度施汉如三人。义陵刘柯臣序之曰："圣德诸经二十四篇，吕祖飞鸾于邗江之莲华社所著也。"粹然性命之言，而深斥夫男女黄白之术。考其时，则顺治丁酉，其地则澹宁堂、清信社、空凌阁、悟真斋，其人则汉如施子，及维清、维静二子焉。

燕山度七子

顺治庚子辛丑，冬春之际，显化燕山，作诗度人，凡数十日，录而成篇，名《葫头集》。其地，则东岳庙驻云堂，其人则静源、止源、通源、引源、玄源、渊源、津源七子。吕祖曰："向来列名者，虽有七十，遵崇者，不过三十四人；仅可度者，七子而已。"

示李笠翁

康熙辛亥夏，吕祖降神于寿民佟方伯之寄园。正判事，笠翁李渔过之，方伯曰："文人至矣，祖师何以教之？"吕祖曰："笠翁虽文人，亦慧人也。正欲与之盘桓，可先唱一韵，吾当和之。"李至园中，因呈一绝云：

> 今古才人总在天，诗魂不死便成仙。
>
> 他年若许归灵社，愿执诸真款段鞭。

吕祖和之云：

> 闻说阴阳有二天，诗魔除去即神仙。
>
> 相期若肯归灵窟，命汝金门执玉鞭。

复赠一绝，有"万里秋江一笠翁"之句。

示石天基

维扬石成金，号天基子，性喜念佛，日尝不辍。一日，游虎邱后山绝顶，殿宇辉煌，旁有静室，供吕祖像，梁中以丝悬木笔一枝，其下承以沙盘方几，旁坐老翁。问："设此何意？"翁曰："乩卜也。凡事有疑难者，启问必答。人若虔诚礼叩，吾即代请吕祖降临判断。"石因默祷，以时常念佛，有无功效，恳求明示。少顷，见木笔即自运动，判曰：

> 念佛虔诚即是丹，念珠八百转循环。
>
> 念成舍利超生死，念结菩提了圣凡。
>
> 念意不随流水去，念心常伴白云间。
>
> 念开妙窍通灵慧，念偈今留与汝参。

徐太隆① 刻《后八品经》

康熙乙卯三月十五日，驻鹤武昌，命徐太隆刻《后八品经》。是经也，演于万历十八年庚寅之岁，秘于临江，避下士毁谤也。至康熙乙卯八十余年，武昌徐太隆忽得《后八品经》，系前明广陵童启玄抄本，至诚归依，奉祀匪懈。一夕，梦黄冠博带、仙风道骨者，飘然而来，醒即有悟，因与道友张太伦、吴太隆等启叩祖前，欲合《前八品经》同刊于世。祖即降于云集阁中，大加赏予，张、吴二人恭就武昌城内玉皇阁书写，命匠梓之。功竣，乃五月既望也。（见徐序）

度傅先生

傅先生者，江夏人也。淳朴质直，不事文饰，业岐黄，好道，雅慕吕祖。居城北武胜门外，与附近陈元芳、杜国相、刘九级等友善，结吕祖社请卟。附郭东行半里许，有观曰栖真，前对沙湖，后倚凤凰山，水涨一碧千里，退则缘隈柳阴中行，可以至观。傅与诸同志，常兹雅集。先是吕祖云游过楚，见会城东北隅紫气烛天，知有达人在内。康熙己未十月初九日，祖遂寻紫光凝处，而降神焉。傅之前因隔世，已不自知，即祖亦未发。一日，会众朋集，傅以他事，为监坛熊帅所责，傅唯命。无何祖至，演典未毕，忽奉上帝召，语祖曰："予有道友，系西天古佛，来此南赡度世，历今八百余年，现在汝处侍坛，汝部下不知误罚，可速往谕之。"祖回坛，大让熊帅，即于龙沙中密示玄要，复语往因，傅言下顿悟。及下堂礼谢，祖谦逊久之，始受拜。傅后入定，遍历寰宇，时而天宫，时而西土，灵异颇多，不能阐述，聊举一二事。

会中人艰嗣，祷求吕祖，方生一子。数岁，痘疹危笃，举家哀求于傅，傅即祝祖曰："既已与之，何又令一家号泣为？"是夜，即见王天君执痘神击

---

① 徐太隆，涵三宫版《吕祖全书》作"徐太极"。

之，次日遂愈，赴坛称谢。

又闽省大旱，傅愍其凶，出神往救之。甘雨即降，禾勃然生，遂有秋。上帝以其侵权，特启宝林移西土，奉佛召回。临行，题诗曰"自入南阎八百秋"甫一句，妻子环泣，掷笔而逝。西归后，他经有载其诰者，曰："寂皇大天尊，素隆高上帝。"今其子孙遇圣节，则在栖真观，诵经不辍。

是时，吕祖在栖真会中，复改《拔济苦海雪过修真仙忏》一卷。

传《忠孝诰》

康熙三十二年癸酉之冬，吕祖游回雁峰，过花石城。云端之上，香风缥缈，俯见周永祐、秦文超诸鲲，胡思恭虔心静养，拜迎鹤驾。师告以神仙本于忠孝，诸子感之，因为作忠、孝二诰。引古大忠者七十二人，大孝者三十六人，各系以赞，有如褒扬之词，故名曰"诰"。其后有姚（名方升）、蒋二生者，刊以训世。

传《醒心经》

康熙四十六年丁亥二月，传《醒心经》于顾周庚。庚，太仓人也。幼遇异人，传以灵符宝箓，时方读书谋道，谓其术近于师巫，虽得此符，只束置高阁，从未一试。

康熙丁亥，庚年五十余，家居客。有与庚次子启元交者，其室人病剧，遍祷于神不效，而知庚家故藏正一灵符，可致诸仙，乃亟请于庚，欲得真仙一问。庚辞之再三，乃许，为致斋三日。二月甲申朔，设坛如法，焚符凝神，注想良久，乩若有神附者，大书云："一日子至。"坛中为之肃然，客因整冠叩问，乩遂运转如飞，视盘沙中字，则右军体，绝妙草书也。语意元妙，一时未能遽测，乃录之楮，以俟后验。

次日，里中好事者闻之，纷然各以事来问，事率默祷，人无闻者，仙不为少拒，随问随答，乩运如前，略不停滞，侍者神为之疲。所答语，率用韵，非诗即词，各中事情，毫不宽泛，间或摘发隐事，令人毛骨为竦。因共相惊讶，以为此仙非等闲者，乃就"一日"二字推之，"日"包两口，知为吕祖降乩也。然尚未敢遽定。

他日，书符误填祖讳，仙忽降乩云："即使友朋犹唤号，如何漫把我名书？"由是益知为吕祖无疑。

越数日，吕祖又降曰："吾奉上帝敕命，救人度世。今观尘海群生，陷溺纷纷，深可怜悯。我有《醒心经》一卷，久欲觉世，今当为汝等宣之。"庚等因屏息拭目，随乩记录。录完，伏读一过，义深虑远，道宏教正，醇乎如孔孟之言，盖约圣贤经传之旨而成篇，与儒宗语录，毫无刺谬，而世态物情，羁括殆尽，烛照无遗，虽通天之犀，照胆之镜，不是过也。庚又谓："其言直，出《阴骘文》之上，可与五经四子相表里。"刘柯臣读之，曰："庚言询不诬也。"

涵三宫传《清微三品真经》

吕祖游鄂城，见其中颇多好道之士，而不得其旨归，一片慈衷，勃然莫遏。适江夏诸生，有顾行恕者，与同学宋体诚、吴一恕，及乔以恕、恭恕等友善，相约请乩，专延吕祖甚久。以恕善抚琴。一日，操弦曲将终，而仙降，叩之，吕祖也。观其诗意飘然，脱屣尘垢，运笔如飞，问以事则验，群相惊服。无何，遂有阐演《三品》之谕，即于宋氏楼头开谕。一时向道而至者，郡诸生鲁思恕、于慎恕、耶律尽恕、国学杨传恕，汉阳诸生傅敬恕，江邑诸生殷由恕、同恕，与其弟为恕，先后群集。复有鲁循恕、王遵恕、马慕恕、安依诚诸人，左右之。寻因宋楼狭隘，复迁乔氏之宅。既因演典事重，云驾尊严，驻鹤人家，虑有亵越，爰卜坛于城东北隅，得西陵陈太史大章旧宅。陈与宋故姻戚，闻其事，欣然乐施，即以原锱为助，建赀而皈依焉。一时会中，若安恒恕、李务恕、宋真恕、王醒恕、钱能恕、陈崇诚等，莫不争先捐助，鸠工庇材，不一载而殿阁次第告成，所谓涵三宫是也。经成，镌板，上元孙守恕，尤为出力。是举也，同心向善者二十四人，法缘始于壬午，开演在于甲申，付梓成于壬辰，前后十一年，而天工大备。原刊梵板二副，一送武当山，一贮本宫，其后改镌便函者，不一而足。于戏！吕祖之立教涵三，可谓盛矣。

演《禅宗正旨》

康熙甲午，吕祖悯世间禅宗流弊，发慈悲心，屡诣灵鹫，请佛宣演禅宗秘要。如来嘉其诚恳，欣然与之。爰于甲午冬，特敕弟子阿难陀，降神于鄂之涵三道场，敷说如来禅宗秘义，务期人人共晓，开帙了然，不复有入海算沙之弊。其经始于甲午，迄于乙未，凡两度飞锡降笔。大士与吕祖，亦为赞襄其事，校勘字句焉。

涵三宫传《参同妙经》

天下之事，信有因缘。吕祖之演《参同经》也，以数省之人，一旦因缘会合，遂成《参同》巨典。究所从来，实肇端于贵阳诸生刘清虚。初随父宦游于楚，从宋式南学，式南涵三始事者也。讲艺之暇，语及涵三吕祖道场，演有《清微三品》《禅宗典要》，清虚闻而慕之。一日，随师谒祖，祖察其有夙因在焉，遂赐之名曰允诚。未几归黔。

雍正癸丑，与义陵刘无我、渠阳邓东岩、澧川屠锦城等，相遇于播（贵西遵义府）。中州李克修年耄，善外事，亦来黔，闻涵三名皆喜，倩清虚先导，挈李立诚、邓信诚，于甲寅正月谒吕祖，恳求鹤驾，一降黔南。吕祖姑应之。无何，而克修回豫矣，景诚解组矣。其外有姚如孙、如洪者，又皆散去，独无我与东岩，力肩其事。而东岩复远游在滇，乃复令清虚从中赞勚，仍请就鄂渚。清虚欣然就道，不避寒暑，往来跋涉十余次。由是黄诚恕、李本恕、丁存恕、刘悟诚、殷秉诚、徐峻诚，同侍法筵者，不一其人。己未春开演，经稿积成，乃复缮写。维时刘清惠始之，刘清虚实终其事。是冬，信诚自滇至楚，《参同经》已告成功矣。方甲寅之初联会也，起经之日，瑞鹤舞于云端；至演典时，亦复翔集，诚信之感召，固宜如是其速也。

一行子曰：吕祖道场，在鄂城者不少。独涵三，数十载罔替。惟始事者，立诚信于前，其子孙善继述于后，以致诸君子，越数千里而联会，讵非因缘有前定耶？于此，见际会之非偶然也。

无我子曰：《五品经》序云：吕祖垂怜三楚，百倍五陵，在祖婆心度世，一体同仁，原无歧视。然《八品》分演各处，独楚地一而再，再而三。如《五品》演于栖真，《三品》《参同》演于涵三，皆在鄂城内外，岂非桃源洞口、岳阳楼上、黄鹄矶头，灵迹叠见，素称仙人出没之所欤？

恋迹

吕祖在涵三宫，历年既久，一日将别，又不能别，因语诸生云："予自三十年前，飞鸾演化，遂降神鄂渚，留骖此地。于今回想，实同昨日事耳。但予之开化有成，惟赖尔等赞勷，亦得诸始事之子，竭尽心力。此时，虽大功告竣，均受宏庥。然于始事之子，此心时为恻念，以成恋恋宫中，不即绝迹者，实为此也。"此乾隆戊午己未之言，兹特记之。

度刘体恕

（原名樵）

体恕，湖南武陵人也，道号无我子（原号柯臣）。性倜傥旷邈，与人言论，勃勃有气。壮岁举贤良，至京师，梦道人赠白履二，觉而疑之。解者曰："此以州县用之征也。王乔飞舄，舄化为凫，凫固尚白，白履之梦，足当之矣。"后果如其言。因念此梦，既兆得官，岂不亦将遇仙乎？初令施秉，自楚市帐来，见有题檐句云："云无心以出岫，鸟卷飞而知还。"览之，如冷水浇背，陡然一惊。然时，方锐意进取，亦旋置之。此两事者，当风尘奔走之际，刘时念之不忘。

后于贵阳晤东岩子邓优恕，并遇清虚子刘允诚。闻知鄂渚涵三宫，为吕祖飞鸾演经处。前侍演者，有一行子黄诚恕在，闻而慕之，遂与东岩等，发积经演典之愿。继宰清平县，亲率胥吏，煮粥赈贫。次年，子天位弱冠，成进士，官太史，吕祖尝言其累世有阴德也。既从一行子等，谒见吕祖，祖即示以前因，云："子前三世，精习儒业，名列桂香。因阅道书，倾诚向予，自立道号，一名'了缘'，再世名'守朴'，三世名'淳真'，又名'修玄'，今已四世奉道矣。其生而颖悟者，静修之力也。"又云："予嘉体恕一片恪诚，实有望道如未见之心，见善如不及之愿，其起心动念，予早已知之。正欲以前程大事，亲为指点，俾令深悟夙因，修明元要，不徒积诵琅函，为了脱尘缘也。"刘聆师示，如梦斯觉。由是，夙夜匪懈，益励忠孝，双修性命焉。

度邓东岩

东岩子者，楚渠阳明经也。皈依涵三宫，吕祖谓："与无我子，亦有前缘。淳真入道之世，即与淳真结社。汝为秀士，深慕玄风，道同志合，声应气求，南华仙师所谓'莫逆之交'也。是时，汝亦自立道号，名曰'谷隐'，取太上'谷神不死'之义，不仅慕栖隐崖谷也。然子同无我，先后修真，稍有不同，故今世竟遇，亦有微异。"

度刘清虚

清虚子者，贵阳秀士也。皈依函三宫，演《参同经》，原议黔南举行，既而各首事散去。无我乃令清虚任之，仍请就鄂完黔。清虚以宦裔寒毡，力任其劳，不惮奔走，往返水陆，经历太湖，前后凡十数次。险阻忧虞，初诚不二，洵称有志之士也。吕祖大爱之。

度黄一行

一行子者，江夏诸生也。有道而文，深于禅学，兼通元教。《楞严》《金刚》诸经，皆有注释。尝侍吕祖，演《禅宗正指》，后复侍演《参同》三十二章。年七十余矣，精神不稍懈。

庚申冬，刘无我量移赴都，由淮扬、金陵过楚，握手欢然。时清虚亦在楚，因有汇刻《吕祖全书》之约。一行于次年，即行钞阅，商酌纂辑，不惮往复。至十月而底本成，凡三十二卷，其一切雠校，清虚实左右之，而清惠、刘荫诚亦与焉。东岩在滇，闻之甚喜。与丁存恕，矢志勤刊，卒如其愿。书成，吕祖赐一行秘语，甚优云。

鹄矶现相

武昌涵三宫逸士，顾行恕、吴一恕及黄诚恕三人，叩求吕祖现相，许以翌日赴黄鹤楼下相候。三子次早，赴楼前静候良久，游人杂沓，无从物色。傍午，有一人于太白亭前，背手徐行，三子亦忽之。俄见一老翁，须鬓皤然，意必有异，就与语，仍无奇。至薄暮，怅惘而归，皆谓诳己，后示一绝云：

三生石畔殷殷望，太白亭前款款行。

春色不知何处去，空余皓首说幽情。

始悟亭前独步者，即吕祖也。

村馆留字

涵三逸士顾行恕。一日，自宫中赴馆，途遇一道人，与之语。顾赴馆心急，不暇接言，辞去。及至馆，诸徒诧异曰："先生今日，何以衣裾皆香？"顾亦不觉，视案上古文前，书"莫儿戏，回道人过此"数字。笔势飞舞，墨迹尚新，方悟吕祖降神所书，众未之见，而途中所遇道人，盖化相也。翌日，述诸会友，无不叹羡，其字傅敬恕宝而藏诸秘笥。

飞剑亭仙迹

鄂州飞剑亭，为吕祖道场，屡著灵异。尝伪为丐者，诣亭卧祖龛座前，众以其垢秽不堪，呼之令去。及去后方知，则已追悔无及。又一日，天大雨雪，伪为京货郎憩亭上，作避雪状，以手拂衣，旋出亭外，使人视之不见。时雪甚厚，无足迹，始知其为吕祖也。

度陈德荣

德荣，武兴人也，号密山居士，进士出身，官至贵阳布政使司。乾隆五年庚申夏月，夜坐谈，时幕客熊子兆周，自言黄平山中遇仙，授以符篆，语多奇异，诘朝布席焚香，而神果降。所为诗文各体，顷刻千言，判人心隐微事，洞若观火。尤鉴密山之诚，指示因缘，恍然有悟。凡所咨询，不谭吉凶，惟尽事理。及其后验，如鼓应桴。赐方疗疾，虽危笃，无不愈者。每临坛座，即书"回道人至"。见者无不起敬，密山喟然曰："吾师乎，吾师乎！古人航海，求之而不得者，胡乃惠然肯来，不我遐弃，有如斯也？"既闻师曾降神于江夏县之涵三宫，前后四十余年，所演经典甚多，每购一册，辄为梓行，好道之心，可谓至矣。癸亥冬，黔宰刘柯臣，以所刊《吕祖全书》奉览，密山喜不自胜，并为长序以表之，时在湘江舟中也。

石室灵迹
（张邦伸《锦里新编》）

乾隆戊寅冬，华阳王心斋纯一、梓潼吕宣茂林与汉州张崇修仁荣，同肄业成都石室。闻扶乩傅姓者，素奉吕祖，甚著灵异，三人往问一生功名，各得诗一首。王云："光天化日，正好吟哦。种麻得麻，不虑蹉跎。驰驱云海，寄兴岩阿。前程如漆，君自揣摩。"吕云："读书好，读书好，读书之乐真缥缈。蟾光光，照绿荷衣，会见香风拂瑶草。长安得意早归来，方识仁亲以为宝。"崇修云："卅载风光竟若何？鉴湖一曲香烟波。知章没后无人识，蜀道难分未足多。"

次年己卯，王就吴姓馆，额有"光天化日"四字，喜曰："乩验矣。'种麻得麻'，谓春播秋收，将应在本年。"是科果中。丙戌，挑发安徽，借补池州府经历，调繁淮宁，檄委六安州，"驰驱云海"云云俱验。后以事被参，系狱十载，奉旨释还，始知"前程如漆"，指入狱而言，非虚语也。

吕为人风流潇洒，中壬午乡试，入都考授景山教习。丁亥秋，期满赴铨，将得缺矣。忽病死旅邸，时太翁吕仪表犹在，柩得葬，所谓"仁亲"也。细绎诗书，一一皆应。

崇修，屡试不第。甲寅乙卯，乡会试，始以年老入场具奏，钦赐翰林院检讨，计戊寅请乩时，已三十六七年矣。"卅载风光"，适与符合。且太白以知章荐，授翰林供奉。仁荣以孙中堂补山荐，授翰林院检讨，皆以浙人荐举蜀人也，故云。

仙才敏捷

乾隆癸未，吕祖降京师裘家街赵云崧之寓园。云崧名翼，字瓯北，乾隆辛巳探花，才思迅疾，性情冷峭。先寓椿树衚衕，时晴斋中，不胜应酬之扰。癸未冬，移寓裘家街，小园数笏，行乐有余。时孝廉王殿邦，尝来请乩。一日，毕秋帆状元，诸桐屿榜眼，均在座内。回道人至，运笔如飞，特与鼎甲三人，拈韵斗捷，无能过者。方其挥洒之初，始书二字，云崧以意续之，才动念而乩已录出，即彼所思字也。云崧叹服。

后在滇南幕府，将军果毅阿公子丰升额，亦能请仙，乩笔动而不成字，云崧试代思一字，乩即书之。云崧又以不思困之，果笔动而不成字，遂默为足成一绝。此云崧所亲试者。然云崧所思字，初不出口，亦未尝扶乩，但一念动，而乩即知，亦一奇也。惟回道人落想，在云崧之先复，不可及滇鬼，则云崧思一字，方书一字耳。《瓯北集》中，有诗记之，并见《西清余话》。

雁字诗

乾隆丁亥春，成都有诸生六人。请吕仙，连日焚符不至。一日，有老叟入访，自称"山西老进士何容心"。笑谓六生，曰："请仙何事？"曰："作诗会耳。"老叟曰："仙犹人也，不必与仙会，请与吾会。吾甲子颇高，是亦现身神仙也。"六生戏其老，即拈雁字为题，分韵各赋五首，咸谓三十韵已占尽矣。令择其韵宽者为之，老叟略无难色，笔不停披，顷刻成三十首以示，视各生分韵五首初落稿焉。六生见而惊异，各呈所作，祈为斧正。老叟笑而诺之，随阅随改，改后批尾，曰："合读诸君佳制，老人妄加涂抹，不知视原唱为何如矣。"掷笔而出，不知去留。六生读其诗，皆拜服焉。他日，问山西客曰："贵都有老进士何容心否？"曰："无之。"既而有善悟者曰："此即吕仙也。'何'字之心，有一'口'；'容'字之心，又一'口'，两'口'为'吕'。老进士，指咸通及第也。"

汉皋文会

嘉庆初，吕祖降汉皋之齐云阁。时有杨、袁、易诸生者，相结齐云学社，奉吕祖甚虔，祖鉴其诚而降之。受业者十余人，雅言者皆文事，所刻《洗心语录》，其训文斐然可观，诗则率兴而成。前后八年，未尝招之入道，盖尝察诸生气色，谓皆功名中人也。诸子亦自忖根因浅薄，互相砥砺，严立式程，日以文会为重，每有课艺，必求吕祖改正，造就人材，胜于老师学究。厥后，袁生举孝廉，杨生成进士，易生中翰林，入泮者尤甚多焉。方杨生之中式也，嘉庆丁卯上元节，吕祖与诸子同饮，笑谓杨曰："子可将钱一文，作报录行令。"上设乩盘，吕祖于沙中作圈，如流水响钱，到杨而即止。及放榜之夕，杨与友行街衢，独见金钱一枚，拾之，共庆其必中。杨归，以此钱恭置神座，迄揭晓，果报捷，觅钱则无有焉。

又，尝与诸子选地择日，皆劝以修因积德，勿溺于风水之术云。

凤栖寺现相

嘉庆丁巳十月望日，吕祖约齐云阁诸子，赴凤栖寺不果。蓟北黄生，独往寺游，见有携饼者，风神清古，心窃异之。及归，未尝与诸友言也。次日，入寺，祖乃即乩，判曰：

> 手携麻饼坐台阶，静待诸生入寺来。
>
> 十月早梅都未见，只余黄菊一枝开。

黄读其诗，大喜，乃以昨日事述之，众皆默然。

仙枣亭传声

嘉庆癸亥八月十五，降于黄鹤楼，复之仙枣亭，与诸子玩月，空中闻笙鹤之声。

卉木林三次现相

嘉庆甲子，吕祖约齐云诸子，游卉木林。至，则见一僧，身著新衣，立山门外，忽避去。怪，询长老，言无是僧。及临坛上，祖示一诗云：

> 凤栖寺外显真颜，莫向人前信口宣。
>
> 恐似渔郎归去说，空劳子骥访桃源。

后，再约游会卉木林，先示诗云：

> 独把渔竿向水投，锦鳞未得上鱼钩。
>
> 科头伫望招舟子，只桨摇来从我游。

诸子观之，视为临坛泛作，不经意也。及泛舟湖上，遥见一老人，坐石把钩，垂丝如银。众诵前诗而疑焉，迫之不见。

他日，二三子又饮卉木林中，偕行而返。道过湖堤茶社，后遇两黄冠，其一年少者，状如妇人女子，众以为游方道人，卖唱渔鼓、莲花者。及归坛示，则与何祖，同游卉林也。

永宁道署诗

嘉庆壬申，吕祖降永宁道署。观察刘晴帆斌公，公余请乩，暮春染疾，因仙方健体，乃摘果斟醪，以将敬谢。是日也，新雨初晴，落花满地，斜阳照绿树之林，流水添烹茶之味。一时，二十位人仙同降，吕祖次广寿翁，唱诗云：

> 柳衙画尽鹤翩僊，一片清光落九天。
> 云护竹窗无情韵，香分药圃结仙缘。
> 满簾旧雨茶初熟，半岭斜阳酒未干。
> 雅兴不教人寂寞，会将佳话谱新编。

清新俊逸，真仙笔也。观察序而刻之，读者无不观赏。

序《黄庭经》紫霞注 ①
（《黄庭经注解》吾山先生序）

万物有化化之理。化化者，转生也。云化为水，石化为土，鱼化为龙，鲲化为鹏。物亦有前后之异，君子观于物而叹人之根因，亦犹是也。

明有冷生者，长笛吹风，扁舟弄月，往来江湖间，若游仙然。或谓为冷谦再世，或疑为冷谦现身，皆不知也。瓢囊中尝有《黄庭》一部，自注自书，以金为字。有欲索观者，生不许，谓其书当转世乃出，此万历丙午 ② 间事也。亦越二百年，紫霞生而金书入梦。少习儒业，壮务功名，数举不第，

---

① 以下三则，为原空青洞天本《海山奇遇》所无，系校者增补。
② 万历丙午，即万历三十四年，1606 年。

淡然退止。间或以养生之书治其疾苦，一入目而若素熟习者。平时则濂洛经史、诗古文词，皆究心焉。然其读书之意，在明理，不在求名也。

晋魏夫人，以诵《黄庭经》成真得道。尝欲觅一善注，广度良缘，久而不偿其志。后知冷生降世，与妙解俱来。因托丹霞、青霞两仙姑，授以元文，醒其夙悟。紫霞见之，初不能解其意也。乃尽继日之思，诵持千遍，恍然若抽关而启钥者。由是墨沈淋漓，笔无停滞，凡经七昼夜而金书尽出。旁人观之，不知其何以滔滔赴纸也，岂非有宿构在欤！

予前阅《道德》《阴符》诸注，既已心肯之矣。今见此《黄庭详解》，真叹为妙之又妙，玄之又玄，扫尽旁门，独开精奥者。自是而扶桑宫中，诸仙童女，又必磨金书之也。吾山先生拜序。

序《太上十三经注解》
（开大江派）

元始玉音，命岩便宜衍道。岩观生民气质，有清不能无浊，有善不能无恶，因浊恶而不敢传道，道终难传也。不如将清浊善恶浑而一之，以大道传播其间，使清者、善者得道而行，则善气益多，清气益甚，阳大而阴小，泰长而否衰，则浊者益少，恶者益寡矣。吾见紫霞洞主《东来正义》一注及《九层炼心》一书，先不欲以示人，既则丕然心广，汲汲焉欲以传人。爰携紫霞之神，上叩太清，得蒙道祖允授人寰，以培善气，以增清气。

於戏！道何敢私哉？吾前开"大江"一派，意欲汇萃英才，同归大海神山，故以"大江"为名，即仙谶也，岂徒龙沙八百而已哉？得此书者，先须诵太上《定观》《清净》诸经，以却人心之累，乃有道心之生，故命潜虚辅紫霞洞主斟酌而行，并将太上诸经列于卷首。诸子奉道者，以道为珍，则中条老母之言"有本者为师，受书为徒"者，宜遵行而衍其传，广其派也。今将大江派九字，具书于左，纯阳为初，紫霞为起，可循环而命名也。是为序。

纯阳祖曰：吾门有北真南宗，支分派接。今复在大江之上，条开西干，名曰大江派云。

西道通，大江东，海天空。（后人照此九字，循环命名。）

火道人题颂

天下之水江为大，统纳群流兼万派。

雪浪银涛汇十洲，一齐走入无边界。

拍板笙歌朝帝乡，目中观海气汪洋。

游于圣人之门者，到此方知百谷王。

左列命名式

大江初祖纯阳帝君

大江一代弟子□西△、大江二代弟子□道△、大江三代弟子□通△、大江四代弟子□大△、大江五代弟子□江△、大江六代弟子□东△、大江七代弟子□海△、大江八代弟子□天△、大江九代弟子□空△，是为九代。

二环则曰：大江二环弟子□西△、大江二环弟子□道△，余类推。

三环，亦照二环式类推。

二三环，不必书代数，上有二三环字样，可分别矣。如书代数，二环之"西"字则为十，三环之"西"字为十九。

李退谷传 ①

李退谷，邑人，道号从阳，清道光时住清漪院（即青衣别岛青衣观），从吕纯阳学道。纯阳时至院中，乩笔指授，今院内诗碑之阴，记曰："吾吕道人也。隐姓于'一山嚴吾'四字之中。尝与张三丰真人同游清漪院，留题三诗碑，命弟子从阳刊而存之。从阳者，乐山隐士也，精琴能诗，从吾学道，时与清漪八隐居此。道光己亥（1839年）三月望日道人记。"

① 摘自《乐山县志·卷九·人物志》，黄熔纂修，成都美利利印刷公司，1934年出版。

纯阳先生诗集

（板藏空青洞天，道光丙午岁镌）

淮海陆潜虚　原本

火涵虚　重编

序序

　　阅古名家大集，凡有翻刻全编，笺注编订者，必具载古今序文，所以传刻集之源头，及本集之大旨，各吐精华，别抒见解，苦心孤诣，良不可没。

　　今《吕祖编年诗集》，既已成矣，爰合古今诸序，胪于前而评点之，亦所以志源头，明大旨，表诸公之精华见解耳。至有俗刊序俚者，亦不尽录，是为序序。

原刊文集序

　　自古学道而成仙者众矣，或飞升，或尸假（同解），乃复然遂与世隔，往往起神仙渺茫之诮。独纯阳先生，首以开度群迷为誓，尝游戏人间，显化不一。虽三尺童子，亦知其名而慕其风也。

　　今观所著诗歌，谈妙入玄，无非穷理、尽性，以至于命。学者果能熟复而交参之，既知有"离宫修定"之功，又知有"坎府求玄"之秘，则"炼己待时"于"寂然不动"之中，自然有"感而遂通"者在，是虽凡夫，亦可以立跻圣位，孰谓神仙不可以学得，而徒有渺茫之诮耶？

　　予夙慕真宗，广求仙诀，今偶得是集，不欲秘藏，愿与同志共之。或者因文解悟，暗合玄宗，庶足以副真仙开度群迷之初意云。

太岁丙戌乾道二年书云①日剑津谷神子陈得一

言简赅，笔高洁。（月）

重刊文集序

真仙之道，自广成授轩辕，而其教，遂行于世。由是代不乏人，有高举远引而隐者，有行道济世而显者。其隐者，世不可得而知；其显者，出瑞圣世，化度有缘，间有发为词章，以吟咏道德。

若唐之吕纯阳者，殆显而济世者也。其所著诗文，宋乾道间，延平陈谷神，已尝印行，其版岁久不存。广阳张子素氏，有志于道者也，恐真仙之事迹，久或湮没，求诸善本，特寿于梓，以广其传。葆和堂真士袁公熙真，太岳太和山玄天玉虚宫提点任公自垣，力赞其美。

工告成，请予序其首简。予惟真仙之应化，虽片言只字，皆有道以寓其间，世之学仙者，苟能因文以求义，因义以明心，冥符默会于语言文字之间，真积力久，内行纯熟，阴功昭著，以入乎清净之境，则此书岂小补哉？若徒以记忆为工，以资清谈，则非吾所知也。是为序。

时永乐二十年岁在壬寅孟夏正一嗣教四十四代天师西壁翁张宇清书

通达平妥之作。（月）

龙洲居士序

生公心究玄门，爱读《纯阳吕公集》，喜其正断十试，九难诸魔，咸筑

---

① 书云，宋代文人诗文多指冬至。宋·洪迈《容斋四笔·用书云之误》："今人以冬至日为书云。"

基炼己，根极微妙，夺天巧以成能。至于阴阳坎离、铅汞升降之说，以八卦运十二时而其要在艮，以三田互相反复而其要在泥丸，皆至理存焉。

余每行，必手携此卷以玩，顾尘心难灭，学而未能久之。顷过邯郸道中，见吕公祠入谒，慨然想慕，因得所刻《枕中记》三复之，知卢生炊黍就枕之梦，与吕公黄粱未熟之梦相似。钟离之授吕，吕之授卢一也。宠辱穷通，得丧死生之理，悉尽于是。有能超然了悟，三乘九转易易矣。余谓是记，当附于集末。

邯郸杨尹，治邑有声，请锓诸梓，因叙其略，与修性、修命志于玄学者共之。

嘉靖戊午岁夏五月朔旦蓬莱山北龙洲处士书于金台寓舍

此序述附刻《枕中记》之意，所谓片言居要，一篇警策者也。（月）

《终南山人集》原序

甚哉！祖师之于星，最多情矣！凡有所恳，无不从心。尝见世间所刻《吕仙文集》一函，儱侗错杂，屡欲编次之，而未知其详也。适吾师垂怜愚鲁，枉驾北海草堂，星即以私衷启请，师大许可。由是煮酒开轩，盘桓佳日，师以口授其巅末，星以手记其源流。由唐大中十年起，至南唐中兴止，凡一百八十余首；由宋太平兴国起，至南宋祥兴止，凡五十有余首，编次井然，名曰《终南山人集》。

星得之，如获至宝，亟欲梓行，以正世本之谬。师示曰："子姑藏之。世间刊本，尚未可非也。汝必欲以吾自订者，一正其讹，人必踵门拜访，扰我行藏，吾与子难久俱矣。且诗三百篇，孔子删定之后，浮沉数百载，至汉儒而乃出。当时说诗者，先有三家，齐诗辕固、鲁诗申公、韩诗韩婴，皆以曲学鸣世。三家鼎盛之日，即起可言之子贡，启予之子夏而正之，亦不可以口舌争也。迟之又久，毛诗出，而郑众、郑玄、马融、贾逵之辈，从而发明之，其学盛，而齐、鲁、韩三家遂微。我之诗，但存此二卷于山中。二百余年后，星月交辉，尚有起而续编，以成全善者，慎毋以我之自订，而急炫其奇也。"星憬然曰："唯唯。"

退而书之，以是为初集序。

嘉靖戊午金满日淮海弟子陆西星谨志

此序记因缘，铭师训。风流典雅，气度春容。（月）

文集小序

既删以后，何以无诗？以道学、风雅，分而为二也。古之人，能合而一之者，首推周公，次则尹吉甫。今观七月诸章，人情物理，发挥入妙。吉甫自谓其诗孔硕，又谓穆如清风，取崧高、烝民读之良然，嗣是作者益繁。王阮亭谓："昌黎有英雄语，太白有仙语，摩诘有佛语。"此亦后代诗人之大凡矣。

神仙诗多者，惟吕祖，长歌短咏，天籁自鸣，皆无意为诗者也。惟道充于中而不可已，不觉于吟哦发之，其机活、其神全，不越人情物理之常，而已尽仙佛英雄之致，吾谓道学风雅，不必岐视者，于吕祖之诗见之。

至今体诗，间有逸韵者，昔郑庠作《古音辨》，分古韵六部，原可通协，不若沈约之拘，集中古体、杂体诗皆然。至诗既从今体，似宜一依今韵，而神仙作诗，亦间以古韵行之。第查明偶出韵者，注明某句偕韵，或二韵、三四韵通用者，注明几韵并用，使后学有所考焉。其他如《指玄篇》，及《涵三杂咏》今体诗，俱从此例。若《忠孝诰》《玉枢经赞》，并诸经颂偈，有韵之文之协古韵者，又不必论矣。

义陵弟子无我刘体恕谨序

此序专论诗，其义光昌，其言雅切。

按：古体协古韵，诗家常然。然亦有斗险争奇，反用冬江盐，咸叶至三五十韵者，如韩、孟诸公是也。神仙诗，天籁自鸣，何必乃尔？吕祖今体，亦用古韵，人或以为泛滥，然如七律、五律，首句通协者，谓之借韵，名孤雁入群，此无妨也。中后通协者，则谓之走韵，名飞雁离群，拘墟者以为戒焉。

吕祖有言:"吾前作今体诗,间有通韵,人以为嫌。今稍更之,以归今韵,不可易者,仍旧也。若谓吾能泛协,而不能切协,请看抱一楼一卷,为何如耶?"

师言若此,故不复再注。(西月)

《吕祖文集》附刊吕氏诗钞序

有唐一代,诗有家传者,不多见焉。少陵诗史,而骥子终不如父;太白诗仙,而嗣响竟无其人。香山为长庆一大宗,徒叹其有女而已;昌黎东野辈,风雅铮铮,而求其有父风、有家学者,又何人乎?

遍《全唐》觅之,亦有数家,要莫盛于吕氏。侍郎吕君载,贞元间尝主文衡,诗有大雅之音。其伯子衡州,为晚唐名士。衡州之弟曰良、曰恭、曰俭,皆诗人也。最幼者海州,虽其诗不多见,而衡州集中,有和弟让等作,知海州亦诗中英俊也。海州为纯阳先生之父,先生出而捸天掷地,雷动风行,既能文,又成道,一枝仙笔,长放古今,君子谓吕氏之隐德,不知如何之深且厚,而后有此源之远流之长也。

先生诗,自宋迄今,颇鲜善本。惟淮海陆公所藏《终南山人集》二卷,愚得于江南坊间,归遗江沱火涵虚。涵虚续编之,并侍郎衡州诗钞,亦附刻焉,以为吕先生家世之证,其用心可谓诚矣。或有谓吕祖为贞观天宝时人者,请观其祖父、伯叔为何时人也。是为序。

皈虚弟子谨撰

此序附刊《吕氏诗钞》,以证吕祖家世,根古干今之文,破疑解惑之论也。

《吕祖编年诗集》原序

愚生平读古人诗,喜读人编年诗,不喜读人摘选诗。诚以诗也者,人之精神、意气出处、动静风流、道学一生所寄托焉者也。诗有编年，则展卷读之，其人之身心内外、行住坐卧，无不毕现于卷帙之间。我俨然知其人，见其人也。

吕祖诗，自宋陈谷神辑而行世，嗣后翻刻者，代有其人，然多失吕祖事迹。如七律诗一百零七首，其中有咏道篇，及遣怀、赠答之作，率皆揽为一处，并无题目，且无次序，使读者不甚了然，知宋时已无善本也。近有《（吕祖）全书》一函，显迹、诗文，颇称大备。然又分门别类，读之辄滞心胸，谓其无长啸朗吟、行云流水之乐也。

考寻既久，乃得陆潜虚先生所传《终南山人集》二卷，系吕祖手自编订者。外并有宾翁《草堂自记》，及潜虚《道缘汇录》，叙次吕祖入世、出世之因，成己、成人之事，前后朗然。惜潜虚天符事迫，书未成而即去。愚不敏，似于星月交辉之讖，宿有因缘，因为旁搜博采，稍集其成，名曰《年谱仙迹》。复即宋以后诗序次之，名曰《编年诗集》。自是而一片神行，千秋毕现，人得以见吕祖流水行云、朗吟长啸之乐也。至其训诫、经典，世间自有分类书在，与此集并行不悖云。

涵虚弟子火西月谨序于妙灵洞天

吕祖编年诗集卷之一

江沱弟子火西月涵虚　重编

唐诗

《终南山人集》上

（自唐大中初起，至南唐中兴止。）

游庐山钟楼远眺

一日清闲一日仙，六神和合自安然。
丹田有宝休寻道，对境无心莫问禅。

赠罗浮道士

（即轩辕集）

罗浮道士谁同流，草衣木食轻王侯。
世间甲子管不得，壶里乾坤只自由。
数着残棋江月晓，一声长啸海山秋。
饮余回首话归路，遥指白云天际游。
"游"字，比旧叶"头"字，有安闲活动之妙。（自记）

呈钟离先生云房

生日儒家遇太平，悬缨重滞布衣轻。
谁能世上争名利，臣事玉皇归上清。

送云房先生赴天池会

道德崇高相见难，忽闻东去幸仙坛。
杖头春色一壶酒，顶上云攒五岳冠。
饮海龟儿人不识，烧山符子鬼难看。
先生去后身须老，乞与贫儒换骨丹。

读《入药镜》

因读崔公《入药镜》，令人心地转分明。
阳龙言向离宫出，阴虎还于坎位生。
二物会时为道本，五行全处得丹名。
修真道士如知此，定跨虬龙归玉京。

献施胡浮、郑火龙两先生

万劫千生到此生，此生身始觉非轻。
抛家别国云山外，炼魄全魂日月精。
比见至人论九鼎，欲穷大药访三清。
如今获遇真仙面，紫府仙扉得姓名。

怀火龙真人及云房先生

（时云房初授九天选仙使而去）

昔年曾遇火龙君，一剑相传伴此身。

天地山河同结撰，星辰日月任停轮。

须知本性绵多劫，空想留形历万春。

昨夜钟离传一语，六天宫殿欲成尘。

（言归空也）

"君"字借韵，谓之孤雁入群，后类推。

终南幽居

强居此境绝知音，野景虽多不合吟。

诗句若喧卿相口，姓名还动帝王心。

道袍薜荔应慵挂，隐帽皮冠尚懒簪。

除此更无余个事，一壶村酒一张琴。

怀罗浮道士轩辕先生
（二首）

一

黄芽白雪两飞金，行即高歌醉即吟。

日月暗扶君甲子，乾坤自与我知音。

精灵灭迹三清剑，风雨腾空一弄琴。

跌宕南游归甚处，莫教鹤去上天寻。

二

云鬟星眸骨更轻，自言寻鹤到蓬瀛。

日论药草皆知味，问著神仙尽识名。

簪冷夜龙穿碧洞，枕寒晨虎卧银城。

来春又拟携筇去，为忆轩辕海上行。

三四写出轩辕。

悟道诗

（终南作）

数载乐幽幽，欲逃寒暑逼。不求名与利，犹恐身心役。
苦志慕黄庭，殷勤求道迹。阴功暗心修，善行长日积。
世路果逢师，时人皆不识。我师机行密，怀量性孤僻。
解把五行移，能将四象易。传余造化门，始悟希夷则。
服取两般真，从头露端的。烹煎日月壶，不离乾坤侧。
至道眼前观，得之原咫尺。真空空不空，真色色非色。
推倒玉葫芦，迸出黄金液。紧把赤龙头，猛将骊珠吸。
吞归脏腑中，夺得神仙力。妙号一黍珠，延年千万亿。
同途听我吟，与道相亲益。未晓真黄芽，徒劳游紫陌。
把住赤乌魂，突出银蟾魄。未省此中玄，常流容易测。
三天应有路，九地终无厄。守道且藏愚，忘机要混迹。
群生莫相轻，已是蓬莱客。

易，音亦；侧，一作策；液，音一。

百字篇

（后人泐石，更名《百字碑》）

养气忘言守，降心为不为。动静知宗祖，无事更寻谁。
真常须应物，应物要不迷。不迷性自住，性住气自回。
气回丹自结，壶中配坎离。阴阳生返复，普化一声雷。
白云朝上阙，甘露洒须弥。自饮长生酒，逍遥谁得知。
坐听无弦曲，明通造化机。都来二十句，端的上天梯。

熟复此篇，于胎息筑基、金水炼己之诀，思过半矣。（星）

莫春

春尽闲闲过落花，一回舞剑一咨嗟。
常忧白日光阴短，每恨青天道路赊。
本志不求名与利，元心只慕水兼霞。
世间万种浮沉事，达理谁能似我家。

我家

（三首）

一

举世何人悟我家，我家别是一荣华。
盈箱贮积登仙篆，满室收藏伏火砂。
顿饮长生天上酒，常栽不死洞中花。
凡流若问吾生计，遍地纷纷五色霞。

二

堪笑时人问我家，杖担云物惹烟霞。
眉藏火电非他说，手种金莲不自夸。
三尺焦桐为活计，一壶美酒是生涯。
骑龙远出游三岛，夜久无人玩月华。

三

我家勤种我家田，内有灵苗活万年。
花似黄金苞不大，子如白玉颗皆圆。
栽培全赖中宫土，灌溉须凭上谷泉。
只候九年功满日，和根拔入大罗天。

以两个"我家"，承上二首，妙妙！

修行法

不负三光不负人，不欺神道不欺贫。
有人问我修行法，只种心田养自身。

莫道

莫道幽人一事无，闲中尽有静功夫。
闭门清画读书罢，扫地焚香到日晡。

喜自然来访

四海皆忙几个闲，时人口内说尘寰。
知君有道来山上，何似无名住世间。
十二楼台藏秘诀，五千言内隐玄关。
方知鼎贮神仙药，乞取刀圭见一斑。

自幸

（二首）

一

回身方始轶埃尘，造化功夫只在人。
早使亢龙抛地网，岂知白虎出天真。
绵绵有路谁留我，默默忘言自合神。
学剑夜深归甚处，披星带月折麒麟。

二

结交常与道情深，日月随他出又沉。
若要自通云外鹤，直须勤炼水中金。

丹成只恐乾坤窄，饵了宁忧疾患侵。

未去瑶台犹混世，不妨杯酒喜闲吟。

狂吟

欲陪仙侣得身轻，飞过蓬莱彻上清。

朱顶鹤来云外接，紫鳞鱼向水中迎。

姮娥月桂花先吐，王母仙桃子渐成。

下瞰日轮天欲晓，定知人世久长生。

（淋漓酣畅，想入非非。）

此吾得道时之妄想也，然不具此豪气，亦非仙才。（自记）

仙品

公卿虽贵不曾酬，说着仙乡便去游。

为讨石肝逢蜃海，因寻甜雪过瀛洲。

山川醉后壶中放，神鬼闲来匣里收。

据见目前无个识，不如杯酒混凡流。

独行口占长句

浮生不实为轻忽，衲服身藏奇异骨。

非是尘中不染尘，焉得物外无穷物。

共语难兮情兀兀，独自行兮轻拂拂。

一点刀圭五彩生，飞丹走入神仙窟。

警世吟

谁解长生似我哉，炼成云气在三台。

尽知白日升天去，聊藉红尘住世来。

黑虎行时倾雨露，赤龙耕处产琼瑰。

只吞一粒金丹药，飞入青霄更不回。

道成后，有问余作么生者，啣然书此

本来无作亦无行，行著之时是妄情。

老氏语中犹未决，瞿昙言下更难明。

灵竿有节通天去，大药无根得地生。

今日与君无悋惜，功成只此是蓬瀛。

得大还丹

修修修得到乾乾，方是人间一醉仙。

世上光阴催短景，洞中花木住长年。

形飞峭壁非凡骨，神在玄宫别有天。

惟愿先生频一顾，更玄玄外问玄玄。

咏丹道

（五律七首，象七返）

一

道德乾坤祖，阴阳造化宗。天魂生白虎，地魄产青龙。

运宝泥丸住，搬精秘院封。有人明此法，万载少年容。

二

悟了长生理，秋莲处处开。金童登锦帐，玉女下香阶。

虎啸天魂住，龙吟地魄来。有人明此道，立便返婴孩。

三

顿悟黄芽理，阴阳禀自然。乾坤炉里炼，日月鼎中煎。

木产长生汞，金烹续命铅。有人明此道，立便返童颜。

四

姹女住瑶台，仙花满处开。金苗从地出，玉蕊自天来。

凤度长生曲，鸾衔续命杯。有人明此道，海变任千回。

五

姹女住南方，身边产太阳。蟾宫烹玉液，坎户炼琼浆。

过去神仙饵，今来到我尝。一杯延万纪，物外任翱翔。

六

姹女住离宫，身边抱雌雄。炉中七返毕，鼎内九还终。

了悟鱼投水，开迷鸟出笼。耄年服一粒，立地变婴童。

七

妙妙妙中妙，玄玄玄更玄。动言俱演道，语默尽神仙。

在掌如珠异，当空似月圆。他时功满后，直入大罗天。

以上七首，言内外药也。前四首结句，皆用"有人明"；中三首起句，皆用"姹女住"；末章赞"妙妙、玄玄"。虽是七首章法，亦缘语重心长。（星）

再咏丹道

（五律九首，象九还）

一

要觅长生路，除非认本元。都来药一味，刚到物千般。

丹鼎烹成汞，炉中炼就铅。依时服一粒，白日上冲天。

二

要觅金丹理，根元不易逢。三才七返毕，四象九还终。

浴就微微白，烧成渐渐红。一丸延万纪，物外去冲冲。

三

古往诸仙子，根元占甲庚。水中闻虎啸，火里见龙行。

进退穷三候，相吞用八纮。冲天功行满，寒暑不能争。

四

宇宙产黄芽，经炉煅作砂。阴阳烹五彩，水火炼三花。

鼎内龙降虎，壶中龟恋蛇。功成归物外，自在乐烟霞。

五

万物皆生土，如人得本元。青龙精是汞，白虎气为铅。

悟者子投母，迷应地掘天。将来归物外，个个补丹田。

六

灵丹产太虚，九转入重炉。浴就红莲颗，烧成白玉珠。

水中铅一两，火内汞三铢。吃了瑶台宝，升天任海枯。

七

密室静存神，阴阳重一斤。炼成离女液，咽尽坎男津。

渐变逍遥体，超然自在身。更修功业满，旌鹤引朝真。

八

我悟长生理，太阳伏太阴。离宫生白玉，坎户产黄金。

要主君臣义，须存子母心。九重神室内，虎啸与龙吟。

九

二十四神清，三千功行成。寒云连地转，圣日满天明。

玉子偏宜种，金田岂在耕。此中真妙理，谁道不长生。

要言

（一首，象得一）

个个觅长生，根元不易寻。要贪天上宝，须弃世间珍。

炼就月宫日，烧成阳内阴。祖师亲有语，一味水中金。

（天上宝，先天灵妙；世间珍，后天渣质。）

咏道

（六十四首，象卦数）

乾

（西星曰：第一首言修道始末。以下诸篇，皆发明此篇也。）

落魄红尘四十春，无为无事信天真。

生涯只在乾坤鼎，活计惟凭日月轮。

八卦气中潜至宝，五行光里隐元神。

桑田改变依然在，永作人间出世人。

"落魄四十春"解：《史记》"家贫落魄"，言无赖也。又《仙经》云："魄阴而魂阳。"落魄者，阴尽也。吕祖自宝历乙巳，至咸通甲申，其间学道而沮，求名不利，以及得第作官，清廉恪守，盘根错节，历尽艰辛，盖已四十年矣，故开口云云。

坤

（西星曰：以下三首，多指"无为无事信天真"言。）

杳杳冥冥未有涯，雕虫篆刻道之华。

守中绝学方知奥，抱一无言始见佳。

自有物如黄菊蕊，更无色似碧桃花。

休将心地虚劳用，煮铁烧金转转差。

屯

无名无利任优游，遇酒逢歌且唱酬。

数载未曾经圣阙，千年只合住仙洲。

寻常水火三回进，真个夫妻一处收。

药就功成身羽化，便抛尘坌[1]出凡流。

（坌，音粉。）

蒙

世上何人会此言，休将名利挂心田。

等闲倒尽十分酒，遇兴高吟一百篇。

物外烟霞为伴侣，壶中日月任婵娟。

他时功满归何处，直驾云车入洞天。

---

[1] 坌，底本作"岔"，校者改。

需

（西星曰：以下十四首，多指"生涯只在乾坤鼎"言。）

金丹不是小金丹，阴鼎阳炉里面安。
尽道东山寻汞易，岂知西海觅铅难。
玄珠窟内行非远，赤水滩头去便端。
认得灵竿真的路，何劳礼月步星坛。

讼

安排鼎灶炼玄根，进退须明卯酉门。
绕电奔云飞日月，驱龙走虎出乾坤。
一丸因与红颜驻，九转能烧白发根。
此道幽微知者少，茫茫尘世与谁论。

师

星辰聚会入离乡，日月盈亏助药王。
三候火烧金鼎宝，五符水炼玉壶浆。
乾坤反覆龙收雾，卯酉相吞虎放光。
入室用机擒捉取，一丸丹点体纯阳。

比

龙睛龟眼两相和，丈六男儿不奈何。
九盏水中煎赤子，一团火内养黄婆。
月圆自觉离天网，功满方知出地罗。
半醉好吞龙凤髓，劝君休更认弥陀。

小畜

鹤为车驾酒为粮，为恋长生不死乡。
地脉尚能缩得短，人年岂不展教长。
星辰往往壶中见，日月时时袖里藏。

若欲时流亲得见，朝朝不离水银行。

（离，去声。）

履

认得东西木与金，自然炉鼎虎龙吟。
但随天地明消息，方识阴阳有信音。
左掌南辰攀鹤羽，右擎北极剖龟心。
神仙亲口留斯旨，何用区区向外寻。

泰

玄门帝子坐中央，算得诚心感玉皇。
枕上山河通雨露，笛中日月混潇湘。
坎男会遇逢金女，离女交腾嫁木郎。
真个夫妻齐守志，立教牵惹在阴阳。

（山泽通气之通）

否

解匹真阴与正阳，三年功满结成霜。
神龟出入庚辛位，丹凤翱翔甲乙方。
九鼎光辉双瑞气，三元中换五毫光。
尘中若有同机者，共住烟霄不死乡。

同人

谁知神水玉华池，中有长生性命基。
运用须凭龙与虎，抽添全藉坎兼离。
晨昏点尽黄金粉，顷刻修成白玉脂。
斋戒饵之千日后，等闲轻举上云梯。

大有

不须两两与三三，只在昆仑第一腔。

逢润自然情易伏，遇炎常恐性难降。

有时直入三元户，无事还归九曲江。

世上有人烧得住，寿齐天地更无双。

（三，方音桑；䃯，山洞也。）

谦

欲种长生不死根，再营阴魄与阳魂。

先教玄母归离户，后遣空王镇坎门。

虎到甲边风浩浩，龙居庚内水温温。

迷途争与轻轻泄，此理须凭达者论。

豫

九鼎烹煎九转砂，区分时节更无差。

精神气血归三要，南北东西共一家。

天地变通飞白雪，阴阳和合产金花。

终期凤诏空中降，跨虎骑龙谒紫霞。

随

寻常学道说黄芽，万水千山觅转差。

有畛有园难下种，无根无脚自开花。

九三鼎内烹如酪，六一炉中结似霞。

不日丹成应换骨，飞升遥指玉皇家。

蛊

三千余法论修行，第一烧丹路最亲。

须是坎男端的物，取他离女自然珍。

烹成不死砂中汞，结出长生水里银。

九转九还功若就，定将衰老返千春。

临

古今机要甚分明，自是群生力量轻。

尽向有中生有质，谁能无里见无形。

真铅圣汞徒虚费，玉室金关不解扃。

本色丹瓢推倒后，却吞丸药待延龄。

观

独处乾坤万象中，从头历历运元功。

纵横北斗心机大，颠倒南辰胆气雄。

鬼哭神号金鼎结，鸡飞犬化玉炉空。

如何俗士寻常觅，不达希夷不可穷。

噬嗑

（西星曰：以下十二首，多指"活计惟凭日月轮"言。）

凭君子后午前看，一脉天津在脊端。

金阙内藏玄谷子，玉池中坐太和官。

只将至妙三周火，炼出通灵九转丹。

直指几多求道者，行藏莫离虎龙滩。

（离，去声。）

贲

四六关头路坦平，行人到此不须惊。

从教犊驾轰轰转，尽使羊车轧轧鸣。

渡海经河稀阻滞，上天入地绝欹倾。

功成直入长生殿，袖出神珠彻夜明。

剥

九六相交道气和，河车昼夜进金波。

呼时一一关头转，吸处重重脉上摩。

电激离门光海岳，雷轰震户动婆婆。
思量此道真长远，学者多迷溺爱河。

复

阖户存神辟户观，时来火候递相传。
云飞海面龙吞汞，风击岩头虎伏铅。
一旦炼成身内宝，等闲探得道中玄。
刀圭饵了丹书降，跳出樊笼上九天。

无妄

半红半黑道中元，水养真金火养铅。
解接往来三寸气，还将运动一周天。
烹煎尽在阴阳力，进退须凭日月权。
只此功成三岛外，稳乘鸾鹤谒诸仙。

大畜

飞龙九五已升天，次第还当赤帝权。
喜遇汞珠凝正午，幸逢铅母结重玄。
狂猿自伏何须炼，野马亲调不著鞭。
烧就一丸天上药，顿然心地永刚坚。

颐

北斗南辰掌内观，潜通造化暗相传。
金鎚袖里防元宅，玉帝宫中列上仙。
举世尽皆寻妙窍，谁人空际得真诠。
明明道在堪消息，日月滩头去又还。

大过

日影光中合自然，奔雷走电入中天。
长驱赤马居东殿，大启朱门泛碧泉。

怒拔昆吾歌圣化，喜陪孤月贺新年。
方知此是生生物，得遇仁人始受传。

坎

六龙齐驾得升乾，须觉潜通造化权。
真道每吟秋月淡，至言长运碧波寒。
昼乘白鹿游三岛，夜顶金冠立古坛。
一载已成千载药，谁人将袖染尘烟。

离

千日功夫不暂闲，河车搬运上昆山。
虎抽白汞安炉里，龙发红铅向鼎间。
仙府记名丹已熟，阴司除籍命应还。
彩云捧足归何处，直入三清拜圣颜。

咸

醒醐一盏诗一篇，暮醉朝吟不计年。
乾马屡来游九地，坤牛时驾出三天。
白龟窟里夫妻会，青凤巢中子母圆。
提挈灵童山上望，重重叠叠是金钱。

（一滴琼浆，一篇火记。）

恒

时人若要学长生，先是枢机昼夜行。
恍惚中间专志气，虚无里面固元精。
龙交虎战三周毕，兔走乌飞九转成。
炼出一炉神圣药，五云归去路分明。

遁

（西星曰：以下十五首，多指"八卦气中潜至宝"言。）

周行独立出群伦，默默昏昏亘古存。

无象无形潜造化，有门有户在乾坤。

色非色际谁穷处，空不空中自得根。

此道非从他外得，千言万语漫评论。

大壮

通灵一颗正金丹，不在天涯地角安。

讨论穷经深莫究，登山临水杳难看。

光明暗寄希夷顶，赫赤高居混沌端。

举世若能知所寓，超凡入圣弗为难。

晋

谁信华池路最深，非遐非迩奥难寻。

九年采炼如红玉，一日圆成似紫金。

得了永祛寒暑逼，服之应免死生侵。

劝君门外修身者，端念思维此道心。

明夷

水府寻铅合火铅，黑红红黑又玄玄。

气中生气肌肤换，精里含精性命专。

药返便为真道士，丹还本是圣胎仙。

出神入定虚华语，徒费功夫万万年。

家人

返本还元道气平，虚非形质转分明。

水中白雪微微结，火里金莲渐渐生。

圣汞论时非有体，真铅穷处亦无名。

吾今为报修行者，莫问烧金问至精。

暌

一本天机深更深，徒言万劫与千金。
三冬大热玄中火，六月严寒表外阴。
金为浮来方见性，木因沉后始知心。
五行颠倒堪消息，返本还元在己寻。

蹇

虎将龙军气宇雄，佩符持甲去匆匆。
铺排剑戟奔如电，罗列旌旗疾似风。
活捉三尸焚鬼窟，生擒六贼破魔宫。
河清海晏乾坤净，世世安居道德中。

解

九曲江边坐卧看，一条长路入天端。
庆云捧拥朝丹阙，瑞气徘徊起白烟。
铅汞此时为至药，坎离今日结神丹。
功能济命长无老，只在人心不是难。

损

解将火种种刀圭，火种刀圭世岂知。
山上长男骑白马，水边少女牧乌龟。
无中出有还丹象，阴里生阳大道基。
颠倒五行凭匠手，不逢匠手莫施为。

益

修生一路就中难，迷者徒将万卷看。
水火均平方是药，阴阳差互不成丹。
守雌勿失雄方住，抱黑无亏白自乾。
认得此般真妙诀，何忧风雨炉衰残。

夬

才吞一粒便安然，十二重楼九曲连。
庚虎循环餐绛雪，甲龙夭矫迸灵泉。
三三上应三十日，九九中延九万年。
须得有缘方可授，未曾轻泄与人传。

姤

金丹一粒定长生，须得真铅炼甲庚。
火取南方赤凤髓，水求北海黑龟精。
鼎追四季中台合，药遣三元八卦行。
斋戒兴功成九转，定应入口鬼神惊。

萃

灵芝无种亦无根，解饮能餐自返魂。
但得烟霞供岁月，任他乌兔走乾坤。
婴儿只恋阳中母，姹女须朝顶上尊。
一得不回千古内，更无冢墓示儿孙。

升

玄门玄理又玄玄，不死根元在汞铅。
知是一般真个术，调和六一也同天。
玉京山上羊儿闹，金水河中石虎眠。
妙要能生觉本体，勤修到处自如然。

困

九鼎烹煎一味砂，自然火候放童花。
星辰照出金莲颗，日月能藏白马牙。
七返返成生碧雾，九还还就吐红霞。
有人夺得玄珠饵，三岛途中路不差。

井

（西星曰：以下八首，多指"五行光里隐元神"言。）

婴儿迤逦降瑶阶，手握玄珠直下来。
半夜紫云披素质，几回赤气掩桃腮。
微微笑处机关转，拂拂行时户牖开。
此是吾家真一子，庸愚谁敢等闲猜。

革

谁识寰中达者人，生平解法水中银。
一条拄杖撑天地，三尺昆吾斩鬼神。
大醉醉来眠月洞，高吟吟处傲红尘。
自从悟得真身后，赢得蓬壶永劫春。

鼎

红炉迸溅炼金英，一点灵珠透室明。
摆动乾坤知道力，逃移生死见功程。
逍遥四海留踪迹，归去三清立姓名。
直上五云云路稳，紫鸾朱凤自来迎。

震

碧潭深处一真人，貌似桃花体似银。
绿发未斑缘有术，红颜不老为通神。
蓬莱要去今能去，了悟前因并后因。
任彼桑田变沧海，一丸丹药定千春。

艮

五岳滩头景象新，仁人方达杳冥身。
天罡运转三元净，地脉融时万物醇。
自晓谷神通此道，谁能理性欲修真。
明明说向中黄路，霹雳声中自得神。

渐

铁镫烹金火满空，碧潭龙卧夕阳中。

麒麟意合乾坤地，獬豸机关日月东。

三尺剑横双水岸，五丁冠顶百神宫。

闲披羽服居仙窟，自著金莲造化功。

归妹

紫极宫中我自知，亲磨神剑剑还飞。

先差童子开南殿，后遣青娥入太微。

九鼎黄芽栖瑞凤，一身仙骨护云衣。

蓬莱不是凡人处，只怕凡人泄世机。

丰

闲来掉臂入天门，拂袖徐徐撮彩云。

无语下窥黄谷子，破颜平揖紫霞君。

拟登瑶殿参金母，回访瀛洲看日轮。

恰值嫦娥新宴会，琼浆新熟味氤氲。

旅

（西星曰：以下九首，指"桑田改变依然在，永作人间出世人"，言中亦多微妙语。）

九天云净鹤飞轻，衔简翩翩别太清。

身外红尘随意换，炉中白石立时成。

九苞凤向空中舞，五色云从足下生。

回首便归天上去，愿将甘雨济焦民。

（大愿于此，已和盘托出矣。）

巽

才得天符下帝都，三千日里积功夫。

祷祈天地开金鼎，收拾阴阳锁玉壶。

便觉凡躯能变化，深知妙道不虚图。

时来试问尘中叟，这个玄机世有无。

兑

亦无得失亦无言，动即施为静即眠。

驱遣赤牛耕宇宙，分张玉粒种山川。

栽培不惮劳千日，服食须知活万年。

今日示君君若信，教君现世作神仙。

涣

本末无非在玉都，亦曾陆地作凡夫。

吞精食气先从有，悟理归真便入无。

水火自然成既济，阴阳和合妙相符。

炉中炼出延年药，渤海从教变复枯。

节

津能充渴气充粮，家住三清玉帝乡。

金鼎炼来多外白，玉炉烹处彻中黄。

始知青帝离宫住，方信金精水府藏。

流俗要求玄妙理，参同契有两三行。

中孚

紫诏随鸾下玉京，元君相命会三清。

便将金鼎丹砂饵，时拂霞衣驾鹤行。

天上双童持佩引，月中娇女执幡迎。

此时功满参真后，始信仙都有姓名。

小过

铁牛耕地种金钱，刻石仙童把贯穿。

一粒粟中藏世界，半升铛内煮山川。

白头老子眉垂地，碧眼胡儿手指天。

若向此中玄会得，此玄玄外更无玄。

既济

箕星昴宿下长天，凡景宁教不愕然。

龙出水来鳞甲变，鹤冲天去羽毛全。

尘中教化千人眼，世上难知尔雅篇。

岂是凡流福命薄，忍教微妙略轻传。

未济

万卷仙经三尺琴，刘安闻说是知音。

杖头春色一壶酒，炉内丹砂万点金。

闷里醉眠山路口，闲来游钓洞庭心。

相逢相遇人难识，只恐冲天没处寻。

宋以后，世间刊本中，有《七言律诗一百零七首》，此六十四首，及一切咏怀赠答之作，悉挽集在一处，并无题目，且无次第，使读者不能了了。遍购诸本，惟此最善。观陆真人所注，第一首为诸篇纲领，是何等章法。

大丹诗绝句
（十三首）

一

捉得金精固命基，日魂东畔月华西。

于今炼就长生药，服了还同天地齐。

二

莫怪瑶池消息稀，只缘人事隔天机。

若人寻得水中火，有一黄童上太微。

三

混元海底气细缊，内有金科玉箓文。

白虎神符潜至宝，灵台镇住七元君。

四

三亩丹田无种种，种时须藉赤龙耕。

曾将此种教人种，不解营治道不生。

五

闪灼虎龙神剑飞，好凭身事莫相违。

传时须在乾坤力，便透三清入紫微。

六

饮酒须教一百杯，东浮西泛自梯媒。

日精自与月华合，有个明珠走上来。

（浩气盘旋）

七

时人若拟去瀛洲，先过巍巍十八楼。

自有电雷声震动，一池金水向东流。

八

瓶子如今玉子黄，上升下降续神光。

三元一会经年别，这个天中日月长。

九

学道须教彻骨贫，身中只有一厘银。

有人问我修行法，遥指天边日月轮。

（一本万利，莫过于此。）

十

我自忘心神自悦，穿云跨水来相谒。

不问黄庭肘后方，妙道通微怎生说。

十一

养得儿形似我形，我身憔悴子光精。

生生世世常如此，争似留神养自身。

十二

精养灵根气养神，此真之外更无真。

神仙不肯分明说，迷了千千万万人。

十三

不事王侯不种田，日高犹自抱琴眠。

起来旋点黄金卖，不使人间作孽钱。

天齐宫神览四绝

（天齐宫，祀东岳处也。然在人身，可比天谷。吕祖是时，
九年火候已过，正是破天门，出现神通时也。）

一

独上高峰望八都，黑云散后月还孤。

茫茫宇宙人无数，几个男儿是丈夫。

（神光四射，精气内含。）

二

天下都游半日功，不须跨凤与乘龙。

偶因博戏飞神剑，摧却终南第一峰。

三

趯倒葫芦掉却琴，倒行直上卧牛岑。

水飞石上迸如雪，立地看天坐地吟。

四

吾今本住在天齐，零落白云锁石梯。

来往八千消半日，依前归路不曾迷。

自意吟终南幽居作

未炼还丹先炼心，丹成方觉道元深。

每留客有钱沽酒，谁信君无药点金。

洞里风云归掌握，壶中日月在胸襟。

神仙事业人难会，养性长生自意吟。

（炼心养性，为金丹根本大道。）

全真忆昔

因思往事却成惭，曾读仙经第十三。

武氏死时应室女，陈王没后是童男。

两轮日月无钉钉，九个山河一担担。

尽日无人话消息，一壶春酒且醺酣。

附《草堂自记》：全真忆昔诗，三四两句，人多不解，此乃两边夹出之法。武则天、陈后主，皆多欲者，及其死也，武亦还为室女，陈亦返为童男，犹之仙家断欲，乃成全真耳。药山禅师云："闺阁中物，割舍不得，便为渗漏。"即棒喝也。"从他载"三字，改为"无钉钉"，与"担担"绝对。

鼎器歌
（此中有奥妙，千圣不一传，熟读深参。）

鼎器本是男女身，大药原来精气神。若会攒来归一处，须用同心三个人。三个人，无他说，只要真师真口诀。指破阴阳二品丹，方可存心待明月。待明月，也莫迟，收拾身心且筑基。劈开尘情抛业网，驱除五漏斩三尸。斩三尸，见铸剑，炼己通灵知应验。刚柔变化任施为，万里驱妖如掣电。如掣电，剑方灵，持向南方护水晶。若遇北方阴鬼起，一刀两断不容情。不容情，常清静，心中皎洁如明镜。镜心寂灭若空虚，始得临炉无弊病。无弊病，可安炉，调和鼎器莫心粗。言语不通非眷属，龙兴虎旺始堪图。始堪图，观复作（音造），凿开混沌鸿蒙窍。静观虎啸与龙吟，自然华池神水到。神水到，辨浮沉，莫教时过枉劳心。铅遇癸生须急采，金逢望远不堪亲。不堪亲，休乱取，地裂山崩难作主。不知止足必倾危，盛夏严霜冬大暑。冬大暑，不遭逢，三宝牢关密守中。太极自然生变化，趁时搬取入黄宫。入黄宫，须爱护，十月浇培休失误。子行阳火虎龙交，午退阴符自保固。自保固，暂相离，端坐忘言更待时。辐辏循环终则始，三百六十莫违期。莫违期，违则例，悟明真理须当契。若还执著爻象行，只恐劳神形蠹敝。形蠹敝，往来悭，只为心机未得闲。思虑慕真毫发错，铅消汞散不成丹。不成丹，思炼己，皆因失却玄中理。水干火燥要调停，刑德临门知进退。知进退，勿忧凶，炼就炉中一点红。产个婴儿兑气足，三年温养似痴聋。似痴聋，真快乐，静里调神离躯壳。东西南北任遨游，出入往来乘白鹤。乘白鹤，脱尘埃，三岛神仙会集来。一任桑田变沧海，我今无事垩灵台。我今无事垩灵台，积功累德超凡世。终须显化度群迷，那时方遂男儿志。

真经歌

（末用一绝作赞）

真经歌，真经歌，不识真经尽著魔。人人纸上寻文义，喃喃不住诵者多。持经咒，念法科，安排纸上望超脱（平声）。若是这般超生死，遍地释子成佛罗。得真经，出洪波，不得真经没奈何。要知真经端的处，先天造化别无他。顺去死，逆来活，往往教君寻不著。真经原来无一字，能度众生登极乐。要真经，知道么，除非同类两相和。生天生地生人物，难舍阴阳造化窝。说真经，笑盈盈，西川涧底产黄金。五千四百归黄道，正合一部大藏文。日满足，气候升，地应潮兮天应星。初祖达摩亲口授，大乘妙法莲华经。初三日，震出庚，曲江上，月华莹。花蕊初开合珠露，虎穴龙潭探浊清。水生二，月真正，若待其三不可进。壬水初来癸未来，须当急采定浮沉。金鼎炼，玉炉烹，温温文火暖烘烘。真经一射玄关透，恰似准箭中红心。遍体热，似笼蒸，回光返照入中庭。一得真经如酒醉，呼吸百脉尽归根。精入气，气入神，混沌七日又还魂。这般造化真消息，料得世上少人明。活中死，死复生，自古仙佛赖真经。此般造化能知得，度尽阎浮世上人。大道端居太极先，本于父母未生前。度人须要真经度，若问真经癸是铅。

　　此作言浅而理深，妙处以△△标之，勿取其文。（自记）

采金歌

　　道道道，无巧妙。玄玄玄，无多言，开关展窍也不难。明雌雄，两剑全，筑基炼己采后天。虽然后天名渣质，先伏后天后先天。此要诀，要师传，不得真师枉徒然。筑基功夫往前进，火候屯蒙要抽添。要抽添，认真观，铅十三四五六相连。审黄道，知的端，亦要看经五千言。药苗新，用心铅，铅光发现三日前。癸水将至须急采，差之毫发不作丹。未采药，立匡郭，交合之时用橐籥。用橐籥，近我身，不看天体枉为作。知癸生，晓癸现，三十时辰两日半。采取只在一时辰，六候只在二候见。外四候，别有干，得药之时莫贪乱。如痴如醉更省言，牢关牢锁牢上圈。择定饮食莫太过，又恐伤丹又霍乱。减酸咸，常咬淡，黄婆伏侍用心看。一时饥饱失前功，铅散汞枯两不恋。十月功夫要勤咽，勤咽之时防危险。颇得道家明性歌，得之莫作容易看。至人传，非人远，万两黄金不肯换。

谷神歌

我有一腹空谷虚，言之道有又还无。言之无兮不可舍，言之有兮不可居。谷兮谷兮太玄妙，神兮神兮真大道。保之守之不死名，修之炼之神仙号。神得一以灵，谷得一以盈。若人能守一，只此是长生。长生本不远，离身还不见。炼之功若成，凡骨自然变。谷神不死玄牝门，出入绵绵道气存。修炼还须夜半子，河车搬载上昆仑。龙又吟，虎又啸，风云际会黄婆叫。火中姹女正含娇，回观水底婴儿俏。婴儿姹女见黄婆，儿女相逢两意和。金殿玉堂门十二，金公木母正来过。重门过后牢关锁，检点斗牛先下火。进火消阴始一阳，千岁桃花初结果。曲江东岸金乌飞，西岸清光玉兔辉。乌兔走归峰顶上，炉中姹女脱青衣。脱却青衣露素体，婴儿领入重帏里。十月情浓产一男，说道长生永不死。劝君炼，劝君修，谷神不死此中求。此中悟取玄微处，与君白日上瀛洲。

诗情道情，均有风致。（星）

秘诀歌

求之不见，来即不见。不见不见，君之素面。火里曾飞，水中亦现。道路非遥，身心不恋。又不知有返阴之龟，回阳之雁。遇即遇其人，达即达其神。一万二千甲子，这一壶流霞长春。流霞流霞，本性一家。饥餐日精，渴饮月华。将甲子丁丑（十四年也）之岁，与君决破东门之大瓜。（十六，平刬）

直指大丹
（七言排律八韵）

三清宫殿隐昆巅，日月光浮起紫烟。
池沼深深翻玉液，楼台叠叠运灵泉。
青龙乘火铅为汞，白虎腾波汞作铅。
欲得坎男求配偶，须凭离女结因缘。
黄婆设尽千般计，金鼎开成一朵莲。
列女擎乌当左畔，将军戴兔镇西边。
黑龟却伏红炉下，朱雀还栖翠阁前。
自后澄神窥见影，三周功就驾云軿。

三字诀

这个道，非常道。性命根，生死窍。
说著丑，行著妙。人人憎，个个笑。
大关键，在颠倒。莫厌秽，莫计较。
得他来，立见效。地天泰，为朕兆。
口对口，窍对窍。吞入腹，自知道。
药苗新，先天兆。审眉间，行逆道。
渣质物，自继绍。二者余，方绝妙。
要行持，令人叫。气要坚，神莫耗。
若不知，空老耄。认得真，老还少。
不知音，莫语要。些儿法，合大道。
精气神，不老药。静里全，明中报。
乘凤鸾，听天诏。

（药，读作"要"。仙翁晋人，故方音如此。）
简炼至此，句无闲字。

行火候

行火候，六百篇。

采先天，炼后天，篇篇字字休轻慢。

勤将日月身中运，捉就阴阳鼎内煎。

展天缩地分明见，全凭著智慧宝剑。

斩三尸奔走如烟，祖师当初曾嘱咐。

万两黄金莫乱传，仙宗妙道休轻慢。

若没有真传实授，怎知道性命根源。

修身诀

（并引）

岩于修身之道，略咏于以前诸诗矣。於戏！天花烂熳，人事悠悠。得之者一气吞元，失之者三泉昧景。至药龙居虎位，虎据龙宫。当龙虎混合之时，认恍惚杳冥之路，大电闪而神莫为，迅雷烈而神莫知。去彼取此兮，用资久视之功，即是神仙之妙。岩更有说者，先住其子，后觅其母，率首为宗，擒和正取，水伏其火，龙引其虎，得自两眉，始应玄牝。雷惊电掣，无非黄盖之象；金液琼浆，尽属丹池之宝。老子之术，尽于斯矣。嗟夫！金玉满堂，莫之能守也。

人命急如线，上下往来速如箭。

认得是元神，子后午前须至炼。

随意出，随意入，天地三才人得一。

既得一，勿遗失，失了永求无一物。

堪叹荒郊冢墓中，自古灭亡可哀惜。

出山作

还丹功满未朝天，且向人间度有缘。

拄杖两头担日月，葫芦一个隐山川。

诗吟自得闲中句，酒饮多遗醉后钱。

若问我修何妙法，不离身内汞和铅。

黄龙山参晦机禅师

弃却瓢囊摵却琴，大丹非独水中金。

自从一见黄龙后，嘱咐凡流著意寻。

第二句及第四句，各本不同，此为圆活。（星）

访平都王、阴二仙长不遇，遂游青城，他日再过之，相见甚欢，临别书二绝句于壁

一

盂兰清晓过平都，天下名山所弗如。

两口单行人不识，王阴空馆甚清虚。

二

一鸣白鹤出青城，再谒王阴二道人。

口口惟思三岛药，抬眸已过洞庭春。

北镇山居

偎岩拍手葫芦舞，过岭穿云拄杖飞。

来往八千须半日，锦州南畔有松扉。

《草堂自记》云：咸通中，余感黄龙之示，更穷万仞之功，北登医吾闾山，了却虚空大道。此诗，即此时作也。

戏赠柳青

（柳仙本郭姓，喜植柳，自号柳青。年高体健，人称柳仙，或称老树精。
吕祖道备，归河中省墓。度之事，见《年谱》。）

独自行来独自坐，无限世人不识我。
惟有城南老树精，分明知道神仙过。

自述近况
（三首）

一

倾倒华阳醉再三，骑龙遇晚下山南。
眉因拍剑留星电，衣为眠云惹碧岚。
金液变来成雨露，玉都归去老松楠。
曾将铁镜照神鬼，霹雳搜寻火满潭。

二

随缘信业任浮沉，似水如云一片心。
两卷道经三尺剑，一条藜杖七弦琴。
壶中有药逢人施，腹内新诗遇客吟。
一嚼永添千载寿，一丸丹点一斤金。

（施，去声。）

三

琴剑酒棋龙鹤虎，逍遥落拓永无忧。
闲骑白鹿游三岛，闷驾青牛过十洲。
碧洞达观明月上，青山高隐彩云流。
时人若要还如此，名利浮华即便休。

三诗，皆超脱英迈。（星）

示张辞秀才

何用梯媒向外求，长生只合内中修。

莫言大道人难得，自是功夫不到头。

后张辞得道，游监城时，邑令问道，辞书此示之，故《全唐诗》属辞。

洞庭湖君山颂

午夜君山玩月回，西邻小圃碧莲开。

天香风露苍华冷，云在青霄鹤未来。

附《草堂自记》：余作君山颂之前，云房先生约于洞庭相见，浪迹至此，拱候云车。翘首青霄，徘徊咏叹。明日，先生来，曰："上帝命汝眷属，悉居荆山洞府"。逾日，复朝元始玉皇，敕授选仙使者。

赴瑶池仙会留题寺壁寄学道诸君子

一

曾邀相访到仙家，忽上昆仑玩月华。

玉女控拢苍獬豸，山童提挈白虾蟆。

时斟海内千年酒，惯摘壶中四序花。

今在人寰人不识，看看挥袖入烟霞。

二

火种丹田金自生，重重楼阁自分明。

三千功行百旬见，万里蓬莱一日程。

羽化自应无鬼录，玉都长是有仙名。

今朝得赴蓬莱会，九节幢幡洞里迎。

浩吟

自隐玄都不计春，几回沧海变成尘。

玉京殿里朝元始，金阙宫中拜老君。

闷即驾乘千岁鹤，闲来高卧九重云。

我今学得长生法，未肯轻传与世人。

醉后以道袍戏质酒家口占大笑

曾随刘阮醉桃源，未省人间欠酒钱。

一领布袍权且当，九天回日却归还。

凤茸袄子非为贵，狐白裘裳欲比难。

只此世间无价宝，不凭火里试烧看。

知音难遇仍还星渚庐阜

浮名浮利两何堪，回首归山味转甘。

举世算无心可契，谁人更与道相参。

寸犹未到先谈尺，一尚难明强说三。

经卷葫芦并拄杖，依前担入旧江南。

（今古通病）

日前过洪都西山遇施希圣肩吾别来寄此

乱云堆里表星都，认得深藏大丈夫。

绿酒醉来眠日月，白苹风定钓江湖。

长将气度随天道，懒把言词问世徒。

山水路遥人不识，茅君消息近知无。

（入之深深。应已达之叠叠。）

答人

割断繁华掉却荣，便从初得是长生。

曾于锦水为蝉蜕，又向蓬莱别姓名。
三宝宝藏无否泰，六尘尘扰任人情。
不知功满归何处，直跨虬龙上玉京。

下庐山遇轩辕来访喜赠

将携琴剑下烟萝，何幸今朝喜暂过。
相貌本来犹自可，针医遍效更无多。
仙经已读三千卷，古法曾持十二科。
些小道功如不信，金阶拾手试看么。

（先生被召，为上治疾。）

法剑

日为光焰月呼丹，华夏诸侯肉眼看。
仁义异如秦越异，世情难似泰衡难。
八仙炼后钟神骏，四海磨成照胆寒。
笑指不平千万万，骑龙抚剑立云端。

赠古豪侠

（二首）

一

曾战蚩尤玉座前，六龙高驾振鸣銮。
如来车后随金鼓，黄帝旐旁戴铁冠。
醉捋黑须三岛黯，怒抽霜剑十洲寒。
轩辕世代横行后，直隐深岩久觅难。

二

头角沧浪声似钟，貌如冰雪骨如松。
匣中宝剑时频吼，袖里金鎚露逞风。

会饮酒仙为伴侣，能吟诗句便参同。

来朝定赴蓬莱会，骑个狰狞九色龙。

古豪侠二字，写得英气逼人，此赠剑客之功成行满，将赴海岛者。（星）

赠剑客

（二首）

一

发头滴血眼如环，吐气云生怒世间。

争耐两间多恨事，须明一决荡凶顽。

蛟龙斩处翻沧海，虎豹降时拔远山。

为灭忘情兼负义，剑光腥染点痕斑。

二

雨雪霏霏天已暮，金钟满劝抚焦桐。

诗吟席上未移刻，剑舞筵前疾似风。

何事行杯当午夜，忽然怒目便腾空。

不知谁是亏忠孝，携个人头入座中。

写得英英挺挺，闪闪忽忽。尝读《剑侠传》，晚唐之际，贪官污吏，多有坐失头颅，形存气沮者。今读此诗，景仰中条一派。（星）

嵩阳小店题壁

息精息气养精神，精养丹田气养身。

有人学得这般术，便是长生不死人。

赠嵩高上下石室主人

金锤灼灼舞天阶，独自骑龙去又来。

高卧白云观日出，闲眠秋月擘烟开。

离花片片乾坤产，坎药翻翻造化栽。

晚醉九岩回首望，北邙山下骨皑皑。

按：此题似自赠也。高之上山，高之下石，圣名也。高之上一口，高之下一口，"吕"字也。室，洞也。主人，宾之对也。（月）

客哂余诗多天语书此答之

莫怪爱吟天上诗，盖缘吟得世间稀。
惯餐玉帝宫中饭，曾着蓬莱洞里衣。
马踏日轮红雾卷，凤衔月角白云飞。
何时再控青丝辔，又掉金鞭入紫微。

西游华岳遇马仙湘

垂袖腾腾傲世群，葫芦携却数游巡。
利名身外终非道，龙虎门前辨取真。
一觉梦魂朝紫府，数年踪迹隐红尘。
华阴市里才相见，不是寻常卖药人。

商山示韩清夫炼士

天生不散自然心，成败从来古与今。
得路应知能出世，迷途终是任埋沉。
身边至药堪攻炼，物外丹砂且细寻。
咫尺洞房仙景在，莫随波浪没光阴。

浪游二绝句

一

斗笠为帆扇作舟，五湖四海任遨游。
大千沙界须臾至，石烂松枯经几秋。

二

或为道士或为僧，混俗和光别有能。
苦海翻成天上路，毗卢常照百千灯。

赠华阳山叟

华阳山里多芝田，华阳山叟复延年。
青松岩畔攀高干，白云堆里饮飞泉。
不热不寒神荡荡，东来西去气绵绵。
三千功满好归去，休与时人说洞天。

留别华阳炼师
（二首）

一

无心独坐转黄庭，不逐时流入利名。
救老只存真一气，修真长遣百神灵。
朝朝炼液归琼珑，夜夜朝元餐玉英。
莫笑老人贫里乐，十年功满上三清。

二

时人受气禀阴阳，均体乾坤寿命长。
为重本宗能寿永，因轻元祖遂沦亡。
三宫自有回流法，万物那无运用方。
咫尺昆仑山上玉，几人知是药中王。

北游赵都

鹤驾遨游遍八荒，世无慧眼识行藏。
狂招燕赵悲歌士，醉笑邯郸挟瑟倡。
一剑冲风无阻碍，孤琴弹月太清凉。

身中自有通仙诀，不遇知音不解囊。

时遭大乱，西归河中，移家终南，遇司空表圣归隐，书此奉赠

（先生隐中条，常往来渭曲莲峰）

当年诗价满皇都，掉臂西归是丈夫。

万顷白云独自有，一枝丹桂阿谁无。

闲寻渭曲渔翁引，醉上莲峰道士扶。

他日与君重际会，竹溪茅舍夜相呼。

前与韩炼士上洛山分别，云有山阴之游，今闻在晋州姑射山作此寄怀

（山西平阳）

别来洛汭六东风，醉眼吟情慵不慵。

摆撼乾坤金剑吼，烹煎日月玉炉红。

杖摇楚甸三千里，鹤矗秦烟几万重。

为报晋城仙子道，再期春色会稽峰。

（洛，按上洛，即商州上洛山，即商山也；汭，作"北"字解，言分别在上洛之北也。）

勉牛生夏侯生

二秀才，二秀才兮非秀才，非秀才兮是仙才。

中华国里亲遭遇，仰面观天笑眼开。

鹤形兮龟骨，龙吟兮虎颏。

我有至言相劝勉，愿君肯信勿疑猜。

但煦日吹月，咽雨呵雷。

火寄冥宫，水济丹台。

金木交兮土归位，铅汞分兮丹露胎。

赤血换兮白乳流，透九窍兮遍百骸。

然然卷，然然舒，哀哀哈哈。

孩儿喘而不死，腹空虚兮长斋。

酬名利兮狂歌醉舞，酬富贵兮麻褐莎鞋。

甲子闲时休记，看桑田变作黄埃。

青山白云好居住，劝君归去来兮归去来。

令牧童答钟弱翁

草铺横野六七里，笛弄晚风三四声。

归来饱饭黄昏后，不脱蓑衣卧月明。

弱翁帅平凉，一方士通谒，有牧童牵犊随之。弱翁指牧童曰："道人能赋此乎？"方士曰："不烦我语，是儿自能之。"牧童即大书云云。或言方士，即吕仙也。闻弱翁，在唐天祐初，帅平凉在梁，开平初则据洪都矣。

赠养素

炉养丹砂鬓不斑，假将名姓住人间。

已逢志士传神药，又喜同流动笑颜。

老子道经分付得，少微星许共相攀。

我今度世甘劳碌，处世输君一个闲。

寄白龙洞刘道人

附《草堂自记》：吾作《白龙洞刘道人歌》，道人即海蟾也。龙洞在首阳、太华两山之间，并非会仙山白龙洞，亦非桂岭南溪之白龙洞也。海蟾隐此，吾作长歌寄之。他日度紫阳，即以此歌为衣钵，故此歌亦载于《悟真篇》中，盖紫阳即吾作而润色之以度人者。所易字句，比原作稳洽，可照《悟真》参之。

玉走金飞两曜忙，始闻花发又秋霜。

徒夸篯寿千来岁，也似云中一电光。

一电光，何太疾，百年都来三万日。

其间寒暑互煎熬，不觉容颜暗中失。

纵有儿孙满眼前，都成恩爱转牵缠。

及乎精竭身枯朽，谁解教君暂仁延。

延年之道既无计，不免将身归逝水。

但看古往圣贤人，几个解留身在世？

身在世，也有方，只为时人没度量。

竞向山中寻药草，伏铅制汞点丹阳。

点丹阳，事迥别，须向坎中求赤血。

捉来离位制阴精，配合调和有时节。

时节正，用媒人，金翁姹女作亲姻。

金翁偏爱骑白虎，姹女常驾赤龙身。

虎来静坐秋山里，龙向潭中奋身起。

两兽相逢战一场，波浪奔腾如鼎沸。

黄婆丁老助威灵，感动乾坤走神鬼。

须臾战罢云气收，种个玄珠在泥底。

从此根苗渐长成，随时灌溉抱真精。

十月脱胎吞入口，忽觉凡身已有灵。

此个事，世间稀，不是等闲人得知。

夙世若无仙骨分，容易如何得遇之。

得遇之，便宜炼，都缘光景急如箭。

要取鱼时须结罾，莫待临渊空叹羡。

闻君知药已多年，何不收心炼汞铅。

休教烛被风吹灭，六道轮回难怨天。

近来世上人多诈，尽著布衣称道者。

问他金木是何般，禁口无言如害哑。

却云伏气与休粮，别有门庭道路长。

岂不见，阴君破迷歌里说，太乙含真法最良。

莫怪言词太狂劣，只为时人难鉴别。

惟君心与我心同，方敢倾怀与君说。

（沸，读弥。）

题桐柏山黄先生庵门歌

吾有玄中极玄语，周游八极无处吐。

云軿飘泛到南阳，一见君兮在玄浦。

知君本是孤云客，拟访希夷生恍惚。

无为大道本根源，要君亲自求真物。

其中有一分三五，本自无名号丹母。

寒泉沥沥气绵绵，上透昆仑还紫府。

浮沉升降入中宫，四象五行齐见土。

驱青龙，擒白虎，起祥风兮下甘露。

铅凝真汞结丹砂，一派火轮真为主。

既修真，须坚确，能转乾坤泛海岳。

运行天地莫能知，变化鬼神谁个觉。

千朝炼就紫金身，乃致全神归返朴。

黄秀才，黄秀才，既修真，须及早。

人间万事何时了？贪名贪利爱金多，为他财色身衰老。

我今劝子心悲切，君自思兮生猛烈。

莫教大限到身来，又是随流入生灭。

留此片言，用表其意。他日相逢，必与君诀。莫退初心，善爱善爱。

（后六句，乃题诗已毕，复跋数语，以警之也。）

传剑

（二首）

一

东山东畔忽相逢，握手叮咛语似钟。

剑术已成君把去，有蛟龙处斩蛟龙。

二

朝泛苍梧暮却还，洞中日月我为天。

匣中宝剑时时吼，不遇同人誓不传。

附《草堂自记》：吾有二剑，皆传于火龙先生，中条老姆派也。一曰法剑，以术治成，必得英爽绝俗，正直无私之士，而后传之，否则偏用私行，必遭天罚。即传者，亦有过焉。及其扶危济困，扫尽不平，然后以道剑传之，斩断魔根，同归仙岛。此剑仙始末也，残唐之际，干戈草草，天下多奸邪辈。吾传以法剑者，盖十余人，使其往来海国，拔救群生焉。

赠刘方处士

按：起句"六国愁看沉与浮"，即指吴越、燕、楚、蜀、闽、汉，有存有亡时也。

六国愁看沉与浮，携琴长啸出神州。
拟向烟霞煮白石，偶来城市见丹邱。
受得金华出世术，期于紫府驾云游。
年来摘得黄岩翠，琪树参差连地肺。
露飘香陇玉苗滋，月上碧峰丹鹤唳。
洞天消息春正深，仙路往还俗难继。
忽因乘兴下白云，与君邂逅于尘世。
尘世相逢开口稀，共论太古同流志。
瑶琴宝瑟为君弹，琼浆玉液劝君醉。
醉中一话兴亡事，云道总无圭组累。
浮世短景倏成空，石火电光看即逝。
韶年淑质非金固，花面玉颜还作土。
芳樽但继晓复昏，乐事不穷今与古。
何如识个玄玄道，道在杳冥须细考。
壶中一粒化奇物，物外千年功力奥。
但能制得水中华，水火翻成金丹灶。
丹就人间不久留，自有碧霄元命诰。
玄洲旸谷悉可居，地寿天龄永相保。
鸾车鹤驾逐云飞，迢迢瑶池均易到。

耳闻争战还倾覆，眼见妍华成枯槁。

唐家旧国尽荒芜，汉室诸陵空白草。

蜉蝣世界实堪悲，槿花性命莫迟迟。

珠玑满屋非为福，罗绮盈箱徒自危。

志士戒贪昔所重，达人忘欲宁自期。

刘君刘君审听我，流光迅速如电过。

阴淫果决用心除，尸鬼因循为汝祸。

八琼秘诀君自知，莫待铅空车又破。

破车坏铅须震惊，纵遇伯阳应不可。

悠悠忧家复忧国，耗尽三田元宅火。

咫尺玄关若要开，凭君自解黄金锁。

敲爻歌

自注：南唐中兴初作。按《草堂自记》:《五代论》中有云，郭威立而刘赟亡，又一弑君之朱温也。柴荣继立，异姓相传，虽号为周，亦非真主。吾《敲爻歌》，起句不曰"汉末周朝"，而曰"汉终唐国"者，以南唐尚在也。修真祖诀，尽在斯矣。

汉终唐国飘蓬客，所以敲爻不可测。纵横顺逆莫遮拦，静则无为动是色。

也饮酒，也食肉，守定烟花断淫欲。行歌唱咏胭粉词，持斋酒肉常充腹。

色是药，酒是禄，酒色之中无拘束。只因花酒悟长生，饮酒戴花神鬼哭。

不破戒，不犯淫，破戒真如性即沉。犯淫丧失长生宝，得者须由道力人。

道力人，真散汉，酒是良朋花是伴。花街柳巷觅真人，真人只在花街玩。

摘花戴，饮琼浆，景里无为道自昌。一任群迷多笑怪，仙花仙酒是仙乡。

到此乡，非常客，姹女婴儿生喜乐。洞中常采四时花，花花结就长生药。

长生药，采花心，花蕊层层艳丽春。时人不达花中理，一诀天机值万金。

谢天地，感虚空，得遇仙师是祖宗。附耳低言玄妙旨，提上蓬莱第一峰。

第一峰，是仙国，惟产金花生恍惚。口口相传不记文，须得灵根坚髓骨。

坚髓骨，炼灵根，片片桃花洞里春。七七白虎双双养，八八青龙总一斤。

真父母，聚中庭，金公木母性情温。十二宫中蟾光现，时时地魄降天魂。

铅初就，汞初生，玉炉金鼎未经烹。一夫一妇同天地，一男一女合乾坤。

庚要生，甲要生，生甲生庚道始萌。拔取天根并地髓，白雪黄芽渐长成。

铅亦生，汞亦生，生汞生铅一处烹。烹炼不是精和液，天地乾坤日月精。

黄婆匹配得团圆，时刻无差口付传。八卦三元全藉汞，五行四象岂离铅。

铅生汞，汞生铅，夺得乾坤造化权。杳杳冥冥生恍惚，恍恍惚惚结成团。

性要空，意要坚，莫遣猿猴取次攀。花露初开切忌触，锁归土釜勿开关。

玉炉中，文火烁，十二时中惟守一。此时黄道会阴阳，三性元宫无漏泄。

气若行，真火炼，莫使玄珠离宝殿。抽添火候切防危，初九潜龙不可炼。

消息火，刀圭变，大地黄芽都长遍。五行数内一阳生，二十四气排珠宴。

火足数，药方成，便有龙吟虎啸声。三铅只得一铅就，金果仙芽未现形。

再安炉，重立鼎，跨虎乘龙离凡境。日精才现月华凝，二八相交在壬丙。

龙汞结，虎铅成，咫尺蓬莱只一程。乾铅坤汞金丹祖，龙铅虎汞最通灵。

达此理，道方成，三万神龙护水晶。守时定日明符刻，专心惟在意虔诚。

黑铅过，采清真，一阵交锋定太平。三车搬运珍珠宝，送归宝藏自通神。

天神佑，地祇迎，混合乾坤日月精。虎啸一声龙出窟，鸾飞凤舞出金城。

朱砂配，水银停，一派红霞列太清。铅池迸出金光现，汞火流珠入帝京。

龙虎媾，外持盈，走圣飞灵在宝瓶。一时辰内金丹就，上朝金阙紫云生。

仙桃熟，摘取饵，万化来朝天地喜。斋戒等候一阳生，便进周天参同理。

参同理，炼金丹，水火薰蒸透百关。养胎十月神丹结，男子怀胎岂等闲。

内丹成，外丹就，内外相接好延寿。结成一块紫金丸，变化飞腾天地久。

丹入腹，非寻常，群阴剥尽化纯阳。飞升羽化三清客，名遂功成达上苍。

三清客，驾璃舆，跨鹤腾霄入太虚。似此逍遥多快乐，遨游三界最清奇。

太虚之上修真士，朗朗圆成一物无。一物无，惟显道，五方透出真人貌。

仙童仙女彩云迎，五明宫内传真诰。传真诰，话幽情，只是真铅炼汞精。

声闻缘觉冰消散，外道修罗缩项惊。点枯骨，立成形，信道天梯似掌平。

九祖仙灵悉超脱，谁羡繁华贵与荣。寻烈士，觅贤才，同安炉鼎化凡胎。

若是悭财并惜宝，千万神仙不肯来。修真士，不妄说，妄说一句天公折。

万劫尘沙道不成，七窍眼睛皆迸血。贫穷子，发誓切，待把凡流尽提挈。

同赴蓬莱仙会中，凡景熬煎无了歇。尘世短，更思量，洞里乾坤日月长。

坚志苦心三二载，百千万劫寿无疆。达圣道，显真常，虎兕刀兵尽不伤。
水火蛟龙无损害，拍手天宫笑一场。这些功，真奇妙，分付与人谁肯要。
愚徒死恋色和财，所以神仙不肯到。真至道，不择人，岂论高低富与贫？
且饶帝子共王孙，须把繁华锉锐纷。嗔不除，憨不改，堕入轮回生死海。
堆金积玉满山川，神仙冷笑应不睬。名非贵，道极尊，圣圣贤贤示子孙。
腰金跨玉骑骄马，瞥见如同隙里尘。隙里尘，石中火，何苦留心为久计。
昼夜熬煎唤不回，夺利争名如鼎沸。如鼎沸，永沉沦，失道迷真业所根。
有人平却心头棘，便把天机说与君。命要传，性要悟，入圣超凡由汝做。
三清路上少人行，畜类门中争入去。报贤良，休自误，性命机关堪守护。
若还缺一不芳菲，执著波查应失路。只修性，不修命，此是修行第一病。
只修祖性不修丹，万劫阴灵难入圣。达命宗，迷祖性，恰似鉴容无宝镜。
寿同天地一愚夫，权握家财无主柄。性命双修玄又玄，海底洪波驾法船。
生擒活捉蛟龙首，始知匠手不虚传。

（仙国，一作仙物；沸，音米。）

珠宫宝镜，光怪陆离。（星）

广长佛舌，一片婆心。（月）

赠乔二郎歌

与君相见皇都里，陶陶动便经年醉。
醉中往往爱藏真，亦不为他名与利。
劝君休恋浮华荣，直须奔走烟霞程。
烟霞欲去如何去，先须肘后飞金晶。
金晶飞到上宫里，上宫下宫通光明。
当时玉汞涓涓生，奔归元海如雷声。
从此夫妻相际会，欢娱踊跃情无外。
水火都来两半间，卦候翻成地天泰。
一浮一沉阳炼阴，阴尽方知此理深。
到底根元是何物，分明只是水中金。
乔君乔君急下手，莫逐乌飞兼兔走。

何如修炼作真人，尘世浮生终不久。

人道长生没得来，自古至今有有有。

海上赠剑客

（五首）

一

先生先生貌狞恶，拔剑当空云气错。

连喝三回急去来，欻然空际人头落。

二

剑起星奔万里诛，风雷时逐雨声粗。

人头携处非人在，何事高吟过五湖。

三

粗眉卓竖语如雷，闻说不平便放杯。

仗剑当空万里去，一更别我二更回。

四

庞眉斗竖恶精神，万里腾空一踊身。

背上横担三尺剑，为天且示不平人。

五

先生先生莫外求，道要人传剑要收。

今日相逢江海畔，一杯村酒劝君休。

（错，入声。）

题全州道士蒋晖壁

醉舞高歌海上山，天瓢承露浴金丹。

夜深鹤透秋空碧，万里西风一剑寒。

吕纯阳先生编年诗集卷之二

江沱弟子火西月涵虚　重编

《终南山人集》下序

　　凡人之诗易编，神仙之诗难编；神仙之诗亦易编，吕翁之诗则难编。何以故？凡人处尘埃之中，纵使作名官名士，放浪寻诗，探访名山大川，长陵邃谷，日行不过百余里，十年不过几都邑，以彼生平之升沉显晦，生老病死计之，皆可得其八九。神仙之诗难编者，出处幻诞，时彼时此，隐显微茫，更名更姓，是岂恒情所测哉？然或事少诗少，则神仙之诗，亦易编也。夫惟我吕翁，广一腔宏愿，历四大部洲，驻鹤千篇，挥毫百首，天上人间，瞬息万里，欲求其鹤迹鸿爪难矣。苟非吾师之面授，畴能测其次序乎？宋一代诗，惝恍尤甚。凡读是集者，只观其宋代年月，不论其南北东西，五岳三山，洞天福地，城市山林可也。（潜虚记）

宋诗

《终南山人集》下
（自太平兴国起，至南宋祥兴止。）

赠莲峰道士

莲峰道士高且洁，不下莲峰经岁月。

星辰夜礼玉簪寒，龙虎晓开金鼎热。

谒宰相不见戏题

神仙暮入黄金阙（已出世者，复入世，宏愿也），

将相门关白玉京（宜勤劳者，偏辞劳旷职也）。

可是洞中无好景，为怜天下有群生（慈悲）。

心琴际会闲随鹤（可闲），匣剑磨时待斩鲸（偏不闲）。

进退两楹俱未应，凭君与我指前程（以度世论，宜进乎？宜退乎？）。

抑扬吞吐，无限深情，人多囫囵读过，故解之。（星）

浔阳紫极宫留题

宫门昼闲入，临水凭栏立。无人知我来，朱顶鹤声急。

赠剑仙
（二首）

一

三清剑术妙通灵，剪怪诛妖没影形。

白雪满天浮大白，青龙离地走空青。

飞腾万里穷东极，化作长虹下北溟。

出入纵横无阻碍，归来依旧守黄庭。

二

剑术如君妙入微，手操神技碧空飞。

春秋二炁兼生杀，龙虎两条并德威。

斩尽魔光乐清净，醉来酒气立崔嵬。

驱雷走电无多日，天上虚皇诏汝归。

剑仙与剑客，事不相同，而诗情豪迈则一。（星）

莫知自来，莫测所往，变化无端，作非非想。（月）

与张公泊

阴阳复姤乾坤始，十二爻生进退全。

居士欲知他日事，功成当在破瓜年。

至道间，张官参政，十六年而卒，果验。

岳阳楼

朝游北海暮苍梧，袖里青蛇胆气粗。

三醉岳阳人不识，朗吟飞过洞庭湖。

一刻万里，神仙英雄，士林多诵此作，知文章自有真价也。

（此诗，亦见《指玄》下篇。盖此处所吟者，而《指玄》辑用之也。故不妨重出。）

示长沙僧

非神亦非仙，非术亦非幻。天地有终穷，桑田几迁变。

身固非我有，财亦何足恋。曷不从吾游，骑鲸腾汗漫。

又示

寻真要识真，见真浑未悟。一笑再相逢，驱车东平路。

落魄歌

落魄且落魄，夜宿乡村，朝游城郭。

闲来无事玩青山，困去街头货丹药。

卖得钱，不须度；沽美酒，自斟酌。
醉后吟哦动鬼神，任意日头向西落。

题永康酒楼

鲸吸鳌吞数百杯，玉山谁起复谁颓。
醒时两袖天风冷，一朵红云海上来。

大云寺咏茶

玉蕊一枪称绝品，仙家造法极功夫。
兔毛瓯浅香云白，虾眼汤翻细浪俱。
断送睡魔离几席，增添清气入肌肤。
幽丛自落溪岩外，不肯移根入上都。

庐山简寂观磨剑示侯道士用晦

欲整锋铓敢惮劳，凌晨开匣玉龙嗥。
手中气概冰三尺，石上精神蛇一条。
奸血暗随流水尽，凶顽今逐渍痕消。
削平浮世不平事，与尔相将上九霄。

秦州天庆观留题

石池清水似吾心，刚被桃花影倒沉。
一到封山宫阙内，销闲澄虑七弦琴。

示石直讲守道介

高心休拟凤池游，朱绂银章宠已优。

莫待祸来名欲灭，林泉养浩预为谋。

东都甲第仙乐侑酒临去示陈执中

曾经天上三千劫，又在人间五百年。
腰下剑锋横紫电，炉中丹焰起苍烟。
才骑白鹤过沧海，复驾青牛入洞天。
小技等闲聊试尔，无人知我是仙真。

（仙家以一瞬为五百年，非拘定数目。）

示人

天涯海角人求我，行到天涯不见人。
忠孝义慈行方便，不须求我自然真。

赠曹先生谷就
（时道已成，号混成子。自注）

鹤不西飞龙不行，露乾云破洞箫清。
少年仙子说闲事，遥隔彩云闻笑声。

海上逢赵同

南宫水火吾须济，北阙夫妻我自媒。
洞里龙儿娇郁律，山前童子喜徘徊。

过湖州沈东老家，以榴皮画字题于庵壁
（时熙宁元年八月十九日也）

西邻已富忧不足，东老虽贫乐有余。

白酒酿来因好客，黄金散尽为收书。

赠潇湘子

南山七十二，独爱洞真墟。落落潇湘子，烧丹闭草庐。

与鄂州守对奕局终，入石照亭题壁志异
（时熙宁七年秋九月也）

黄鹤楼中吹笛时，白苹红蓼满江湄。

衷情欲诉无人识，只有清风明月知。

（此诗，亦见《指玄》下篇。此处编年，彼处辑入玄理，自不妨重出。）

鄂渚悟道歌
（并注）

自太平兴国元年，至熙宁七年之秋，凡九十余年矣。飞剑往来，夺邪扶正，一切丹法，未暇吟咏。适游鄂渚，闻邻舟有语丹术者，因伪为不知之状，乞而观之甚矣。久已得鱼忘筌矣，歌以言之，将往青城少息云。

纵横天际为闲客，时遇季秋重阳节。

阴云一布遍长空，膏泽连绵滋万物。

因雨泥滑门不出，忽闻邻舍语丹诀。

试问邻公可相传，一言许肯更无难。

数篇奇怪文入手，一夜挑灯读不了。

晓来日早看才毕，不觉自醉如恍惚。

恍惚之中见有物，状如日轮明突屼。

自言便是丹砂精，宜向鼎中烹凡质。

凡质本来不化真，化真须得真中实。

不用铅，不用汞，还丹须向炉中种。

玄中之玄号真铅，及至用铅还不用。

或名龙，或名虎，或号婴儿并姹女。

丹砂一粒名千般，一中有一为丹母。

火莫燃，水莫冻，修之炼之须珍重。

直待虎啸折巅峰，骊龙夺得玄珠弄。

龙吞玄宝忽升飞，飞龙被我捉来时。

一翥上朝归碧落，碧落广阔无东西。

无晓无夜无日月，无寒无暑无四时。

自从修到无为地，始觉奇之又怪之。

（实，一作物。）

悟道诗，仍作传道语气，真慈悲也。试问：至人看丹诀，梦者何也？曰：慈悲之甚，寤寐难忘耳。

《指玄篇》编入终南下集序 [1]

《指玄》二篇，非吕祖一时所作，乃在熙宁间，自辑平时所咏、当前所吟者，分为上下两卷，名曰《指玄》，以度良缘也。今观《指玄》下篇"朝游北海暮苍梧"一首，系咸平中显化之作；"黄鹤楼中吹笛时"一首，系熙宁中显化之作，便可知也。程弄丸谓：张紫阳"梦谒西华到九天，真人授我指玄篇"，即是此本。并举《指玄》《悟真》句意相同者，以印证之。虽似近于穿凿，然亦见吕祖之《指玄》，实《悟真》之先资也。紫阳作《悟真》，始于熙宁之初，成于熙宁乙卯。吕祖辑《指玄》，始于熙宁以前，成于熙宁甲寅。甲前乙后，或梦见有之。《终南山人下集》编次，宋时所作，并无《指玄》二篇，只有"朝游""黄鹤"二绝句，岂以其参差合辑，别自成书，不可序入编年耶？然辑于熙宁，即可编于熙宁也。今特补之，以印年谱。（涵虚）

---

[1]《指玄篇》编入终南下集序、《指玄篇》原序、《指玄篇》原序，三篇原在《卷二》篇首，现移在《指玄篇》之首。

《指玄篇》原序

（稍节）

余求仙道五十余年，三教经书，涉猎万卷。惟有《悟真》中十一诗云："梦谒西华到九天，真人授我指玄篇。其中简易无多语，只是教人炼汞铅。"四句之中，独按《指玄》一书，不知何人所作。遍搜丹经，广讯师友，俱谓许旌阳所作，又谓白玉蟾所作。余观旌阳圣师指玄之词，虽言铅汞，甚是繁杂，殊不简易，亦与《悟真》全不相合。而紫清《指玄》，乃是悟真玄孙所作，亦不相干。又观古仙《指玄集》《指玄歌》《指玄要语》《指玄秘诀》，皆与《悟真篇》相违，无有契合，余甚疑之，积有年矣。

兹于庚申十月晦日，寓于金陵朝天宫中，有门人吴鸣凤者，赍书一册，曰："弟子家藏此书，五六代矣。今为师之寿日，特进献之。"余即焚香，开读一遍，乃纯阳吕祖所作《指玄》上下二卷。上卷七律十六首，系白玉蟾注释；下卷绝句三十二首，系玉蟾和韵而注之，甚是分明，全与《悟真》契合。始知紫阳真人，得此《指玄》二篇，而作《悟真》三篇，以度后学，可见仙师慈悲之心切切矣。余将《悟真》三篇八十一诗，印证《指玄》二篇四十八诗，多有相符者，是日门下诸友，皆见《指玄》真书，踊跃欣喜。内有歙邑门人似之方允谷者，愿将此书捐赀锓版，以广其传。得是书者，遵而行之，必登紫府，超上玄宫，而与纯阳、紫阳、玉蟾诸仙，遍游八极，以度祖宗，同归于不夜之天，长居于不死之地，永乐无忧，方是天地间之大孝子也。

新安休邑弄丸子体刚程易明焚香拜序

《指玄篇》原序

余苦志玄门，酷好阴阳，童稚及今，四十年矣。凡诸圣祖丹经，无不请录考诵，参求玄理；凡遇海上诸先生，或道像游方者，或居家修炼者，吾未尝不请其大旨也。间有明首而昧尾者，间有罣一而漏万者，间有熟记道书、一法不明者。种种多人，余窃疑之，不敢自以为是。

　　偶幸天缘，得遘圣师，朝夕侍几，方得阴阳全学，内外大丹秘诀。语云："若要人不老，须遇不老人。"信不诬耳！侍教之暇，博览丹经，启金书宝藏而得《指玄》一书，乃圣师所撰，白紫清真君所述，而程弄丸先生为序。楚窃思，张紫阳仙师之梦谒西华，乃此诗也。今圣师光锡下土，千载一时，幸求证焉。圣师谕曰："此诗也，果吾之所留题也。阴阳大道，龙虎口诀，尽在诗中，子其味之乎！"

　　楚领圣谕，心喜神怡，豁然大贯，方见仙道之有衣钵也。是以上述圣诀，下陈愚学，作为草注，附于白师之后，而自刊行以广同志，非敢曰"擅注圣经，但聊述圣教耳。"同志之士，当珍重仙经而归此正门，方不失登瀛之大路也。

古濱阳弟子岐谷子郭楚阳拜序于辟玄丹室

　　阅此序，是曾遇吕祖，而有《指玄注释》者，然涵三宫全书，录紫清之注，而不录楚阳者，或亦笔墨草草，无所发明耶？

指玄上篇
（七言律诗十六首）

　　附自注：余作《指玄篇》，乃熙宁七年十月望日，辑而记之者也。其后有白紫清序注和章，均非紫清精思苦诣之笔，无所发明，不足存也。惟下篇和韵可取，宜并存之。

一

　　堪叹凡夫不悟空，迷花恋酒送英雄。
　　春宵纵永欢娱促，岁月虽长死限攻。
　　弄巧常如猫捕鼠，光阴犹似箭离弓。
　　不知使得精神尽，愿把形骸瘗土中。

二

　　昔年我亦赴科场，偶遇仙师古道傍。

一阵香风飘羽袖，千条云带绕霓裳。

开言句句谈玄理，劝世声声说洞章。

我贵我荣都不羡，重重再教炼黄房。

（我贵，及第；我荣，作官。）

三

玄篇种种说阴阳，二字名为万法王。

一粒粟中藏世界，半升铛内煮元黄。

青龙驾火游莲室，白虎兴波出洞房。

此个功夫真是巧，得来平步上天堂。

四

寻天撅地见天光，种得金花果是强。

那怕世间诸恶鬼，何愁地下老阎王。

正心收住黄龙髓，开口擒吞白虎浆。

不是圣师当日诀，谁人做得者文章。

五

一三五数总皆春，后地先天见老君。

花发西川铺锦绣，月明北海庆风云。

好抛世事于斯觅，莫舍良田向外芸。

念念不忘尘境灭，静中更有物超群。

六

世间无物可开怀，奉劝时人莫自埋。

好趁风云真际会，愿求鸾凤暗和谐。

两重天地谁能补，四个阴阳我会排。

会得此玄玄内事，不愁当道有狼豺。

七

前弦之后后弦前，圆缺中间气象全。

急捉虎龙场上战，忙将水火鼎中煎。

依时便见黄金佛，过候难逢碧玉仙。

悟得圣师真口诀，解教屋下有青天。

八

修仙善士莫贪痴，世上机关早见之。

花发拈花须仔细，月圆赏月勿延迟。

得来合口勤烹炼，既济休工默守持。

从此不须心懊恼，管教平步宴瑶池。

九

欲知大药妙通神，不是凡砂及水银。

世上药材俱是假，人间水火总非真。

有形有质何须炼，无象无名自可亲。

一得便超三界外，乘鸾跨鹤谒枫宸。

十

天机不泄世难知，漏泄天机把句题。

同类铸成驱鬼剑，共床作起上天梯。

人须人度超尘世，龙要龙交出污泥。

莫怪真情都实说，只缘要度众生迷。

十一

返本还元已到乾，能升能降作飞仙。

一阳复是兴工日，九转周为得道年。

炼药但寻砆里汞，安炉先立地中天。

此中便是还丹理，不遇同人莫浪传。

十二

天生一物变三才，交感阴阳结圣胎。

龙虎顺行阴鬼出，龟蛇逆往火神来。

婴儿日食黄婆乳，姹女时餐白玉杯。

功满自然居物外，人间寒暑任轮回。

十三

先天一炁产虚无，运转能教骨不枯。

要识汞根寻蒂子，欲求铅本问仙姑。

人人会饮长生酒，个个能成不死夫。

色即是空空即色，朗然飞过洞庭湖。

十四

大道玄机颠倒颠，掀翻地府要寻天。

龟蛇共穴谁能见，龙虎同宫孰敢宣。

九夏高山生白雪，三冬奋火出金莲。

叮咛学道诸君子，好把无毛猛虎牵。

十五

地上灵芝天上安，时中采得结纯乾。

无根自有阳春至，有本多因气脉缠。

姹女戏时神力壮，婴儿舞处道心坚。

可怜世上无知识，我独长生寿万年。

十六

劝君保重一分阴，悟此仙机在用心。

只要人身常运转，何劳物外苦搜寻。

忙求北海初潮水，灌济东山老树根。

此个玄机重漏泄，弹琴须要遇知音。

指玄下篇

（绝句三十二首。附白紫清注和三十二首，以应六十四卦火候。）

一

世人宜假不宜真，难授长生上品经。

不免天机重泄漏，灵丹只是气和精。

和曰：纯阳仙圣得全真，普度重宣上品经。后学殷勤加爱敬，只宜修炼气和精。

二

道在人为日用常，逆修入口遍身香。

便须默养天胎就，稳跨翔鸾谒玉皇。

和曰：无中生有得非常，西海金生丽水香。取得归来铛内煮，一炉丹熟礼虚皇。

三

西北东南在两厢，长房缩地合中央。

后人好学神仙法，一样丹砂补败场。

和曰：雄虎雌龙各一厢，凭媒牵引入中央。炼时匹配休轻视，顷刻终成大道场。

四

此法真中妙更真，无头无尾又无形。

杳冥恍惚能相见，便是超凡出世人。

和曰：真中无假假中真，听不闻声视没形。学道知机能著力，得之凡骨变仙人。

五

东华姓木老仙翁，独坐长房未有功。

忽遇西王金圣母，灵丹一粒便腾空。

和曰：家家有个主人翁，只为贪迷昧圣功。若解回头颠倒做，守真志满总归空。

六

一法通时万法通，休分南北与西东。

朝朝只在君家舍，要见须知撅土中。

和曰：玄牝之门出入通，百川万派总归东。时人若识真消息，子正阳生月正中。

七

（重出无妨，见前注。）

黄鹤楼中吹笛时，白苹红蓼满江湄。

衷情欲诉谁能会，只有清风明月知。

和曰：铁笛横吹正子时，一轮明月见江湄。此中便是真端的，试问诸君知不知。

八

道是先天一点炁，将来煅炼作元神。

法官存想驱雷使，炼此方能上玉京。

和曰：太乙含真先天炁，灵阳藏固养精神。两般若得相和合，指日飞升朝帝京。

九

二八佳人体似酥，腰间仗剑斩愚夫。

分明不见人头落，暗里教君骨髓枯。

和曰：无情那怕体如酥，空色两忘是丈夫。识得刚柔相济法，阳春一气为嘘枯。

十

曾读仙经万卷多，篇篇只教运黄河。

此中有盏长生酒，问道时人能吃么？

和曰：一句通玄不用多，大家著力挽银河。 三花灌上昆仑顶，不是神仙是甚么？

十一

（重出无妨，见前注。）

朝游北海暮苍梧，袖里青蛇胆气粗。

三醉岳阳人不识，朗吟飞过洞庭湖。

和曰：一对鸾凰戏碧梧，性情相契见精粗。有人识得玄中理，何必登山及泛湖。

十二

我命从来本自然，果然由我不由天。

金丹一服身通圣，可作蓬莱阆苑仙。

和曰：道本无言只自然，真铅要识地中天。河车运上昆仑顶，作圣超凡便是仙。

十三

修仙不问男和女，炼药无拘富与贫。

一念不差皆可作，我知不是世间人。

和曰：王母原来凡世女，葛洪家道十分贫。二仙有样皆当学，苦口良言不拒人。

十四

神仙歌诀泄天机，方便慈悲指世迷。

见者莫生颠倒见，大家都好学妆痴。

和曰：篇篇字字有真机，悟者回头莫执迷。大药丹方难得遇，遇之不炼是愚痴。

十五

不死金丹种土砂，诸人会得早离家。

一心只望长生路，莫效游蜂苦恋花。

和曰：非金非木亦非砂，此个原来本在家。释氏初生全漏泄，因何末后又拈花。

十六

真铅大药本无形，只在人心暗与明。

老子怀胎十个月，功圆行满自通灵。

和曰：哑子做梦醒无形，有口难言只自明。脓血皮包无价宝，若还认得便通灵。

十七

安炉立鼎正其心，八两朱砂八两金。

和合天平兑足了，更须仔细定浮沉。

和曰：进功下手要坚心，煅炼顽铜化赤金。赫赫光明侵碧嶂，丹成妙诀定浮沉。

十八

奉真修道守中和，铁杵成针要琢磨。

此事本然无大巧，只争日逐用功多。

和曰：人人天赋此元和，好把真常各打磨。今古上仙成道者，皆缘掘地采铅多。

十九

一阳气发用功夫，日月精华照玉壶。

到此紧关休妄动，恐妨堕落洞庭湖。

和曰：达摩当日用功夫，独坐长芦用酒壶。得了一杯倾灌顶，摘芦脚踏过东湖。

二十

曲江月现水澄清，沐浴须当定主宾。

若得水温身暖处，便当牢固办前程。

和曰：采药须知浊与清，饶他为主我为宾。若非猛火汤烹处，端坐休教再进程。

二十一

龙虎相逢上战场，霎时半刻定兴亡。

诸君逢恶当善取，若要争强必损伤。

和曰：五炁朝元作道场，三华聚顶万邪亡。美景到时须谨慎，切防危险
有遭伤。

二十二

道本无言法本空，强名指作虎和龙。

天然一物真元始，隐在阎浮同类中。

和曰：须信金丹本不空，成功须用虎和龙。子时运入昆仑顶，午后循环
沧海中。

二十三

人言我道是虚浮，我笑世人太没谋。

一粒金丹长命药，暗中失了不知愁。

和曰：炼丹须要识沉浮，未炼还丹用意谋。指教后人能得手，不须日夜
用心愁。

二十四

龙虎金丹妙合天，风云际会洒甘泉。

白头老子能知此，返老还童寿万年。

和曰：金丹妙道本先天，隐在坤维化玉泉。松柏因他滋本固，经霜耐雪
没穷年。

二十五

五口相逢是吕嵒，诸人认得莫胡谈。

心中力量人难敌，能把乾坤一担担。

和曰：伏虎须教入虎嵒，吞声忍气绝言谈。得他虎子牢擒纵，把个龙儿
一担担。

二十六

降龙须要志如天，伏虎心雄气似烟。

痴蠢愚人能会得，管教立地作神仙。

和曰：亏心亏理即欺天，四物相遮黑似烟。此辈即同禽兽类，如何得见王真仙。

二十七

一本梅花十月开，预先待得早春来。

木微尚且知时节，人不回头只是呆。

和曰：枯木逢春花再开，皆因天地一阳来。诸人年老难重少，只是贪痴呆上呆。

二十八

方方游化唱仙歌，反被时人笑是魔。

不识真金如粪土，老龙把做毒蛇蹉。

和曰：颠倒修行唱道歌，篇篇蓊怪又驱魔。人人要上蓬莱路，会用功夫心莫蹉。

二十九

昔年游戏岳阳楼，好个莺花鹦鹉洲。

今日重来沽美酒，故人多半葬荒邱。

和曰：茅庵静坐胜高楼，耐守功完上十洲。堪叹玉堂诸学士，文章锦绣葬山邱。

三十

遨游大地十余秋，劝化时人不肯修。

留此一篇真奥妙，飘然直上凤麟洲。

和曰：暑往寒来春复秋，人生如梦早宜修。仙家岂有浮空语，悟透玄风上十洲。

三十一

苦劝人修不肯修，却将恩德反为仇。

如今回首朝天去，不管人间得自由。

和曰：世人宜早发心修，夫妇恩深总是仇。不信吾言当自省，眼昏背曲为何由。

三十二

浮名浮利事如风，飘来飘去有何功？

诸人各自宜三省，莫把仙方当脱空。

和曰：纯阳大袖惹春风，归去来兮甚有功。留下玄机无价宝，玉蟾解和亦谈空。

百句章
（并引）

《指玄》二篇，缤纷烂熳，汞铅真诀，参差互见。复吟百句，金钱一串，首尾条陈，井井可玩。有缘遇此，幸勿轻慢，身体力行，同升云汉。

无念方能静，静中气自平。气平息乃住，息住自归根。

归根见本性，见性始为真。万有无一臭，地下听雷鸣。

升到昆仑顶，后路要分明。下山接鹊桥，送下至黄庭。

庭中演易卦，五十五堪均。气卷施四大，坐卧看君行。

此是筑基理，孤阴难上升。更要铸神剑，三年炼己成。

念正情忘极，临炉不动神。觅买丹房器，五千四百春。

先看初三夜，蛾眉始见庚。要见庚花现，反向蛾眉寻。

如此采真铅，口口要知音。火候从初一，一两渐渐生。

十六退阴符，两两不见增。沐浴逢鸡兔，防失防险倾。

霎时风云会，金气自薰蒸。龙吟并虎啸①，体上汗淋淋。

①《明道语录三集》尾页《吕祖百句章欠句》："道书字句错落，关系后贤匪浅。《吕祖百句章》，查古本只九十八句，疑成板时刊误，流行已久，尚且阙如。道源先生因收入《明道集》中浅解，特补出'霎时风云会'与'龙吟并虎啸'二句，完成百句。未识当否？记之以请证高明。"

十月胎方就，顶门要出神。还须面壁九，飞身上玉京。

三段功夫诀，明明说与君。我今亲手释，成书体诀行。

传与修行子，玉京之法程。丹诀真师诀，须与神仙论。

更有妙丹法，予恐太泄轻。弹弦并鼓瑟，夫妻和平情。

霞光照曲水，红日出昆仑。恍恍并惚惚，杳杳与冥冥。

此中真有信，信到君必惊。一点如朱橘，要使水银迎。

绝不用器械，颠倒法乾坤。世人不悟理，三峰采战行。

也有说三关，也有入炉临。又以口对口，丑秽不堪听。

一切有为法，俱是地狱人。有等执著者，信死清净因。

发黄并齿落，鹄体似鹤形。他未知吾道，分明假作真。

观天之大道，执天之运行。月挂西川上，霞临南楚滨。

三日前为晦，阳中之纯阴。二日后为朔，阴中之阳精。

亦如逢冬至，和景好阳春。八日是上弦，一问卯兔门。

十六方为姤，廿三是西门。以此参易卦，方知大道情。

百句章中字，字字要寻文。此书雷将守，得者慎勿轻。

（入门功夫，即是如此。）

潭州智度寺赠慧觉禅师

（并序）

余游韶郴，东下湘江。今见觉公，观其禅学精明，性源淳洁，促膝静坐。收光内照，一衲之外无余衣，一钵之外无余食，达生死岸，破烦恼壳。方今佛衣，寂寂无传，禅理悬悬几绝。扶而兴者，其在吾师乎？

达者推心方济物，圣贤传法不离真。

为师开说西来意，七祖如今未有人。

以剑画此诗于襄阳雪中

岘山一夜玉龙寒，凤林千树梨花老。

襄阳城里没人知，襄阳城外江山好。

隐语答汴京侯玖及马善

三口共一室，室畔水偏清（吕洞）。
平生长作客（宾），即是姓兼名。

答巴陵太守

暂别蓬莱海上游，偶逢太守问根由。
身居北斗星杓下，剑挂南宫月角头。
道我醉来真个醉，不知愁是怎生愁。
相逢何事不相识，却驾白云归去休。

题广陵妓馆

一

嫫母西施共此身，可怜老少隔千春。
他年鹤发鸡皮媪，今日花容玉貌人。

二

花开花落两悲欢，花与人还事一般。
开在枝头防客折，落来地下情谁看。

答吕惠卿

（二首）

一

野人本是天台客（宾），石桥南畔有旧宅（洞）。
父子生来共两口（吕），多好清歌不好拍（吟）。

二

四海孤游一野人，两壶霜雪足精神。

坎离二物君收得，龙虎丹行运水银。

六言

春暖群花半开，逍遥石上徘徊。

独携玉律丹诀，闲踏青莎碧苔。

古洞眠来九载，流霞饮尽千杯。

逢人莫话他事，笑指白云去来。

示兖州儒医李德成

九重天子寰中贵，五等诸侯门外尊。

争似布衣狂醉客，不教性命属乾坤。

赠福州处士陈季慈烈

青霄一路少人行，休话兴亡事不成。

金榜缘何无姓字，玉都必定有仙名。

云归大海龙千尺，雪满长空鹤一声。

深谢宋朝明圣主，解书丹诏召先生。

哭陈处士

天网恢恢万象疏，一身亲到华山区。

寒云去后留残月，春雪来时问太虚。

六洞真人归紫府，千年鸾鹤老苍梧。

自从遗却先生后，南北东西少丈夫。

捏土为香示张天觉临去书此

（并序）

张商英为相之日，有褴褛道人及门求施，公不知礼敬，因戏问道人："有何仙术？"答以"能捏土为香"。公请试为之，须臾烟罢，道人不见，但留诗于案上云。

捏土为香事有因，世人宜假不宜真。
皇朝宰相张天觉，天下云游吕洞宾。

出东都妓馆径入栖云庵留题

一吸鸾笙裂太清，绿衣童子步虚声。
玉楼唤醒千年梦，碧桃枝上金鸡鸣。

书游踪示人

（宣和间往来东都作也）

遥指高峰笑一声，红云紫雾面前生。
每于尘世无人识，长到山中有鹤迎。
时弄玉蟾驱鬼魅，夜煎金鼎煮琼英。
晨朝又赴蓬莱会，知我仙家有姓名。

徽宗斋会

高谈阔论若无人，可惜明君不遇真。
陛下问臣来日事，请看午未丙丁春。

为贾师雄太守发明古镜别后书太平寺扉上

手内青蛇凌白日，洞中仙果艳长春。

须知物外烟霞客，不是街头磨镜人。

会稽道会
（绍兴癸丑）

偶乘青帝出蓬莱，剑戟峥嵘遍九垓。

我在目前人不识，为留一笠莫沉埋。

（时以笠挂壁而不坠，众惊异之。）

宿州天庆寺题扉示宁道士

松枯石老水潆洄，个里难教俗客来。

抬眼试看山外景，纷纷风急障尘埃。

（已寓金兵之乱）

重过天庆观适宁道士他往留题
（二绝）

一

秋景萧条叶乱飞，庭松影里坐移时。

云迷鹤驾何方去，仙洞朝元失我期。

二

肘传丹篆千年术，口诵《黄庭》两卷经。

鹤观古坛松影下，悄无人迹户常扃。

清远闲放，吕翁手笔。或作陈希夷诗，非也。

邵州酒肆以指蘸酒书二十字于石上

（一作"赐齐州李希遇诗"。盖先生以邵州所题者，转以赐李也。）

少饮欺心酒，休贪不义财。福因慈善得，祸向巧奸来。

劝世吟

一毫之善，与人方便。一毫之恶，劝君莫作。
衣食随缘，自然快乐。算甚么命，问什么卜。
欺人是祸，饶人是福。天眼昭昭，报应甚速。
谛听吾言，神钦鬼伏。

赠江州太平观薛道士孔昭

落魄薛高士，年高无白髭。云中闲卧石，山里冷寻碑。
夸我饮大酒，嫌人说小诗。不知甚么汉，一任辈流嗤。

再赠薛高士

通道复通玄，名留四海传。交亲一拄杖，活计两空拳。
酒爱逡巡酽，茶思逐旋煎。岂知来混世，不久却回天。

题僧房

（四言）

唐朝进士，今日神仙。足蹑紫雾，却返洞天。

答僧

三千里外无家客，七百年来云水身。

行满蓬莱为别馆，道成瓦砾尽黄金。

待宾榼里常存酒，化药炉中别有春。

积德求师何患少，由来天地不私亲。

题吉州白云堂

铁笛随身助朗吟，别开两口度仙音。

一声吹彻斜阳外，唤起江湖万里心。

（时人见喉下复有一口，以吹铁笛。吹罢，复塞以纸，故二句云云。）

再过白莲堂

浪迹原无定，风波也不常。牵牛离织女，依旧白莲堂。

按：吕祖题此诗，人多不解其意。后郴州寇反，白莲堂闭门，不容挂搭，以防奸细，三年后复开。开之日，乃七夕后一日也。

窑头坯歌

（绍兴庚辰作。自记。）

窑头坯，随雨破，只是未曾经水火。

若经水火炼成砖，留向世间住万年。

棱角坚完不复坏，扣之声韵堪磨镌。

凡水火，尚成功，坚完万物谁能同？

修行路上多少人，穷年炼养费精神。

不道未曾经水火，无常一旦临君身。

既不悟，终不悔，死了犹来借精髓。

主持正念大艰辛，一失人身为异类。

君不见洛阳富郑公（弼），说与金丹如痴聋。

执迷不悟修真理，焉知潜合造化功。

又不见九江张尚书（商英），服药失明神气枯。

不知还丹本无质，翻饵金石何大愚？

又不见三衢赵枢密（鼎），参禅作鬼终不识。

修完外体在何边，辨捷语言终不实。

窑头坯，随雨破，便似修行这几个。

大丈夫，超觉性，了尽空门不为证。

伏羲传道至于今，穷理尽性至于命。

了命如何是本元，先认坎离并四正。

坎离即是真常家，见者超凡须入圣。

坎是虎，离是龙，二体本来同一宫。

龙吞虎啗居其中，离合浮沉初复终。

剥而复，否而泰，进退往来定交会。

弦而望，明而晦，消长盈虚相匹配。

神仙深入水晶宫，时饮醍醐清更浓。

饵之千日功便成，金筋玉骨身已轻。

此个景象惟自身，上升早得朝三清。

三清圣位我亦有，本来只夺乾坤精。

饮凡酒，食羶腥，补养元和气更盈。

自融结，转光明，变作珍珠飞玉京。

须臾六年肠不餧，血化白膏体难毁。

不食方为真绝粮，真气薰蒸肢体强。

既不食，超百亿，口鼻都无凡喘息。

真人以踵凡以喉，从此真凡两边立。

到此遂成无漏果，胎息丹田涌真火。

老氏即此号婴儿，火候九年都经过。

留形住世不知春，忽尔天门顶中破。

真人出现大神通，从此天仙可相贺。

圣贤三教不异门，昧者劳心休恁么？

有识自爱生，有形终不灭；叹愚人，空驾说。

愚人流荡无休期，落趣循环几时彻。

学人学人细寻觅，且须研究古《金碧》。

《金碧》《参同》不计年，妙中妙兮玄中玄。

题妙歌玄，暮鼓晨钟，令人深省。（月）

景福寺

莫道神仙无学处，古今多少上升人。

题青城人家门

但患去针心（吕），真铜水换金（洞）。

鬓边无白发（宾），骎马去难寻（来）。

示王岳州纶

仙籍班班有姓名，蓬莱倦客吕先生。

凡人肉眼知多少，不及城南老树精。

巴陵题壁

（时李太守以余名，述与崔进士，故众之。自注。）

腹内婴儿养已成，且居廛市暂娱情。

无端措大刚饶舌，却入白云深处行。

潭州太平观鹤会

这回相见不无缘，满院风光小洞天。

一剑当空又飞去，洞庭惊起老龙眠。

示严州唐仙姑

（仙姑，号无思道人。）

以心为法，以神为符。以气为水，以意作书。

题四明金鹅寺壁

方丈有门出不钥，见个山童露双脚。
问伊方丈何寥寥，道是虚空也不著。
闻此语，何欣欣，主翁岂是寻常人。
我来谒见不得见，渴心耿耿生埃尘。
归去也，波浩渺，路入蓬莱山杳杳。
相思一上石楼时，雪晴海阔千峰晓。

虚空不著，答语高超。诗亦无半点尘气，可称双妙。（星）

凤翔天庆观题壁

得道年来四百秋，不曾飞剑取人头（寓言未遇第一流人）。
玉皇未有天书至（在世选仙，故少诏见），且货乌金混世流。

按：师自咸通甲申了道终南，至宋之景定甲子，四百年矣。其间所度者，韩、施、刘、王，皆第一流人也。兹云"不曾飞剑取人头"，盖愿宏而嫌少耳。

或问蓝长笑先生，衡岳静坐顶间霹雳一声而化者，何故节录《窑头坯》四语答之

九年火候直经过，倏尔天门顶中破。
真人出现大神通，从此天仙可相贺。

今日忆

今日忆，明日忆，忆得我来不相识。

钗子一枝作香钱，从今与汝不交易。

注事：时有富商，虔思吕祖，日夕拜祷。一日，吕祖化一贫人，将布袍一件，就商质钱。商捏袍袖内，有钗子一枝，意贫人或不知也，遂将衣质钱去。及取钗出，内有纸一幅如此。

梁山碑

（记《玄牝歌》跋一联）

美哉三十六，远绍五千言。

吕纯阳先生编年诗集卷之三

涵虚弟子火西月　重编

元诗

黄鹤楼与龙江子闲话

昔有仙人王子安，骑黄鹤兮游此间。

至人过后迹难删，蛇首遂名黄鹤山。

驭风而去绝尘寰，高楼纪胜俯江湾。

晚唐五代生榛菅，道人佩剑扶危艰。

酒家辛氏隐烟阛，化相来游觅醉颜。

囊中未有五铢鐶，感渠慷慨无偏悭。

手招黄鹤降天关，画壁赠之舞斓斒。

客来呼下作痴顽，高阳日月掷千锾。

从此堆金若等闲，我来索取大刀环。

飘然跨上难追攀，筑楼祀我静如鹇；

沧江槛外流潺湲，楼中长睡享安闲。

今子重修更烂斑，道人住此益心娴。

久假荆州竟未还，凭空一笑夕阳殷。

附《草堂自记》：江夏黄鹤山，旧名蛇山，昔因王子安骑鹤过此，后人筑楼纪胜，崔颢、李白皆登眺焉。五代间，燬于兵火。至宋雍熙初，予有画鹤飞空之事，辛氏乃筑楼祀我。唐以前为子安鹤迹，宋以后则为道人所托也。元初龙江子，葺而新之。予复降其地，作诗记焉。

旧见《全书》中，有《黄鹤赋》一篇，为遇龙江子所作。今读此诗，始知龙江子，亦吕祖弟子。《黄鹤赋》，正系此时作也。（星）

国朝黄鹤楼，系康熙五年丙午重建。见朱竹垞《曝书亭诗集》。（月）

黄鹤楼赋

粤矣最上一乘，乃无作而亦无为；还丹七返，因有动而方有静。上德以道全其形，乃纯乾之未破；下德以术延其命，乃攧坎之已成。是以用阴阳之道，即依世法而修出世之法；效男女之生，必发天机而作泄天之机。方期性命之双修，须仗法财而两用。先结同心为辅佐，次觅巨室以良图。然欲希至道，必密叩玄关。择善地，慎作事之机密；置丹房，造器皿之相当。安炉立鼎，配内外两个乾坤；炼己筑基，固彼我一身邦国。紧关对景忘情，凭锐气之勇猛；大抵煨炉铸剑，借金水之柔刚。若运用，若抽添，虑险而须当沐浴；若鼓琴，若敲竹，逢争而便宜守雌。百日功灵，曲直而能应物；一年功熟，追摄而已由心。能盗彼杀中之生气，以点我阳里之阴精。玉液金液，一了性而一了命；二候四候，半在坎而半在离。始也将无入有，以见龙居虎位；终焉流戊就己，始知虎会龙宫。要知药物之老嫩，在辨水源之浊清。炼己待时者，务待阳生于赤县；察机临炉者，必须癸动于神州。若观见龙在田，须猛烹而极炼；忽闻虎啸出窟，可倒运而逆施；所谓火逼金行出坤炉，故名七返；金因火炼归乾鼎，是曰九还。还者，乾所失而复得之物；返者，我已出而复来之真。殊不知，顺则生人生物，逆则成佛成仙。虽曰彼家，非闺丹御女之术；故知一己，有鹏鸟图南之机。坎中一点黑铅，号曰先天，非同类终不能得；离中七般朱汞，是名孤阴，无真种一刻难留。是以假乾坤、立鼎炉，觅太乙所含之始炁；赖阴阳，作筌蹄，求水府所蕴之玄珠。趋趀（音佛）时，卒补我干之一缺；俄然间，已还彼坤之六虚。到此水归神室，位列天仙；丹浴黄庭，千灵舒惨。上帝加赞，天地咸惊。抱元守一，温养十月神有像；调神面壁，坐忘九载体无形。斯其道术造端，似依正而行邪；就中火候托始，如倚奇而用兵。铅与汞，无丙曳东西间隔；婴与姹，非黄婆咫尺参差。识缓急，虑吉凶，在匠手之斟酌；明进退，知止足，岂愚昧而能为。认消息，如海之潮信；策造化，比月之盈亏。三日出庚，乃一阳生于坤位；十五圆甲，则六爻周于乾元。泄金窍，凿混沌，露老庄之肺腑；明坤炉，饮刀圭，吐平叔之心肝（平叔，宋时人。此赋，作于元时，故云）。今遇龙江子，夙有道骨仙风，名注丹台玉室，遂结烟霞同志之友。愿发龙虎秘藏之机，究寻火候，早饵黍珠，阆苑玄圃，他日可冀。

诗注：云赋者，敷陈其事而直言之者也。此篇乃吕祖在黄鹤楼，与龙江子，敷陈金丹大事而直言之者也。虽不叶韵，确是赋体，记之以备一说。（星）

游锦屏山作

（阆中南山也）

半空雷雨豁然收，洗出一片潇湘秋。
长虹倒挂碧天外，白云走上青山头。
谁家绿树正啼鸟，何处夕阳斜倚楼。
道人醉卧岩下石，不管人间万种愁。

再以瓜皮汁题锦屏

（时皇庆癸丑之春也）

时当海晏河清日，白鹿闲骑下翠台。
本为君平川里去，不妨却到锦屏来。

（元一代，只皇庆间，称太平。）

停云岩访隐者不遇，以瓜皮汁题石壁而去

我自黄粱未熟时，已知灵谷有仙奇。
丹池玉露装珠浦，剑阁寒光烁翠微。
云锁琼楼铺洞雪，琴横鹤膝展江湄。
有人试问君山景，不识君山景是谁。

按：此诗，一作《访蒲居士作》，其字痕常湿，随擦随见。洪武中失去，只存一兔。见《南部县志》。（月）

至顺辛未^①五月二十日奉天帝诏升九天采访使口号

纠司天上神仙籍，执掌人间功过权。
万里青霄飞剑履，来来往往遍人天。

元统甲戌^②春，游洞庭遇张三丰以诗见赠，起句云"这回相见不无缘"，盖用予句也，仍就此和之

这回相见不无缘，久矣闻君得道年。
讲习终南逢兑泽，果行山下出豪泉。
偶从江上之湖上，行尽吴天又楚天。
今日烟波同际会，不妨携手过晴川。

附：洞庭湖晤纯阳先生

这回相见不无缘，访道寻真数十年。
雅度翩翩吹凤笛，雄风凛凛佩龙泉。
身从海岳来斯地，手拂湖云看远天。
愿学先生勤度世，洞庭分别到西川。

读二诗，想见神仙世外唱和，逍遥之乐。（月）

桐乡示徐通判治疽方诗
（并注）

元末嘉兴府桐乡县后朱村徐通判，素虔奉吕祖。一日，疽发背，势垂

---

① 至顺辛未，即1331年。顺，底本作"正"，校者改。元代至正，无"辛未"年。
② 元统甲戌，即1334年。

危，犹命人扶起礼拜。忽见净水盂畔，飘来片纸，视之有字，即此诗也。徐照方服，果效。后以治人，无不验者。

纷纷墓土黄金屑（大黄），片片花飞白玉芝（白芷）。

君主一斤臣四两，调和服下即平夷。

招吕山人入道

（并记）

山人名敏，字志学，元末毗陵人。遭时兵起，避地于梁溪汾湖，闭门教授。予以宗姓清高，往访之，劝其改装入道。山人曰："吾已知时不可仕，则韬晦以养其真耳。奚必易儒冠，为黄冠哉？"予知其志难骤夺，因作一诗与之。山人乃变装而去。

时危天地窄，处士难安席。纷纷窃据流，处处假征辟。

士不受羁縻，人将逞迫胁。儒冠变黄冠，乃善藏高节。

咏《蛰龙法》

陈希夷《睡诀》三十二字，名《蛰龙法》，其词云："龙归元海，阳潜于阴。人曰蛰龙，我却蛰心。默藏其用，息之深深。白云高卧，世无知音。"真得睡仙三昧者，因题一律表之。

高枕终南万虑空，睡仙长卧白云中。

梦魂暗入阴阳窍，呼吸潜施造化功。

真诀谁知藏混沌，道人先要学痴聋。

华山处士留眠法，今与倡明醒众公。

或言希夷先生，别有睡诀传世，其所传，皆伪书也。《随》之《象辞》曰："君子以向晦入宴息。"夫不曰"向晦宴息"，而曰"入宴息"者，其妙处正在"入"字。入，即睡法也。以神入气穴，坐卧皆有睡功，又何必高枕石头眠哉？读三十二字，益使人豁然大悟。吕翁表而出之，其慈悲之心，即纠缪之心也。张全一跋，时寓终南山。

放生歌

汝欲延生听我语，凡事惺惺须恕己。

汝欲延生须放生，此是循环真道理。

他若死时你救他，你若死时天救你。

延生生子别无方，戒杀放生而已矣。

吕纯阳先生编年诗集卷之四

涵虚弟子火西月　重编

明诗

洪武中，游峨眉家庆楼题壁

（小注）

《峨眉志》：县北二里飞来冈，上有家庆楼，唐懿宗敕造，其楼名宋魏了翁书。洪武中，吕祖来游，无人识，因于西壁题诗。去后百余年，学使王公敕游此，以刀刮数字，入茶饮之，墨俱透壁云。

教化先生特意来，世人有眼不能开。
道童日接云游客，不识终南吕秀才。

山东留别王秀才敕

（小注）

山东王姓，奉吕祖甚虔。一夕，梦道士，引一少年来舍，曰："此富贵神仙也，奉上天敕以报汝。"王后得子，遂名敕。生有神慧，一目数行下。吕祖化秀士访之，临别书此。敕得诗甚喜。为秀才，读书云门寺，见一地，夜有火光，发之得一石匣，书二册。阅之，益通慧，知未来休咎，御风出神。宏治中，视学四川，真富贵神仙也。灵异甚多，见《海山奇遇》。

琅函裂石火光催，一得能将慧眼开。

我有一言君记取，黄粱再熟早归来。

（卢仙后身也）

赠老年得子诗
（并注）

《七修类稿》：浙江平湖，乡中有吕仙祠，祷祈甚验，求诗字，无不与，并不拘多寡。但置卷于祠，过日墨遍还之，自款"洞宾天民"。人欲其显圣，则闻空中鹤鸣，音乐自远而近。有《赠老年得子诗》云。

争羡孤梅得遇春，暖风残雪越精神。

西湖昨夜多奇瑞，点破红蕉露十分。

风韵绝佳。（郎仁葆）

西湖
（见《湖山杂志》）

一

西湖三月落花天，化作吴儿冶少年。

过客笑侬心木石，吹笙不近美人船。

二

抹杀风光是老仙，玉波红舫坐谈禅。

散花女史都嘲笑，打个痴人不著肩。

又道学，又风流。（星）

平山堂

画栏围绕百花间，平视江南一桁山。

今日我来高一着，如妆如笑各承颜。

游峨眉山

峨眉，距青城三四百里。而绥山，即在峨眉之内。其间有猪肝洞，予为易名紫芝，尝栖止焉。

朝游青城山，暮宿紫芝洞。不乘快风行，只唤懒云送。

澄清楼赠赫卫阳御史
（二律）

一

使者东巡竹马迎，马头春色带霜生。
闾阎颂德儿童喜，山岳摇威豺虎惊。
何地覆盆幽未照，一天晴日现重明。
范君亲揽青骢辔，万里岷江流处清。

二

乘兴谁登楼上头，风流大雅醉中留。
卷帘雪岭青天出，俯瞰晴江白日浮。
揽辔多君清西蜀，弹冠任我卧高邱。
相逢不尽追随意，月吐峨眉人倚楼。

附：龚晋甫御史纯阳宫记略

大峨得名，自天真皇人始，兹为普贤道场矣。予方有意表彰会道，友赫公卫阳按部至，予以语之。纯阳吕祖，又以诗贻公。公乃檄峨眉尹宜训，起宫于山之大峨石，塑祖法身其中，而名之曰纯阳宫。意谓皇人去今已远，纯阳续皇人，而仙祠纯阳，则皇人为不泯矣。嗟乎！此宫之建，非吾玄宗一大厦庇哉！予私庆之极焉。

（龚，内江人，前明进士。）

纯阳祠步吕祖韵

（成都太守冀应熊）

欲到峨山顶上头，翩然羽舄此中留。

无尘明月千峰照，不系闲云万壑浮。

愧我霜颜羁世网，羡师绿鬓驻丹邱。

何年回首拂衣去，一笛重开黄鹤楼。

示陆潜虚一联复为足成四句

（并序）

予遇潜虚也甚异，潜虚遇予也甚奇。嘉靖丁未，化迹维扬，遍觅良缘，落落无偶。既见君于北海草堂，知为上根利器。嗣后往来其家，赠以上乘妙道，倾怀而予，动盈卷轴，予不以为惜也。谈玄之余，并书生平诗示之，名曰《终南山人集》。更举生平事言之，题曰《宾翁自记》。潜虚潜虚，而今而后，撤尘海而上云霄者，惟我与尔有是。夫前日走书一联，今为足成四句。丙寅天开（十月也）记。

雪月炉中炼，风花座上灰。

早寻丹药饵，同听紫云回。

玄牝歌

玄牝玄牝真玄牝，不在心兮不在肾。

穷取生身受炁初，莫怪天机都泄尽。

灵丹歌

祖师留下灵砂丹，道理虽难法不难。

未死朱砂先死汞，未乾死汞汞先乾。

砂里汞号先天气，若无祖气枉徒然。

会得土釜追铅气，三朝两夜运周天。

运周天，火足完，养得赤凤变青鸾。

胎成借气成真体，正是用铅不用铅。

铅是丹，丹是铅，采取金花弃却铅。

识得炼铅休再问，贯彻丹经千万篇。

题《悟真》西江月第十一阕

（二首）

一

水火酿成万古人，金鸡玉兔两分明。

从来好事惟阴德，默默虚空最认真。

二

此处全凭大段神，星桥驾处有真金。

阴功二字踵心息，万圣功夫尽付君。

按：《悟真》西江月之十一首云："德行修逾八百，阴功积满三千。均齐物我与亲冤，始合神仙本愿。虎兕刀兵不害，无常火宅难牵。宝符降后去朝天，稳驾鸾车凤辇。"是教学仙者，以德行阴功为本也。吕祖此诗，非为紫阳下注脚，乃为人指点切要处耳。（月）

嘉禾诗存

（并注）

《静志居诗话》：万历庚寅秋，古鄞吴道人，以符箓游江淮间，寻抵嘉禾，仙降于周处士履靖逸之宅，有曰"无上宫道人（吕字）"，有曰"崖老"（洞宾之对），缚笔于卜，挥洒若风雨之骤。由是彭辂子殷、文嘉休承、皇甫汸子循、张之象月鹿、候一元舜举、李奎伯文、仇俊卿谦之、冯皋谟明卿、莫云卿是龙、李日华君实，异而交和之。处士裒为一卷，子殷序之，君实跋其尾焉。事载《朱竹垞明诗综》，今录存二首。

仙游歌

君不见，蓬莱缥缈三山幽，天风万里群仙游。

光分日月五城界，春满烟霞十二楼。

洞口桃花岁复岁，崖前桂树秋复秋。

群仙游兮上玉京，翩翩自适春风情。

鞭龙或耕瑶草去，骑鹿爰绕青松行。

感旭日之遄征，叹浮生之易迈。

信人间之可哀，留幔亭而高会。

有时采药来天台，迷花宿雾临瑶台。

五三六点灵雨滴，百千万树梨花开。

主人置酒初泼醅，我今畅饮休相催。

风光如此不尽醉，虚负青华赤玉杯。

诗情流丽，快乐逍遥。（月）

崖老

乍下人间世，何须问姓名。翩翩临水影，窅窅少虚声。

恣草黄庭帖，还调碧玉笙。江南美风物，九月采莼茎。

吕纯阳先生编年诗集卷之五

灵陵太妙洞天火西月　敬编

叙

　　吕祖之诗，其出于各处仙毫者，各有不同。今细读之，只一"因"字而已。因材而导，因人而与，因物付物。遇英豪则兴豪，遇清高则清高，遇醇古则醇古，遇简淡则简淡。遇愚则愚，遇鲁则鲁，遇俗则俗。甚至以常言俚韵，付之剖劂而不顾。庄子谓在稊稗、在瓦甓、在屎溺，无乎不在者是也。要之皆无心也。惟其无心，乃能因应咸宜，因感而发。若有心，则吕祖之诗，只完成一个吕祖，安能千变万化若是耶？

　　国初以来，显迹最盛，而其传世者，只数处焉。祖师亦无心罣碍也，传不传在人，何损益之有？然即以传者而论，亦各相因不同。燕山之诗，清而超；涵三之诗，清而淡；雁字六十首，清且雅也。金刚三十二偈，清且醒也。抱一楼诸作，则清健雄豪，清远闲放。执此数处诗观之，则别处之三诗两诗、五诗十诗，尽皆相因而至。观其诗，而人情物理，八方皆现。又《庄子》所谓："周、遍、咸三者，其[①]名同实，其指一也。"由此推唐、宋、元、明之作，其与英雄清高，醇古简淡，庸愚鲁俗，以及公卿女史，赠答留题者，皆因之也。司空作诗品，妙于形容，余无以形容先生之诗。

　　时有虚虚道士，挥麈谓余曰："子无以形容吕祖诗耶？吾言之，或者谓有如明月当空、山影水影、云影树影、楼台院宇、城郭村庄之类，大小方圆者，各自成影耶？又如月照名园，竹影梅影、菊影兰影、秀士佳人、琴樽几

---

① 其，《庄子·知北游》，原作"异"。

席之类，娉婷参差者，各自成影耶？"余不禁折节而拜曰："是也，是也！月在上而诸物在下，物有形而月遍还之，一一相肖，月自无心也。"由是知纯阳先生之诗，实一"因"字而已。

长乙山人尧舜外臣

国朝诗

剑门山间遇张三丰行歌于道依声和之
（时顺治乙酉初秋也）

五更天欲明，出栈看云行。与子同归去，天得一以清。

附：三丰原唱

乾坤明不明，豺虎尚横行。拂袖归三岛，蓬莱看水清。

莲华集引

顺治丁酉，余在邗江莲华社，勾留数载，绝少吟哦。惟《圣德》《贤德》二经，四言古韵，近颂体也。因删酌而付之涵虚，以存雪迹。其外有四言无韵者，不与。

圣德经
（经作篇，亦可。）

皇矣上帝，临下有赫。天地之心，元后之则。
默运两仪，朕居太极。圣不可知，神不可测。
非空非虚，可感可格。民无能名，湛然常寂。
道曰虚皇，梵曰觉王。德弥内外，浑涵溟茫。

（上帝为天地之心，宜为群圣之冠。今将原作第一段，改此易之。）

穆穆皇羲，首作君师。洞窥无始，体寂无为。

神武独瘝，龙马贡灵。忘言得意，通德类情。

挈道之密，发神之几。功揆元化，体物无遗。

孰骋义心，玄微妙理。辟乾阖坤，一人而已。

炎帝乘乾，默成不言。厚生正本，耜耒作先。

相土辨方，范金脉泉。聚货交易，治药延年。

日中得所，天下熙然。重卦演易，枕方抱员。

神矣烈山，归藏玄玄。轩皇有熊，慧济灵通。

顺天纪人，鼓橐和风。爰立六相，咨于阊宫。

科垂六禁，律制五钟。黼黻文章，㝯云乘龙。

篆图禅妫（音规。舜姓），丹书鸿蒙。功冠五列，道契崆峒。

孰谓鼎湖，垂髯堕弓。巍巍放勋，乃圣乃神。

文思灏灏，河图赤文。锡汝帝则，立我蒸民。

其德不回，其仁如春。丹车黼裳，就日望云。

作息耕凿，歌者何人。帝德重华，克谐有家。

善言善行，问察无涯。咨尔历数，格于文祖。

玉烛时调，卿云膏雨。垂衣观象，两阶干羽。

薰风阜财，凤翔兽舞。日月光华，明明在天。

后有作者，孰测其渊。禹勤干蛊，克艰陈谟。

玄圭既锡，受命如初。危微密谛，钦承二帝。

舟中一笑，车前下涕。尧舜为心，如太虚空。

昌言则拜，击铎悬钟。茫茫禹迹，被于流沙（叶莎）。

远溯明德，大地山河。高阳才子，作士明刑。

敷陈九德，惠可底行。念兹在兹，道合危微。

天自我民，聪明明威。天工人代，人天不贰。

慎厥身修，迪德底叙。厥叙伊何，协恭惟和。

明良喜起，乃赓载歌。天民萃野，尧舜为徒。

三聘而出，带雨荷锄。本来先觉，隐于农夫。

一夫不获，时引为辜。天有明命，其难其慎。

一德一心，惟微心印。一介为重，天下为轻。

阿衡之心，日月合明。殷宗思道，恭默无言。
旁求良弼，砺金济川。千圣绝学，德修罔觉。
道积厥躬，逊志乃恪。惟天聪明，惟圣从绳。
纳诲教学，作醴和羹。尧舜厥后，媲美阿衡。
玄玄帝赉，比于列星。于赫成汤，宅殷造商。
天锡仁智，表正万邦。六事祈霖，三方解网。
日新又新，懋官懋赏。帝心简在，厥有恒性。
昭德建中，日跻圣敬。穆穆厥声，濯濯厥灵。
载歌商颂，金石和声。于昭文王，至德事殷。
天王明圣，罪归其身。默观易象，惟一惟纯。
极深通志，研几入神。祗承天命，恪守坤贞。
畔援皆绝，歆羡不生。诞登道岸，如伤视民。
悠悠我师，尚想哲人。姬公至德，通于神明。
人歌赤舄，天启金縢。夙夜在公，乃陈幽风。
无逸作所，以迪王公。三吐延贤，三答养正。
罔念克念，几严狂圣。发挥易妙，继演爻词。
文王我师，公不我欺。于皇武王，于今为烈。
知天相民，首言阴骘。振一戎衣，救群黎厄。
纣不自焚，终如放桀。与汤同道，即周是商。
事殷之德，永怀不忘。达孝孚先，虚心下士。
洪范九畴，访于箕子。佯狂作歌，其道犹龙。
风雨如晦，匪适谁容。正志蒙难，亦污亦隆。
敷陈皇极，锡福王躬。明用稽疑，龟筮协从。
变夷用夏，广大其宗。仁扶域外，道畅执中。
百世之师，功在群蒙。武公既耄，抑抑自葆。
如水之澄，淇泉映篠。如璧斯磨，白圭是宝。
靡盈夙成，有猷辰告。顺德之行，知德允蹈。
心通屋漏，学登堂奥。敷求典型，孔昭玄昊。
是真君子，匪夷所造。天笃周祜，岳生山甫。
懿德柔嘉，不茹不吐。出纳喉舌，民命攸赋。

夙夜媚兹，衮职克补。秩秩民彝，昭昭帝则。

翼翼小心，宪宪令德。令德令名，以赞中兴。

永怀哲人，百世风清。大哉尼父，闇然光耀。

世不东周，以道归道。凤德兴歌，龙潜蕴藻。

折镝绝韦，思深入渺。上印羲图，中探文妙。

梦睹周公，圣神相告。太极先天，洗心藏抱。

河洛重光，乾坤再造。子欲无言，体天立教。

天生圣人，罄于此老。

　　煌煌钜制，雅颂遗音。汉魏六朝人，有此声调，无此大观。此作更改颇多，首段全换。文箕二段，皆移于前。内添武王一段，甚妙。先生云："崮作此篇，思念武王至德，无从下手。盖以武与汤，致不同也。有文王服事之诚，则武王难用征诛，以违忠孝，故阙之待悟。"既在蓬山闲话，忽闻张三丰云："武即汤也，而且胜于汤。文事殷，武伐殷，伐殷即事殷也。武即汤者，武行汤之志，即如汤之惩挞子孙，视不肖为夏桀而旌别之汤。盖默默然，觅贤传与，而以九有之天下，揖让于武，是汤、武即尧、舜也。武以汤之心，行汤之政，直为汤之知音耳。其伐殷也，即事殷也。能事殷，并能继文王之德，故曰胜于汤也。孔子曰：'武王周公，其达孝矣乎！'达则不悖，典型益见，其武如文也。假使纣不自焚，武必执而放之，放而悟之，武如汤，并如伊尹，且似文王忠孝之至德何涯哉？又况其访道箕子，竟以殷之圣臣为我所用，盖道亦公物耳。"纯阳闻之，曰："先生知武王者也。当命涵虚识之。"

贤德经

羲文世远，东周运乖。爰有素王，天不可阶。

子渊默识，澹然心斋。庶几卓尔，万仞悬崖。

易赞三五，绝学无涯。岂繄素臣，虞夏孔怀。

禹稷三过，易地则皆。尚友斯人，亦竭吾才。

出入兼葭，其乐孔嘉。汶水高节，不臣三家。

政明御马，均力和驾。良骥绝尘，亦行其野。

二冉并驱，子渊接轸。百世吾师，千秋孝闵。
猗与纯德，在贫如客。问仁请事，居敬为则。
上嘉陶唐，下乐三王。可使南面，岂繄升堂。
虽无显命，绰有令名。干父之蛊，克振家声。
敬叔循循，富能速贫。群居乐义，独居思仁。
适周问礼，乃见伟人。御书在鲁，掌故犹存。
白圭三复，其德弥尊。兴思禹稷，志在先民。
四友升堂，十哲同科。器若瑚琏，功在琢磨。
弗如自见，无言忘辩。性天有闻，乃悟一贯。
日月贞一，五星常焕。伟为知圣，蔚有余粲。
天与之貌，与天为徒。材厚德丰，裕为醇儒。
贱之不怒，贵之不喜。苟利于民，廉行于己。
楚江南游，二鳞挟舟。断蛟投璧，以愧阳侯。
悠悠吾里，钦崇冠履。百代典型，高山仰止。
蓬户雍雍，弹琴歌风。洙泗卒业，西河道通。
学问损益，教镕本末。笃志近思，表里洞豁。
删述之后，爰有传经。斯文未丧，炳若星辰。
礼乐褆躬，弦歌雍雍。爱人易使，大道为公。
虑成若豫，修德于庸。入室高士，式庐清风。
圣德渊广，膏雨自浓。上德不德，毋乃玄同。
舞雩鼓瑟，吟咏春风。再传而参，一唯而通。
独行四德，恪修七教。养志悦亲，守身惇孝。
曳踵歌商，金石琅琅。皓皓入室，江汉秋阳。
曰宏曰毅，任仁为己。存顺殁宁，得正斯已。
堂堂颛孙，前后光辉。执德信道，圣人为依。
参前倚衡，书绅不违。入官六善，礼乐可仪。
不伐美功，不蔽群黎。孔曰仁矣，终身庶几。
王佐之才，鸣琴单父。阳鳡驱车，笔谏悟主。
佚于佐贤，事而禀度。明德达闇，型于渔父。
学明友亲，三德自许。君子若人，能取能与。

行行勇士，以义陶成。偶访原思，恤友家贫。

贫不足病，病在无学。瓮牖桑枢，怡然自乐。

忽闻鸟喧，便知禽言。一生无罪，孔氏称贤。

以子妻之，兄子妻谁？士能免刑，舍此安归？

命也伯牛，如叹颜生。潜德幽光，未亡此人。

此人已矣，吾道畴承。绳绳祖训，诗礼箕裘。

道宗舜文，世业作求。神如至诚，学必先圣。

精以致材，一以定性。慥慥惟庸，浩浩惟中。

闇然尚絅，穆乎笃恭。发育峻极，基在尔室。

无臭无声，退藏于密。私淑孔门，夜思昼行。

道闲圣轨，觉牖斯民。直指见性，人心是正。

夜气存存，几希定命。一本四端，赤子孩提。

大人不失，独揭良知。周孔嫡派，情思宛在。

我仰泰山，可观沧海。

古之贤人，原不止此，特表其心摹者耳。（自记）

前篇正，此篇奇。段落长短参差，记叙有顺逆详略。补插连串，变化无端。奇而不失于正。"行行"以下二十余句，系改时所增者，补前半之略，而以连串行之。妙有情致相生，诗法至此，是亦不测之神也。（月）

尊生经偈

宠辱不惊，肝木自宁。动静以敬，心火自定。

饮食有节，脾土不泄。调息寡言，肺金自全。

怡神啬欲，肾水自足。一日之忌，暮无饱食。

一月之忌，暮无大醉。一年之忌，朔望远内。

一生之忌，晦冥护气。太上养神，真人养形。

形神均养，疾胡为生。下士守之，允以延龄。

中士守之，允以道增。至人无病，常清常静。

名言格语，座右箴铭，中多用《洞神真经》语。盖如词家之引古，名簪花也。述而不作，信而好古，愿与大千人，同守斯言，同受其福。

示苏威伯

（并记）

　　傅星帆曰：苏威伯，汉阳诸生也。设乩坛，奉吕祖甚虔，求见仙像，乩许某月某日，相见于鹤楼睡仙亭。及期晨往，至则阒无人迹，静坐以俟。傍午神倦，隐几卧，忽有人抚其背，曰："醒醒！沧浪亭何在？"苏梦中憎其扰，以不知应之，且推之去，曰："我欲眠，无溷我。"既而醒，日已西斜，终无人至。懊恼归，谓乩诳己，撤坛，悔前所为，然未尝语人也。后二十余年，偶访友人，至其门，闻方请吕仙，不欲入，窃笑友亦惑此，如己曩日。正踌躇间，乩书"门外人可入"。苏不愿，友强之。至，则立乩前，不肯跪拜。乩乃书一绝，命苏览之，不觉四体投地，呜咽失声。始知仙之非诳，而恨己之无缘也。见《虞初新志》。其诗曰：

> 多年不见苏威伯，今日相逢两鬓苍。
>
> 记得那年亭子上，也曾携手话沧浪。

戒宰耕牛歌

> 君不见，牛耕土，曳步前奔用力努。
>
> 又不见，日当午，血汗通身涎沫吐。
>
> 世间畜类多，无如他报主。可恨贪财虏，心狠如狼虎。
>
> 见他筋力衰，卖与人烹煮。割下头，剖开肚。
>
> 血涂钟，皮鞔鼓。骨锉簪，肉作脯。
>
> 当日耕田难不难，今日粉身苦不苦。
>
> 冤魂泣诉阎罗君，阎罗悲悯不能语。
>
> 但说宰牛夫，受罪在地府。或抛剑树丛，或掷刀山坞。
>
> 或灌滚铜汁，或烙红铁柱。永劫不翻身，翻身世变汝。
>
> 又有食牛人，不由人劝阻。劝之起争端，阻之笑迂腐。
>
> 怕说牛有功，强说牛能补。一任皋通天，不知何肺腑。
>
> 岂知一食牛，立刻天神怒。纵有好心肠，此条登恶簿。

阴注祸来侵，暗折福无数。贫夭逮儿孙，甚至灭门户。

吁嗟乎！牛代人耕谁不睹，杀而食之丧心伍。

我今作歌普劝人，戒此方堪对佛祖。

近日盐井牛车，推挽辘轳，昼夜不休，更为困苦。仁人君子，亦须戒食戒宰，功德无量。（纯阳补劝）

《葫头集》小引

《葫头集》者，燕山所作也。康熙庚子岁，先生过燕山紫极宫，与马子七人盘桓咏道。自秋驻鹤，历冬徂春，凡数十日而成两卷。下卷，皆古今诗；上卷，有铭偈赞诸体，多不叶韵。兹采其叶韵者，编入诗集。又，涵三刻本，已将《葫头》分类，冬春前后之作，不能分也，即以数十日，为一日可也。

东岳庙碑记

（并记）

大块芸芸，寄而人，归乃神。以人之灵，瞻神之明，非倩山河瑞霭，色相庄严，为冥冥栖托，又何以依仰也！燕台龙秀，四海雄区。应圣脉于苍苍，会钟灵于郁郁。西峰焕彩，东壁流光，诚至灵之脉也。遂建东岳之宫，巍峨岁序。其如燕梁泥满，荆草阶蔓。吊乌控月，卷砾敲云。炉冷烟沉，沧桑增感。乃宋鉴源辈，秉丹缔会，起兀乍新。为人民见相之悟，昭天神杳冥之灵。俯见襟山带阙，抱雉怀松，翠笋长天，阴披远干。士人络绎于四时，花鸟馨翔于九极。昭昭爽气，炯炯高风。岳帝乃悦，云驭俯临，隆世镇基，赫然今古。予以樵沙之度，驻鹤燕山，诸子有善，叩予为铭。铭曰：

圆天方地，物我化行。南赡一粟，燕冀最崇。

龙流余脉，筑东岳宫。角星在野，甲属岱宗。

神光弼鉴，感而遂通。兆民熙熙，无不赖灵。

白驹一瞬，孰与景同。神其来兮，斯即苍穹。

人苟不悟，三尺神明。电光泡影，宠辱枯荣。

胡自筹画，在天所容。西商南火，遂生主东。
蜉蝣小伎，慢藐幽冥。皇皇二气，交结乎中。

去尘铭

心惟不二，是曰静几。物我无别，形神皆归。
愿言瘇寐，不落是非。入世出世，我贵知希。

洗心铭

洗心云何，澡雪明德。尘去鉴莹，玷捐圭洁。
不澄而清，其源则活。我缨我足，可以弗濯。

示通源偈

一

说道如来是大雄，大雄必定也空空。
不增不减长江水，照破须弥无相峰。

二

椿枝万丈道家玄，莲花九品禅门法。
试问花飞椿老时，何曾捉得西江月。

（言外以"西江月"为中）

三

万叠寒烟总一虚，隔帘灯影却何如。
此时认得空中幻，即是如来掌上书。

又示

舍利佛，舍利佛，旃檀最上寻觉路。
不落千千四大千，涅槃六六三十六。

时见层层七宝台，时隐密密双行树。

谁教控鹤老儿来，飞锡赶到云深处。

打醒通源问的端，如来应是恒河数。

恒河不在见闻中，圆觉声闻何以故。

（闻即非闻，见即非见。非闻非见，恒河素面。他日，纯阳老师闻之，曰："西月饶舌。"）

九品莲花五言偈
（二首）

一

挺挺出金池，瓣瓣含金露。火里放奇香，色比菩提固。

二

心即台之象，莲因色是身。西方无个处，极乐悟虚真。

六言偈

双行树里泥团，九品莲中甘露。频伽不解无生，飞入恒河深处。

七言偈二首前题

一

昨夜天风吹北斗，骊龙狮子一齐吼。

要见莲花何处寻，莲花却在如来口。

二

菩提无树镜无台，安得莲花九品开。

分付通源休浪性，客尘二字证如来。

同前题又偈

道人惯会饶舌，要讲莲花颜色。

不长婆娑四部中，不染青黄赤白黑。

时时观世见如来，柳花摇动璎珞月。

偈偈

一

一点琉璃光，照破十方界。了了归虚空，此中无罣碍。

二

何处狮子作怪，将我葛藤咬坏。要寻佛老填还，过去未来现在。

三

昨夜懒云炊熟，今朝瘦腹生春。有口无心是佛，笑他忙里寻人。

四

不贪不爱不恼，无身无口无心。从此一灵默会，太虚清静忘形。

题像五首

一

独坐独坐，不离这个。这个玄机，谁能打破。

上下察之，鸢飞鱼跃。天地合之，圣贤是乐。

二

世人坐破蒲团，到底不归正教。

谁知静里牟尼，在我丹田朗照。

三

挥麈风前色相，行踪世外孤云。

试透龙华法界，扫除物我魔君。

四

无以色相，何留此像。偶倩毫端，摹吾模样。

咦！好将宝剑倚崆峒，除尽尘魔消碍障。

五

敲爻野客，隐显莫测。孤立乾坤，回照日月。

偶挥笔上春云，而发和光之诀。

噫！要存色相应尘情，洞庭秋水三千劫。

题石

为虎为兕，漱泉漱月。坚则以磨，清则以刻。

随花鸟而忘机，乐琴樽而自悦。

若许见得如来，还须饶舌。

以上诸篇偈赞，笔笔超脱，言言清妙，每一扫地焚香，开窗展卷读之，便扑去尘埃数斗，唉！紧闭山门空养性，静观卍字始知心。（涵虚）

渔舟

富春人不见，款乃度前川。短楫穿波月，长风破远天。

歌邀鸥共啸，醉拥鹭同眠。借问功名客，曾知秋水篇。

示止源

泫月悬波碧，瑶琴落凤声。雁归南岭雪，鹤到上林鸣。

静里天原大，闲中性自清。蜉蝣何足惜，石已是三生。

寒暮

万里晴空魄正圆，隔帘灯影斗婵娟。

声声栖鹤千年树，点点归鸟一抹天。

剪剩寒光云出岫，荡残晚色水生烟。
乘鸾此际来坛语，极目乾坤一缕禅。

止源求诗咏此酬意

山老云深几代秋，白头仙迹永悠悠。
谁将玉诏传玄鹤，我为金书跨碧牛。
长啸一声天地大，狂歌九极凤凰游。
壶中说有绵绵界，欲子偕吾遍十洲。

仙况

（二首）

一

山骨嶙峋月蕊飞，伯齐休采紫云薇。
玉台一弄元黄韵，金阙三敲太上扉。
道里烟光吹九极，袖中蟾气放千辉。
梅花肯赠于今梦，落得青霞补绛衣。

二

万山招隐片霞孤，双鲤沙前酒一壶。
峰插破云天补色，月妆新黛水描图。
烂柯樵叟多棋癖，涤器奚童胜酒徒。
三楚六朝何所惜，好来溪上伴鸂鶒。

还丹奥法

玉雪宜人凤鼎清，黄芽初秀月初明。
云烟回上千层阁，芝草长生九节茎。
姹女多情频抱鹤，婴儿无语怯啼莺。
醍醐既旨花休笑，放浪炉头听汞鸣。

坐卧

坐卧忘机剑影孤，灵元一点合丹炉。
乾坤有象书千卷，岁月无涯酒半壶。
唐世烟霞凝汉洞，秦家桃李映苍梧。
浮生解此毫端意，归去来兮大丈夫。

示通源

璎珞莲花法雨香，漫寻三昧放毫光。
广长舌上生圆觉，清净身中作会场。
宝镜欲飞西土月，石幢犹撼北台霜。
劝君参悟菩提路，摩顶皈依我法王。

示引源

十年精进瓮中天，今日酖心始合缘。
月饵钓君离苦海，道机拨尔入微玄。
筑基好觅梯云路，炼己还宜铸剑先。
梦觉羲皇西水碧，归来满目是银蟾。

示玄源

空林皓月拂松萝，崦外泉声和鸟歌。
三十年间清净法，九千里外有无何。
玄关未破神先壮，紫阙初开气自和。
但得重楼蝉脱壳，始知灵谷转轻波。

示渊源

肩横一剑醉斜阳，笑指天低水未长。

甲子不言方是觉，庚申悟后始知香。

烟云拂地千年药，婴姹窥炉万岁昌。

饶舌夜深题数语，嘱君入梦自思量。

示全真守斗

（三首）

一

深山清净总枯禅，龙虎关头始是缘。

明月照人白雪固，黄芽入鼎紫霞坚。

默存我气云中剑，淡悟玄风水底天。

遥指池台生法相，桔槔汲透井华泉。

二

龙虎关头静里为，枯禅无语却何之。

桔槔本自身中汲，乾坎还从心内施。

滴滴醍醐摇玉液，涓涓雨露洒金枝。

虽然清净成玄诀，只恐工夫下手迟。

三

心口原因我有身，无身心口总非真。

若云心口能成道，岂说乾坤自合神。

明月眼前浑是旧，晓风林外忽然新。

皮毛谢却灵根在，始悟桃花解醉人。

幽况

山高不碍白云深，长啸归来和鸟音。

日暮天空闻远磬，月明松响听遥琴。

苔因雨过春新了，桃李花飞色不禁。

三辅五陵谁有梦，野人行乐只山林。

示津源

静啸非关动，闲吟自合仙。淡烟凝碧汉，新雨锁明川。

题像

（二首）

挥麈谈天地，凭虚识古今。一声长啸后，烟水满胸襟。

我有松风卖，世人买得无。黄金三万两，与尔一葫芦。

韩魏公云"谁人敢议清风价"，同此意也。但彼是消夏口角，此却是道人家当。（月）

偶吟

（二首）

一

开落花前梦，真空物外情。云衣风卷碎，月扇水摇清。

二

今古山河地，装成一线图。浩然三界外，四大敢拘吾。

山僧

明月高藜杖，清风冷衲衣。竹深庐不见，独自引云归。

广莫

广莫春千丈，忘机鸟自栖。人间桃李树，一任燕莺啼。
不是忘机鸟，难栖千丈春。驾鹤之宾，仙乎神乎！（月）

枕石

松风醉我两忘机，琢得云根仅半围。
高卧不知尘世热，醒来冷眼看花飞。

偶吟

（二首）

一

拾得乾坤一袖装，裁成诗料付奚囊。
方才敲罢三千字，透出森罗万象光。

二

屈指临风且慢思，昨霄今日总无知。
邯郸一觉谁先醒，多谢黄鹂叫绿枝。

题像

（五首）

一

草衣木食洞天春，古剑横肩炼素神。
一个纯阳犹自幻，霜毫化作万千人。

二

不朝金阙不安炉，冷坐云烟入画图。
昨夜飙风翻北斗，还丹应自转功夫。

三

放出葫芦太极光，云团剑影剖阴阳。

灵台已结三生药，透出泥丸绕帝乡。

四

独上云霄弄碧丹，清风八极剪衣寒。

笛中无限玄玄诀，传与浮生颠倒看。

五

今古尘机随笑笑，乾坤变态且看看。

个中鹤服羞轩冕，醉里渔蓑冷碧冠。

放吟

（二首）

一

万里乾坤一瞬间，风云紫气度玄关。

月华光满犹云幻，笑指东皇醉碧山。

二

刀圭饮后月华生，八八青龙万里鸣。

姹女带花横宝髻，婴儿邂逅更多情。

绝句

（二首）

一

草衣木食不知年，一粒龙丹始悟玄。

谁把乾坤双弹子，随人碌碌逐尘烟。

二

倒控沧波天影肥，澄澄入镜鸟斜飞。

石钟惊破沙前月，指与浮生慢悟机。

仙术

瓢承明月口吞天，袖有骊龙吸紫烟。
唤醒昆仑憨睡虎，教他莲座听新禅。

金丹

武夷鸡犬白云乡，八卦炉烟结凤凰。
水火乍交天地合，个中七返九还阳。

清溪

清溪未满月光来，花里禅机次第开。
只守心猿休放鹤，五云应自聚灵台。

两丸

两丸日月一团天，敢与吾侪论后先。
笑杀元皇分正气，安能知我未来前。

偶吟

赏心乐事，如何消遣。春风拂拂，古剑横肩。
么么小子，相戏翩翩。乾坤可否，变化云烟。
情淡去，世徒然，黄发垂髫几变迁。
行踪谁认蓬莱渡，弱水三千空漏船。
君不见，飘飘白鹤羽掀天，笑杀流莺空宛转。

畴昔词

畴昔之昔兮鹤徘徊，我游汉水兮江之湄，
携铁笛兮云中吹，欲醉不醉兮倾霞罍。
狂歌不歌兮更倚谁，长啸一声兮天地摧。
浮沉万类兮终胡为。敢曰雄才兮物推移，
待予调羹兮何所之，相与子期兮黍离离。
将驾长风展兮天云垂。

神追古乐府。

示津源

树影遥青，泉声触石。中有野士，头蓬脚赤。徜徉于无何有之乡，笑傲于梦幻影之世。天高尺五，道满大千，总不信谁非谁是。乐云烟兮未老，忘物我兮何逝。更不假变态本因，违太上之旧志。看桃花还落汉唐春，叹丁郎鹤返，只余得层城百雉。鸿雁唳空天，千载人民莫识。最羡取河上老人，合金丹而醍醐且旨。具双眼视破其间，自然终始。

和李笠翁韵

（自注：时在佟方伯寿民寄园之中，康熙辛亥夏月也。）

闻说阴阳有二天（后天先天），诗魔（后天知识）除去是神仙。
相期若肯归灵窟，命汝金门执玉鞭。

又示笠翁

潇洒文心慧自通，无端笔下起长虹。
波平云散停毫处，万里秋江一笠翁。

七律

（二首）

一

从容跨鹤出昆仑，拂尽山河处处尘。
明月当天谁是道，梅花满眼未知春。
丹成白雪千壶酒，梦破黄粱万劫身。
收拾乾坤归袖里，休劳渔父指迷津。

二

香风缥缈驾仙鸾，手执桃花仔细看。
七泽涛声惊夜梦，三湘烟树带云寒。
岳阳曾醉何关酒，员峤称仙岂是丹。
回首唐虞成往事，沧桑更变话无端。

示扬州石子天基

念佛虔诚即是丹，念珠八百转循环。
念成舍利超生死，念结菩提了圣凡。
念意不随流水去，念心常傍白云闲。
念开妙窍通灵慧，念偈今留与汝参。

又备诗家一体，妙妙！

雪崖洞和韵

（四首）

一

清虚古洞傍汀洲，忆昔曾经此地游。
观外翠屏千嶂拥，门前玉带一溪流。
呢梁犹见当时燕，戏浦还浮旧日鸥。

惆怅不堪人事变，独留野鹤在江头。

二

城南市口两江边，梵阁嵯峨别有天。

山静不闻僧磬响，亭荒几见佛灯燃。

人过柳岸徒怀古，雁度云关欲叩禅。

寂寞尘寰谁入梦，殷勤注问鹤来年。

三

蕊珠宫阙碧云隈，壶里乾坤妙手开。

翠阁疑从青汉立，朱棍遥浸晓霞来。

生成海上清虚景，消尽楼中玉笛哀。

莫道红尘无乐地，此间便是小蓬莱。

四

闲临流水问仙因，指点群迷字字真。

道向中和分位育，心从义利辨天人。

云开圣域依星斗，日近岩扉绝市尘。

识得灵源何处是，茫茫彼岸有通津。

栖真观作。（观在江夏武胜门外，附郭东行半里。康熙十八年驻鹤于此，演《五品仙经》、诗一首。）

赠傅先生

（自注：江夏人，古佛临凡。）

公自西天深处来，昙花一十二回开（在世八百年）。

色身尚戴圆光出，妙果都因旧德培。

只守自然清净道，终还般若圣贤胎。

虚皇老友皈门下，此事难为吕秀才。

示冷竹翁

冷君风骨本高寒，只取科名不恋官。

竹溪流水清无滓，洗净先生心与肝。

示陈石溪

文章华国步青云，将相师儒道不分。
一席名山君占取，石溪深处远尘氛。

附《病隐志奇》一则

前辈竹翁先生冷公然，嘉州人也。康熙庚戌登进士二甲二十四名，素无官味，稍尝即归。祚于壬子中乡试，初冬上公车，先生以书致余，为送行之序，中有言曰："此去即连捷，无滞软红中。吾乡兵燹之后，文教初兴，君可争师儒，勿争卿相，祚默识之。"明年春，忝捷三甲，始忆先生语，若有神明相告。既而锐志进取，倏以风痹免，遂号病隐，家于石溪。一日，冷公来访，并携一道者同至，云有仙箓之术，焚符可以格真灵，且谓祚曰："子病矣，吾老矣。盍借此以养年乎？"遂命黄冠者，如法行之，香未寸而果降，座上木毫，静而忽动，大书于沙，曰"孙思邈至"。示《摄生铭》一章，去。继又大书，曰"吕纯阳至"。谓冷为罗汉转世，谓祚为游仙脱胎。并赠冷诗，曰："冷君丰格甚高寒，只取科名不恋官。竹溪流水清无滓，洗净先生心与肝。"真竹翁定评也。又赠祚诗，曰："文章华国步青云，将相师儒道不分。一席名山君占取，石溪深处远尘氛。"祚虽不敢当此，然细哦之，实与冷翁送祚之序，暗相符也。吟咏既毕，闻鹤声在霄汉间，约以后会。临行，示《养心铭》一篇，飘然迳去。此康熙丙寅间事也，祚后痹病亦愈。

《醒心偈》示太仓顾周庚及众善
（时康熙丁亥二月）

香火何时灭，灭了又重燃。人于大海中，百千亿万年。
生老病死苦，终身被牵缠。因缘念上起，念上起因缘。
梦觉即无梦，泡影亦虚悬。电光石火内，埋没许英贤。

那见杰出者，不是活神仙。

（激昂感慨，似禅语而不落禅障。）

赠在园刘廷玑

弱水三千里，凭虚一问君。开樽休说剑，剪烛共论文。

春意含梅萼，风威锁冻云。从今与子约，慎莫暂相分。

（字玉衡，辽阳人。康熙间，吕祖至葛庄访之。后官江南淮徐道，好玄学。）

秋过在园

水云游遍乾坤小，花落花开人易老。

闲来飞过洞庭秋，铁笛一声天澹扫。

吕纯阳先生编年诗集卷之六

涵虚弟子火西月　敬编

清诗

涵三杂咏前辑

　　涵三宫，在鄂城东隅，吕祖降神处也。自康熙壬午，至乾隆己未，前后近四十年。先在宋氏、乔氏楼头，次乃至涵三，又次在黔南小会，复还鄂渚。其间吟咏者，亦緊繁矣。当时渠阳明经邓东岩，沙美诸生黄一行，贵阳诸生刘清虚，及义陵刘柯臣贤良，并其子天位。太史辑而刻于全书之中，名曰《涵三杂咏》。特其诗，只分今古体，不尚编年。今欲序次之，亦无庸矣。观其前辑、续辑，三四十年之大概，亦可想见也。

春日

　　二月春光早，群英尽吐华。丹崖生贝草，赤地产灵葩。
　　双凤腾红雾，六鳌放紫霞。广陵推盛景，遍处是虚花。

偶题

　　一声长啸白云开，明月清风手自裁。
　　映岛朱霞环野鹤，排空浊浪走奔雷。

黄粱未熟消尘梦，铁笛无音冷落梅。
最是浮生难了局，空将妙谛属金罍。

夜吟

万籁无声夜正赊，乘凤两度过人家。
天光冷淡当清夜，烛影焜煌映碧纱。
鼓转谯楼三下急，鹤横汉表一声遐。
从来只厌红尘事，谁向灯前问法华。

勉学

净几明窗不可虚，莫贪游戏失居诸。
但将经史三冬足，定拟须眉一旦舒。
笔彩岂缘枯坐授，砚田常用苦工锄。
老反于子无他赠，五夜藜光数卷书。

闲咏
（二首）

一

振衣长啸出金门，鸾卫何须用虎贲。
孤鹤带雏横汉表，双凫系足踏天根。
云中龙象疑无迹，空际婵娟若有痕。
俯视下方尘漠漠，不堪回首比昆仑。

二

万籁声消月正斜，御风直到主人家。
老翁得酒情偏旷，稚子供花意可嘉。
棐几无尘聊试笔，枣修不火只宜茶。
楼头谁是知音者，一曲清商付水涯。

夜咏

朣朦月色映清虚，鸾鹤翩翩下御除。
道妙得来凭罔象，玄机露处有鸢鱼。
谁能静夜同参究，我独浮云与卷舒。
若大乾坤人懵懵，如何一个未情祛。

听乔以恕抚琴

楼头雅奏指生波，鼓荡春风上玉珂。
逸韵泠然追太古，元音淡泊得中和。
高山流水谁相赏，操缦安弦自放歌。
但使人心皆似此，那能平地起干戈。

月夜绣毬
（二首）

一

团圞玉蕊月中开，月下相看粉作堆。
蝶恋香魂春梦稳，鹤贪素影夜飞来。
一枝摇曳三郎妙，八面玲珑二气培。
检点本来真面目，莫教无事惹尘埃。

二

生香活色贮瓶中，默坐相参妙解通。
一个浑囵未粉碎，几人彻底悟虚空。
因牵枝叶成顽象，尽洗铅华尚素风。
万汇静中观自得，莫于皓首叹时穷。

秋夜

冰鉴悬空万壑凉，浮云散尽吐清光。
双凫掠月千峰静，孤雁嘹天一字长。
江上涛声雷吼夜，云中桂影兔含香。
生憎老懒多尘思，看菊今宵几片黄。

月夜

新开宝镜素光涵，濯影流精胜十三。
天际遥临因有约，楼头雅集不为耽。
尽捐色相成玄悟，独会盈虚是老憨。
怪底诸生多梦梦，良宵徒自付空谈。

红梅

半著胭脂半粉匀，萧疏几点破寒津。
诗成驴背吟魂瘦，春到陇头驿使频。
洛浦神人霞佩冷，瑶池仙子绛衣新。
可怜只为贪香色，难向孤山伴逸民。

瓶梅

胆瓶注水浸梅花，花影参差瓶影斜。
不似众香笼雾縠，空留幻质照窗纱。
冰肌玉骨全欺雪，冷艳寒姿却有瑕。
只为色空空不得，至今余韵在诗牙。

腊梅

腊梅一似蜡般黄，耀眼精神琥珀光。
庭桂较来犹减色，海棠开处惜无香。
口含鸡舌微微笑，衣染鹅儿淡淡妆。
此际问谁同臭味，相逢解语只花王。

夏日

阴洞清虚暑不侵，招来老伴著楸枰。
风敲竹玉声声碎，露滴荷珠颗颗莹。
薜荔墙头凝紫照，水晶帘外罨青茎。
红尘难到三千界，白昼闲消万汇情。

静夜

烛影红斜照碧宫，寒宵许谁发诗筒。
犬鸣深巷岑岑夜，雁度辽天瑟瑟风。
万籁声销人静悄，一庭灯火物寥空。
并无秘密偕君说，清汉光生月在中。

元宵

吟风弄月到人间，风正无声月正圆。
灯市宵中光尽散，星河夜午影常悬。
不从太乙分藜照，聊向涵三展法筵。
可惜愚生多昧昧，暗中指点亦徒然。

寓意

荏苒光阴瞬息过，何名何利尚婆娑。

青山不用金钱买，白眼凭他紫绶多。

野服芒鞋行处好，粗茶淡饭与身和。

不然寻个幽闲地，构一茅庵是乐窝。

训人

何事劳劳死不休，为名为利在心头。

要知造化皆前定，莫逞机心启后忧。

大地有缘能自遇，凭天付与莫贪求。

广行方便存阴德，无事区区作马牛。

啸吟

八九玄功此际全，大丹结就便成仙。

三花聚顶通灵印，五炁朝元会帝天。

独辟乾坤持造化，崭新日月衍真玄。

山中甲子原无定，一啸蓬壶度八千。

秋兴五绝

（五首）

一

秋风动江村，夜静月黄昏。欲将诸岛屿，移去傍昆仑。

二

虚空杳无际，穆穆静何言。举首望冥漠，谁人问帝门。

三

啾啾寒夜虫，独自鸣芳砌。寄语幽怀人，含情杳无际。

四

万籁寂无声，独自展幽抱。岛上有白云，聊以适吾好。

五

夜色含青嶂，江声送碧涛。可怜名利者，梦里正酕醄。

上元即事

紫气浮霄汉，红光射斗牛。金花飞灿烂，玉蝶满枝头。

行吟

云绕鳌峰顶，烟横鹫岭头。一声野鹤唳，撒手笑蓬邱。

漫兴

神仙最爱是楼居，闹里寻闲总不如。

三五良宵应有待，同心自可细为书。

夜归

满天星斗灿珠玑，正好回舆坐翠微。

鹤驭长空声呖呖，野樵何事不知归。

观灯

一

火树银花顷刻鲜，羡他巧妙赛飞鸢。

只疑错认浮华境，徒惹山人笑向天。

二

一树银花雪几团，青灯灿处夜深看。

玲珑巧琢天工影，漫点飞花落曲阑。

三

幻中作幻幻无穷，壑里藏舟即个中。

试看艳葩随手尽，人生何事不相同。

醒世

（二首）

一

名利驱人似火牛，几人平地把辔收。

但思古昔英雄辈，那个功名直到头。

二

一日清闲一日仙，何须世故苦牵缠。

《黄庭》熟读勤参悟，白昼飞腾上九天。

偶吟

一

混迹江楼阅四旬，曾无佳偶缔良因。

狂澜日见滔滔下，一柱中流枉费神。

二

遨游六合阅人多，都被区区两字魔。

不惜现身为说法，醉中梦里奈他何。

契道

萧疏竹影拂苍苔，枝干天然云外栽。

大道浑如形色类，静中自得慧心开。

觉梦

天风吹我到江城，万户无声犬不惊。
可惜许多平旦气，都从梦里误平生。

泛槎

祖师（正阳翁）相约到长沙，一碧潇湘好泛槎。
只为归来天已晚，江涛夜静不声哗。

覈玄

大道当前无所名，玄关一点会真精。
谷神只要虚灵在，何虑玄玄不得成。

即事

一

烛烬香寒夜半时，谯楼更鼓故迟迟。
天风送得鸾舆至，一任凌云信所之。

二

三更灯火五更香，相伴幽人礼玉皇。
静里寻真真要静，心从忘处至忘忘。

金丹

金丹灼灼彩光浮，直要工夫去取求。
万壑千峰只一啸，这回便是白云楼。

示野航道人

（飞剑遗亭前卖药僧）

名字缘何号野航，漂漂无定水云乡。
主人牢把江心舵，耐等仙家滋味长。

论道

不识道，何为道。道无名，反为要。
道可道，非为道。认贼子，走外道。
道人不得真常道，空戴黄冠住名教。

大觉

鼾鼾睡，鼾鼾睡，尘世之中人人醉。
醉里不知天地宽，昏昏醒醒只不遂。
黄金累累腰下系，犹说当前不如意。
战名争利何日既，劳攘终身难自计。
我在深山整日寐，那管人间争战会。
不强求，不越位，白云高卧饶滋味。
间门内外有消息，天南地北无穷戏。
只要识得出处义，且去且去，归到终南还自睡。

放歌

踏月去，带云来，行矣且徘徊。
短调长歌休著意，信手裁。
夜静少尘埃，氤氲佳气疏棂外。
喜沙净无苔，纵横彩笔全无碍。

螺髻金钗，字字钟王派，万言倚马何须待。

率天真，一泻千行快。

敢云八斗是仙才，借清讴聊畅予怀。

儿曹莫浪猜，说甚么八座三台，富贵功名都幻态。

衣金腰紫冤孽债，荣华到底有成败。

脱离浊界，怎似我海上蓬莱。

黄金为阁玉为阶，贝阙瑶台。

琪花珠树都堪爱，此事亦难哉。

忘情割爱，跳出迷魂袋。真清闲自在，无害无灾。

尔曹梦里寻梦解，那晓得羁网难开。

休慷慨，莫弄乖，我行我是我心泰。

我歌我和我和谐，行矣莫徘徊。

题像

这个道人，不言不语，清净无为，守雌独处。

不去那海上三山，逍遥自在。

却到此浊世尘寰，凉凉踽踽。

咦！想是老婆心切，因此逢人便与。

涵三杂咏续辑

闲吟

（二首，改存一）

楼高最好入仙云，明月常随老鹤吟。

夜静天阶声寂寂，春闲道院意深深。

觅玄莫向玄中觅，寻法须从法外寻。

参透其间真造化，须弥芥子入壶心。

示黔楚会合

飘飘鹤驭下天阶，仙仗千官不用排。
星斗稀疏横汉表，香云缭绕散琼斋。
静中自得真玄诀，梦里谁知妄念乖。
度世婆心惟一片，清风应解老人怀。

示众修斗仪

灵文梵咒不轻宣，云锦囊中秘太玄。
金光隐现含真炁，玉格精深定密诠。
北极静从心上出，南辰随向指中悬。
参来奥妙无多诀，自拜支天宝座边。

示刘允诚、邓信诚

不厌奔波出自然，几回来往驾云軿。
化人愿力空奢大，度世心肠难弃捐。
一岫白云飞楚甸，数声黄鹤唳南天。
从今又惹尘嚣事，几许情缘担在肩。

（时将演《参同经》）

喜黔楚会合

迷蒙法雨洒瑶阶，结篆浮空照九陔。
瑞霭江城清汉水，福施黔域润山苔。
仁风应逐和风远，紫气还同道气开。
笑指蓬壶跨鹤背，已知良会合三才。

寄示

鸾书两纸寄天南，为嘱吾徒著意看。
玉敕岂堪沉画阁，慈航终拟渡江干。
常思请典情何切，莫谓捐金劫解难。
几度乘云临楚会，数声鹤唳碧天寒。

示黄诚恕

世事浑如东水流，穷源须识有根由。
但参性命安天数，不染尘嚣向上头。
坐破藤床忘膝漏，磨穿鹊顶务心修。
此般方见菩提种，流水高山静里求。

送允诚、元诚回黔

（四首）

一

盘桓高阁恋尘嚣，度世婆心自觉饶。
踏遍江城风未静，听残玉漏夜还迢。
红烛摇曳成仙篆，香焰氤氲透九霄。
不是老翁贪浪迹，多缘宏愿未能消。

二

徘徊几度去还留，信道仙翁贪浪游。
黄鹤吹残江上笛，白云仍照旧时楼。
为参玄奥惊人梦，欲醒痴迷喝棒头。
此种机关谁解脱，相携共入大丹邱。

三

一唤痴顽一度难，几人钓罢舍渔竿。

青山妩媚长相对，白眼迷离早倦看。
不识修持忘种子，多因贪著属儒冠。
堪嗟碌碌尘中者，终日浮夸只自谩。

四

为度群迷不忍归，慈航愿共白云飞。
心怜愚子情何妄，舌吐莲花意岂违。
静听朔风如振铎，要参玄理速穷微。
只因未悟元来性，致使仙踪不可希。

指示玄功

（二首）

一

凝神默契静中玄，静里玄微一著先。
劈破青龙头内髓，吸干白虎口中涎。
功勤子午分南北，气应盈虚定朔弦。
无极本来无一极，参明始识两仪全。

二

九九玄功炼至真，玉珍岂用别搜寻。
为贪迹象成虚幻，若觅全真识浑沦。
一炁本通三昧窟，两仪并运四时巡。
须知此物原无价，养得灵明号至人。

示刘体恕

（二首）

一

儒道虽云各一宗，究明心性本元同。
桂林发迹先纯孝，紫府登名首大忠。
报国何分禄厚薄，爱民务要恤愚蒙。

苗疆尺地皆王土，莫负贤良荐举公。

二

一篇俗语要深思，入圣超凡总在兹。
前业已经推净白，今功又复注彤墀。
善以无私归至极，道惟成物措时宜。
黔南半刺能威远，驻听中原五马驰。

示黄诚恕游黔

大道无言在本真，心篇娓娓叙根因。
今时鄂渚规模旧，他日黔山气象新。
有兴趣时添兴趣，不精神处也精神。
须知三教原非二，莫负玄元一派亲。

示诚恕还楚

雪崖灵洞屡遨游，又驾翔鸾清水头。
几片蛮云飞冻雨，一条碧练泛轻鸥。
全书粗就还须待，楚客言归信有由。
堪笑贵阳始事者，征车不发任淹留。

七律三首

一

白云飞渡楚江春，晴日鹤铃出紫宸。
几处红霞铺瑞锦，绕隄翠柳欲生新。
钟声敲破迷人梦，梵呗惊开客子魂。
旧日心情今日慰，卻云仙侣弃凡尘。

二

鹤唳一声下鄂城，西风吹送四天清。

碧云净碾无纤障，红叶空翻映晚晴。
宫庙肃雍人士静，鼓钟震响鬼神惊。
衷情欲话书难罄，为答黔南无限情。

三

凛凛朔风别鄂城，今宵又到武陵春。
满村细洒蒙蒙雨，夹道平濡陌陌尘。
人事争谈新律吕，天时忽变旧嶙峋。
一声鹤唳通云汉，剪烛焚香迓至真。

示人七绝
（五之二）

一

勤勤奉道莫迟疑，仙道精微达者稀。
总在一心清净妙，佛仙儒也此同归。

二

炼丹先要炼元神，不炼元神仙不真。
炼到仙凡合一处，悟来身外别生身。

示吴一恕
（一恕，号栖霞。）

满目云山何处好，此回须度白羊关。
但寻花木幽深地，便是栖霞结大还。

临李务恕楼头

飘飘云路几盘桓，浊界昏昏不忍看。
为忆当年攀凤地，老翁偷暇一栖鸾。

题宋真恕影

（真恕，号毋我。）

偶来楼上睹遗容，可是当年旧道宗。
毋我原无世上我，于今仙府看芙蓉。

元夕前二日

一

厂阁风清夜气凉，栏杆明月散云光。
春宵何事千金价，赢得仙人鹤影长。

二

坐月三更谯鼓忙，清幽只爱一炉香。
问余何事栖尘界，为度群迷费主张。

示殷秉诚

金炉香焰有时烬，欲火奔腾无熄时。
安得尘心清净也，一天甘露洒杨枝。

七言绝句

一

星在天兮心在人，灵台列著众天星。
若知星是何般物，皎皎稀疏天上明。

二

个中难觅一知音，夜静空教四壁清。
鹤步有声谁听得，徒生两耳欠聪明。

予有耽坚难三韵，有立赋者和之

片帆此去兴犹耽，满目风光好记坚。
若道洞庭波稳否，北风吹送不知难。

示徐峻诚

（三首）

一

龙戏云端飞瑞霞，花宫姓字灿金华。
峥嵘头角丰茸羽，莫道长安路尽赊。

二

看柳官堤日色温，马蹄芳草细留痕。
风光最是金陵美，一饮琼浆红杏村。

三

旧志图南翼早垂，莫教我马叹行疲。
前途有景须寻去，此际韶光著意追。

示刘体恕

（二首）

一

修真岂必在年多，正诀一闻出爱河。
捉住无毛狞狰虎，管教玉液若清波。

二

虽然吐纳非真要，却使一身六脉和。
自古大丹心性是，先天不失更如何。

（过来人，自知慈悲亲切。）

示荫诚六绝

（此即翰林刘天位之道名）

一

微雨轻尘润九陔，白云漠漠障天阶。

一声长啸开浮翳，稳驾鸾车到此来。

二

翠华两度武陵源，不识奇因在眼前。

试把迷津频指点，休将好景浪传言。

三

上元灯火属何年，处处繁华亦可怜。

珍重德馨绵世泽，藜光午夜正高悬。

四

漫道神仙爱浪游，几将尘世等外邱。

清宵指引靡他愿，愿在慈航渡浊流。

五

隐隐玄机泄妙言，已将真种露人前。

宽心待取时光到，坐对金霞笑看天。

六

福地须凭心地修，栽培莫负好诒谋。

镃基正是当前物，努力芸锄得大收。

示刘允诚六绝

一

历尽河沙界八千，因缘之内觅因缘。

慈悲度世原无了，宝筏频施几百年。

二

清尘风雨洒蛮山，驾得青鸾出道关。

不为松花来赴会，多因指点破疑难。

三

客归楚鄂已多时（谓诚恕），何事征车税驾迟。
纂辑全书非易易，经年方许告成期。

四

莫道前言属渺茫，此中因果岂寻常。
但教心志无生悔，自得通灵饮玉浆。

五

学道先须积善功，善功多积道缘通。
知君夙有玄家种，今日提携入个中。

六

且将汇集细雠看，好待缘成再付刊。
鹤驭约于元夕会，高悬灯火照云端。

七绝九首

一

半天风吼势如雷，夜气横空浊浪催。
江上涛声惊急渡，戏吹铁笛跨鸾来。

二

何事驰驱尘海间，岂贪放浪学偷闲。
只因未了群生愿，日日仙扉永不关。

三

清钟声远漏声长，春霭行云湿楚乡。
法雨故教新润泽，婆心终是为人忙。

四

一气分形本自然，圆明觉性合先天。
谁知一落风尘后，万劫千生堕业渊。

五

嗟尔群灵夙障深，频将法雨布红尘。

从今悟彻原来性，业境无形地界春。

六

道法经功师宝传，皈依信受顿超玄。
自然释罪登仙籍，万象清空本性圆。

七

春宵漏永月华明，露浸琉璃万籁清。
夜坐敲诗随兴起，高山流水总同声。

八

探玄谁识妙玄关，一点阳精此内安。
日月任他旋转去，古今不破浑沦难。

九

参透黄庭没点奇，此心默默有谁知。
天根月窟无人问，满地春光月影迟。

黔中三绝

一

云连此际到黔山，只为全书要改删。
鹤驾不辞天路远，大挥仙篆满盘间。

二

去年鄂渚一遨游，曾许门墙此地留。
襄赞近来成胜事，玄风自尔耀千秋。

三

从来鹤驾不轻临，今日临坛为阅经。
阅毕乘云归去也，青山绿水任流停。

将去涵三偶作

（二首）

一

涵三创制已多年，今日鸾镳发洞天。

百万天兵随我至，世人那得识真仙。

二

回翁骑鹤唱高歌，偶为予门识我多。

特把素心通一线，玄功总是运黄河。

长歌

步云山，踏破仙坛。扫尘氛，带月同欢。

夜幽闲，清风响佩环。

早倚著高阁栏杆，听人把心情谈。

要觅那来去机关，要打点何处回还，真个是艰难。

古今来，磨过了多少英雄汉。有谁知这情端，那些儿识破绽。

你只看天边明月，经过了几多晦朔圆残。

终不改他本来颜，尚留得终古一团圈。

今日里我寻月，月伴俺。

他与我有形无迹多流盼，有景无心大止观。

合我这浑沦一气，共入蒲团。齐返西隅，冷眼将人看。

驾鹤歌

（稍添改。自记。）

驾鹤来，驾鹤来，白云泽处任徘徊。

风凛冽，气幽哉，长啸一声江汉隈。

清香遥接蓬莱界，辉煌银烛光明塞。

踏尘寰，信步登楼快。

纵金沙奥妙谁猜，恋韶华几人自在。

说不破迷途孽债，点不完黄金砖块。

只落得老仙翁，盘桓无碍。

叹梅花傲尽寒霜，羡松枝犹如翠黛。

笑人生辜负身材，七尺躯昂藏奚赖。

怎能个朝天阙，骖凤乘鸾。怎能个游皇都，锦衣玉带。

怎能个效汾阳，荣华寿考。怎能个追赤松，遨游覆载。

看千古英雄，尽收入北邙土袋。

空教人贪名慕宠，谁知道驹光不待。

良辰美景去无端，赏心乐事终难再。

到头来，那有些儿随我也，徒增慨。

不如去，早早修真，觅一个清闲所在。

示体恕歌

（稍删改。自记。）

鱼声敲响诵灵文，字字清兮我心欣。

不料边方偏重道，实为浊界所稀闻。

敛凡财，何足云，至敬至诚深可亲。

也奉儒，也奉真，修补前缘今世因。

玄关一窍在中心，百脉从此透玄津。

默默运，孜孜行，百日功成不苦辛。

这一关，颇无形，降尽天魔野怪惊。

炼子精，守子情，大定之时心气平。

准卦数，转法轮，三十六宫都是春。

笑也笑，嗔莫嗔，嗔心一发堕凡尘。

嗔火起，且消停，默运黄河水一巡。

火下降，水上升，汩汩吞来胜宝珍。

宝珍须用柔兵伏，静极安恬勿用兵。

九还只在心中炼，七返何须身外寻。

旁门小法休参究，只此一篇耐讽吟。

（真是老婆心切也）

三十二偈示闽中黄子正元

（以配《金刚经》三十二分）

正元，闽中福州府罗源人也。雍正间，曾官江淮总戎，奉持吕祖功过格甚谨。甲寅春，复刻《御虚阶善书》一部于淮山署内，尤为化导有方。乾隆初，吕祖尝降其家，授以《金刚经注解》及三十二偈，以合三十二分。赐号泰一居士。

第一偈

得手功夫切莫疑，疑心若起即途迷。

行行直上山头去，柳媚花明遇自奇。

第二偈

作善如登百尺竿，下来容易上来难。

直须勤力行功过，人兽几希要细看。

第三偈

迅速光阴不可留，年年只见水东流。

不信试把青菱照，昔日朱颜今白头。

第四偈

万转身如不系舟，风翻浪涌便难收。

临流执定篙和舵，一路轻帆到岸头。

第五偈

万法皆空莫浪求，如来只在此心头。

情枷爱锁都抛却，无束无拘得自由。

第六偈

天堂快乐几多般，受苦诸魂出狱难。

苦乐由来争一念，青莲原植滚汤间。

第七偈

恩爱牵缠解不开，一朝身去不相偕。

于今撒手无沾滞，直上灵山白玉台。

第八偈

富贵由来水上沤，何须骑鹤上扬州。

莲池有个收心法，静里时吟一笔勾。

第九偈

花落花开又一年，人生几见月常圆。

打开名利无栓锁，烈火腾腾好种莲。

第十偈

心境从来要廓清，休教烦恼日相侵。

灵山无限逍遥处，功德池边洗六尘。

第十一偈

休教六贼日相攻，色色形形总是空。

悟得本来无一物，灵台只在汝心中。

第十二偈

心外求经路便差，水中月影镜中花。

真如妙义君知否，七宝庄严总欠佳。

第十三偈

风幡动处总非真，自在如如现法身。

解得拈花微笑意，本来何地著纤尘。

第十四偈
流光迅速莫蹉跎，名利牵缠似网罗。
撒手悬崖无别法，白莲台畔礼弥陀。

第十五偈
经营世故日忙忙，错认迷途是故乡。
识得本来真面目，此身原是臭皮囊。

第十六偈
元宵灯后便无灯，万古常明只此心。
朗照诸天终不灭，一龛佛火月三更。

第十七偈
见美如无在一心，莫将勾引怨摩登。
防闲女色如防贼，外寇何能夺主人。

第十八偈
望乡台畔尚思家，月惨风凄冥路斜。
纵有纸钱无处使，都缘一点念头差。

第十九偈
森罗殿上鬼多般，百沸油铛万刃山。
识得如来真实义，无边解脱一时间。

第二十偈
陷溺沉迷已有年，爱河滚滚浪滔天。
持经自可登高岸，何用中流更觅船。

第二十一偈

尘缘断后自消融，清净方知色是空。

佛即心兮心即佛，青山只在白云中。

第二十二偈

闻说西方种异莲，花开十丈藕如船。

灵台自有祇园树，本地风光即佛天。

第二十三偈

娇姿原是粉骷髅，暮乐朝欢总不愁。

一旦无常催促去，夜台难逞旧风流。

第二十四偈

聚宝为山未足奇，不如持诵得菩提。

金经明示成真路，何事亡羊泣道岐。

第二十五偈

诸佛菩萨只此心，何须泥塑与装金。

世间点烛烧香者，笑倒慈悲观世音。

第二十六偈

了悟犹如夜得灯，无窗暗室忽开明。

此身不向经中度，更向何方度此身。

第二十七偈

去恶犹如治乱丝，灵心自有得开时。

若教错用些儿力，万劫牵缠没了期。

第二十八偈

日夜无欺只认真，略差些子便相争。

谁知一赴泉台路，悔把恩仇抵死分。

第二十九偈

铁面阎罗不徇情，刲烧舂磨实难禁。

试从业镜台边看，地狱何曾见好人。

第三十偈

陷入污泥久不回，西江难洗垢形骸。

一朝得证菩提种，铁树奇花处处开。

第三十一偈

北邙山下列坟茔，荒草迷离怪鸟鸣。

长卧泉台人不醒，桃残李谢过清明。

第三十二偈

佛说波罗密妙经，前无千古后无今。

注成人鬼齐超度，功德池波孰浅深。

三十二偈者，乃三十二分之先导也。人能读三十二偈，乃能读三十二分；人能解三十二偈，直如见三十二分。三十二偈，本不与三十二分相干；三十二分，亦不与三十二偈相肖。云何以三十二偈，参讲三十二分也？纯阳曰：知么？春寒若未散，怎得好花开。

觉贪诗
（见《慎独集》及《唤迷集》）

一

一世人身万劫修，何须苦苦为家愁。

到头付与儿孙计，著甚来由作马牛。

二

满架蔷薇满院香，游蜂日日逐春忙。

笑他一世空劳碌，几许甜头得自尝。

三

轻寒轻暖麦秋天，人世炎凉景亦然。

探得个中消息著，触来何处不仙仙。

四

游子归来秋正芳，小园香满桂枝黄。

而今识破秋云薄，莫学庄周梦里忙。

五

常言命有终须有，命里无时莫强求。

君看孔颜真乐处，箪瓢疏水自悠悠。

（此照《唤迷集》添入）

吕纯阳先生编年诗集卷之七

涵虚弟子火西月　敬编

清诗

石室三验诗

乾隆戊寅冬，华阳王心斋纯一、梓潼吕茂林宣，与汉州张崇修仁荣，同肆业成都石室。闻扶乩傅姓者，素奉吕祖，甚著灵异，三人往，问一生功名，各得诗一首，见张云谷《锦里新编》。

示王心斋

光天化日，正好吟哦。种麻得麻，不虑蹉跎。
驰驱云海，寄兴岩阿。前程如漆，君自揣摩。

（次年己卯，王就吴姓馆，额有"光天化日"四字，喜曰："乩验矣。'种麻得麻'，必谓春播秋收，将应在本年。"是科果中。丙戌，挑发安徽，借补池州府，经历调繁，淮宁檄委六安州，"驰驱云海"云云皆验。后以事被参，系狱十载，奉旨释还，始知"前程如漆"，指入狱而言，非虚语也。）

示吕茂林

读书好，读书好，读书之乐真缥缈。

蟾光光照绿荷衣，会见香风拂瑶岛。

长安得意早归来，始识仁亲以为宝。

（吕为人风流潇洒，中壬午乡试，入都考授景山教习。丁亥秋，期满，赴铨将得缺矣，忽病死旅邸。时太翁吕仪表尚在，灵柩乃得速归，所谓仁亲也。紬绎诗语，一一皆应。）

示张仁荣

卅载风光竟若何，鉴湖一曲杳烟波。

知章去后无人识，蜀道难兮未足多。

（张屡试不中。甲寅乙卯，乡会试，始以年老入场。具奏，钦赐翰林院检讨。计戊寅请乩时，已三十六七年矣，‘卅载风光’适与暗合。且太白，以知章荐，授翰林供奉。仁荣以孙中堂补山，荐授检讨，皆以浙人荐蜀人，更奇。）

雁字诗

（六十首。并记。）

乾隆丁亥春，成都有诸生六人请吕仙，连日焚符不至。一日，有老叟入访，自称“山西老进士何容心”，笑谓六生曰：“请仙何事？”曰：“作诗会耳。”老叟曰：“仙，犹人也。不必与仙会，请与吾会。吾甲子颇高，是亦现身神仙也。”六生戏其老，即拈“雁”字为题，分韵各赋五首，咸谓三十韵已占尽矣，令择其韵宽者为之。老叟略无难色，笔不停披，顷刻成三十首以示。视六生分咏五首，乃初就焉。六生见而惊异，各呈所作，恳祈改正。老叟笑而诺之，随阅随改。改毕，批后曰：“合读诸君佳制，老人妄加涂抹，不知视原唱为何如矣。”释笔而出，不知去处。六生读其诗，皆拜服。他日，问山西客曰：“贵都有老进士何容心否？”曰：“无。”既而有悟者，曰：“此即吕仙也。‘何容’二字之心，皆有一口，两口为吕。‘老进士’言，咸通及第也。”爰刻其诗，并改者亦归吕祖。

一东

一

南来无意学雕虫，自写寒暄寄化工。
青嶂还依成石刻，碧云轻绕待纱笼。
年年泼墨难传恨，日日临池不买穷。
仰面但随人指识，何须载酒问扬雄。

二

谁将醉墨洒秋空，健笔高驰万里风。
芦溆偶过同曳白，枫林闲绕学题红。
联翩结构云中布，彬雅文章天上雄。
古迹至今犹未变，何须重问九成宫。

二冬

一

遗迹无心上鼎钟，日来空际写秋容。
孤骞一点临张旭，横扫双锋学蔡邕。
遐举暂看毫彩瘦，低飞惊见墨花浓。
数行草草凭谁寄，珍重天涯恕不恭。

二

聊从霄汉作书佣，西抹东涂淡复浓。
风里断章还急就，云中垂敕又褒封。
天悬钟鼎龙文逸，洛影图书鸟纪重。
高掷玉壶倾墨沈，遗编时落华山峰。

三江

一

写遍长空念未降，肯教轻集米家艭。

风惊健笔珠玑乱，日度微阴点画双。

毫染露华挥碧落，墨和烟影蘸秋江。

山腰淡绕晴岚迹，仿佛闲题上绿窗。

二

无心论辨到鸡窗，羽翰偏能压大邦。

弄月偶然书带草，凌云应有笔如杠。

烟霞历乱毫初展，钩画参差距每双。

健翩遍题天地阔，岂同只句说枫江。

四支

一

徘徊天际若寻诗，日运霜毫寄远思。

曾以短翰依日月，聊将一画学庖羲。

滩头红蓼供铅椠，塞外塞烟代墨池。

斜过北山真复草，不停风雨任纷披。

二

来向南天补逸诗，句成何用锦囊随。

楼头带月题花萼，洲上衔芦写竹枝。

天地影分奇偶变，风云道合语言奇。

步虚时有清祠醮，永作人间一字师。

五微

一

朝来染翰弄晴晖，自写元文镣紫薇。

体势每因风雪劲，羽翰多为稻粱肥。

新裁印月今还昔，简断沉云是也非。

远去渐成蝌蚪迹，添痕犹带碧云飞。

二

直书皆与世相违，天地容光任发挥。
片雪断行裁玉牒，平沙遗谱上金徽。
须知自古书能化，始信而今笔可飞。
高入暮云犹未已，似将妙想入非非。

六鱼

一

谁把飞函寄太虚，联翩直上密还疏。
林间映月吹藜火，天际乘风下石渠。
未可指名为逸史，何妨竟号作中书。
卿云写就宜春帖，悬入遥空壮帝居。

二

奋翮秋风学著书，千篇一律卷还舒。
挥成字句皆鸿宝，赋就词章尽子虚。
结阵似将传檄定，栖田应属带经锄。
年年飞柬何尝错，不用人间较鲁鱼。

七虞

一

天地秋容一画图，标题留待羽衣徒。
摹成岂在曾衔获，书就何人敢覆瓿。
柳叶旧文排健翮，梅花新式间柔雏。
凌云日向南斋过，俯看操觚笑腐儒。

二

持将清翰走云衢，椽笔难教尺幅拘。
不信世间存鸟纪，可知天际有鸿儒。
纵横自是描空手，潦倒谁云泼墨图。

低绕茂林枫正赤，侧边斜点数行硃。

八齐

一

凤毛鹏翮敢相齐，五色徒教炫目迷。
曾引一行霄汉阔，大挥千首暮云低。
晴招片片霞为绮，寒倩纷纷雪作题。
时绕桂林花正落，秋风得意报金泥。

二

谁启瑶函露赫幪，横斜飞入白云堤。
风流到处供挥洒，月旦何人重品题。
碧落碑中添额篆，素涛笺尾押新鹥。
流霞片片来相护，国宝分明印紫泥。

九佳

一

濡墨年年长幼偕，疾徐浓淡任诙谐。
蚀残已免芸窗蠹，镂篆差同薜壁蜗。
真本夜教明月照，点尘时被白雪揩。
前生应是悲秋客，镇日书空未有涯。

二

笔底风云入壮怀，奇文应向碧空排。
墨痕经雨篇章润，青简埋云体势佳。
同就六书供艺苑，助成八法倩朋侪。
暮归蓼岸徘徊立，写就名园玉篆碑。

十灰

一

一行青翰倚云裁，展翮知非百里才。

春雨邮亭书出塞，秋风禾黍赋归来。

翻怜晚阵涂皆乱，却笑中山颖易摧。

天上羽裳新谱就，填词日到白雪隈。

二

书来齐唱紫云回，镂遍长空定不灰。

羽翰远驰摇五岳，文光直上接三台。

大书独便高年看，古篆还宜稚子猜。

诗寄陇头挥即到，何须驿使更持梅。

十一真

一

墨阵纵横辨未真，斜飞如乙复如人。

怡情运翮从容拓，得意呼朋仔细论。

影落石田千画铁，羽招新月一钩银。

弋人不解怜文翰，矰缴摧残胜酷秦。

二

霞彩高悬绛帐新，挥毫日日待嘉宾。

轻扬亦似临初倦，疾扫浑如腕有神。

绝壁偶依疑勒石，法幢斜绕欲书绅。

曾将体势传黄史，指画虽分总未真。

十二文

一

疏行密画傍斜曛，吹落南宫一片云。

暂向世间称墨客，却从天上作修文。
凌虚齐下同双管，对月篆来带八分。
倘教右军今日见，也应无意换鹅群。

二

一点斜飞怅失群，忽然依附助元文。
书笺散乱临秋浦，墨阵参差入暮云。
古迹不因南北变，新词常被水天分。
自逃秦劫还千载，避蠹何须更觅芸。

十三元

一

写破晴空万里痕，几行真草动乾坤。
唱酬不倦偕妻子，点画相依仗弟昆。
宝额篆成临帝阙，素帘挥就挂江村。
遗文未肯传金石，鸟纪千秋古迹存。

二

碧云深处拥词源，肯复留踪入兔园。
序次邺侯三万轴，排成柱史五千言。
云书裁就驰霄汉，霜信携将度玉门。
柿叶满林秋未老，题名何用到慈恩。

十四寒

一

遥空一片碧琅玕，几处闲题赖羽翰。
天际俨然成笔阵，风前竟尔作文澜。
朝沾玉露毫初润，夜带寒霜墨未干。
惊逸忽看飞错落，天书直上五云端。

二

晓空霜叶供书丹，宝墨应知笑世酸。
奴学大家成涩体，主持正格得中翰。
霜飞白简秋毫劲，雪映瑶篇夜气寒。
筋节不教人易获，月明留句蓼花滩。

十五删

一

羽檄纷驰度玉关，南来题咏满秋山。
神情独向空中构，章法如从塞外娴。
月下素书当夜检，日边丹诏待朝颁。
年年旅食由挥翰，风雨何尝笔暂闲。

二

为传秋信度天关，碌碌长途笔未闲。
真草远联因雨集，简篇中断被风删。
持将外史归东壁，赋就移文过北山。
应向稻畴书乞米，千秋佳帖共推颜。

一先

一

数行挥洒夕阳边，倒倚云霞代蜀笺。
结构偶然成古篆，淋漓随意得新联。
嗷嗷应恨饥难煮，矫矫何须醉始颠。
独向虚空书怪事，肯教凡蠢化神仙。

二

漠漠江天望草贤，指挥不受白云牵。
篇章成自关河外，体法传于画卦先。
飞寄洞庭寻橘社，下临中泽觅蒲编。

似因书榜凌云殿，毫发而今尚皓然。

二萧

一

一行飞递楚天遥，文彩翩翩动九霄。
晓振羽衣挥露布，夜含毫素染霜绡。
离情认作相思谱，逸兴翻为招隐谣。
雨后偶从虹畔过，却于空际见题桥。

二

大书挥破白云寥，悬腕秋空暮复朝。
体格古今无异法，文章南北尽同条。
萤光高下争燃烛，鸦阵离披浪续貂。
自有碧霞供藻翰，何须屋角种芭蕉。

三肴

一

偶从天际演羲爻，孤点双单众作交。
南国近来新墨薮，北原应是旧书巢。
临风款款文堪勒，印水翩翩影欲抄。
关塞远传秋信到，野人惊见亟于茅。

二

却疑天上构书巢，至令驰翰竞拔茅。
锦帖全铺菰草岸，牙签倒插荻花梢。
闲成飞白能医俗，偶就回文不解嘲。
隶迹篆书随世变，往来全不费推敲。

四豪

一

直向银河濡彩毫，书成岂为写牢骚。

江南塞北题皆遍，白雪阳春调自高。

磐渐奇文挥石鼓，冥飞清韵谱云璈。

辞锋远却还成阵，忽变双钩作六韬。

二

长空呼伴写离骚，不借人间一字操。

书向雪中飞玉屑，铺来日下晒金韬。

因探禹穴山前聚，岂避秦坑塞外逃。

俯看北窗钉饾客，髭须捻尽首空搔。

五歌

一

共挟风霜夜渡河，书成得意亦吟哦。

虽同振彩翀霄汉，也为能文触网罗。

羽倦恨难酬笔债，悲鸣岂属困诗魔。

而今咄咄书空者，尽向樊笼自作囮。

二

夜持清翰渡银河，点画参差法偃波。

写就漫贻伧父笑，书成当付雪儿歌。

如同直史惟操一，不倩旁人代补戈。

欲向三山招羽士，结将飞篆入云窝。

六麻

一

长空如水走龙蛇，不向人间判五花。

染墨一生辞楚畹，佣书半岁在天涯。
联翩觅食如投笔，络绎归汀竟画沙。
赝迹草真宜好辨，莫将疑似认寒鸦。

二

年年飞翰寄天涯，本是鸿文不自夸。
仿古更谁同逸少，问奇何复见侯芭。
霞光春护成丹诏，岚色朝分覆碧纱。
白羽倦临秋浦净，各将爪迹印平沙。

七阳

一

时将飞檄问穹苍，到处随留翰墨庄。
云暗有诗传远塞，峰高无迹寄衡阳。
往来空运春秋笔，行止何惭伏腊郎。
鸿宝自教千载重，评衡底用说钟王。

二

还同霄汉助天章，霞彩缄封锦绣囊。
北海蘸波余墨沈，文昌舒气接珠光。
纵横不受风檐束，潇洒曾挥露布狂。
秋叶舞空黄更赤，坐看飞帙拥缣缃。

八庚

一

远入南天画渐轻，疾徐成象更分明。
徘徊写出风云幻，嘹呖吟将月露清。
亦似熟观浑脱舞，也如曾见担夫争。
凌霄自足供挥洒，不去闲题塔上名。

二

天际森森调墨兵，疑真疑草复疑行。

挥毫满眼云烟落，展翻千行风雨惊。

磐石就阳书尽曝，江田觅食笔能耕。

自从点破虚无略，肯似凡文共俗争。

九青

一

来宾天末试霜翎，也有奇文照汗青。

塞曲写成聊寄怨，秋风赋就不堪听。

濡毫时染金茎露，传檄人称使客星。

谁道竟无临仿处，玉关应是草元亭。

二

入夜能传月露形，道庵斜拂带黄庭。

锋铓欲尽还成乙，钩画虽联不识丁。

奋举未须骄倚马，观书何用照囊萤。

一行远入南天去，长咏江峰数点青。

十蒸

一

北来清健拟枯藤，久集南天体格凝。

腕下更无尘一点，胸中应有墨千升。

聊成幅叶随云订，草就珠玑付水誊。

才调不羁双足展，文光遥映上林灯。

二

自是书家最上乘，空中隐隐暗藏棱。

雷门欲过疑轰石，虹涧才依更结绳。

莫道书佣无异法，须知鸟迹擅奇能。

蹁跹肯学人间体，定见天涯纸价腾。

十一尤

一

旅信千行向孰投，拂云披月任风流。

肯教拘束乌丝幅，直欲纵横白玉楼。

惊夜似将符可窃，来宾应有句先偷。

日中正好高悬市，只羽千金未足酬。

二

闲挟飞仙汗漫游，墨痕斜拂白云秋。

纵横写遍三千界，卤莽书残四大州。

鱼锦未须重问候，凤楼应自懒添修。

渡河倒映明霞影，红叶题将出御沟。

十二侵

一

何当天际见书淫，写出悠然万里心。

羽铩舞空翻倒薤，首垂窥渚露悬针。

淡分蝉翼笼轻雾，远带蝇头绕暮林。

指点儿童勤仿习，前山遮断未能临。

二

荻花秋月照词林，毫管重教羡绿沉。

暮雪几行歌落絮，西风一抹寄来禽。

文章门户分南北，翰墨流传自古今。

照遍白云霄汉阔，何尝掣肘费思寻。

十三覃

一

鏖战西风墨更酣，龙蛇飞影入秋潭。

相依月窟题团扇，独入霞天押锦函。

一点每从头上出，双钩都向足边含。

闲从法苑驰文藻，散作天花聚作昙。

二

奇迹应从禹穴探，素毫终日染云蓝。

时招党侣书才就，未得师模性已谙。

岂是双文同社燕，还将孤点法春蚕。

遥看尺五天边过，真欲飞空启露函。

十四盐

一

广幅何人拓简签，悬空飞舞任观瞻。

影留寒月毫添相，行断秋风句失粘。

书就有谁知白帖，草完无地给青缣。

偶然忽向峰头过，几处余神绕笔尖。

二

南天几点墨纤纤，佳句秋空偶一拈。

奇幻空教人阁笔，孤高不望世酬缣。

余神且听云霞护，逸致凭将风月添。

归向平沙堆醉墨，晓来随处有遗铦。

十五咸

一

为译番文说法嵓，指挥潇洒诵声喃。

汀为古砚芦为笔，云作奇笺雾作函。

载赟侍臣时去国，掌书仙史暂之凡。

兴来不必劳呵冻，舞雪题残白练衫。

二

本是书仙暂集凡，遥空飞舞带英咸。

联成夜月诗千首，剪破秋风墨一函。

似爱幅长书每纵，如嫌笔滞羽频芟。

江南寄遍羁人信，还向寥天报复缄。

齐云阁诗
（并引）

嘉庆初，驻鹤汉皋齐云阁，主持文会。其中有袁易诸生，严立式程，日以文事为切。每有课艺，必求改正，后皆成名。前后八九年，未尝招之入道，盖察诸生气色，皆科名中人，因材而教也。诗多率意，今录数首，以见一时鸿爪焉。

约诸生游凤栖寺，独蓟北黄生来游，归齐云阁赋此
（丁巳十月望日）

手携麻饼坐苔阶，静待诸生入寺来。

十月早梅都未见，只余黄菊一枝开。

约齐云诸子游卉木林，化为僧像示之，归坛赋此

凤栖寺外显真颜，莫向人前信口言。

恐似渔郎归去说，空劳子骥访桃源。

再约诸子游卉木林，先示一诗

独把渔竿向水投，锦鳞未得上鱼钩。

科头伫望招舟子，双桨摇来从我游。

（后日，诸生泛舟湖上，遥见一渔叟，垂丝如银，众诵前诗而疑焉，近之不见。）

咏怀

一点浮云拂面过，人生岁月总蹉跎。

试思何事能如意，皓月当空酒后歌。

秋晓

桂殿金花烁，平分一半秋。风生刚在腕，月皎正当头。

山水添佳趣，烟霞销客愁。道人频酌酒，长啸入沧洲。

八月朔日

景物当秋美，偕游兴益欢。雨微霜有信，风过月生寒。

以我容颜比，将他色相观。满庭松桂绿，高影覆黄冠。

降于黄鹤楼之仙枣亭与诸子玩月
（癸亥八月十五夜）

最防云起掩秋光，几阵金风送夕阳。

洗得一天烟雾尽，满轮皓魄发天香。

齐云阁诗不作天语，为对眼前人作眼前话耳。聊改数首，付编诗者。

永宁道署示刘晴帆观察斌

（时嘉庆壬申暮春月）

柳衙昼静鹤翩跹，一片清光落九天。

云护竹窗无俗韵，香分药圃结仙缘。

满帘旧雨茶初熟，半岭斜阳酒未干。

雅兴不教人寂寞，会将佳话补新编。

题关公训世真经

（以"诸恶莫作，众善奉行"分韵）

一

神武英雄气，丹心照史书。平生无别事，忠义励居诸。

二

国家重纪纲，天地生豪杰。腔内抱春秋，眼中明善恶。

三

孔孟德如天，诗书人所读。于途亦解行，此道何由莫。

四

人为万物灵，道自五伦出。欲使庶民兴，常将经训作。

五

青龙带月来，赤兔呼云送。昨以爱施人，今将威示众。

六

浩气满丹霄，雄风吹碧汉。长为护国神，只是教人善。

七

一卷觉民经，千秋为世重。乾坤与运行，海国应遵奉。

八

字字圣贤血，言言金玉声。诵之还要想，想又不如行。

壶庐草自引

岷山导江，分于灌而合于泸。沱乃江也，两条环绕之中，周围二千余里，丹山碧水，大轴长图。予偶过其间，行至一处，遇有少年逸士，荷锄朗吟。入其山，摩崖者，一卷也；临其水，铭池者，一勺也；造其庐，额屋者，一壶也。其寓意广矣。问姓不言，指火为姓。诘名不答，指月为名。予知其有凤根者，火为汞龙之子，月乃铅虎之精，遂授以龙虎大丹，及卦象河洛，嘱其飞锄江畔，觅侣同研，穷理尽性，以至于命焉。留诗十二章，即名《壶庐草》。

荷锄吟

（赐火二唱之）

日入西山兮，阴不知何往兮，杳杳冥冥。
日出东山兮，阳不知何来兮，紫气红光。
随其自然兮，作息田间日景长。

卷山歌

观倒景兮步高峰，览霞光兮万丈红。
峨嵋西峙兮，新月如弓。
兹山无名兮，卷石云封。
及其广大兮，养育无穷。

勺水歌

凿岩阿兮成小池，鉴天光兮萍草移。

抱瓮灌园兮，随取随携。

此水无多兮，一勺自怡。

及其不测兮，涵育无涯。

壶庐歌

一壶庐兮一壶天，庐中人兮壶中眠。

古之逸民兮，在世何年。

顺帝之则兮，凿井耕田。

荷锄长啸兮，快乐无边。

大易吟
（示火二）

庖羲垂卦画，道不落言诠。文周系微词，能探元中元。

孔子作象象，易理露真传。此中有气数，时隐时敷宣。

宣圣苟不述，谁能测广渊？乾坤易之门，一语妙言穿。

易非眼中书，亦非手中编。乃是身中理，其源在先天。

先天生太极，包藏圆又圆。劈破鸿濛气，一阴一阳旋。

阳旋继阴后，阴旋成阳先。此义谁能会，尼山尚假年。

后人多注释，我尔由自然。

金丹阴阳内外歌
（示火二）

阴阳内外修丹谱，吾今入世传与汝。

内丹修罢成美女（玉炼阴丹），

外丹修时女做母（以女为母而生阳丹，故曰"女鼎"）。

母在坤乡产金童，

金童跨虎还东宫（按节而行）。

玉女骑龙成匹配，

夫妻同志守房中（非凡间房中术可知）。

夫会行云妻行雨，

十月情浓产一子（前日所产者，先天；今日所产者，真人）。

从此夫妻立大功，养个孩儿能不死。

手持神剑开天门，一声霹雳震乾坤。

目运两睛观八极，仙风道气许长存。

九年换鼎居山洞，万仞巍巍心不动。

法身粉碎满虚空，百灵拱手万灵送。

寥寥数语，丹家层次井然，诗最精炼。（月）

大江吟

西陟岷山观徼外，千峰万涧成一派。

一派溶溶号大江，长驱万里注沧海。

江从灌口忽分支，掉首别江向东驰。

大江不管支流去，独卷波澜自南逝。

道人呼出沱龙问，沱水源头本江氏。

才出汶山路几何，不姓江兮改姓沱。

沱龙开口替沱说，要灌东川畎亩多。

灌口东流郫县起，继走新繁过锦里。

东迳都堂及简资，东出内江江阳水。

我到洛源看符节，沱江仍与大江合。

水自它行故曰沱，异名同出何分别。

老仙闻语笑洋洋，江即沱兮沱即江。

大江茫茫众水附，沱也归来共一潢。

我今再告沱龙曰，江量宏深能容物。

嘉州城西两水来，青衣山下波涛澜。

叙州马湖气相通，南广碧湍争相从。

泸州又见沱流返，雒水渝水皆会同。

渝州统揽嘉陵脉，涪州更把黔川纳。

万州渺渺吸开江，一齐总束过三峡。

出峡浮天下岳阳，洞庭千里涵混茫。

跨鹤南飞玩鄂渚，汉口兴元一肚装。

黄州山月照江上，远远巴河送夕浪。

飞剑江州看彭蠡，东卷西翻吞浩荡。

皖江既受淮西流，得来又被是江收。

天下九河各分派，会于江者居半筹。

噫嘻乎！朝发岷山暮方丈，看遍长江大海秋。

浩浩荡荡，怪怪奇奇，寓意则隐隐跃跃。

读《秋水篇》，不如读《大江吟》。（刘明阳）

先生，大海也，而以江自喻；弟子，沟渠也，不敢以沱自居，然沱乃大江一派耳。虽非沱而窃愿为沱，遇灌则分，逢泸则合。而今而后，皈依先生者，即称为"大江派"也可。（月）

与人话旧

高隐终南薄利名，头衔自号吕先生。

烟霞匿迹虽无事，造化关心最有情。

白日不催谈道兴，苍崖长放读书声。

天都景物皆天赐。云水箫然佩剑行。

意思流水，对仗极工。（自记）

一壶庐题壁

煮酒烹鲜话道情，每逢吹笛便心清。

小壶天里闲无事，服炁餐霞自养生。

春去词

（诱火二到江上）

扫去繁华一剑风，飞花两岸满江红。

桃源纵是神仙窟，内景须教外景通。

（内景山中，外景江上。内景玉炼，外景金炼。）

姓名题

姓著磻溪水，名藏版筑山。自从骑鹤后，即署上清班。

浩然吟

天上一轮月，人间四海秋。我提长剑过，落叶遍九州。

吕纯阳先生编年诗集卷之八

涵虚弟子火西月　编

清诗

抱一楼闲吟

江上看云歌

江天云起作云盖，历历樯杆出云外。

云吞云吐玉壶芦，云水云山银世界。

登峰长啸岷峨高，走笔疾书风雨快。

有客将予比大江，从今便衍大江派。

大书四言

气挟苍龙，身骑黄鹤。海上逍遥，蓬山遍历。

笑傲乾坤，闲邀仙客。浩然之气，一阖一辟。

胸有真宰，凡人不识。

一剑

一剑飞来万里天，空行撒手拂苍烟。

琼浆饮罢归三岛，海水都随丹仗还。

题画石兼示江上诸子

出世先怀度世因，丹砂点化个中人。
吟风啸月其余事，说孝谈忠最认真。
鸾鹤声声下寥沆，龙蛇字字见精神。
新诗写上昆仑石，姓吕名嵓字洞宾。

自书二首

一

看破禅炉雪点红，人间长日在壶中。
骑龙拍手来云外，跨鹤吹笙过海东。
出世翻嫌天地小，成仙始识利名空。
还丹九转朝真去，两字难忘孝与忠。

二

说道吾闲却不闲，不闲却又大闲闲。
才从天上校功过，更向人间乐往还。
老子凌风吹玉笛，诸生对月看江山。
任他尘海翻澜起，那及空青远市寰。

喜火二到江上戏作

汝本荷锄人，胡为乎来哉？
南山豆已种，西岭雪初开。
辞膝下而近游，觅江上之贤才。
啸月吟风登碧岛，依山傍水筑丹台。
修身好，修身好，静养丹田人不老。
色身坚固法身存，内有灵明无价宝。

过江楼

碧落双笙起，青空一剑来。天风吹两袖，洒洒暮烟开。

大江派偈

（并引）

　　余前作《大江吟》，人多以"大江"称我，怍良深矣。今诸子诵之，同然心喜，请开"大江"一派。纯阳苦不敢辞，因按《禹贡》经文"岷山导江"八句，书九字曰："西道通，大江东，海天空。"以此循环，合九转之义。偈曰：

　　　　大江初祖是纯阳，九转丹成道气昌。
　　　　今日传心无别语，愿君个个驾慈航。

飞吟

　　　　跨鹤高歌拍手行，浮生看破得长生。
　　　　闲寻海石磨龙剑，每上湖楼度凤笙。
　　　　访到雨师闲说法，邀来风后笑谈兵。
　　　　庞眉尚带英雄气，白酒红柑话道情。

七绝

　　　　信口长歌自往还，清音散处满人间。
　　　　南仙古调谁能识，一字名高压太山。

　　（曲调有《南仙吕》）

扬州

道人骑鹤上扬州，爪步寒潮万古流。
明月二分桥廿四，淡烟疏柳满江秋。

回碧岛

回道人回碧玉楼，忽闻仙客劝停驺。
此间小住为佳耳，诗草一茎酒一瓯。

剑化

剑化为龙意气豪，跨之何用策灵鳌。
朗吟飞过十洲晚，海水冲来千仞高。

偶吟

雨后月如昼，楼头一笛风。山斋人静后，冷语半阶虫。

男女变易歌

我来江上无他事，要度几人当道士。
不知江上有缘无，先把真机传火二。
火二逢缘代我宣，切莫轻轻泄妙玄。
丹法自男还自女，女女男男颠倒颠。
错综变化把人愚，只为愚人心不虚（凡人受病在此）。
离女洞房原在内，内边原是汞龙居。
汞龙本是东家养，东家就是木公像。
一自抽铅制木汞（谓炼己用金水之育），离女便成乾父样。

外丹乾父死西邻，父投子胎震男生。

又如离女做坤母，故有先天女鼎名。

鼎内冥冥产一物，又逢一个男儿出。

这个男儿是婴儿，婴儿归家姹女悦。

姹女本是朱家人（窃朱里汞，妙妙），婴儿东归复姓陈（妙妙）。

朱陈匹配行云雨（温养），十月才能产圣真。

我今留下男女术，字字详明当解说。

世人若问真阴阳，须寻火二谈此诀。

剥蕉抽茧，知注如疏，可谓直指真传，发人所未发，言人所难言者。此江上乙未之作，敬录以度善人。（涵虚志）

六言训刘道愚明阳、李道霖济阳、杨道果培阳

莫把深文文过，常存雅思思身。衣衣儒衣守旧，传传仙传翻新。

大担担吾大道，清风风汝精神。予予尔言记取，两三三复元因。

武昌

武昌城郭故依然，楚国人家尽水边。

槛外大江流日夜，阁中长剑倚云天。

词人坐啸南楼月，渔父歌回西塞烟。

吹笛老翁闲更甚，朗吟一曲响千年。

月夜赠座客

今宵畅饮莫留停，座上飘飘列酒星。

万里江山明月夜，开窗映雪读《黄庭》。

昨夜

昨夜秋声处处生，梧桐院落雨凄清。
洞庭仙乐才听罢，天外斜飞一雁鸣。

雨后同韩清夫游庐岳绝句六首

一

云外庐山九叠青，开窗对嶂咏《黄庭》。
个中有景何人识，抛卷翻身入翠屏。

二

雨后新篁绿浸人，径趋深处避红尘。
韩笙吕笛双双度，一样仙音两化身。

三

陶然何处不陶然，在地逍遥似在天。
瀑布倒流三百丈，一时清气满崖边。

四

信口歌成信手题，剔残苍藓翠高低。
忽闻梵鼓来烟际，林木葱茏到虎溪。

五

一字吟来一字飞，天边黄鹤载予归。
坛前有客难留我，心似闲云入翠微。

六

唤起眠龙出海门，须臾天际雨翻盆。
长空一剑又飞去，地上浮浮树影昏。

笔笔仙意，字字欲飞。（月）

海门夜景

手招黄鹤破空来，晚树层层笑眼开。

月照海门百万顷，西风一剑上蓬莱。

蜀山现像下山歌

肩荷龙泉兮一担挑，手持鹿尾兮一松梢。

来从何来兮，去从何去；君下云山兮，我上云霄。

（有客游山，暮归山下，遇一长须樵人，背荷扁挑，手持松枝，口唱此歌而上。客异之，樵人冲云而去。归，语荷锄子。荷锄子曰："此吕翁，佩剑执拂像也。"）

江楼清眺

峰峰烟雨变晴岚，天外峨眉一二三。

我爱此楼空际隐，开窗时复望西南。

和丰仙韵

神作明灯气作庐，身藏道妙有谁如。

剑头吐出英雄气，无数龙蛇满壁书。

海上

海上秋风万里吹，龙吟三岛众仙归。

我提长剑来空际，招得天边一月飞。

七夕

始罢猴山宴，重来古寺游。疏风梧叶院，细雨豆花秋。
远嶂云初敛，长天雾乍收。新凉今若此，小饮发清讴。

秋雨吟

雨声幽，雨声悠，一声一声声声秋。
梧桐院，蕉叶楼，把酒醉到五更头。
任他秋雨愁不愁，淡夷犹，乐夷犹。

训士

在世须为古大儒，芸窗休得混居诸。
国家爱士深培养，天地生人重始初。
都要躬行仁义事，莫将口读圣贤书。
伦常功业完全后，静坐云山乐自如。

九月初二日自海上至江楼

不骑黄鹤又骑龙，八尺身为一尺童。
手握灵砂游海岳，腰悬宝剑战秋风。
千山万水飞红叶，北嶂南云荡碧空。
长咏仙音流极浦，满江歌唱斗渔翁。

西尖山作重九

野嶂凌霄汉，携壶九日游。顶悬千尺路，尖压众峰秋。
拍掌歌声起，翻身浩气流。笑倾三百斗，相与话林邱。

自阆苑归江亭

羽客头簪阆苑梅，无蓑无笠雨中来。

东边雾阁西边配，六扇云窗两扇开。

寺后碧榕今日老，楼前苍柏古人栽。

经霜傲雪年年秀，寄语山僧好护持。

冬晚眺蜀中山水

云白山青跨鹤游，奇峰异水入刀州。

日衔远嶂明崖额，潮落空江见石头。

峡口霞飞还护壁，峨眉月满不成钩。

且行且啸来青岛，笑引群真话寺楼。

赠髯仙

大忠孝，要君担。大节义，要君肩，君之英气如眉山。

君昔从我游，谦言弟子吾惭颜。

我生唐室走天下，立功立德成虚谈。

惟有区区郑重心，誓愿九族同升天。

丹成勤度世，四海求名贤。

一瓢藏宇宙，一壶隐山川。

一剑多平不平事，一身常与乾坤旋。

左手抱明月，右手挟飞仙。

飞仙与我共徘徊，长须洒洒髯盈腮。

劝君一杯酒，君且饮我杯。

快哉快哉真快哉，五岳三山归去来。

虫儿爬沙成字五绝一首

北风吹雪意，明月雪中来。诸仙齐会此，灯上好花开。

佩剑归江上五绝句

一

快快快如风至快。来来来与月同来。
诸生共醉山楼上，赏月吟风数百杯。

二

一潭清水一楼云，上界歌声下界闻。
我到锦江楼上坐，剑头吹气扫尘氛。

三

为人切莫亏忠孝，请看虬髯剑气红。
携手高楼浮大白，雪花朗照踏晴空。

四

巍巍仙敕冠群真，飞剑时寻第一人。
道妙从头谈仔细，花开鸟唱满坛春。

五

元放掷杯杯化鹤，长房骑竹竹成龙。
回翁长剑如飞虎，云碧山青路万重。

天齐宫增修抱一楼铭

（并序）

　　遍观宇内，蜀多名区。俯察地灵，笃生人杰。文士草玄之辈，仙才太白之流。三苏挺秀于眉山，四谏炳灵于嘉郡。由汉唐宋明以来，举什一于千百，犹嫌略也。尔乃碧岛涵潭，豚岩接壤。仁圣天齐之庙，江乡报赛之墟。龙脉崩洪于沱水，鹤汀俯视乎江流。条分大邑，干育名贤。君子固穷，善人是富。则有如江上者，门迎三水，气聚一团。古寺临波，游云出壁。江山如画，恨无风雅住持。水石宜人，但有渔樵出入。兹刘道愚辈，以存心养气之儒，觅敬业乐群之地，读书不为科名，惟善以为至宝。因其旧制，聊作小楼二间。复以重玄，长开大江一派。群居终日，文会友而友辅仁。于今三年，喜斯陶而陶则咏，抗闵希颜亦云盛矣。韬光晦迹，又何多焉？诋意处士风流，雅人深致，尊岳帝为东主，以纯阳如西宾。更卜云岑，增修舍馆，耸高楼以祀上帝，开别院以祀群仙。有轩有阁，有亭有池，竹中为屋，以名斋崖，下题碑而著迹。峨峨抱一，隐隐涵三。且更如燕山故事，仙居又近东岳者也，遂为之铭。其词曰：

> 欲小天下，须登泰山。泰山之高，鹤驭往还。
> 有仙人兮，青巾黄衫。效颦口吃，名曰岩岩。
> 昔年燕冀，今日岷江。神邻岳帝，高倚云幢。
> 天齐之侧，假弄词章。谈禅说道，佳士满堂。
> 怜我一身，有如寓公。别造楼居，其气清空。
> 轩斋池馆，点缀皆工。江上风月，延揽无穷。
> 道一涵三，三归抱一。一归何处，空行绝迹。

叹叹吟吟连环体

> 叹红尘，多少人，人少知吾大道真。
> 真道须求未生先，先生啸起蓬莱春。
> 蓬莱春色长不老，老却尘埃无限民。
> 叹叹叹，吟吟吟。

写像自赞

一

> 口口相传，公之姓也。一山三口，公之名也。
> 阴尽阳纯，公之身也。平生大愿，普度世人。
> 一壶长醉，一剑空行。神明变化，巍乎上真。

ŀŀŀŀ

őőőőőő

őőőőőőőőőőőő

二

万古一真，阴尽阳纯。壶藏日月，剑吐精神。
四五个口，千百变身。满腔宏愿，普度良因。

三字赞

这老叟，处处走。上下行，乾坤纽。
青松畔，苍岩薮。有个人，问元酒。
答之曰，口对口。

冬至

笑携两口纯乾子，阴尽阳生我又来。
孤山跨鹤游冬景，梅花十月已先开。
已先开，香满杯，江南江北，山隈水隈。
铁笛一声也，飞上楼台。

示抱一诸子

一

虚虚寂寂原为窍，净净光光即是心。
仙翁叠句形容出，笑煞诸生到处寻。

二

立坐行眠任汝行，独寻这个性方清。
不将杂念全删去，终被昏迷了一生。

三

大道行之要自然，功夫好在语通玄。
通玄寝食皆无愧，饥则吃饭困则眠。

四

勤勤培养性根芽，平旦精神雨后花。

洗尽尘嚣存夜气，方称第一道人家。

著雍阉茂 ① 惊蛰日示诸子即以自况

世路如崖行不得，年华似水去难收。

叹吾飞出大千界，与尔来谈第一流。

若把神仙分爵位，应推吕老是王侯。

十洲三岛随吟眺，自况诗成浩气浮。

示诸生
（二首）

一

回翁不比浪游仙，度世心肠遍大千。

白日西沉谁猛省，红埃下视最堪怜。

人逢一死皆无用，我与群生幸有缘。

今劝江边诸弟子，莫忘身内汞和铅。

二

一心要度有缘人，说我诗真真个真。

（时座中，皆以"人逢一死皆无用"之句，叹为真言。）

莫与庸流谈白鬼，须将静室养元神。

乾坤大化谁能运，日月长悬景更新。

早把庚方认端的，玄玄妙理妙无垠。

自寿
（二首）

一

纯阳炼就号纯阳，腹有灵丹自主张。

---

① 著雍阉茂，即戊戌，1838 年。

天地山河同寿考，高歌驭鹤白云乡。

二

神仙须学大神仙，手握灵枢万万年。
此日蟠桃齐庆赏，群真共坐小壶天。

夏至

一阳生后一阴生，阳往阴来大道情。
采药山人寻半夏，翠微深处听啼莺。

同三丰至潮洋寺

化作双双二老人，山门石上话玄因。
路旁有眼不相识，飞上楼台又隐身。

与丰仙联句

雨后山岚合，潮来水气深。古今诗画本，天地往来吟。
说道须行道，修心始见心。凭栏一闲眺，唱和答瑶琴。

秋高词

秋高秋高，天空鹤驾遥。

（长天空阔有余声）

题抱一宫示诸子

鸿钧一气与徘徊，天上人间自去来。
口口相传须记取，头头是道莫疑猜。
乾坤在手随吾运，关窍通身望汝开。

寄语江边诸行者，修丹勿负道人回。

江楼歌

登楼一览兴无边，大地山河在眼前。
今朝与尔餐霞客，赏雪倚栏看江天。
江天四望空明际，倚阁诗人都得意。
得意诗来走笔书，明朗朗天活泼地。

初冬游峨眉

秋去冬来初一日，峨眉小步吕先生。
龙游雪顶鳞皆白，鹤啸天空羽共清。
我自海山飞到此，云于巴岳早相迎。
今朝又过虚灵洞，拂剑长歌浩浩声。

踏雪吟
（三绝句）

一

白云舒卷自无心，空际遨游不染尘。
朔风吹剑明如雪，雪里飞来吕道人。

二

三生石上话元机，片片云霞补衲衣。
笑把《参同》从底说，乾坤雪亮阐幽微。

三

空中吹笛踏云来，世界如银画景开。
白雪调高谁和汝，仙人斜倚玉楼台。

庵庐花歌

纯阳道人游碧落，驻鹤蜀山览松雪。

蜀山灵草满山崖，一种黄花开郁郁。

此花此花是何名，道是庵庐可盖屋。

一片长裘大厦心，世上几人知赏悦。

开遍山南与山北，自抱幽香傲冬月。

花尽余茎补庵庐，比似茅针胜瓦砾。

纯阳道人无事游，谈及一草并一木。

自此庵庐声价添，胜他元亮赏秋菊。

游潮洋寺遇东方生圆阳子，自南梁假归，口占赠之，即以送行
（屠维大渊献①二月朔日）

归来来又去，此去早归来。吏隐虽佳矣，山居更美哉。

他年还故里，此处有高台。结屋梅花屿，从龙自往还。

竹抱斋

乾坤是处有烟霞，我到山斋兴益赊。

三径好花香不断，四围修竹影交加。

禅窝地僻游人少，道院窗虚坐客夸。

欲看江天空阔处，轩前一览更无涯。

听潮轩

绿荷池上一轩开，背倚红楼面水隈。

---

① 屠维大渊献，即己亥，1839 年。

笑对峨眉云外立，手招山月渡江来。

白鹤观

（四月十三日）

烟外楼台雨外山，此中风景胜荆关。
人逢静处逾求静，我不能闲却甚闲。
笑跨苍龙与黄鹤，那分天上及人间。
明朝又是先生寿，请与诸君共往还。

听潮轩即景

开轩饮酒笑吟诗，正值荷喧雨到时。
醉把碧筒谈道妙，江天云水树参差。

采莲歌

（四首）

一

采莲叶，采莲叶，做个碧筒将酒吸。
将酒吸，窍窍流通疏关节。

二

采莲花，采莲花，芙蓉出水映朝霞。
映朝霞，姹女红颜比似他。

三

采莲子，采莲子，莲子垂垂大如指。
大如指，舍利金丹皆若此。

四

采莲藕，采莲藕，不怕池中泥浼手。
泥浼手，手中一抹全无有。

自题白鹤院塑像

抟沙和土捏吾真，纵是真身亦幻身。
若把泥团能打破，虚空尽是我全神。

改白鹤院为白驹观

仙人骑白鹤，高人跨白驹。逍遥入空谷，都是山泽臞。

赠道愚

乡党恂恂学圣流，天怀坦荡与天游。
富而好礼骄何有，静以安身德更修。
本色英雄心铁石，和平雅度气春秋。
江边亦自多奇士，涵养输君出一头。

箴七子各一首

道果
言从气出，气随声越。缄舌寡言，气归于腹。

道霖
志为主帅，浩然气生。性无戕贼，灿然天真。

道和
英气固佳，勇心难续。不怕行迟，只怕驻足。

道钧
云浓雨沛，水木欣欣。欲延子嗣，养气如云。

道元

诵经是口，看经是心。行经是善，即经是金。

道华

心静固精，精静固形。空山无扰，云厚石青。

道相

享一番甜，有一番苦。甜苦相循，平淡为主。

荷锄喜渊明《结庐在人境》① 诗，予即用陶韵赋示一首，以广其意

幽人隐江岛，本闻沙鸟喧。得此静中静，烟霞地更偏。

扫榻看《黄庭》，竟忘身在山。山门掩潭上，水云自去还。

子既栖冥寂，吾亦欲无言。

再和一首以申前首之意

山林与城市，都妨心扰喧。达人何所拘，心幽随地偏。

君听尘中语，谁不羡青山。及至入山内，又欲把俗还。

出入自萦绕，终无静可言。

清词净理，元酒太羹，信笔所书，遂成二首，不效陶而已似陶矣。（自记）

恸道愚

（二首）

一

与人不逞骄，为善不求报。只就性天为，直入圣贤奥。

---

① 晋·陶渊明《饮酒·结庐在人境》："结庐在人境，而无车马喧。问君何能尔？心远地自偏。采菊东篱下，悠然见南山。山气日夕佳，飞鸟相与还。此中有真意，欲辨已忘言。"

二

人无不坏形，子有不坏心。月白云空处，天深胜海深。

陈季慈，后又遇此人，故酹四十字挽之。（自记）

勉火二

饮酒须如邵康节，弹琴当似俞伯牙。

三杯止口开胸臆，万里冥心到海涯。

白水闲烹香玉茗，丹台好种美金花。

眼前岁月忙忙去，休为他人发叹嗟。

潮洋写兴

夜灯三两照南楼，山竹清清水院幽。

云气回依丹嶂石，琴声弹破碧天秋。

往来度世垂青眼，多少痴人尽白头。

我愿诸生知进退，一齐撒手步瀛洲。

喜东方生西来归家，与群真联句，畅饮终日

长揖归田庐，卓卓圆阳子。（回翁）

智烛宦途非，力争泉石是。（髯仙）

心经苦战余，人受清闲始。（丰真）

富贵等浮云，荣华同蔽屣。（紫清）

一朝凛见几，千口叹知止。（清夫）

人以仕为荣，彼以贪为耻。（清逸）

或比陶渊明，或称杨仲理。（颍叟）

至德鬼神钦，清风顽儒①起。（自在）

---

① 儒，底本作"懦"，校者改。

今日归去来，山人皆大喜。（回翁）

示侍侧诸子

底事闲谈道，由来道要谈。深宵灯耿耿，真诀话喃喃。
此日栖山寺，他年结草庵。即时勤炼己，大药得来甜。

芝兰室

芝兰开不尽，香气满空庭。雨止风初静，仙坛灯影青。

午月望夜玩月歌

五月十五乾坤交，团团明月照深宵。
众仙骑鹤步云霄，口唱仙歌满碧寥。
回翁佩剑行飘飘，一霎时间万里遥。
空青洞里话松乔，神采飞扬酒气高。
潜虚为我将友招，峨眉峰顶白迢迢。
髯仙云外首初翘，跨龙飞出鸣笙箫。
到此来谈运斗杓，道情鼓吹越窗寮。
天应星兮地应潮，此是行禅第一条。
横空驾驭升仙桥，逆转银河帝阙朝。
白云片片空中摇，广寒甘露胜甘醪。
君不见，仙家快活是今朝。

秋夜

谈玄好是人惟旧，讲道须容某在斯。
秋气已盈荷叶盖，露声凉泻桂花枝。
空山月黑鬼神静，绮阁灯红朝暮思。

我辈而今天事了，重邀诸子夜论诗。

同丰仙步火团阳韵

笑骑鹤驭来三岛，因看庐山过九江。
口里吹回招凤笛，手中拿住系龙桩。
袖携片石藏东海，枕梦华胥卧北窗。
自把卢生提醒后，度人心愿更蟠腔。

附：丰仙作

山居休说软红事，门外长流濯锦江。
处处栽根延命药，时时打个定心桩。
我来绮阁风生座，人诵黄庭日满窗。
最爱九秋晴意好，羽人争唱羽仙腔。

附：团阳元韵

一钩新月悬西岭，无数好山围大江。
绕树烟霞浓似染，立滩鸥鹭静如桩。
岛边流水寒穿石，阁上归云暮掩窗。
自笑倚楼无杰句，新诗半入道情腔。

《东坡集》中有煮鱼法，诸生效之，笑而赋此

听读东坡语万行，就中觅得煮鱼方。
道人为写放生咒，咒罢搀分满钵香。

题《老子正义》

吾自海天空处来，来在清虚浩渺外。

剑拂霜花红叶飞，口唱玄歌踏云塞。

天地容吾隐现身，出没往还穷世界。

迩来西月阐元风，举笔注书恣意态。

相遇清泉白石间，笑谈终日心大快。

扫除浮翳见清光，有此方能辟诸怪。

道德真诠覼缕谈，正义微微达显在。

大气混茫天地间，令我闲观笃珍爱。

寒冬携陆长庚游竹抱斋，诸子以酒相酬，书长句记之

扫除红叶当薪柴，暖酒烹鲜共一斋。

正值寒冬天地合，道人三两坐山崖。

任伊尘垢扑衣襟，中有清清一片心。

我与长庚发长啸，朔风吹雪度瑶岑。

题道果蟠山堂

新诗一首话良谟，当作勤耕苦读图。

堂上养亲人事毕，乘云驭气入蓬壶。

过荷锄子山居

依山作舍野云封，修竹千竿翠几重。

好是清空崖口月，鼓琴吹笛自从容。

又题庐壁

向晚来相访，天风过草堂。鸡声林外雨，鹤啸竹边霜。
一气清平旦，双峰抱草堂。山人歌咏处，云木自苍苍。

以"尧舜外臣"四字赠荷锄者

一腔慈爱贮山林，世外闲观达且深。
草泽诗怀民物量，神仙气抱圣贤心。
穷研易象图书旨，扫尽忧伤感慨吟。
借问尧夫谁得似，焚香一炷坐弹琴。

昭阳单阏 ① 闰七夕赏雨命诸子和之

一雨遍尘海，新凉满大千。重逢牛女会，再唱鹊桥仙（词名）。
至道心心印，真机口口传。为言同坐者，今夕是何年。

赠火二及东方生归虚

月下纯阳笛，山中火二琴。风声传袅袅，相与话秋心。
四望寥天碧，江烟水面沉。归虚知此意，解印入幽林。

遣侍者呼李归虚

笛声呼起李龙眠，如此凉宵好论玄。
秋露满庭人已静，桂花香放石坛前。

---

① 昭阳单阏，即癸卯，1843 年。

集空清洞为汪圆通寿，群真联吟，命书汪仙静坐图上
（十月十八日）

梦九道人仙人姿，三山分神下蓬池。（回）

出为苍氓降霖雨（坡），仁风一扇乐雍熙。（丰）

观察剑南调永北（紫清），宦潮逾起心逾伏。（回）

随飞龙兮学长生（坡），忽作潜虬归海若。（丰）

有如地上起高峰（紫清），突然挺立五千四。

百丈之奇离踪迹（回），仰而望者不可企。（坡）

颀而拜者欲相从（丰），而君像貌如乔松。（紫清）

今日为君寿（回），真容悬座首。（坡）

仙之灵兮倏然来（丰），诸生同敬百杯酒。（紫清）

天气肃穆冬岭高（回），梅花开处奏灵璈。（坡）

我把道情歌一曲（丰），鹤为起舞鸣江皋。（紫清）

於戏梦九复梦九，万劫元神长不朽。

愿人知几如先生（回），名与灵光照北斗。（齐唱）

分而为诸仙，合而为一手，淋漓大笔，磅礴高云。（月）

空青

一天晴雪照空青，日暮来谈没字经。

冷似寒灰清似水，扫除尘涴坐黄庭。

东方生归隐白驹观，复构庐于移云庄，书二绝句送之

一

宏景挂冠频徙宅，宣平避客更移庵。

白驹皎皎宜空谷，从此烟霞味更甘。

二

入山惟恐不能深，为避人间日日寻。

多少白云随汝去，东方久矣有退心。

道家四果偈

（并解）

道家四果者，《悟真篇》所谓投胎、夺舍，及移居、旧住，名为四果徒是也。投胎者，好善忘势，乐静安心，世生完美之家，起居自适，可以入道而无所入。夺舍者，阴神出入，纵游忘返，复夺他人美室，死者扶之而起，愚者变为聪明。移居者，功成初果，道力未充，五行未离，大限已迫，誓愿来世勤修，成无上道。旧住者，炼性功深，一灵不昧，有五通而无六通，得小还而未大还，尸假遗形，或为神灵，或居岳渎，守旧而居，不生不灭。此四者，皆不炼阳神者也。因为之偈曰：

阳神不炼炼阴神，难免抛身更入身。

纵使阴灵长自在，何如白日露全真。

禅家四果偈

（并解）

禅家四果者，《金刚经》所谓须陀洹、斯陀含、阿那含、阿罗汉是也。须陀洹，名为"入流"，而无所入。流者，圣流也。今生前世，皆有根因，可入圣流。而彼无作圣之功，故无所入，只许其轮回善道，即投胎果也。斯陀含，名"一往来"，而实无往来。目睹诸境，心有一生一灭，无第二生灭，故曰"一往来"。前念既妄，后念即止；前念有著，后念即离，故实无往来。念少性灵，涅槃遥印，常能借屋而居，即夺舍果也。阿那含，名"出欲"，亦名"不还不来"，而实无来。出欲者，外不见欲境，内无欲生心，结庵冷坐，力修定静。静功圆满，入清凉界定，不向欲界受生，故名"出欲"。誓愿来生，生即莲华，修成妙体，登金银界，快乐无边，法身不坏，故名"不来"，而实无不来，即移居果也。阿罗汉，名"无诤"，心无生灭去来，惟有本觉常照，曰"无诤三昧"。三昧云"正受"，亦云"正见"。修此无诤三昧，能飞行变化，注寿命，动天地，为佛护法，如伽蓝谛听揭谛，皆未降龙伏虎者也。须陀洹，于彼投胎，得斯陀含；斯陀含，于彼借舍，得阿那含；阿那含，于彼移居，得阿罗汉。因为之偈曰：

> 只凭觉性乐翱翔，四果皆阴不是阳。
>
> 纵使灵通似罗汉，何如坚实号金刚。

总咏四果偈

（并引）

投胎须陀洹，执迷不悟；夺舍斯陀含，弄巧反拙；移居阿那含，来生愿洪，而不能勤修现在；旧住阿罗汉，现在心灵，而不解双修入圣，是皆自小者也。因为总偈曰：

> 四果生来力悟玄，都能现世作神仙。
>
> 如何不把真金炼，空抱灵机昧上禅。

余生日，诸子载酒锦屏山之丞相祠，延请丰仙追陪，笑谢之，余并和丰仙元韵

> 醉余酒气立崔嵬，飞剑峰头宿雾开。
>
> 丞相祠前云拥簇，锦屏山上鹤归来。
>
> 江从雨后添新涨，石自藤根长绿苔。
>
> 难得丰仙风雅甚，为邀道侣竞追陪。

生日锦屏山与自在、丰仙联句

> 座上横陈几卷经（自在），楞严道德与黄庭。（吕）
>
> 瑶笙一奏来云鹤（丰），铁笛双吹入锦屏。（自在）
>
> 夏木阴阴春后绿（吕），烟岚历历雨余青。（丰）
>
> 我侪寿考侔天地（自在），高坐蓬莱德自馨。（吕）

示白驹观诸子

谈心聚首爱诸生，说破人情即道情。

劝善好如行善好，月光明似性光明。

乾坤诗酒片时乐，今古悲欢一梦清。

何若眼前寻养术，白云深处自高鸣。

听人弹琴

听弹一曲山居吟，半点尘埃不许侵。

高士雅怀藏太古，道人知己托瑶琴。

弦中对我谈真诀，指下阿谁是赏音。

若使同堂皆似此，静时三弄有仙临。

霜降夕临江楼

一笑蒙蒙月，登楼已暮天。江灯红照水，野寺白浮烟。

小阁初更后，凉秋九月前。正逢霜降夕，风叶韵萧然。

和丰仙题老隐仙图

化为鸾鹤气嬴嬴，寿考年来近百京。

洞里烟霞长啸傲，山中日月自流行。

种瓜不类东陵子，逃世能先北郭生。

溪水桃花隔尘世，未闻时事与时名。

附：丰仙原韵

先入桃源避乱嬴，不随伪隐谒神京。

家移翠嶂心逾静，话到红埃足懒行。
抱瓮丈人呼至友，接舆狂士拜先生。
儿孙个个调鸾鹤，忘却尘中利与名。

又和题老游仙图

久随日月辨虚赢，未领烟霞飞玉京。
五老应添六老坐，八公常饯九公行。
山间每遇赤松子，世上浑疑白石生。
今古事情都看破，十洲三岛尽知名。

附：丰仙原韵

八百三千数早赢，而今善果更如京。
奇踪异迹频频著，竹杖棕鞋处处行。
千岁翁皆成故友，万年历与纪长生。
年来潢迹游尘世，又学浮邱易姓名。

青城山联句

浯同道士乐长吟（吕），天外飞行步碧岑。（丰）
山喜来龙开大面（海蟾），仙皆停鹤话同心。（紫清）
三台隐隐冲烟出（吕），九室层层入雾深。（丰）
犹忆当年离世网（海蟾），飘然云路咏松阴。（紫清）

吕纯阳先生诗余卷之九

江上涵虚弟子火西月　重编

梧桐影

（毛稚黄《词谱》一名"明月、斜月"起句也）

题景德寺

明月斜，秋风冷。今夜故人来不来，教人立尽梧桐影。

渔父词十八首

（一名《渔歌子》）

《草堂自记》：予作《渔父词》一十八首，皆言作丹之用。语无次第，不加题目，《参同》所谓"纷多其词"也。坊刻于每首之前，各列一题，殊觉无味，删之以存其真可也。

一

闭目藏真神思凝（晋音凝读镕），杳冥中里见吾宗。

无边畔，迥朦胧，玄景观来觉尽空。

二

大道从来属自然，空堂寂坐守机关。

三田宝，镇长存，赤帝分明坐广寒。

三

日月交加晓夜奔，昆仑顶上立乾坤。

真镜里，实堪论，暖暖红霞绕帝门。

四

恍惚擒来得自然，偷他造化在其间。

神鼎内，火烹煎，尽历阴阳结作丹。

五

卯酉门中作用时，赤龙时蘸玉清池。

云薄薄，雨微微，看取娇容露雪肌。

六

子午长餐日月精，玄关门户启还扃。

常如此，过平生，且把阴阳仔细烹。

（唐中兴时，曾以此词，示汴京石氏女，女得之延其年。）

七

会合都从戊己家，金铅木汞不须夸。

只此物，结丹砂，反覆阴阳色转华。

八

位立三才属五行，阴阳合处便相生。

龙飞跃，虎狂吟，吐个神珠各战争。

九

四象分明八卦周，乾坤男女论绸缪。

交会处，更娇羞，转觉情深玉体柔。

十

返本还元向此寻，周流金鼎虎龙吟。

身不老，俗难侵，貌变童颜骨变金。

十一

还返初成立变童，瑞莲开处色辉红。

金鼎内，迥瞳眬，换骨添金处处同。

十二

那个仙经述此方，参同大易显阴阳。
须穷取，莫颠狂，会者名高道自昌。

十三

九转功成数尽乾，开炉拨鼎见金丹。
餐饵了，别尘寰，足蹑青云突上天。

十四

举世人生何所依，不求自己更求谁。
绝嗜欲，断贪痴，莫把神明暗里欺。

十五

学道先从此处修，断除贪爱别娇柔。
长守静，处深幽，服气餐霞饱即休。

十六

贪贵贪荣逐利名，朝朝游宴恋欢情。
年不永，代君惊，一报身终那里生。

十七

万劫千生得个人，须知先世种来因。
速醒悟，出迷津，莫使轮回受苦辛。

十八

闭目寻真真自归，玄珠一颗出辉辉。
终日玩，莫抛离，免得阎王遣使追。

渔家傲

（一名"豆叶黄"）

江南游唱词

二月江南山水路，李花零落春无主。
一个鱼儿无觅处，风和雨，玉龙生甲归天去。

（弦外有余音）

按《五代史补》：南唐李升，本徐温所养。先有童谣云："东海鲤鱼飞上天。"东海，即徐之望也；鲤者，李也。盖言升，自温家起而为君耳。又，《玉壶清话》：南唐元宗时，一渔者唱《渔家傲》，其舌为鸣榔之声以参之，自号"回同客"，音清悲如在烟波间，唱于金陵凡半年，无有悟者。后元宗，果以甲岁二月殂于正寝。鱼儿乃向所谓鲤鱼也，词中之语皆验焉。回同客，吕洞宾之隐语也。

六么令

示人

东与西，眼与眉。偃月炉中运坎离，灵砂鼎上飞。
最幽微，是天机，你休痴，你不知。

忆江南

（此单调也，一名"望江南"，一作"梦江口"，又作"梦江南"、"归塞北""望江梅""梦游仙"，间有双调在内。）

与丹客词

一

淮南法，秋石最堪夸，位应乾坤白露节。象移寅卯紫河车，子午结朝霞。
（秋石，即金丹，非旁门"秋石方"也。）

二

玉阳术，得秘是黄芽，万蕊初生将此类。黄钟应律始归家，十月定君夸。

三

黄帝术，玄妙美金华，玉液初凝红粉见。乾坤覆载暗交加，龙虎变成砂。

四

长生术，玄要补泥丸，彭祖得之年八百。世人因此转伤残，谁是识金丹。

五

阴丹诀，三五合玄图，二八应机堪采运。玉琼回首免荣枯，颜貌胜凡姝。

六

长生客，初九秘潜龙，火里飞来迎水虎。丹田流注气交通，耆老返婴童。

七

修身客，莫误入迷津，道术金丹传在世。象天象地象人身，不用问东邻。

八

还丹诀，九九最幽玄，三性本同一体内。要烧灵药初寻铅，寻得是神仙。

九

长生药，不用问他人，八卦九宫看掌上。五行四象在人身，明了自通神。

十

学道客，修养莫迟迟，光景斯须如梦里。还丹一粒变金姿，死去复生期。

十一

治生客，细审察微言，百岁梦中看即过。劝君修炼保尊年，不久是神仙。

西江月

（一名"白苹香"，道家名"步虚词"。）

指玄词

一

著意黄庭岁久，留心金碧年深。

为忧白发鬓霜侵，仙诀朝朝讨论。

秘要俱皆览过，神仙奥旨重吟。

至人亲指水中金，不负平生志性。

二

任是聪明志士，常迷丹灶黄庭。

《参同》大易事分明，不晓如醉难醒。

若遇高人指引，都来不费功程。

北方坎子是金精，认得黄芽方盛。

三

世有学人无数，愚痴妄意如麻。

汞铅错认结为砂，运火欲觅黄芽。

千日虚劳心力，人人尽破其家。

真铅似玉本无瑕，白凤肯比狂鸦。

四

至道不烦不远，真人只在目前。

淮王炼石得冲天，汉世已经千年。

全在低心下气，事该缘分宜然。

安炉立鼎尽周圆，须得汞去投铅。

五

听说金公两字，何物唤作金孙。

寻枝寻叶必知根，无觉未免心昏。

若用凡铅为体，都来少魄无魂。

水银渐结必难成，秘诀要妙谁论。

六

真假两般玄字，金公作料重迷。

凡铅纵与岳山齐，不能借与金妻。

听说真铅住处，他家跳在深溪。

两情恩爱事因媒，义重争敢东西。

七

水火运来周岁，四六勿错如初。

水多火少失功夫，胜地方始安炉。

直须认鼎与药，却如鸡子无殊。

内黄外白结凝酥，一颗圆明汞珠。

八

彼此相离生处，火遭水破惊忙。

分身各自拟深藏，半路再觅萧郎。

夫为无衣素体，妻因水浸衣黄。

丙丁甲乙有形相，刚遭令合阴阳。

减字木兰花

题大庚岭庵壁示道众

暂游大庚，白鹤飞来谁共语。

岭畔人家，曾见寒梅几树花。

春来春去，人在落花流水处。

花满前蹊，藏尽神仙人不知。

百尺楼第一体

（作"卜算子"，大误。）

仙居

心空道亦空，风静林还静。

卷尽浮云月自明，中有山河影。

供养及修行，旧话成重省。

豆爆莲生火里时，痛拨寒灰冷。

浪淘沙

（前调也，一名"卖花声"，一名"过龙门"。唐乐府有"浪淘沙"。）

仙家乐

我有屋三椽，住在灵源，无遮门壁任萧然。
万象森罗为斗拱，瓦盖青天。
无漏得多年，结就因缘，修成功行满三千。
降得火龙伏得虎，陆地神仙。

苏幕遮第一体

咏真心

天不高，地不大，惟有真心，物物俱含载。
不用之时全体在，用即拈来，万象周沙界。
虚无中，尘色内，尽是还丹，历历堪收采。
这个鼎炉解不解，养就灵乌，飞出光明海。

词以意胜者此类是也。（自记）

满庭芳

（中吕调也，一名"锁阳台"。）

咏大道

大道渊源，高真隐秘，风流岂可知闻。先天一气，清浊自然分。不识坎离颠倒，谁能辨，金木浮沉。幽微处，无中产有，涧畔虎龙吟。

壶中真造化，天精地髓，阴魄阳魂。运周天水火，燮理寒温。十月脱胎丹就，除此外都是旁门。君知否，尘寰走遍，端的少知音。

壶中天

（一名"念奴娇"，一名"百子令"，更名"大江东去，酹江月"，皆以东坡词得名也。）

咏还丹

仙风道骨，颠倒运乾坤，平分时节。金木相交，坎离位，一粒刀圭凝结。水虎潜形，火龙伏体，万丈毫光烈。仙花朵朵，圣男灵女扳折。

霄汉此夜中秋，银蟾离海，浪卷千层雪。此是天关地轴，谁解推穷圆缺。片晌功夫，霎时丹聚，到此凭何诀。倚天长啸，洞中无限风月。

水龙吟

（一名"小楼连苑"，越调曲也。）

长生路

目前咫尺长生路，多少愚人不悟。爱河浪阔，洪波风紧，舟船难渡。略听仙师语，到彼岸，只消一句。炼金丹，换了凡胎浊骨，免轮回，三涂苦。

万事澄心定意，聚真阳，都归一处。分明认得，灵光真趣，本来面目。此个幽微理，莫容易，等闲分付。知蓬莱，自有神仙伴侣，同携手，朝天去。

汉宫春

题庐阜山楼

横笛声沉，倚危楼红日，江转天斜，黄尘边火潢洞，何处吾家。胎禽怨夜，来乘风，玄露丹霞。先生笑，飞空一剑，东风犹自天涯。

情知道山中好，早翠云含隐，瑶草新茶。清溪故人信断，梦飙车。乾坤星火，归来了，煮石煎砂。回首处，幅巾蒲杖，云边独是桃花。

促拍满路花

题长安酒楼柱

西风吹渭水，落叶满长安。茫茫尘世里，独清闲。自然炉鼎，虎绕与龙蟠。九转丹砂就，一粒刀圭，便成陆地神仙。

任他富贵拥华轩，到了亦徒然。黄粱犹未熟，梦惊残。是非海里，终久立身难。拂袖江南去，白苹红蓼，再游溋浦庐山。

黄山谷最爱此词，尝略更数句，以助行吟之兴。或遂疑为山谷作者，非也。（月）

雨中花

题岳阳楼

三百年间，功标青史，几多俱委埃尘。悟黄粱梦幻，厌世藏身。将我一枝丹桂，换他千载青春。岳阳楼上，纶巾羽扇，谁识天人。

蓬莱愿应仙举，谁知会合仙宾。遥想望吹笙玉殿，奏舞鸾裀风。驭云骈不散，碧桃紫奈长新。愿吞一粒，九霞光里，相继朝真。

思量我

（词谱无此调，即以末句为调名。）

吴兴妓馆答张珍奴韵

道无巧妙，与你方儿一个。子后午前定息坐，夹脊关，昆仑过。恁时得气力，思量我。

闷损我

（此珍奴原唱也。前谱亦无此调，即以末三字为调名。）

望师不至

逢师许多时，不说些儿个，安得仍前相对坐。懊恼韶光空自过，直到如今闷损我。

步蟾宫

再过珍奴馆唱此度之

坎离震兑分子午，须认取自家宗祖。地雷震动山头雨，待洗濯黄芽出土。捉得金精牢闭固，炼甲庚要生龙虎。待他问汝甚人传，但说道先生姓吕。

黄觉能，景德中名士也。尝饯客于东都门外，见一羽士，颜貌清华，邀共饮之。叩其姓，羽士以指染酒，书一"吕"字，且曰："明年江南见君。"既果调官江南，为湖州守。喜听道情，询诸妓有能为道情词曲者否？俱无以应，独珍奴以前词奏之。黄讶曰："吕先生曾过汝乎？"珍具述，馆中遇师，恳求了脱之事。觉能遂判其脱籍焉。后珍奴佯狂市中，投僻地密修，逾二年尸解。黄亦解任还家。

望江南双调

（建炎中，游梓潼作。）

娄道明出侍女歌《游仙词》侑酒，口占此词酬之

瑶池上，瑞雾霭群仙，素练金童锵凤板。青衣玉女啸鸾弦，身在大罗天。
沉醉处，缥缈玉京山，唱彻步虚清燕罢。不知今夕是何年，海水又桑田。

沁园春

（三首）

巴陵旅邸和崔进士新声以示元意

火宅牵缠，夜去明来，早晚无休，奈今日不知，明日何事。波波劫劫，
有甚来由，人世风灯，草头珠露，我见伤心泪眼流。不坚久，似石中迸火，
水上浮沤。

休休及早回头，把往日，风流一笔勾。但粗衣淡饭，随缘度日。任人笑
我，我又何求。限到头来，不论贫富，著甚干忙日夜忧。劝年少，把家园弃
了，海上来游。

诗曲文章①

诗曲文章，任汝空留，数千万篇。奈日推一日，月推一月。今年不了，
又待来年。有限光阴，无涯火院，只恐蹉跎老却贤。贪痴汉，望成家学道，

---

① 原词无题，以首句为题。

両事双全。

凡间只恋尘缘，又谁信，壶中别有天。这道本无情，不亲富贵，不疏贫贱，只要心坚。不在劳神，不须苦行，息虑忘机合自然。长生事，待明公放下，方可相传。

七返还丹 ①

七返还丹，在人先须，炼己待时。正一阳初动，中宵漏永。温温铅鼎，光透帘帏。造化争驰，虎龙交媾，进火功夫牛斗危。曲江上，看月华莹净，有个乌飞。

当时自饮刀圭，又谁信，无中养就儿。辨水源清浊，木金间隔，不因师指，此事难知。道要玄微，天机深远，下手速修犹太迟。蓬莱路，仗三千行满，独步云归。

燕山葫头集词

醉仙词

谁把银河皆酿酒，请月邀云，迷透一天星斗，雾掩罘罳，霞舒锦绣，雪卷虚舟。记汉阳秋树，酡叶缀丹邱，散发徜徉，黄冠倒履，花影盈头，吸百川而长鲸低首，卧六合而匹配麕麚。风姨月姊，笑我无知叟，卖药人归，挂多少杖头，问织女，访云帘，再沽他八斗。任乾坤合璧，日月转九，醉眼蒙眬，杯斝休离手，玉皇政务苦相催，去否去否。

快乐神仙词

赏心乐事，问如何消遣，对春风飞落。古剑横肩，么么小子，相与戏翩

① 原词无题，以首句为题。

翩，傲乾坤可否，谁怪云烟。情淡了，世徒然，黄发垂髫几变迁，行踪谁认蓬莱路，弱水三千空漏船。君不见，萧萧白鹤羽掀天，笑杀流莺空宛转。

戏作道情词

玄机无奥，世人自认为虚渺，三千五百，归来多少。说甚么元皇气巧，总只是人情颠倒，问而今眼底慧光，胸中电影，可曾知道。西江有月，东土有舟，可能直泛蓬莱岛。黄龙有象，白虎留形，只都是强名之窍。笑浮生碌碌朝朝，枕黄粱未知惊觉。任大梦无亏，方能悟长生不老，嗟嗟，那时迟了。今日个叩回道，明日个礼回道，呵呵，令道人徒吐道人道，我也不知谁个能通晓。今试以降笔临坛，信有无，温凉一服谁餐饱，劝世尘须当一扫。

山花子

书野韵于燕山驻云堂

云散天光鹤一只，归飞洞口是晓时，文人正欲咏瑶词。
桃花解语千秋梦，绿水知音四海簏，野童他也会吟诗。

道情曲

步步娇

梦幻茫茫花开卸，乱杀沧桑月，休言今古赊。
试看一瞬乾坤，千秋吴越。
若邪又何耶，梅花冷淡人生业。

沉醉东风

望咸阳残霞剩阙，惜商山流云断碣。

倩花神影漫遮，线儿春拽。

锦屏忙鹤丝鸾颊，余红褪也。

狂莺那些任羽化，南窗邀醉蝶。

好姐姐

莫怜渔翁晓夜，曾钓尽英雄兴灭。

谁可以忘机，炼黄芽，调白雪。

凭大块生枝节，我昂然自决。

月上海棠

何饶舌，秦讴赵舞生生孽。

惹花脂燕韵，凤雅龙奢。

惜夭桃红雨轻盈，况蜉蝣绿云抛撒。

利名者，似黄鸟春歌，杜鹃暮血。

五供养

黄金跃冶，紫腾腾秀色。

箔我难些，葫芦倒控阴阳设。

云姨月妹烟霞姐，好伴我三皇旧客。

任人老韶光迈，那些些。

君不见，松涛惊起瓦棺蛇。

玉抱肚

青牛力怯，怕函关夜度，惟依洞月。

弄琴樽千壑酬云，坐巅岩半林醉叶。

琼姝欲遣鹤迎接，柳烟休管人离别。

水红花

虚牌套子因谁设，顿误这风流豪杰。

纵然宠辱三生结，何堪卸。

四生周折，不信罗浮旧恨，何处芙蓉榭。

弔东山悲太液，也啰。

双声子

丈夫能自烈，世事随蛮咽。

玄机好对梅花说，再休题玉箫有愿同衾穴。

尾声

大鹏既把扶摇接，一任他鹪鹩暂借，我且把青纶聊披写。

渔家乐曲

步步娇

矶上羊裘谁为杰，自在桃花月，轻舠任路赊。

趁著云片风丝，烟波帆叶。

兰桨击龙蛇，蓼花何处芦飞雪。

沉醉东风

汉宫春笑他兴灭，隋隄柳催人离别。

琼花也今在耶，何曾开卸。

只落得东风周折，渔竿影斜。

渔歌唱些，然楚竹尽醉寒裳夜。

好姐姐

追思人生事业，千万载无休无歇。

又谁知韶华，瞬息间将伊撇。

只落得白杨月，照荆榛断碣。

（怆然）

月上海棠

再休说，桃源怕也成嚣穴。

看洞迷猿啸，花落云遮。

挽丝纶霓影摇摇，卷波涛龙光叠叠。

休披写，鸥懒沙汀，燕栖台榭。

五供养

幻哉梦也，忆邯郸最怯。

枕畔豪奢，何时解说羲皇蝶。

肯种幽兰开绿野，效范蠡湖天放楫，伴鹿鹤忘机矣。

运河车，更好觅龙虎金乌作采接。

玉抱肚

东山旧谢，恨堂前燕去，平常庭榭。

八公山鹤唳寒江，九嶷竹凤鸣春月。

谁凭法相了些些，鳌钩历尽英雄铁。

水红花

渔村遥与蓬瀛接，好宁贴参他黄白。

一声款乃各相协，野歌儿，深通道诀。

西岸咿哑暮影，直把孤星射，两相呼堪停泊，也啰。

双声子

洞庭春自悦，兴废谁能彻。

渔家骨肉由他拙，任你文章侠气浑石画。

尾声

王侯富贵休称说，试问金谷当年罗列，怎似那钓老烟波渔乐也。

沉郁顿挫之作。（月）

涵三宫词

西江月　示人

我欲寻仙作侣，茫茫四海无真。

今朝得遇有缘人，好把龙沙相赠。

洵属道缘深厚，将来不让诸生。

西南演典得逢君，正是予门深幸。

前调示众

一

人事几回扰扰，俗情无数纠缠。

看来世事许多般，总被心猿羁绊。

利锁名缰不断，坟茔风水求安。

病来不识保真元，屡向仙翁祈算。

二

笑逐雪花飞舞，喜随风影团圞。

任教马劣与猿顽，守我黄房自叹。

叹彼尘劳梦梦，争求执著成贪。

为儿为女不清闲，几度光阴虚诞。

示野航和尚

野航子，又被甚风儿打到俺崖前。

铁绳子紧系你心田，看你这觔斗从何处翻。

禅中学道，道又参禅。

那里是著脚机关，喜汝回头上我船。

此自度曲也，即以"野航子"三字为调名，亦可。

抱一楼词

杨柳枝

（与七绝同，只一点拘句不同耳。）

仰观俯察图

天也空来渊也空，鸢鱼飞跃在空中。

一潭绿水涵虚碧，云影波光上下同。

如梦令

睡仙

开口即成呵嗜，遇了石床便拜。

梦入杳冥乡，忘却红尘世界。

难怪，难怪，松下石头枕坏。

思帝乡

游仙

云一挑，清风又一瓢。走遍东西南北，路迢迢。

憩遍庵坛寺院，冷萧萧。莫道行踪苦，自逍遥。

风流子

酒仙

不要诗篇占手，只要流霞入口。

揭乌帽，脱羊裘。单为酒钱没有。

醉后，回首，山径一场觔斗。

法驾导引

诗仙

风流客，风流客，天际落吟魂。

千古江山生气魄，四时风月补精神，文采日翻新。

天仙子

飞仙

涌出阳神登碧落，羽衣飘洒行寥廓。白云黄鹤共遨游。
真快乐，无拘束，长啸一声天地阔。

两同心

咏金丹真夫妇

郎号白铅，女名朱汞。东家男子西家生，返本还元归东皋。刚刚的，结
就朱陈，你怜我宠。

一对儿鸾和凤，鸳衾同共。洞房内云雨兴浓，紫霞里夫妻情重。温温
养，养育娇儿，仙根仙种。

醉翁操

（琴曲羽化登仙，一名"岳阳三醉"，涵虚每为我弹之。）

因举东坡醉翁操元韵，以酬其意

飘然，神圆，谁知道琴中传言。岳阳三醉游湖天，洞庭飞出婵娟。龙未
眠，佩剑过楼前，问客安往哉集贤。（子期听琴处，今名集贤村。）
吕翁到处，白石清泉。吕翁长啸，惊起鸾鸣鹤怨。山月兮升层巅，翠阁

兮浮晴川。一千四十年（贞元戊寅，至今丁酉 ①），人人知神仙。混迹酒坊间，有客思我弹七弦。

不减坡公神韵。（月）

① 贞元戊寅，即 798 年；至今丁酉，即 1837 年。

吕纯阳先生编年诗集　附刻《吕氏诗钞》

《草堂自记》云：吾家世守簪缨，至崑则浓极思淡。我祖君载公，及伯叔父，皆擢第于贞元、元和之间。俗以予为贞观天宝时人者，何不一考之耶？《全唐文集》具在，略钞数首，以见有征。唐咸通进士，学仙子吕崑记。

门下火西月校订

吕渭

（云房，拜填讳。）

字君载，河中人。第进士，为浙西支使，后贬歙州司马。贞元中，累迁礼部侍郎，出为潭州刺史。

按《太平广记》：侍郎吕渭与杨凭，相继廉问湖南，皆尝师南狱炼士田良逸、蒋含宏。二人道业极高，远近钦重，时称田、蒋，与侍郎分最深。后衡州刺史吕温，亦来就谒，左右告以衡使君，是侍郎伯子。及入拜，良逸拊其背曰："吕侍郎，是汝父耶？"温泫然。后有欧阳平者来，与田、蒋同居，人号"三仙"，一时蜕去。吕衡州，至山殓之，颜状如生，奇香满院。

忆长安

八月

忆长安，八月时，阙下天高。
旧仪衣冠，共颁金镜，犀象对舞丹墀。

更爱终南灞上，可怜秋草碧滋。

状江南

仲冬

江南仲冬天，紫蔗节如鞭。海将盐作雪，山用火耕田。

贞元十一年，知贡举，挠闷不能定去，留寄诗前主司

独坐贡闱里，愁多芳草生。仙翁昨日事，应见此时情。

皇帝移晦日，为中和节

皇心不向晦，改节号中和。淑气同风景，嘉名别咏歌。
湔裙移旧俗，赐尺下新科。历象千年正，醅醵四海多。
花随春令发，鸿度岁阳过。天地齐休庆，欢声欲荡波。

经湛长史草堂

岩居旧风景，人世今成昔。木落古山空，猿啼秋月白。
谁同西府僚，几谢南平客。摧残松桂老，萧散烟云夕。
迹留异代远，境入空门寂。惟有草堂僧，陈诗在石壁。

吕温

（云房，拜填讳。）

温，字叔和，一字光化，河中人。贞元末，擢进士第，再迁为左拾遗，

以侍御史使吐蕃，进户部员外郎。因奏李吉甫阴事，贬均州刺史，议者不遂，再贬道州，久之徙衡州。与南岳九真观三仙，田良逸、蒋含宏、欧阳平友善，乐道参玄，雅有高致。后田、蒋、欧三人，一时尸解，衡使君至山险之。旋亦卒于衡州，良逸来，携之西去。有集十卷。

终南精舍月中闻磬声

月峰禅室掩，幽磬静昏氛。思入空门妙，声从觉路闻。
泠泠满虚壑，杳杳出寒云。天籁疑难辨，霜钟谁可分。
偶来游法界，便欲谢人群。竟夕听真响，尘心自解纷。

奉和武中丞秋日台中寄怀简诸僚友

圣朝思纪律，宪府得中贤。指顾风行地，仪形月丽天。
不仁恒自远，为政复何先。虚室唯生白，闲情却草玄。
迎霜红叶早，过雨碧苔鲜。鱼乐翻秋水，鸟声隔暮烟。
旧游多绝席，感物遂成篇。更许穷荒谷，追歌白雪前。

和舍弟让惜花绝句

去年无花看，今年未看花。更闻飘落尽，走马向谁家。

和恭弟听晓笼中山鹊

掩抑中天意，凄怆触笼音。惊晓一闻处，伤春千里心。

和舍弟让笼中鹰

未用且求安，无猜也不残。九天飞势在，六月目睛寒。
动触樊笼倦，闲消肉食难。主人憎恶鸟，试待一呼看。

同恭弟夏日题寻真观李宽中秀才书院

闲院开轩笑语阑，江山并入一壶宽。

微风但觉杉香满，烈日方知竹气寒。

披卷最宜生白室，吟诗好就步虚坛。

愿君此地攻文字，如炼仙家九转丹。

同舍弟恭岁暮寄晋州李六协律三十韵

古人犹悲秋，况复岁暮时。急景迫流念，穷阴结长悲。

阳乌下西岭，月鹊惊南枝。揽衣步霜砌，倚杖临冰池。

恍恍若有失，悄悄良不怡。忽闻晨起吟，宛是同所思。

有美壮感激，无何远栖迟。摧藏变化用，掩抑扶摇姿。

时杰岂虚出，天道信可欺。巨川望汔济，寒谷待潜吹。

剑匣益精利，玉韬讵磷缁。戒哉轻沾诸，行矣自宠之。

伊我抱微尚，仲氏即心期。讨论自少小，形影相差池。

比来胸中气，欲耀天下奇。云雨沛萧艾，烟阁双萎蕤。

几年用方枘，一旦迷多歧。道因穷理悟，命以尽性知。

事去类绝弦，时来如转规。伊吕偶然得，孔墨徒尔为。

早行多露悔，强进触樊蠃。功名岂身利，仁义非吾私。

万物自生化，一夫何驱驰。不如任行止，委命安所宜。

劝君休感叹，与予陶希夷。明年郊天后，庆泽岁华滋。

曲水杏花雪，香街青柳丝。良时且暂欢，樽酒聊共持。

闲过漆园叟，醉看五陵儿。寄言思隐处，不久来相追。

道州夏日郡内北桥新亭书怀赠何元二处士

结构池梁上，登临日几回。晴空交密叶，阴岸积苍苔。

爽气中央满，清风四面来。振衣生羽翰，高枕出尘埃。

齐物鱼何乐，忘机鸟不猜。销闲炎昼静，选胜火云开。
僻远宜屠性，优游赖废材。愿为长泛梗，莫作重燃灰。
守道躬非过，先时动是灾。寄言徐儒子，宾榻且徘徊。

道州敬酬何处士书情见赠

意气曾倾四国豪，偶来幽寺息尘劳。
严陵钓处江初满，梁甫吟时月正高。
新识几人知杞梓，故园何处长蓬蒿。
期君自致青云上，不用伤心叹二毛。

戏赠灵澈上人

僧家亦有芳春兴，自是禅心无滞境。
君看池水湛然时，何曾不受花枝影。

巩路感怀

马嘶白日暮，剑鸣秋气来。我心浩无际，河上空徘徊。

道州途中即事

零桂佳山水，荥阳旧自同。经途看不暇，遇境说难穷。
叠嶂青时合，澄湘漫处空。舟移明镜里，路入画屏中。
岩壑千家接，松萝一径通。渔烟生缥缈，犬吠隔芃葱。
戏鸟留余翠，幽花惜晚红。光翻沙濑日，香散橘园风。
信美非吾土，分忧属贱躬。守愚资地僻，恤隐望年丰。
且保心能静，那求政必工。课终如免戾，归养洛城东。

题阳人城

忠驱义感即风雷，谁道南方乏武才。
天下起兵诛董卓，长沙子弟最先来。

刘郎浦口号

吴蜀成婚此水浔，明珠步幛幄黄金。
谁将一女轻天下，欲换刘郎鼎峙心。

喜俭弟北至送宗礼南行

洞庭舟始泊，桂江帆又开。魂从会处断，愁向笑中夹。
惝恍看残景，殷勤祝此杯。衡阳刷羽待，成取一行回。

楚州追制后舍弟直长安县失囚花下共饮

天子收郡印，京兆责狱囚。狂兄与狂弟，不解对花愁。

道州春游欧阳家林亭

道州城北欧阳家，去郭一里占烟霞。
主人虽朴甚有思，解留满地红桃花。
桃花成泥不须扫，明朝更访桃源老。
政成兴足告即归，门前便是家山道。

上官昭容书楼歌

汉家婕妤唐昭容，工诗能赋千载同。

自言才艺是天真，不服丈夫胜妇人。
歌阑舞罢闲无事，纵恣优游弄文字。
玉楼宝架中天居，缄奇秘异万卷余。
水精编帙绿钿轴，云母捣纸黄金书。
风吹花露清旭时，绮窗高挂红绡帷。
香囊盛烟绣结络，翠羽拂案青琉璃。
吟披啸卷终无已，皎皎渊机破研理。
词萦彩翰紫鸾回，思耿寥天碧云起。
碧云起，心悠哉，境深转苦坐自摧。
金梯珠履声一断，瑶阶日夜生青苔。
青苔秘空关，曾比群玉山。
神仙杳何许，遗逸满人间。
君不见，洛阳南市卖书肆。
有人买得研神记，纸上香多蠹不成。
昭容题处犹分明，令人惆怅难为情。

贞元十四年旱甚见权门移芍药花

绿原青珑渐成尘，汲井开园日日新。
四月带花移芍药，不知忧国是何人。

道州郡斋卧疾寄东馆诸贤

东池送客醉年华，闻道风流胜习家。
独卧郡斋寥落意，隔帘微雨湿梨花。

读小弟诗有感因口号以示之

忆吾未冠赏年华，二十年间任咄嗟。
今来羡汝看花岁，似汝追思昨日花。

道州感兴

当代知文字，先皇记姓名。七年天下立，万里海西行。
苦节终难辨，劳生竟自轻。今朝流落处，潇水绕孤城。

和李使君三郎早秋城北亭宴崔司士因寄关中张评事

黄花古城路，上尽见青山。桑柘晴川口，牛羊落照间。
野情随卷幔，尘事隔重关。道合偏重赏，官微独不闲。
鹤分琴久罢，书到雁应还。为谢登临客，琼林寄一攀。

题从叔园林

阮宅闲园暮，窗中见树阴。樵歌依野草，僧语过长林。
鸟向花间井，人弹竹里琴。自嫌身未老，已有住山心。

送僧归漳州

几夏京城住，今朝独远归。修行四分律，护净七条衣。
溪寺黄橙熟，沙田紫芋肥。九龙潭上路，同去客应稀。

道州夏日早访荀参军林园敬酬见赠

高眠日出始开门，竹径旁通到后园。
陶亮横琴空有意，任棠置水竟无言。
松窗宿翠含风薄，槿院朝花带露繁。
山郡本来车马少，更容相访莫辞喧。

岳阳怀古

晨飙发荆州，落日到巴邱。方知剡剡利，可接鬼神游。
二湖豁南寝，九派驶东流。襟带三千里，尽在岳阳楼。
忆昔斗群雄，此焉争上游。吴昌屯虎旅，晋盛骛龙舟。
宋齐纷祸难，梁陈成寇仇。钟鼓长震耀，鱼龙不得休。
风雪一萧散，功业忽如浮。今日时无事，空江满白鸥。

奉敕祭南岳十四韵

皇家礼赤帝，谬获司风域。致斋紫盖下，宿设祝融侧。
鸣涧惊宵寐，清猿递时刻。澡洁事夙兴，簪佩思尽饰。
危坛象岳趾，秘殿翘翚翼。登拜不遑顾，酌献皆累息。
赞道仪匪繁，祝史词甚直。忽觉心魂悸，如有精灵逼。
漠漠云气生，森森松柏黑。风吹虚籁韵，露洗寒玉色。
寂寞有至公，馨香在明德。礼成谢邑吏，驾言归郡职。
憩桑访蚕事，遵畴课农力。所愿风雨时，回首瞻南极。

奉送范司空赴朔方

筑坛登上将，膝席委前筹。虏灭南侵迹，朝分北顾忧。
抗旌回广漠，抚剑动旌头。坐见黄云暮，行看白草秋。
山横旧秦塞，河绕古灵州。戍守如无事，惟应猎骑游。

送文畅上人东游

随缘聊振锡，高步出东城。水止无恒地，云行不计程。
到时为彼岸，过处即前生。今日临歧别，吾徒自有情。

道州春日感兴联句

（李景俭、吕温、吕恭进士）

始见花满枝，又见花满地。（李）

且持增气酒，莫滴伤心泪。（温）

深诚长郁结，芳辰自妍媚。（恭）

啸歌同永日，谁知此时意。（李）

吕让

（云房，拜填讳。）

河中人。元和中进士，官郎中，出为海州刺史，与贾岛从弟诗僧无可，作尘外交。及赴海州时，无可送以诗曰："出守沧洲去，西风送旆旌。路遥经几郡，地尽到孤城。拜庙千山绿，登楼遍海清。何人共东望，日向积涛生。"（题《作送吕郎中赴沧洲》）

咏笋示子侄

春光二月到幽林，孕得烟霞气更深。

渐觉清风吹洒洒，新经早雨已森森。

望渠长过千年竹，添我闲游一径阴。

纵抱凌霄标汉志，层层节节要虚心。

附录一

吕祖本传 [①]

本传小序

吕祖对正阳帝君："欲度进众生，方肯上升。"迨上升之后，复行化度世，是以由唐迄今，隐显变化不一，世称吕仙，其自称回道人，曰无上宫主，究证位无上圣师，灵迹极多，不能尽载。本传止据原传叙次，间有增入，并分注处，以备参考。至传闻之异，有谓本唐宗室姓李，或名珏，或名琼。以夫妇入山双修，易姓吕。或曰举进士第作令，或曰举进士不第。或曰六十四岁游长安，遇正阳帝君；或曰六十四岁，上朝元始玉皇。或曰四月十四日生，或曰八月初四日生。其生之年，或曰贞观，或曰天宝，或曰贞元，种种不一。吕祖尝曰："呼牛应牛，呼马应马。世人之谬，乃真乃假。吾唐以前，吾亦何有也？"其言达矣。夫太上降生，指李为氏，雪山初诞，从胁而出，以及二龙绕室，五星在庭，神灵之征，历历不爽。仙佛圣贤之生，由来异矣。若吕祖，吾又乌能测之哉？

无我子谨序

[①] 选自清乾隆年间邵志琳刊本《吕祖全书》，参考刘体恕刊本《吕祖全书》。

（选自《吕祖全书》，义陵无我子汇辑，清道光庚戌年重刊。）

赞

莫大神通、全在忠孝、利己利人、千秋大道；
自古至今、因缘非渺、信笔描来，当前写照。

又

一剑横秋、清风两袖、道在函三、丹成转九；
苍梧北海、白云帝乡、甘河一滴、源远流长。

吕祖本传

（照《道书全集》《仙佛奇踪》《神仙通鉴》《全唐诗》诸书校订，其事迹互异者，分注本文之下，以备参考。）

吕祖名嵒（一作"岩"），字洞宾（《全唐诗》一字"岩客"），世为河中府永乐县人（一作"蒲坂"，一云"向居东平，继迁京川"）。曾祖延之，仕唐终河东节度使；祖渭，终礼部侍郎；父让，海州刺史（一云"有温、良、恭、俭四兄"）。贞元十四年（一云"贞观丙午年"）四月十四日巳时生。母就蓐时，异香满室，天乐浮空，一白鹤自天飞下，竟入帐中不见（《仙经》谓"在天宫历劫，奉元始命，降生度世"）。生而金形木质，鹤顶龟背、虎体龙腮、翠眉凤眼、修颈露颧、额阔身圆、鼻梁耸直，面白黄色，左眉角一黑子，左眼下一黑子，筋头大（一云"后变赤色"），两足纹隐如龟折。

少聪敏，日记万言，矢口成文。既长，身五尺二寸（一云"八尺二寸"），喜顶华阳巾，白黄襕衫（一云"白襕衫"），系皂绦，状类张子房。二十不娶（一云"娶刘校尉女"。武昌黄鹤楼，有吕祖数十代玄孙，题扁楼头）。始在襁褓，马祖见之，曰："此儿骨相不凡，自是风尘表物。他时，遇庐则居，见钟则扣，留心记取。"（后果如所记）后游庐山，遇火龙真人，传天遁剑法，自是混俗货墨于人间（《神仙鉴》："遇火龙君，系正阳传道之后"），号纯阳子（《神仙鉴》："以此号，为道成朝三清上帝时所赐"）。咸通中，举进士第（一云"会昌中，两举进士不第"），时年六十四岁（上阳子曰："六十四卦已尽，乃始于乾，此纯阳之应。"但祖师自记云："五十始得道。"则遇正阳，尚属四十余。此云"六十四岁"，应有误）。后游长安酒肆（一云"父母命赴试，携童寄儿，束装至长安"），见一羽士，青巾白袍，长髯秀目，携紫节，腰挂大瓢，书三绝句于壁。曰：

一

坐卧常携酒一壶，不教双眼识皇都。
乾坤许大无名姓，疏散人间一丈夫。

二

得道真仙不易逢，几时归去愿相从。

自言住处连沧海，别是蓬莱第一峰。

三

莫厌追欢笑语频，寻思杂乱可伤神。

闲来屈指从头数，得到清平有几人。

吕祖讶其状貌奇古，诗意飘逸，因揖问姓氏，曰："吾复姓钟离，名权，字云房。"吕祖再拜延坐。

钟曰："子可吟一绝，予欲观之。"

吕祖遂呈一绝，曰："生日（一作'在'）儒家遇太平，悬缨重滞布衣轻。谁能世上争名利，臣事玉皇归上清。"

钟祖见诗暗喜，因同憩肆中。钟自起执炊，吕祖忽困倦，枕案假寐。梦以举子赴京，进士及第，始自州县，而擢郎署，台谏给舍，翰苑秘阁，及诸清要，无不备历。升而复黜，黜而复升。前后两妻，富贵家女，婚嫁早毕，孙甥振振。簪笏满门，几四十年。又独相十年，权势熏炙。忽被重罪，籍没家资，分散妻孥，流于岭表，一身孑然，穷苦憔悴，立马风雪中，方兴浩叹，恍然梦觉。

钟祖在旁，炊尚未熟，笑曰："黄粱犹未熟，一梦到华胥。"

吕祖惊曰："先生知我梦耶？"

钟曰："子适来之梦，升沉万态，荣悴多端，五十年间一顷耳。得不足喜，丧何足悲？且有大觉，而后知此人世，一大梦也。"

吕祖感悟，知宦途不足恋（观此可知，吕祖遇正阳时，当在壮年），再拜曰："先生非凡人也（当时，钟祖名，亦未大显），愿求度世术。"

钟故辞曰："子骨节未完，志行未定。若欲度世，须更数世可也。"翩然别去。

吕祖怏怏自失，弃官（一作"儒"）归隐（原注云：邯郸梦，乃卢生遇吕公事，不知事有相类。况吕祖曾题促拍满路花词，有曰"黄粱犹未熟，梦惊残"。即吕祖圣谕亦云"黄粱梦觉"）。

钟祖自是十试吕祖。一日自外归，见家人皆病殁，心无悼恨，但厚备棺具已，而没者皆起。偶鬻货于市，议定其值，市者翻然止酬其半，亦无所争，并半值不取，委货而去。元日，有丐者倚门求施，与以钱物，丐者索不已，且加谇詈，再三礼谢，丐者笑而去。牧羊山中，遇一虎追逐群羊，乃推羊下峻阪，独以身挡之，虎随释去。独居山中草舍观书，忽一女，年可十七八，光艳照人，妆饰靓丽，自云归宁母家，日暮倦行，借此少憩，既而调戏百端，夜逼同寝，竟不为动。一日，郊出及归，家资为劫盗席卷，殆无以供朝夕，了无愠色，躬耕（一云"采药"）自给。忽于锄下，见金数十饼，急掩之，一无所取。偶于坊市，货铜器数事归，则皆金也，即访主人还之。有疯狂道士，在坊陌市药，曰："服者立死，再世得道。"旬日不售，因买药归，服之无恙。春潦泛溢，掉一小舟，至中流，风涛掀涌，端坐不动，竟亦无虞。一日，独坐室中，忽见奇形怪状鬼神无数，有欲击者，有欲杀者，一无所惧。复有夜叉数十，械一囚，血肉淋漓，哭泣号叫："汝宿世杀我，急偿我命。"曰："杀人偿命，其又奚辞？"遽索刀绳，欲自尽。忽闻空中叱声，鬼神皆不复见。一人抚掌而下，即钟祖也。

谓曰："尘心难灭，仙才难值。吾之求人，甚于人之求吾也。吾十度试子，皆无所动，得道必矣。"（以上十试，余窃疑之。夫神仙试人，必其人之根缘甚浅，尘浊难断，故一试再试，以验其道心何如耳。如许真君上升，以炭化美女，试门弟子。壶公以秽物，试长房。皆不足异。若吕祖，以天真降凡，根器与庸众悬殊，即火龙、正阳，均系奉上帝命，传道度世，岂有不知凤因，而故为此十试乎？况吕姓累世簪缨，吕祖于咸通末年举进士第，载在儒书，何得有躬亲鬻货，及牧羊山中、躬耕自给诸事？孟子曰："吾于《武成》，取二三策而已。"吾于十试亦云。）"但功行未完，授子黄白秘术，可以济世利物，使三千功满，八百行圆，吾来度子。"

问曰："所作庚辛，有变异乎？"

曰："三千（别作'五百'）年后，还本质耳。"

吕祖愀然曰："误三千（亦作'五百'）年后人，不愿为也。"

钟笑曰："子推心如此，三千八百，悉在是矣（只须此试足矣）。"因与之叙弃世得道来历，且言："受苦竹真君记曰：'此去游人间，遇人有两口者，即汝弟子。'吾遍游山海，竟未见人有两口者。今详子姓，实符苦竹之记矣。予所居终南鹤岭，子能从予游乎？"

吕因随往，星月交辉，四顾寂寥。钟执吕手，偕行才数步，恍如骑快马，历山川，俄顷至洞南，门下钥矣。钟以碧绦系吕带，俱从门隙中入（祖师岂无神通开钥，奚自门隙入），豁然开朗。登一高峰，至大洞门东，前有二虎踞守。钟叱之，虎伏不动，乃引入金楼玉台，珍禽琪树，光景照耀，气候如春，相与坐盘陀石，饮元和酒三杯（《神仙鉴》于此下有"云房曰'君真予山中友也'。为改名曰嵒，字洞宾，十八子"）。俄有一青衣双髻金铃，朱裳翠袖，云履玉佩，异香氤氲，持苪金书曰："群仙已集蓬莱上宫，要先生赴天池会，论五元真君神游记事。"钟祖将去，吕祖虑其不返，赋诗送曰：

> 道德崇高相见难，又闻东去幸仙坛。
>
> 杖头春色一壶酒，顶上云攒五色冠。
>
> 饮海龟儿人不识，烧山符子鬼难看。
>
> 先生去后身须老，乞与贫儒换骨丹。

钟曰："汝但驻此，吾去不久。"遂望东南，乘紫云而去。

吕祖将所付素书，披阅玩诵。旬日，钟回。曰："子在是岑寂，得无忆归否？"

曰："既办心学道，岂有家山思乎？"

钟曰："善哉！汝等不知分合阴阳之妙，守阴只是魄，存阳则只是魂。若能聚魂合魄，使阴阳相合，魂魄同真，是谓真人。"

吕曰："魂魄冥冥，至理甚深，何以全形？"

曰："慧发冥冥，泰定神灵。神既混合，岂不契真？金形玉质，本出精诚。大药既成，身乃飞轻。"

因问天地，曰："乾三索，而天交于地，乃生三阳；坤六索，而地交于天，乃生三阴。阳中藏阴，曰真阴。真阴到天，因阳而生。阴中藏阳，曰真阳。真阳到地，因阴而发。交合得道，自然长久。"

问日月，曰："月受日魂，以阳变阴。阴极阳纯，月华莹净。修炼到此，积气成神。"

问四时五行，曰："一心自有五行，一日自有四时，大抵阴阳相推而已。阳不得阴不成，到底无阴而不死；阴不得阳不生，到底阴尽而皆阳。"

又问水火龙虎，曰："身中有君火、臣火、民火。真火出于水中，恍恍惚惚，其中有物，视之不可见，取之不可得；真水生于火中，杳杳冥冥，其中有精，见之不可留，留之不可住。肾，水也。水中有气，名曰真火。心，火也。火中生液，名曰真水（此即'龙从火里出，虎向水边生'义）。以水生木，肾气足而肝气生，以绝肾之余阴。而气过肝时，即为纯阳，藏真一之水，恍惚名真龙。以火克金，心液盛而肺液生，以绝心之余阳。而液到肺时，即为纯阴，藏真阳之气，杳冥名真虎。气中取水，水中取气，日得黍米，归于黄庭，此大丹也。"

问铅汞。曰："铅，性沉重而喜坠，此肾水以润下而易满；汞，性轻飞而喜升，此心火以炎上而易散。以铅制汞，以沉重而镇轻飞，内丹结矣。"

又问抽添，曰："冬至后，阳升于地，地抽其阴，太阴抽而为厥阴，少阳添而为阳明；厥阴抽而为少阴，阳明添而为太阳。夏至后，阴降于天，天抽其阳，太阳抽而为阳明，少阴添而为厥阴；阳明抽而为少阳，厥阴添而为太阴。又如日月，月受日魂，日受月魄，前十五日，月抽其魄，而日添其魂，精华已满，光照下土。不然，无初生而变上弦，上弦而变月望也。月还阴魄，日收阳精，后十五日，日抽其魂，而月添其魄，光照已谢，阴魄已定。不然，无月望而变下弦，下弦而变晦朔也。日月往复，而变九六，此抽添之象也。"

又问河车。曰："人身阳少阴多，无非是水，故有取于河车。河车起于北方正水中，而非若旁门搬运力也。"

问内观坐忘之妙。曰："龙虎交媾，阴阳配匹。九皇真人，引一朱衣童子下降；九皇真母，引一皂衣女子上升。相见黄屋之前，有一黄衣老妪接引，如夫妇之合。尽时欢洽，女复下降，男复上升，如夫妇之离。既毕，产一物，大如弹丸，色同朱橘，抛入黄屋，以金器盛留。"

问曰："如此修行，有魔难否？"曰："子知十魔九难乎？衣食逼迫，一难也；恩爱牵缠，二难也；利名萦绊，三难也；灾患横生，四难也；盲师约束，五难也；议论差别，六难也；志意懈怠，七难也；岁月蹉跎，八难也；时世乱离，九难也。一、六贼魔；二、富贵魔；三、六情魔；四、恩爱魔；五、患难魔；六、神佛为害，是圣贤魔；七、刀兵魔；八、女乐魔；九、女色魔；十、货利魔。"

又问："云何证验？"曰："始也淫邪尽绝，外行兼修，采药之际，金精充满，阴魄销融；次心经涌溢，口出甘液；次阴阳击搏，腹鸣如雷；次魂魄未定，梦寐惊恐；次或生微疾，不疗自愈；次丹田夜暖，形容尽昼清；次若处暗室，而神光自现；次若抱婴儿，而上金阙；次雷鸣一声，关节通而惊汗四溢；次玉液烹炼，成凝酥而雪花散坠，或化血成乳而渐畏腥羶，或尘骨将轻而渐变金玉；次行如奔马；次对景无心；次吹气疗疾；次内观明朗；次双睛如漆；次绀发再生；次真气足，而常自饱；次食不多，而酒无量；次神体光泽，精气秀媚；次口生异味，鼻有异香；次目视万里；次瘢痕销灭；次涕泪、涎汗皆绝；次三尸九虫悉除；次内志清高，上合太虚，凡情皆歇，心境俱空；次魂魄不游，梦寐自绝，神采精爽，不分昼夜；次阳精成体，灵府坚固，寒暑不犯，生死不干；次嘘呵可干外冞；次神光常生坐卧；次静中时闻天乐，金石丝竹之清，非世所常闻；次内观或游华胥，楼台殿阁之丽，非世所常见；次见凡人腥秽；次见内神出现；次见外神来朝，功圆行满，膺箓受图，紫霞满目，金光罩体；或见火龙飞，或见玄鹤舞，彩云缭绕，瑞气缤纷，天花乱坠，神女下降，出凡入圣，逍遥自然，此乃大丈夫功成名遂之日也。"

钟离悉以上真玄诀传授，吕祖一一领悟。俄顷，闻有扣户声。起视，乃清溪郑思远，与太华施胡浮两真人，由东南来，缓步凌虚，体凝金碧。相揖共坐，曰："适为尹思逸丹成致贺，遂造仙扉。"

施曰："此一侍者，何人也？"钟曰："本朝吕海洲让之子。少习儒墨，失意上国，邂逅长安酒肆，从吾奉道，通阴阳制炼、形神入妙之微。"

钟因令拜二仙，郑、施曰："形清神在，目秀藏精。子欲脱尘网，可示一诗，乃授以金管霞笺，灵胶犀砚。"即献诗曰：

> 万劫千生到此生，此生身始觉非轻。
>
> 抛家别国云山外，炼魄全魂日月精。
>
> 比见至人论九鼎，欲穷大药访三清。
>
> 如今会遇真仙面，紫府仙扉得姓名。

二仙叹其才清句秀，各以所秘相赠而别。时春禽呦嘤，钟祖于洞口，题曰："春气塞空花露滴，朝阳拍海岳云归。"

复谓吕祖曰："吾朝元有期，十洲羽客，至玉京奏此功行，以升仙阶。恐汝不能久居此洞，后十年洞庭相见。"取笔于洞中石壁上，草书曰："昼日高明，夜月圆清。阴阳魂神（一作'魄'），混合上升。"

掷笔告曰："世间游行，当施利济之道，行满功成，复相聚会。"

语毕，又以《灵宝毕法》授之，谓曰："始予于终南石壁之间，曾得《灵宝经》三部，上部曰《元始金诰》，中曰《元皇玉篆》，下曰《太上真元义》，凡数千卷。予撮其要为《毕法》，分十六科，及三乘六义。盖明阴中有阳，阳中有阴，天地升降之道；气中生水，水中生气，心肾交合之机。以八卦运十二时，而其要在艮；以三田互相反复，而其要在泥丸。至下手工夫，姑借咽气、漱液为喻。而真气口诀，实在口传心授，不在文字间也。"

又以灵丹数粒，示曰："此非世间五金八石，乃世间异宝合成。虽有质而无形，如云如火，如光如影，可见而不可执。服之，与人魂识合为一体，轻虚微妙，非如有形之丹也。"复赠诗一章曰：

> 知君幸有英灵骨，所以教君心恍惚。
>
> 含元殿上水晶宫，分明指出神仙窟。
>
> 大丈夫，遇真诀，须要执持心猛烈。
>
> 五行匹配自刀圭，执取龟蛇颠倒诀。
>
> 三尸神，须打彻，进退天机法六甲。
>
> 知此三要万神归，来驾火神离九阙。
>
> 九九道至成真日，三界四府朝元节。
>
> 气翱翔兮神烜赫，蓬莱便是吾家宅。
>
> 群仙会饮天乐喧，双童引入升玄客。
>
> 道心不退故传君，立誓约言亲洒血。
>
> 逢人兮，莫乱说。遇友兮，不须诀。
>
> 莫怪频发此言辞，轻慢必有阴司折。
>
> 执手相别意如何，今日为君重作歌。
>
> 说尽千般玄妙理，未必君心信也么。
>
> 仔细分明说与汝，保惜吾言上大罗。

吕祖闻已，尽豁尘浊，复进问"三元三清、三宝三镜"之说。钟曰："第一混洞太无元，从此化生天宝君，治玉清境清微天宫，其气始青；第二赤混太无元，从此化生灵宝君，治上清境禹余天宫，其气玄黄；第三冥寂玄通元，从此化生神宝君，治太清境大赤天宫，其气玄白。故《九天生神气经》云：三号虽殊，本同一也。三君各为教主，乃三洞尊师。"（自"问三元"至此，原《传》无，照《神仙鉴》辑入。）

授受将毕，忽有二仙，绡衣霞彩，手棒金简宝符，云："上帝诏钟离权，为九天金阙选仙使。"拜命讫，谓吕祖曰："吾即升天，汝好住世间。修功立行，他日亦当如我。"

吕再拜曰："崑志异于先生，必须度尽众生，方肯上升也。"（此是何等大誓愿力！真慈肠也。）

时翔鸾彩凤，金幢玉节，仙吹嘹嘹，钟祖与捧诏二仙，乘云冉冉而去。吕祖既得钟离之道，又得火龙真人天遁剑法（《神仙鉴》以火龙授剑法在得道后，游庐山始遇），一断烦恼，二断色欲，三断贪瞋（是乃慧剑。《鉴》云："洞宾游庐山，祝融君遇见，知是仙宗，传以天遁剑法，曰：'余火龙真君也。昔持此剑斩邪魔，今赠君家断烦恼。'"）。尝有诗曰：

> 昔年曾遇火龙君，一剑相传伴此身。
>
> 天地山河从结沫，星辰日月任停轮。
>
> 须知本性绵多劫，空向人间历万春。
>
> 昨夜钟离传一语，六天宫殿欲成尘。

（此诗系后混迹市尘，追忆而题。）

初游江淮，试灵剑，除长蛟之害。至洞庭湖，登岳阳楼，独酌。钟祖忽降，曰："来践前约（盖前有'十年洞庭湖相见'之语），上帝命汝眷属，悉居荆山洞府。子之名字，已注玉清籍中。"三月十八日，引拜苦竹真君，传日月交并之法。年五十三，归宗庐山。年六十四，上朝元始玉皇。（谨按《八品仙经》，苦竹、火龙、正阳，均奉元始命传道，度归上真，则苦竹传法，自不可略。原传无，兹特采《神仙鉴》补入。）

自是隐显变化不一，惟其誓愿宏大，是以浮沉浊世，行化度人，虽愚夫愚妇，罔不闻名起敬（已证圆通，昔号"光圆自在通佛"，复证"圆通文尼真佛"。其愿力大，功行深，故果位亦极崇高）。尝曰："世人竞欲见吾，而不能行吾言，虽日夕与吾同处，何益哉？人若能忠于国，孝友于家，信于交友，仁于待下，不慢自心，不欺暗室，以方便济物，以阴骘格天，人爱之，鬼神敬之，即此一念，已与吾同，虽不见吾，犹见吾也。"盖人之性，念于善，即属阳明，其性入于轻清，此天堂之路；念于恶，则属阴浊，入于粗重，此地狱之阶。天堂、地狱，非果有主之者，特由人心自化成耳。

宋艺祖①建隆（960—963）初，吕祖自后苑出，对上称"朱陵上帝，以火德王天下"，留语移时，左右皆不得闻，语秘不传。上解赭袍玉带赐之，俄不见。上命绘像于太清楼，道录陈景元，传其像于世。

政和（1111—1118）中，宫禁有祟，白昼现形，盗金宝妃嫔，独上所居无患。自林灵素、王文卿诸侍宸治之，息而复生，上精斋虔祷，奏词凡六。一日昼寝，见东华门外，有一道士，碧莲冠，紫鹤氅，手持水晶如意，前揖上曰："臣奉上帝命，特来治此祟。"良久，召一金甲丈夫，捉祟劈而啖之。上问："丈夫何人？"道士曰："此乃陛下所封崇宁真君，关羽也。"上勉劳再四，复问："张飞何在？"羽曰："飞乃臣累劫兄弟，今已为陛下生于相州岳家。"（《仙鉴》此句上，有"在唐为张巡"一语。后武穆王父，梦张飞托生，遂命名"飞"）。"他日辅佐中兴，飞将有功焉。"（关帝随吕祖宋廷除祟，非以封号也。直欲显岳公之降世耳。奈徽宗不能传示后人，竟为桧贼所害，大功不成，惜哉！翼德公何以累生，皆不得令终，岂亦定数难逃耶。）上问："道士姓名？"曰："臣姓阳，四月十四日生。"梦觉，召侍宸言之，曰："此吕仙也。"自是宫禁帖然，遂诏天下有吕仙香火处，皆正妙通真人之号。制曰："朕嘉与民，偕奉大道，凡厥仙隐，具载册书。况默应祷祈，宜示恩宠。吕真人匿景藏文，远迹游方，逮建福庭，适有寓舍。叹兹符契，锡以号名，神明俨然，尚垂昭鉴。可封妙通真人，塑像于景灵宫，岁时奉祀焉。"其神通妙用，载诸传记者，不可殚述。

元世祖，封号"纯阳演正警化真君"。元武宗，加封"纯阳演正警化孚佑帝君"。所著诗词，有《浑成集》行于世。迨后飞鸾现化，于五陵演有《前后八品》。鄂渚之栖真，演有《五品》，涵三演有《三品》《参同》诸经。湖南草堂，演有《圣德》诸经。其先有《指玄篇》《忠孝诰》《修真传道集》《玉枢经赞》传世。今并汇辑，合为《全书》。（"元世祖"以下一段，原《传》无，今补入。）

无我子敬赞曰：道家之有孚佑帝君，犹释家之有观音大士也。世尊无为，而其法兴于大士；太上无为，而其法兴于帝君。虽证位天上，犹出入人

---

① 宋艺祖，即宋太祖赵匡胤。顾炎武《易知录》："艺祖，《书》：'归格于艺祖。'注以艺祖为文祖，不详其义。人知宋人称太祖为艺祖，不知前代亦皆称其太祖为艺祖。"

间，度人无量，殆与圣人之欲万物各得其所者同。故天下万世，闻者莫不兴起，其愿力至为宏远矣。昔世尊于楞严会上，选大士为诸佛中圆通第一。若吕祖者，其亦圆通第一也哉！

又按：上阳子云，吕祖姓吕，名嵒，字洞宾，号纯阳子。祖居西京河南府满柘县永乐镇招贤里，今曰蒲州蒲阪县。生于天宝十四年四月十四日巳时，一云生唐德宗贞元丙子（贞元丙子，系德宗十二年，与《本传》十四年异）。从父海州刺史，因家焉，以科举授江州德化县令。因纵步庐山，游澧水之上，遇正阳授道，至今在世。天帝颁诏，为九天采访使。五月二十日奉诏，有诗云"纠司天上神仙籍"之句（此诗《文集》并《全唐诗》俱无），就以此日为上升。有诗词名《浑成集》行于世，以道授海蟾、重阳。

又按《神仙鉴》云：吕祖系占圣王皇覃氏降凡，于贞观丙午年四月十四日生。名绍先，父让，初为太子右庶子，迁海州刺史。母王夫人，就蓐于林檎树下，异香满径。襁褓时，四祖见之，曰："此儿骨相不凡，终是风尘表物。"及长，身八尺二寸，面淡黄，笑脸微麻，三髭须，状类张子房，又似太史公。年二十，娶刘校尉女。武后时，三举进士不第。天授二年，已四十六岁，父强命赴试。因与童寄儿往长安，遇钟离于酒肆，遂弃家，随至终南鹤岭。钟因改名嵒，字洞宾。

又云：钟祖悉传以上真玄诀，通会阴阳制炼、形神入妙之道。吕未达奥旨，钟又以《入药镜》授之。问："系何上真所作？"曰："崔汪手著，仙秩已高，为玄元真人。"吕读而赞之曰："因看崔公《入药镜》，令入心地转分明。"及钟祖应九天选仙使之诏上升，吕回乡里，拜祖先墓，度郭上灶。游庐山，遇火龙真君，授以剑法。又按《八品仙经》：吕祖于唐天宝元年（742）正月九日，侍虚皇天尊几，与十极真人，演说灵砂丹诀。奉谕于唐贞元世戊寅岁（798）四月十四日，生河南吕宅为男。与诸书称天宝十四年（755），及贞观丙午（646）、贞元丙子（796）者异。

又按：吕祖《仙诰》自叙云：八月初四日生，四月十四日上升，三月十八日炼丹修行，六月九日证果，九月二十八日飞升。与诸说异。《诰》详后卷。

又《诰》内，"咸通及第"，与"两坐琴堂"之语，世多疑之，以为应举长安，得遇正阳，何至有居官之事？不知神仙度人，须有节次，此时虽遇正阳，未必便随之去。但能急流勇退，皆可访道修真，所谓"英雄退步即神仙"是也。

又，况神仙居官者甚多。柱史而下，如庄周之漆园，方朔之待诏金马门，葛仙公之令勾漏，许真君之令旌阳，皆得道后居官者，又何疑于吕祖哉？

又按：《神仙鉴》吕祖曾祖延之，证位余庆真君；祖渭，证位有庆真君；父让，证位集庆真君；母王夫人，证位集庆元君；伯父温、良、恭、俭，俱证同宏真君；帝配刘夫人，证位和平元君云。

仙派源流

大道之传，始于太上老子，而盛于吕祖。溯其源，少阳帝君，得老子之传也，两传而得吕祖云。少阳帝君王玄甫，传正阳帝君；正阳帝君钟离云房，传孚佑帝君；孚佑帝君吕纯阳，传海蟾帝君；海蟾帝君刘成宗，传紫阳真人；紫阳真人张伯端，传石杏林真人；石杏林真人，传薛紫贤真人；薛紫贤真人，传陈泥丸真人；陈泥丸真人，传白紫清真人；白紫清真人，传彭鹤林真人。

孚佑帝君，又传重阳帝君；重阳帝君王德威，传马丹阳真人；马丹阳真人，传宋披云真人；宋披云真人，传李太虚真人；李太虚真人，传张紫琼真人；张紫琼真人，传赵缘督真人；赵缘督真人，传陈上阳真人。

按：少阳帝君，正阳帝君，孚佑帝君，海蟾帝君，重阳帝君，为五祖。王重阳，又传丘长春、刘长生、谭长真、郝广宁、王玉阳、孙清静仙姑，合之马丹阳，为北七真。张紫阳，又传刘永年，合之石杏林、薛紫贤、陈泥丸、白紫清、彭鹤林，为南七真。南北两宗，皆吕祖法嗣也，犹与盛哉！

少阳帝君，姓王，不知其世代名号，或云名玄甫，即东华帝君也。隐昆仑山，著《黄庭经》。

正阳帝君，姓钟离，名权，字云房，京兆咸阳人。仕汉为将军，隐晋州羊角山，有《破迷正道歌》。

孚佑帝君，姓吕，名嵒，字洞宾，河南蒲阪县人。

海蟾帝君，姓刘，名操，燕山人。仕辽为宰相，遁迹于终南、太华之间，有《还丹破迷歌》。

张紫阳，名用成，字平叔，天台人，著《悟真篇》。

石杏林，名泰，字得之，常州人，著《还元篇》。

薛紫贤，名道光，字道源，鸡足人，著《悟真直指》。

陈泥丸，名楠，字南木，号翠虚，博罗人，有《翠虚妙悟全集》。

白紫清，本姓葛，名长庚，琼州人，隐武夷山，所著有《上清》《武夷》二集。

彭鹤林，名耜，字季益，三山人，隐居鹤林，有《道阃元枢歌》。

刘永年，号顺理，又名广益，即白龙洞道人也。紫阳化去七年，刘仍晤于王屋山，在虎邱成道。刘传于翁象川，名葆光，注《悟真篇》，坊本误为薛道光注。

重阳帝君，姓王，名嚞，字知明，咸阳人，有《全真前后集》《韬光集》《云中集》《分梨十化说》。

马丹阳，名钰，字玄宝，金宁海州人，有《金玉》《渐悟》《行化》《成道》《圆成》《精微》六集，及《语录》一集。

宋披云，名有道，字德芳，号黄房公，沔阳人。

李太虚，名珏，字双玉，崇庆州人，入青城山。

张紫琼，名模，字君范，饶州人。

赵缘督，名友钦，绍郡人，为赵宗子，作《仙佛同源文》《金丹难问》等书。

陈上阳，名致虚，字观吾，元至顺间人，有《悟真篇注》。

丘长春，名处机，字通密，金登州人，有《磻溪鸣道集》《西游记》。

刘长生，名处玄，字通妙，金东莱人，有《仙乐》《太虚》《盘阳》《同尘》《安闲》《修真》文集六卷，及《道德注》《阴符演》《黄庭述》。

谭长真，名处端，字通正，金宁海人，有《水云集》。

郝广宁，名大通，字太古，号恬然子，宁海人，有《太古集》《示教直言》。

王玉阳，名处一，宁海东牟人，有《云光集》。

孙清静仙姑，名不二，号清静散人，宁海人，马丹阳之妇也。

附录二

《指玄篇》注 ①

《指玄篇》小序

今世盛行《参同契》《悟真篇》二书，注释者多家，诚丹道之津梁也。第继《参同》之后，开《悟真》之先，有吕祖之《指玄篇》。原藏诸青城石室，以待其人者。迨数传而紫清白真人注之和之，虽已刊行，其传未广。今细读之，与《参同》《悟真》，不差毫末。如律诗一十六首，《悟真》亦律诗十六首；绝句三十二首，《悟真》卷末杂言，亦三十二首。若出一手，他可知矣，然后知紫阳真人所谓"梦谒西华入九天，真人授我《指玄篇》。其中简易无多语，只是教人炼汞铅"之诗，即专指此篇无疑也。尝考紫清之赞紫阳云："元丰一皂吏，三番遭配隶。遗下《悟真篇》，带些铅汞气。"吾谓《悟真》，《指玄》之外传也；《指玄》，又《参同》之外传也。其实三书，又皆《阴符》三百字、《道德》五千言之外传也。世不乏会心人，当自知之。

《指玄三灿》原序

余苦志玄门，酷好阴阳，童稚及今，四十年矣。凡诸圣祖丹经，无不请录考诵，参求至理。凡遇海上诸先生，或道像游方者，或居家修炼者，吾未尝不请其大旨也。间有明首而无尾者，间有全道不知者，间有将道书熟

---

① 选自清乾隆年间刘体恕刊本《吕祖全书》卷六。

记，一法不明者，种种多人，余窃疑之，不敢自以为是。偶幸天缘，得遭圣师，朝夕侍几，方得阴阳全学、内外大丹秘诀。俗云"若要人不老，须遇不老人"，信不诬耳。侍教之暇，博览丹经，启金书宝藏，而得《指玄》一书，乃圣祖所撰，白紫清真君所述，而程弄丸先生为序。楚窃思，张紫阳仙师之"梦谒西华"，乃此经也。今圣师光锡下土，千载一时，幸求证焉。圣师谕曰："此诗句，果吾之留题也。阴阳大道，龙虎口诀，尽在诗中，子其味之乎！"楚领圣谕，心喜神怡，豁然大贯，方见仙道之有衣钵也。是以上述圣诀，下陈愚学，作为草注，附于白师之后，而自刊行，以广同志。非敢曰擅注圣经，但聊述圣教耳。同志之士，当珍重仙经，而归此正门，方不失登瀛之大路也。谨序。

古滨阳弟子岐谷子良裔郭楚阳拜序于辟玄丹室

《指玄篇本末》原序

余求仙道五十余年，三教经书，涉猎万卷。惟有《悟真篇》中十一诗云："梦谒西华到九天，真人授我《指玄篇》。其中简易无多语，只是教人炼汞铅。"四句之中，独有《指玄》一书，不知何人所作。所以遍搜丹经，广讯师友，俱谓许旌阳所作，又谓吕洞宾所作，又谓白玉蟾所作。余观旌阳圣师指玄之词，虽言汞铅，甚是繁杂，亦不简易，亦与《悟真》全不相合。而紫清《指玄篇》，乃是悟真五代玄孙所作，亦不相干。又观古仙《指玄集》《指玄歌》《指玄要语》《指玄秘诀》，皆与《悟真篇》相违，无有契合，余甚疑之，积有年矣。

兹于庚申十月晦日，是余诞期，寓于金陵朝天宫中。有门人吴鸣凤者，赍书一册，曰："弟子家藏此书，五六代矣。今为师之寿日，特进献之。"余即焚香，开诵一遍，乃是纯阳真人所作。《指玄篇》，上下二卷。上卷十六诗，系白玉蟾真人注释；下卷三十二诗，亦是玉蟾真人和韵而注释之，甚是分明，全与《悟真》契合。始知紫阳真人，得此纯阳《指玄》上下二篇，而作《悟真》三篇，以度后学，可见仙师慈悲之心切切。

余将《悟真》三篇八十一诗，印证《指玄》二篇四十八诗：纯阳诗云"光阴犹似箭离弓"，紫阳亦云"百岁光阴石火烁"；纯阳云"此法真中妙更真"，紫阳亦云"此法真中妙更真"；纯阳云"一三五数总皆春"，紫阳亦云"三五一都三个字"；纯阳云"种得金花果是强"，紫阳亦云"种得黄芽渐长成"；纯阳云"前弦之后后弦前"，紫阳亦云"前弦之后后弦前"；纯阳云"不是凡砂及水银"，紫阳亦云"不是凡砂及水银"；纯阳云"大道玄机颠倒颠"，紫阳亦云"不识玄中颠倒颠；"纯阳云"好把无毛猛虎牵"，紫阳亦云"牵将白虎归家养"；纯阳云"丁宁学道诸君子"，紫阳亦云"报言学道诸君子"；纯阳云"弹琴须要遇知音"，紫阳亦云"未逢一个是知音"；纯阳云"不免天机重漏泄"，紫阳亦云"莫怪天机重漏泄"；纯阳云"果然由我不由天"，紫阳亦云"始知我命不由天"；纯阳云"返老还童寿万年"，紫阳亦云"跳出樊笼寿万年"。

余略观之，篇篇仿佛，句句旨同。再索其数，纯阳《指玄》上卷律诗一十六首，紫阳《悟真》上卷亦是一十六首，俱合二八一斤之数；纯阳《指玄》下卷三十二首，而紫阳《悟真》卷末亦作歌颂、乐府、杂言三十二首，以应仙佛同源共本之妙，毫发无差。所以纯阳诗云："朝朝只在君家舍，要见须知掘土中。"而道光禅师诗云："朝朝只在君家舍，夜夜随君知不知。"所以仙佛修行，均同妙法。玉蟾注释，泄尽天机。今始知紫阳真人之诗"只是教人炼汞铅"一句七字，足以发明人身之中虚无之处，而炼汞铅耳。真人犹恐后学不知其人，所以特云"知牵无毛猛虎、掘地寻天、龙虎同宫、龟蛇同穴、交感阴阳、共床同类、花发拈花、月圆赏月、两重天地、四个阴阳、花发西川、月明北海、真铅大药、只在人心"等语，破尽三千六百旁门，扫尽八万四千邪径。而房中采战，俱是妖魔；打坐独修，终为下鬼；烧炼铅汞，到老无成。所以纯阳真人特作一诗，于十四章之末句云："丁宁学道诸君子，好把无毛猛虎牵。"而玉蟾真人注云："纯阳特作此诗，惟恐后人信心不坚，教人知牵无毛猛虎，道不远矣。"可怜二位仙师，慈悲接引，后人奈何迷惑，不思无毛猛虎，是何等物也、何等人也。只将有毛猛虎，终日猖狂，丧身失命而不知。有等上根利器，悟得浊里求清，邪中得正，入虎穴而得虎子，入龙宫而得龙儿，方知接命延年、山泽通气、长生不死、水火相胥、进火退符、风雷鼓舞、丹成药熟、颠倒乾坤。学者知此，方知紫阳真人之言"其中简易无多语，只是教人炼汞铅"二句，包括一部大藏仙经，至矣尽矣。

是日，门下诸友，皆见《指玄》真书，踊跃而喜。内有歙邑门人似之方允谷者，愿将此书捐赀锓梓，以广其传。得是书者，遵而行之，必登紫府，超上玄宫，而与纯阳、紫阳、玉蟾诸仙，遍游八极，以度祖宗，同归于不夜之天，居于不死之地，永乐无忧，方是天地间之大孝子也已矣。言至此，不觉心酸，回思从前，受苦无量，今虽道之未成，幸尔获其真旨，万事俱备，只候东风，得一贤良，同了斯道，以足生平之初念耳。诸生欲余一序，纪其得仙真书，证之无毛猛虎，寄于《指玄》之右，以遂易明求仁得仁之本末云尔。

新安休邑弄丸子体刚程易明焚香拜序

白紫清原序

蟾尝思仙道，深究精微，览诸经典，寻求玄奥，亦有年矣。或有指予弃妻室而孤修者，或有指予入深山而求寂静者，或有指用水火而炼药者，或有指戒荤酒而斋素者，杂径纷然，终难入道。使予辗转反侧，寤寐无眠。苦心费力，功愈勤而心愈焦，步更进而路更迷，无如之奈何！后遂抛家，奋志游太华山、浮丘观，及诸洞天，参访明师，终无所遇。又至山东，拜求太虚仙师，不耻恳切，方得还丹口诀，始知道在目前，不远人也。只奈世迷路失，不知返还。复考订仙经，方知得师一诀，可明白也。蟾即速寻铅，煅炼大药，归身复命，一了百当，而成真矣。及思世人，不知了世间事，岂能出得世间法。真人云："此般至宝家家有，只是愚人识不全。"后之学仙道友，正好参此妙意，何必登山涉水？弃子抛妻，断荤戒酒，辟谷清斋，都是胡为，玄道远矣。岂不观《易》云："一阴一阳之谓道，偏阴偏阳之谓疾。"有阴无阳，若春无冬。阴阳配合，方成圣道。

蟾又幸览仙师纯阳翁《指玄篇》，不胜喜跃。于歌诗之下，添一注脚，将仙师隐秘真机，重宣大露，而遗之后之同志。宿有因缘，得览此书，慎勿轻慢毁渎，务必信而敬之，爱而藏之。每每用心于道，自得明人。重为下手，修炼还丹，跳出樊笼，亦蟾之愿也。

《指玄篇》自序

余精儒业，应试，路逢正阳仙翁，悯岩，指修大道，遂弃功名。始生疑惑，后蒙指出，余方省悟。再访圣师，登山涉水，游至终南，稽首讯问根由。不责前愆，授余《太上无量度人妙经》及丹房秘诀，反复丁宁告诫，命余珍藏，密修大道。采炼还丹，以逃生死；入希夷门，游长生境。余既得闻，喜而敬之，叩头谢恩。别圣师，云游尘境，誓度百人成道，皈奉真风。不料世之迷徒，只知恶死，不肯求生，不悟玄机，殊昧妙理，反生谤毁。或有执著而怀邪妄者，或服金石草木者，种种痴愚，入于迷境。及至老死，犹不知悔，深可惜也。吾固怜之，无能拔济，特作《指玄篇》一册，留于青城石室之中，稽首告天，拂袖而去。倘后之君子，得遇此书，乃三生有缘。收吾秘诀，务必严整衣冠，具香火灯水，于静夜面朝北斗，致谢高真。日逐虔诚，感格仙圣，自有明师剖决简奥细微、水火进退、药物斤两。明后下手隐身，煅炼龙虎大丹，脱胎入口，接命延年，驱魔剪怪。修得三千行满，候诏飞升，逍遥物外，与天齐年，与吾无异也。是为序。

指玄篇

唐大道金阙选仙纠司度人孚佑演正警化兴隆大道真人吕纯阳　撰
宋雷霆都尉神霄大帝仙君五雷判善恶真人紫清白玉蟾　注

《指玄三灿》上篇
（律诗一十六首）

其一

叹世凡夫不悟空，迷花恋酒逞英雄。

春宵漏永欢娱促，岁月长时死限攻。

弄巧常如猫捕鼠，光阴犹似箭离弓。

不知使得精神尽，愿把身尸葬土中。

玉蟾曰：纯阳仙师慈悲，大开接引，故叹世人险曲迷昧，自丧其身。后览书者，当见仙翁之言，的无虚也。正好回头悟道，切莫错过光阴。非大慈悲，谁肯苦口劝人？

其二

昔年我亦赴科场，偶遇仙师古道旁。

一阵香风飘羽袖，千条云带绕霓裳。

开言句句谈玄理，劝世声声唱洞章。

我贵我荣都不羡，重重再教炼黄房。

玉蟾曰：此诗自叹遇钟离老祖，讲道劝化之意也。羽袖霓裳，乃仙家所穿之服；玄理洞章，乃仙家所修之业；黄房者，非世之黄房，乃中央属土，黄帝所居之位也。

其三

（第四句借韵）

玄篇种种说阴阳，二字名为万法王。

一粒粟中藏世界，半升铛里煮山江。

青龙驾火游莲室，白虎兴波出洞房。

此个工夫真是巧，得来平步上天堂。

玉蟾曰："阴阳"二字，极有妙理，若欲见形，龙虎是也。一粒者，乃混沌之初，先天之炁，故能包罗天地，养育群生；半升铛者，乃是炼药鼎器，非铁鼎之铛也。青龙在东，东方属木，木能生火，故谓之驾火，非凡之水火也。若求大药，有足能行，是个活物。莲室乃丹房之所。白虎在西，西方属金，金能生水，故曰兴波。波非海水，金非凡金，若求金水，有手能拈，亦是活物。近世多执凡水火，煅炼金石草木，以修诸身者，深可惜也。洞房者，乃出丹之所。噫！观此书者，当知神仙称赞大丹，若能得之，升天入地，不可测也。

其四

寻天撅地见天光，种得金花果是强。

那怕世间诸饿鬼，何愁地下老阎王。

正心收住黄龙髓，张口擒吞白虎浆。

不是圣师当日诀，谁人做得者文章。

玉蟾曰：《老子》云："先天地生。"若欲见之，必寻天撅地。寻之得手，何畏鬼神？龙髓虎浆，乃是药名。纯阳得钟离之传，能知玄妙，方作大丹诗歌，以留于世。读者参究，信受玄言。

其五

（四韵并用）

一三五数总皆春，后地先天见老君。

花发西川铺锦绣，月明北海庆风云。

好抛生计于斯觅，莫逞浮华向外营。

念念不忘尘境灭，静中更有别乾坤。

玉蟾曰：一、三、五，乃阳数；二、四、八，乃阴数。修仙之士，能知一生二，二生三，三生万物，便有还丹至宝，不可错过。后地先天者，得地中一阳之气，上升于天；天有一阴之气，下降于地。二气相交，发生万物，则为泰卦；二气不交，则为否卦。真阴、真阳，隐于天地之中，无形无影，视之不见，听之不闻。若能擒得，便是花发月明，总一意也。花发于春，月明十五，修丹炼药，要识其时，不遇真师，纸上难得。若得师指，将家业抛去，趁其时而急修，不可迟延。苟或迟延，药物过矣，即无用也。炼药之时，念念不忘，道心如铁，莫被尘境所牵，色欲所蔽。动中得静，便是幽微，所谓有动工、有静工。噫！妙哉意也。学道本无先与后，新笋生同旧竹高。

其六

世间无物可开怀，奉劝世人莫自埋。

好趁风云真际会，须求鸾凤暗和谐。

两重天地谁能配，四个阴阳我会排。

会得此玄玄内事，不愁当道有狼豺。

玉蟾曰：世间荣华富贵，都是漫天之网，众生被他罩住，故不开怀。只有上圣高真，有大智慧，将浮华扫退，炼就还丹，以超三界，永无忧矣。故真仙劝世，莫自沉埋。噫！未遇真师，何人识得？天地阴阳，其意玄微。惟有神仙能穷本，得返还之理，何愁虎狼当道，蛇虫遍地？自在逍遥，与天齐寿。噫！神仙都是凡夫做，只是凡夫不信心。

其七

前弦之后后弦前，圆缺中间气象全。

急捉虎龙场上战，忙将水火鼎中煎。

依时便见黄金佛，过后难逢碧玉仙。

悟得圣师真口诀，解教屋下有青天。

玉蟾曰：修丹之士，莫问弦前、弦后，止看月缺、月圆。月圆玉蕊生，月缺金花卸。生时好用工，卸即无用也。龙东虎西，间隔甚远，学者趁圆缺之时捉之，相战水火。盖龙虎中之元气，取于金鼎，仔细烹煎。水冷须进火，水滚须抽火，进退之理，方保成也。仙师再说"依时"二字，反复丁宁，指示后来慕道贤士，能趁月圆之时，正好行工，非寻常也。黄金佛者，乃释氏之大觉金仙，真身丈六，同大丹理。至于《周易》卦数，深有幽微。魏伯阳老仙得丹之后，作《参同契》流传于世，其言似解《周易》，其实明大丹之诀。顽石中藏宝，时人眼未明，卞和若一见，怎肯不相亲。过后难逢者，乃月缺之时，有何用也。屋下有天者，非虚浮之事。以世理譬喻，天之在天，屋下岂能藏之？神仙之道，多般颠倒，火里栽莲，水中捉虎，死处逢生，故有登天之灵梯。

其八

（三韵并用）

修仙善士莫痴迷，于此宜当早见机。

花发拈花须仔细，月圆赏月莫延迟。

得来合口勤烹炼，既济休工默守持。

从此不须心懊恼，管教平步宴瑶池。

玉蟾曰：花发月明，前已漏泄。花不在山，月不在天，要知著实。家家有之，人人可修。水火不合，卦爻未济；水火一合，道得既济。休工默守，然后修炼，以复其初也。日满工完，皆同众仙，游宴瑶池圣境，其实不虚也。噫！洞宾一得真铅后，弃却瓢囊碎却琴。传于后学牢把念，六根有耳不闻音。

其九

要知大药妙通神，不是凡砂及水银。

世间药材俱是假，人烧水火总非真。

有形有质何须炼，无象无名自可亲。

一得便超三界外，乘鸾跨鹤谒枫宸。

玉蟾曰：大丹妙药，至灵至神，非世间金石草木、黑铅水银，亦非炉釜水火，俱是有形有质可见之物。盖灵丹妙药，乃是生天地之祖炁，无形无影，难执难见，隐于空洞玄牝之中。惟有神仙，参透阴阳造化，旋斗历箕，暗合天度，攒簇五行，和合四象，龙吟虎啸，天地动静，方得元始祖炁，化为黍光，降见浮空。采而服之，还元接命，以作长生之客，升入无形，故有无穷变化，自在逍遥。后之学者，切莫听信邪师惑误性命，必仔细参求，投明弃暗。噫！迷者自迷，各宜穷理，覆鸡用卵。

其十

（二韵并用）

天机不泄世难知，漏泄天机写作诗。

同类铸成驱鬼剑，共床作起上天梯。

人须人度超尘世，龙要龙交出污泥。

莫怪真情都实说，只缘要度众群迷。

玉蟾曰：同类者，天以地为类，日以月为类，女以男为类，阴以阳为类。《契》云："勾陈螣蛇，青龙白虎。相呼相唤，相扶相舞。颠倒修之，离取坎补。"纯阳此诗，真实泄漏天机。蟾复解此，惟愿后来万万人，学同长生之域，各当及早修持，莫待今生错过。

十一

返本还源已到乾，能升能降作飞仙。

一阳发是兴工日，九转周为得道年。

炼药但寻朱里汞，安炉先立地中天。

此中就是还丹理，不是真人莫浪传。

（作，一作"号"；发，一作"生"；朱里汞，一作"金里水"；就，一作"便";是真，一作"遇奇"；莫浪，一作"誓莫"。）

玉蟾曰：返本还源，须要天地相合，龙虎相交，方得木火下降，金水上升。要识一阳生时，安炉立鼎，掘地寻天，采丹接命。知之者切莫乱传，若非道心坚固者，虽金玉丛中，视若浮云。任是父子骨肉，道心不坚，敢轻妄传，天必殃报，九祖沉沦。还丹秘宝，《度人经》云"四万劫一传"，故纯阳告戒。

十二

天生一物变三才，交感阴阳结圣胎。

龙虎顺行阴鬼出，龟蛇逆往火神来。

婴儿日食黄婆髓，姹女时餐白玉杯。

功满自然居物外，人间寒暑任轮回。

（出，一作"去"；神，一作"龙"；食，一作"吃"。）

玉蟾曰：一物，是真铅也。盖真铅，生于天地之先，号为元始一炁，能生天生地生万物。今者返而求之，须用阴阳交感，逆施造化，故能成仙成佛。上圣已知汞性好飞，遇铅乃结，炼真铅伏制真汞，如母伏子，不致逃失，方结圣胎，以为长生不老神仙。

十三

先天一炁号虚无，运转能教骨不枯。

要识汞根寻蒂子，方求铅本问仙姑。

人人会饮长生酒，个个能成不死夫。

色即是空空即色，朗然飞过洞庭湖。

玉蟾曰：先天炁为铅，无形而能制汞。离虚坎实，采而补之，汞精不致飞走，故能结胎神化。妙在心如太虚，色境两忘，忘无可忘，方可求之。若人欲横流，终不能成。

十四

（第四句借韵）

大道玄机颠倒颠，掀翻地府要寻天。

龟蛇共穴谁能见，龙虎同宫孰敢言。

九夏高山生白云，三冬奋火种金莲。

丁宁学道诸君子，好把无毛猛虎牵。

玉蟾曰：颠倒之机，前篇已露。纯阳复作此诗，惟恐后人信心不坚。知牵无毛猛虎，道不远矣。

十五

（首句借韵）

地上灵芝天上安，时中采得结纯乾。

无根自有阳春至，有本多因气脉缠。

姹女戏时神力壮，婴儿舞处道心坚。

可怜世上无知识，我得长生寿万年。

玉蟾曰：花果非在天地，不离人身。婴儿姹女，无媒不合，有缘能悟，便可得仙。噫！只待地母花开日，便是黄河彻底清。

十六

（第六句借韵）

劝君保重一分阴，悟此仙机在用心。

只是人身常运转，何劳物外苦搜寻。

忙求北海初潮水，灌济东山老树根。

此个玄机重漏泄，弹琴须要遇知音。

玉蟾曰：以上诗十六首，以为二八一斤之数。古仙尝惜分阴，今人反有休息，将身至死，犹不知悔。须将精气顾惜，莫听邪师妄惑，服炼草木药石，皆是胡为，去道远矣。有等愚夫俗子，又不知出世间法，不知还丹至理，妄生议论。皆言修道炼丹，必居深山穷谷，必须抛妻弃子，此辈真可惜也。蟾今直指，各宜究参。深山所有者，草木禽兽，皆是非类，岂能修炼还丹？《悟真》云："未炼还丹莫入山，山中内外尽非铅。此般至宝家家有，只是愚夫识不全。"又云："汞是我家原有物，铅是他家不死方。"若将金石草木任猜量，到底枉猜量，必入轮回去。今纯阳云"北海初潮"，即是丹井中新出之甘泉，实为难得之宝耳。盖"初潮"二字，便是先天一炁、真铅之炁，故谓之至宝、无价之宝，可为大丹之母。东山枯木，北泉注之，枝叶重荣，根本永固。《歌》云："北方正气为河车，东方甲乙为丹砂。两情合养为一体，朱雀调运生金花。"《契》云："丹砂木精，得金乃并。太阳流珠，常欲去人。卒得金花，转而相因。"盖此意也。

以上丹经万卷，天机不漏。今纯阳真人，悯世愚迷，故诗中发泄。蟾今又注释之，指下琴音，世无知者。此书在处，当有神祗拥护。学仙者有缘得遇，信受奉行，立跻天仙也。

《指玄三灿》下篇

（绝句三十二首。玉蟾注和三十二首，应六十四卦之火候。）

其一

（三韵并用）

世人宜假不宜真，难度长生上品经。

不免天机重漏泄，灵丹只是气和精。

和曰：纯阳仙圣得全真，慈度重宣上品经。后学殷勤加爱敬，只宜修炼气和精。

其二

道在人为日用常，逆修入口遍身香。

便须默养天胎就，稳跨翔鸾谒玉皇。

和曰：无中生有得非常，西海金生丽水香。取得归来铛内煮，待炉丹熟礼虚皇。

其三

西北东南在两厢，长房缩地合中央。

后人好学神仙法，一样丹砂补败场。

和曰：雄虎雌龙各一厢，凭媒牵引入中央。炼时匹配休轻视，顷刻终成大道场。

其四

（第二句借韵）

此法真中妙更真，无头无尾又无形。

窈冥恍惚能相见，便是超凡出世人。

和曰：真中无假假中真，听不闻声视没形。学道知机能著力，得之凡骨变仙人。

其五

东华姓木老仙翁，独坐长房未有功。

忽遇西王金圣母，灵丹一粒便腾空。

和曰：家家有过主人翁，只为贪迷昧圣功。若解转头颠倒做，守真志满总归空。

其六

一法通时万法通，休分南北与西东。

朝朝只在君家舍，要见须知撅土中。

和曰：玄牝之门若会通，百川万派总归东。时人若识真消息，子正阳生月正中。

其七

黄鹤楼中吹笛时，白苹红蓼满江湄。

衷情欲诉无人识，只有清风明月知。

和曰：铁笛横吹正子时，一轮明月见江湄。此中便是真端的，试问诸君知不知。

其八

（二韵并用）

法是先天一点炁，将来煅炼作元神。

法官存想驱雷使，炼此方能上玉京。

和曰：太乙含住先天炁，灵阳藏固养精神。两般若得相和合，指日飞升朝玉京。

其九

二八佳人体似酥，腰间仗剑斩愚夫。

分明不见人头落，暗里教君骨髓枯。

和曰：无情何怕体似酥，空色两忘是丈夫。识得刚柔相济法，一阳春气为嘘枯。

其十

曾读仙经万卷多，篇篇只教运黄河。

此中有盏长生酒，问道时人能吃么。

和曰：一句通玄不用多，大家著力挽银河。三花灌上昆仑顶，不是神仙是甚么。

十一

朝游北海暮苍梧，袖里青蛇胆气粗。

三醉岳阳人不识，朗然飞过洞庭湖。

（北海，一作"北越"，又作"百越"，又作"岳鄂"。然，一作"吟"。）

和曰：一对鸾凤戏碧梧，性情相契要精粗。有人识得玄中理，何必登山及泛湖。

十二

我命从来本自然，果然由我不由天。

金丹一服身通圣，可作蓬莱阆苑仙。

和曰：道本无言只自然，真铅要识地中天。河车运上昆仑顶，作圣超凡便是仙。

十三

修仙不问男和女，炼药无拘富与贫。

一念不差皆可作，我知不是世间人。

和曰：王母本是凡人女，葛洪家道十分贫。二仙有样皆当学，苦口良言不惧人。

十四

（末句借韵）

神仙歌诀泄天机，方便慈悲指世迷。

见者莫生颠倒见，大家都好学妆痴。

和曰：篇篇字字有真机，悟者回头莫执迷。大药丹方难得遇，遇之不炼是愚痴。

十五

不死金丹种土砂，诸人会得早离家。

一心只望长生路，切莫如蜂苦恋花。

和曰：非金非木亦非砂，此个原来本在家。释氏初生全漏泄，因何末后又拈花。

十六

（第二句借韵）

真铅大药本无形，只在人心暗与明。

老子怀胎十个月，功圆行满自通灵。

和曰：哑子得梦醒无形，有口难言只自明。脓血皮包无价宝，若还人得便通灵。

十七

（末句借韵）

鼎炉安立守真心，八两朱砂八两金。

和合天平兑定了，便须仔细定浮沉。

和曰：昨夜进心要坚心，煅炼顽铜化赤金。赫赫光明侵碧嶂，丹成妙诀定浮沉。

十八

奉真修道守中和，铁杵成针要琢磨。

此事本然无大巧，只争日逐用功多。

和曰：人人天赋此元和，好把真常各打磨。今古上仙成道者，皆缘掘地采铅多。

十九

一阳气发用工夫，日月精华照玉壶。

到此紧关休妄动，恐防堕落洞庭湖。

和曰：达磨当日用工夫，独坐长芦用酒壶。得了一杯倾灌顶，摘芦脚踏过东湖。

二十

（第二句借韵）

曲江月现水澄清，沐浴须当定主宾。

若得水温身暖处，便当牢固办前程。

和曰：采药须知浊与清，饶他为主我为宾。若非猛火汤烹处，端坐休教再进程。

二十一

龙虎相逢上战场，霎时半刻定兴亡。

诸君逢恶当行善，若要争强必损伤。

和曰：五炁朝元作道场，三华聚顶万邪亡。嗜美景时须谨慎，切防危险莫遭伤。

二十二

（第二句借韵）

道本无言法本空，强名指作虎和龙。

天然一物真元始，隐在阎浮同类中。

和曰：须信金丹本不空，成功须用虎和龙。子时运入昆仑顶，午后循环沧海中。

二十三

人言我道是虚浮，我笑世人太没谋。

一粒金丹长命药，暗中失了不知愁。

和曰：炼丹须要识沉浮，未炼还丹用意谋。指教后人能得手，不须日夜用心愁。

二十四

龙虎金丹妙合天，风云际会泄甘泉。

白头老子能知此，返老还童寿万年。

和曰：金丹妙道本先天，隐在坤维化玉泉。松柏因他滋本固，经霜耐雪没穷年。

二十五

（首句借韵）

两口相逢是吕岩，诸人识得莫胡谭。

离中力量人难敌，能把乾坤一担担。

和曰：伏虎须教入虎岩，吞声忍气绝言谭。得他虎子牢擒捉，配个龙儿一担担。

二十六

降龙须要志如天，伏虎心雄气似烟。

痴蠢愚人能会得，管教立地作神仙。

和曰：亏心亏理即欺天，四物相遮黑似烟。此辈即同禽兽类，如何见得玉天仙。

二十七

一本梅花十月开，预先待得早春来。

木微尚且知时景，人不回头只得呆。

和曰：枯木逢春花再开，皆因天地一阳来。诸人年老难重少，只是贪痴呆上呆。

二十八

方方游化唱仙歌，反被时人笑似魔。

不识真金如粪土，老龙把做毒蛇蹉。

和曰：颠倒修行唱道歌，篇篇剪怪又驱魔。人人要上蓬莱路，会用工夫心莫蹉。

二十九

昔年游戏岳阳楼，好个莺花鹦鹉洲。

今日重来沽美酒，故人多半丧荒丘。

和曰：茅庵静坐胜高楼，耐守功完上十洲。堪叹玉堂诸学士，文章锦绣葬荒丘。

三十

遨游大地十余秋，劝化时人不肯修。

留此一篇真奥妙，飘然直上凤麟洲。

和曰：暑往寒来春复秋，人生如梦早宜修。仙家岂有浮空语，悟透玄风上十洲。

三十一

苦劝人修不肯修，却将恩德反为仇。

如今回首朝天去，不管人间得自由。

和曰：世人宜早发心修，夫妇恩深总是仇。不信吾言当自省，眼昏背曲为何由。

三十二

浮名浮利事如风，飘来飘去有何功。

诸人各自宜三省，莫把仙方当脱空。

和曰：纯阳袖大惹春风，归去来兮甚有功。留下玄机无价宝，玉蟾解和亦谭空。

附录三

敲爻歌 ^①

《敲爻歌》《沁园春》注解小序

　　吕祖之道，性命双修者也。所著诗歌，无非阐发此旨，而《敲爻歌》《沁园春》二章，尤其提挈纲维，简而明，约而该者也。特言命处多，言性处少，后多祖之，人遂谓南宗"先命而后性"。愚谓：养性延命，是一是二，既了性，自当了命。如未了性，又何从了命也？《敲爻歌》末，既示人性命双修；而《沁园春》首揭"炼己待时"，意可知矣。乃解《敲爻》者，详命而略性；解《沁园春》者，或以为了性，或以为了命，犹之仁者见仁，智者见智。其实篇内，原无所不包，不必扬彼而抑此，亦不可取一而废一也。阅《道书全集》，注《敲爻歌》者一家，注《沁园春》者二家，因并存之为一卷。

注《敲爻歌》序

　　夫《敲爻》者，乃阴阳交姤之大道也。道本无名，我祖师老子，强名曰"道"。道也者，金液还丹之道也。人禀天地精血而生，初为赤子之时，元精、元气、元神，混一纯全。及至长成，因眼、耳、鼻、舌四门所诱，一灵真性，被色、声、香、味、触、法，习染深沉，日复日，岁复岁，元精化为交感之精，元气化为呼吸之气，元神化思虑之神，元气分泄，难复天真。历

---

　　① 选自清乾隆年间刘体恕刊本《吕祖全书》卷三十一。

代祖师，发慈悲之心，垂言立教，载诸丹经，示后人修补之法。精损则以精补，气损则以气补，神损则以神补，是以"人衰人补，树衰土培"。故用修补之法，返本还元，以复其命。复者何？以精不漏泄，则精全为深根，气全为固蒂，神全为妙合。若能全此三者，实为终身之药物也。

今世之人，昧道者多，知道者少。纵有知者，不能十全通晓，便欲自尊自大，自执己能，谈天说地，与人为师，此等之人，自坏自身。所以，《悟真篇》云："纵识朱砂与黑铅，不知火候也如闲。大都全藉修持力，毫发差殊不作丹。"又云："契论经歌讲至真，不将火候著于文。要知口诀通玄处，须共神仙仔细论。"又云："万物芸芸各返根，返根复命即长存。知常返本人难会，妄作招凶往往闻。"是故祖师，苦口丁宁，劝诸后学，不可粗心大胆，不可虚度光阴，一息不来，悔之何及？不如急早回头，求明师口诀，更不疑心，直下承当，修行此事，基址坚牢，得药得丹，温养十月，脱胎神化，十种丹圆，缺一不可也。如上所说，大概之言，苦劝高明，宜当警醒。

仆因见祖师，吕纯阳《敲爻歌》，文义深奥，言句清切，金丹大道，三乘大法，十种还丹，悉备其中，孜孜不舍，叹之无穷。自虽未成道，不秘天宝，遂将我祖师亲传金丹口诀，于《敲爻歌》内，逐首解注，以明本末始终。虽见浅文疏，其理无玷，非高明之可睹，以末学而可观，序于卷首，戒之慎之！

时正统八年岁次癸亥上元，姑苏玉峰无瑕子钱道华序

敲爻歌注

姑苏玉峰无瑕子钱道华　注

汉终唐国飘蓬客，所以敲爻不可测。
纵横逆顺没遮拦，静则无为动是色。

师姓吕，名岩，字洞宾，道号纯阳子，祖居西京河南府蒲城县永乐镇招贤里（《本传》作"河中府永乐县"，一云"蒲阪"），仕宦人氏，今日蒲州蒲城县是也。师生于有唐天宝（《本传》作"贞元"，是。别作"贞观"，亦误）十四年四月十四日巳时降生（谣作"八月初四日生，四月十四上升"，然《仙经》亦作"四月"）。年长二十不娶，举进士第。后遇钟离正阳帝君，

授与大道。修炼已成，遂作此《敲爻歌》云"汉终唐国飘蓬客"也。敲者，推敲，言行不直，则可敲之。爻者，卦爻，乃阴阳交炼，动静往来、杀机之理。世人愚迷不知，难测度也。纵横逆顺者，谓或纵、或横，逆修、顺修，在吾之掌握，主张皆得自由。逆者，七返还丹，后起法也。顺者，得药之道，龙虎大丹，前收法也。没遮拦者，炼己纯熟，无所拘束，亦无或疏失也。静则无为者，乃入定时，内药内丹，凝神定意，万缘不罣，一心内守丹田，形如槁木，心如死灰，只候身中一阳初动，心肾相交，身内夫妻，情性相合，如在太虚之中，是以"千圣觅他踪不见，全身隐在太虚中"也。及其出定，心肾各还本位，自觉心中两三点清泉，落入黄庭。古云："阴阳交媾罢，一点落黄庭。"动是色者，乃阴阳逆顺之理，防危虑险。知进退，识浮沉，明主客，两无疏失也。动不纷扰，静不枯寂，修丹之要，此为首务，故先言之。

> 也饮酒，也食肉，守定胭花断淫欲。
> 行禅唱咏胭粉词，持戒酒肉常充腹。

（禅，一作"谈"，一作"歌"。）

真修行人，不贵斋口，却贵斋心。斋口者，断酒肉也；斋心者，断淫欲也。若乃心性性命上明白，断除淫欲，不犯禁戒，何用戒酒肉乎？故祖师云"也饮酒，也食肉"也。胭花，为淫欲之所，况守定乎？惟修道之士，虽日睹美丽在前，而此心不乱，况修炼还丹，自有婴姹夫妻配合之欢，岂复贪胭花浊垢？故圣师一心内炼，于色尘永断，而清净心体，在欲而无欲，居尘而不染尘，权依离垢地，当证法王身也。行禅唱咏胭粉词者，禅为清静之行，胭粉淫秽之词，两于相伴，而行禅唱咏者。经云"火中生莲华"，是可为希有；在欲而行禅，希有亦如是。故仙师行禅唱咏，色相都忘，抑且要世人识知，自己主意拿得定，脚跟站得稳，不妨和光混俗也。潜行默运，严持命根，谨守戒性，无使疏失，何在戒酒肉乎？

> 色是药，酒是禄，酒色之中无拘束。
> 只因花酒悟长生，饮酒戴花神鬼哭。

（戴，一作"带"。）

色是药者，乃二八兑中，有真金之宝，魂魄之药物。酒乃食禄，前缘分定，亦助道之兴。饮酒终日不醉，簪花并无走失，是故酒色之中，无拘束也。师言：我今得道成仙，皆因花酒而得长生久视，即因饮酒戴花，炼己持心，并无疏失，除彼六贼，三尸之鬼，自然消灭，不得猖狂，故云"神鬼哭"也。

　　　　不破戒，不犯淫，破戒真如性即沉。
　　　　犯淫坏失长生宝，得者须由道力人。
　　（坏失，一作"丧失"；力，一作"理"。）

　　不破戒，不犯淫，即前"守定胭花断淫欲"意也。世人愚痴，不知修炼自身，而破戒犯淫，如油尽灯灭，髓竭人亡，伤身失命者多矣，皆因只知戒杀生、戒偷盗。此外杀、外偷，不知自己身中，盗却元阳真炁，杀却自己性命，是乃真盗、真杀，反不知戒谨，一沉昧溺爱河，昏迷真性，耽淫滞欲，坏失长生之宝，何得成仙乎？若要知修炼之法，须凭明师口诀，炼己、持心，得药、得丹，长生久视，道力坚强，故云"得者须由道力人"也。

　　　　道力人，真散汉，酒是良朋花是伴。
　　　　花街柳巷觅真人，真人只是花街玩。
　　（汉，一作"淡"；是，一作"在"。）

　　道力人者，谓炼丹数足，得道有力量，大德之人也。酒是良朋者，指同类坤地，西南得朋，可饮无米之仙酒也。花是伴者，乃七六两、七九两、九六之同类，可为伴也。是故大修行人，不问淫房酒肆，花街柳巷，无不入玩，行炼己功法，故云花街柳巷之内，可觅真人，真人即在花街玩也。

　　　　摘花戴饮长生酒，景里无为道自昌。
　　　　一任群迷多笑怪，仙花仙酒是仙乡。
　　（长生酒，一作"饮琼浆"；景，一作"境"。）

　　摘花戴、饮长生酒，为学道之人，得师口诀。下手工夫，临炉方定铢两，不可差失，须依次序而行，先初三日，月出庚；次初八日，月至丁；后用十五，月至甲。用工之际，先将雄剑，折其花蒂；后以雌剑，饮取长生之酒。又要知月圆之际，水源清浊，金水及时，真人正当在位，采入黄房土釜之内。平常景里，万缘不罣，始入无为真道，自然昌盛也。世间迷流，见说用鼎器，修炼大丹，人人笑谤，不足为之道也。故仙师云："一任迷流多笑怪。"仙花、仙酒，是我之仙乡也，学者思之。

　　　　　到此乡，非常客，姹女婴儿生喜乐。
　　　　　洞中常采四时花，花花结就长生药。

　　（采，一作"有"；花花，《全唐诗》作"时花"。）

　　学道之人，采得丹药，入于中宫，到此真境界中，非是平常俗客，真是神仙种子矣。黄房之内，婴儿、姹女，两相交合，而生喜乐。又要温养，火功十月，更用一月总炼，一月出神，故有一年四时工夫。洞中常采四时花也，亦要内外火功气候，无差无失，以得结胎神化，名曰"花花结就长生药"也。

　　　　　长生药，采花心，花蕊层层艳丽春。
　　　　　时人不达花中理，一诀天机值万金。

　　仙师惟恐后学不明，重丁宁曰：长生药，须是采取上弦，三般宝鼎、玉炉之内，玉蕊金华，故有次序，层层艳丽之春。世间多有盲修瞎炼，不达花中之理，难得成道。若宿有善缘，得遇真师，将天机妙用，逐一诀破，如贫得宝，如病得药，如囚遇赦，如死再生，胜于万两黄金。纵有万金易尽，得此真法，妙用无穷也。

　　　　　谢天地，感虚空，得遇仙师是祖宗。
　　　　　附耳低言玄妙旨，提上蓬莱第一峰。

　　（仙师，一作"钟离"；旨，一作"诀"。）

　　仙师得道之后，自叹感谢阴阳天地虚空庇佑，得遇正阳帝君，事如祖宗，得帝君附耳低言，口传心授，金液还丹之旨。提携上蓬莱第一峰，此乃是上弦鼎器，故喻之为"第一峰"，学者详焉。

　　　　　第一峰，是仙物，惟产金华生恍惚。
　　　　　口口相传不记文，须得灵根坚髓骨。

（仙，一作"神"；髓骨，一作"骨髓"。）

第一峰，谓同类兑宫白虎，此物之中，惟产出金华玉蕊，能生恍惚，祖师不敢著于竹帛明言，须是口口相传。若要成道，亦要灵根坚髓之骨，金丹大药，方可成也。

坚髓骨，炼灵根，片片桃花洞里春。

七七白虎双双养，八八青龙总一斤。

"坚髓骨"二句，谓龙虎大丹，金丹大药，可以炼我之灵根，乃青龙也。第三句，谓行炼己火功，须要换鼎烹炼，可谓"片片桃花洞里"之春风津液也。七七白虎等者，乃两七之鼎，可炼大丹也。人若得彼上弦白虎真金八两，又要得青龙真汞半斤，二八合成一斤大药也。八八青龙之药物，亦可以助阴道也。

真父母，送元宫，木母金公性本温。

十二宫中蟾魄现，时时地魄降天魂。

（木母金公性本温，一作"金公木母两情通"。）

真父母，指金丹大药言也。得此至宝，到我元宫，木母、金公，乃木汞、金铅，其情性和合，守此中宫土釜，十二时中，运火退符，喻如蟾魄月光之发现。时时坚志，守其日魂、月魄，伏在丹田之内，如夫妇之交会，不可须臾离，方能凝结圣胎，道可成矣。

铅初就，汞初生，玉炉金鼎未经烹。

一夫一妇同天地，一男一女合乾坤。

"铅初就"者，采得上弦三般真精月魄，到我丹田，谓之"初就"。以制我真汞，则汞如初生之始也。又要玉炉、金鼎烹炼，二气氤氲，如一夫一妇之交媾，同天地阴阳一理。男女媾精，顺凡逆圣，合乾坤阖辟之道，知此火功不失，方得凝结丹头也。

庚要生，甲要生，生甲生庚道始萌。

拔取天根并地髓，白雪黄芽自长成。

"庚要生"者，乃西方白虎庚金真铅之气，而生东方青龙木汞也。"甲要生"者，乃东方甲木之汞火，而生西方白虎之金水也。"生甲、生庚"者，乃龙吞虎血，虎吸龙精，二气发生，始萌其芽，日逐日长，日新又日新也。采取，乃斗柄斡运之机。天根者，我之一物，取彼一物之中地髓也。若得此前收后起，升降温养，火功无差无失，白雪、黄芽，自然而得长成，丹田之内凝结，男子怀胎也。

铅亦生，汞亦生，生铅生汞一处烹。

烹炼不是精和液，天地乾坤日月精。

（精，一作"津"。）

"铅亦生"者，上弦真金之气，入我丹田，而生真汞。铅汞相生，在于土釜一处烹炼，百骸俱理，万神悉皆听命。此等烹炼，不是淫欲交感之精，乃天地乾坤，自然而然，日月之真精，有气无质之宝物也。

黄婆匹配得团圆，时刻无差口付传。

八卦三元全藉汞，五行四象岂离铅。

（汞，一作"土"。）

"黄婆"者，乃戊己真土脾神也，即两人之意也。若二气相投，金木相隔，须臾便能匹配而得团圆，合成一处，凝结不解。若要采取丹药，全在真师口诀，细微之妙，时刻无差，方能成就。若不得真诀，反成大害。"八卦"者，乾、坎、艮、震、巽、离、坤、兑也。"三元"，乃三乘、三奇之道。"全藉汞"者，谓炼己火功，须是真汞无疏失之患，全凭汞之坚固也。"五行"者，金、木、水、火、土。东木甲龙，南火丙雀，西金庚虎，北水壬玄，中意土黄婆。此四象五行，是彼我之身，龙虎二气，阴阳水火，乃能求真一之铅，方可成就大事也。

铅生汞，汞生铅，夺得乾坤造化权。

杳杳冥冥生恍惚，恍恍惚惚结成团。

"铅生汞"者，以铅制汞；"汞生铅"者，汞铅相投。故云：夺得乾坤阴阳二气，铅汞造化之权。"杳杳冥冥"者，阴阳二物。"生恍惚"者，真铅、真汞，日魂、月魄也。"恍恍惚惚结成团"者，阴阳二物，交炼凝结不可解，此乃互相食啖火候之理，中宫神丹，方可结成团也。

性须空，意要专，莫遣猿猴取次攀。

花露初开切忌触，锁居土釜勿抽添。

（居，一作"归"；添，一作"关"。）

"性须空"者，虚心也。"意要专"者，万缘放下，纤毫不挂，紧守中间黄房，志念专一也。"莫遣猿猴取次攀"者，要学道之人，锁心猿，拴意马，勿令纵放也。"花露初开切忌触"者，得丹入腹，制伏真汞，如花露之初开，易聚而易散，切忌触犯。务要下功之人，降心裂念，不可纤毫疏失，用心守护性命，抱守丹田，直候神丹凝结，故云"锁居土釜勿抽添"也。

玉炉中，文火烁，十二时中惟守一。

此时黄道会阴阳，三性元宫无漏泄。

"玉炉中，文火烁"者，谓玉液炼形之道，温养文火，地天泰卦，沐浴之候也。学道之人，十二时中，专心守一，意在丹田，自子至巳，六时起火，自午至亥，六时退符，阴阳交媾，水上火下，金、水、火三性，一家存守，聚入元宫，无有漏泄，方得男子怀胎，丈夫有孕也。

气若行，真火炼，莫使玄珠离宝殿。

加添火候切防危，初九潜龙不可炼。

（加，一作"抽"。）

"气若行，真火炼"者，闭息内行真气，胎息火功，无令纵放，玄珠铅汞，致使凝结而复疏失。盖内丹入腹，如云似雾，真气周流，内用真火，心肾交媾，不可须臾离也。外炉火功，抽添运用，最要防危虑险，勿得疏失，自取其害。本欲炼丹而求长生，到此走失，反成促寿，不可不戒。当此之时，大要内外火功，知其前后，屯蒙二卦，无令差误。子巳六时，起阳火；午亥六时，退阴符。故云"初九潜龙不可炼"，温养火功也。

消息火，刀圭变，大地黄芽都长遍。

五行数内一阳生，二十四气排珠宴。

学人但知消息内外，火功无差毫发，始得刀圭之丹，变成黄芽，结成丹珠，乃是五行数内，太乙含真一之气种子，作为丹头。后用十月火功，一月总炼，一月出神，一年二十四气功法，添助神药之功，故云"二十四气排珠宴"也。

火足数，药方成，便有龙吟虎啸声。

三铅只得一铅就，金果仙芽未现形。

炼丹若得内外火功数足，结就神丹，身内夫妻，自有龙吟虎啸。但凡采取三品大药丹头，只得一铅真实受用，犹如得金果仙桃之味，及其变化现形，有不可思议神通。温养火功无失，现出婴儿，乃男子生儿不等闲也。

再安炉，重立鼎，跨虎乘龙离凡境。

日精才现月华凝，二八相交在壬丙。

（相交在壬丙，一作"方当返在丙"。）

炼丹之法，若是有大根器，大力量人，修炼大丹成就，移丹入于上丹田，再置妙炉，龙虎交媾，精华凝结。重整二弦之气，相交壬水丙火，水火既济，再造神丹之妙。《四百字》云"一载生个儿，个个会骑鹤"也。

龙汞结，虎铅成，咫尺蓬莱只一程。

坤铅乾汞金丹祖，龙铅虎汞最通灵。

（坤铅乾汞，一作"乾铅坤汞"。）

初修金液还丹，须要龙汞、虎铅，为结丹之祖宗。温养火功，亦要龙铅、虎汞，此乃前收后起之法，最为紧要通灵之火候也。学者宜问真师，不可虚度一生。

达此理，道方成，三万神龙护水晶。

守时定日明符刻，专心惟在意虔诚。

（方成，一作"方荣"；神龙，一作"神通"。一本无下二句。）

若是大修行人，达此金液大还丹之理，仙又生仙之法，其道可能大彻大悟，重立丹鼎，以金为隄防，故云"三万神龙护水晶"也。亦要明其时刻，专心守等，此金生水一十五两。金生多少之理，《参同契》十四章甚明，知此"饮刀圭"详细之道也。（《契》云："金计十有五，水数亦如之。临炉定铢两，五分水有余。二者以为真，金重如本初。其三遂不入，火二与之俱。三物相含受，变化状若神。"）

黑铅过，采清真，一阵交锋定太平。

三车搬运珍珠宝，送归宝藏自通灵。

（采清真，一作"药不清"。一本无下二句。）

若知此十五两金，生多少水，必要明真道理。待其黑铅已过，水源至清，内有真金，生二分水，乃真可用，以法取之，固济橐籥。交锋须要定其太平，亦必用三乘三品大丹，为之三车，搬运入于中宫宝藏，万神听命，不神而神，自然应也。

天神佑，地祇迎，混合乾坤日月精。

虎啸一声龙出窟，鸾飞凤舞出金城。

（出，一作"上"。）

天神佑，谓我之真汞，求真铅也。地祇迎，谓彼之真铅，求我之真汞。二意和同，方可混合交媾阴阳。但要知彼虎啸，真铅将至之时，速令青龙出窟，用飞灵剑以取之，鸾凤之气，入我土釜金城之内，而成丹。

朱砂配，水银停，一派红霞列太清。

铅池迸出金光现，汞火流朱入帝京。

"朱砂配"者，乃人身中积精成汞，汞久坚固以成朱砂，匹配真铅，以成丹头也。"水银停"者，以下弦水银之炁，八两停匀，凑成一斤大药也。自此之后，身中造化，似红霞之四起，列布于太清之中，便得炉火真铅，逆流运上泥丸，如金光罩体。汞火流珠，下降金室黄房，为"入帝京"也。

龙虎媾，外持盈，走圣飞灵在宝瓶。

一时辰内金丹就，上朝金阙紫云生。

彼虎、我龙，二弦之气，交媾水火二气，争战持盈，造化神通，走圣飞灵，在乎我身之中，宝瓶之内，一时半霎，结就丹头。上朝于泥丸，金阙紫府，重生真气，周流一身，无滞无碍也。

仙桃熟，摘取饵，万化来朝天地喜。

斋戒等候一阳生，便进周天参同理。

"仙桃熟"者，九六玄关数足，金生水清之候，为仙桃已熟，宜下手入室，用工采取，入于土釜之内，万化来朝，身中造化，自然交媾，如夫妇欢喜也。若求此宝，必先立坛婵，格物存诚，斋戒等候，一阳将生，金生丽水。待其水源至清，便向此时下手，进参同之理，一时辰内，管取金丹成，一得永得。

参同理，炼金丹，水火熏蒸透百关。

养胎十月神丹结，男子怀胎岂等闲。

（神，一作"金"。一本无下二句。）

参者，参天地造化之体，只彼我二物、铅汞二炁相感之机也。同者，同类相成之用，合阴阳造化之功。深知此理，方知炼金丹之作用。升降屯蒙二卦，水火熏蒸，百骸俱理，百关通透，温养内外火功。十月胎完气足，乃得男子生儿，丈夫有孕，岂是等闲之事。

内丹成，外丹就，内外相接和谐偶。

结成一块紫金丸，变化飞腾天地久。

（和谐偶，一作"好延寿"。一本无下二句。）

"内丹成"者，中宫土釜，养就神丹。"外丹就"者，又得外来金丹。两相结成，方始合成一丸紫金赫赤金丹。又得火功相接，和谐配偶，结成圣胎，婴儿显相，变化飞腾，天长地久，得为真人。

丹入腹，非寻常，阴形剥尽化纯阳。

飞升羽化三清客，名遂功成达上苍。

修炼功深，得丹入腹，内外相结，与庶俗不同。日复日新，阴形剥尽，变化纯阳之体，飞升羽化，为三清之客。但得功成道备，名达上苍。

三清客，驾璚轝，跨凤腾霄入太虚。

似此逍遥多快乐，遨游三界最清奇。

太虚之上修真士，朗朗圆成一物无。

（璚，同"琼"；轝，同"舆"；朗朗，一作"顿了"。）

"三清客"，指丹成道备之人而言。为修炼金液大还丹，成道之后，驾腾琼轝鸾鹤，而入太虚霄汉，遨游三界，清闲自在，是为修真之士，朗朗圆成大道，并无一物牵罣也。

一物无，唯显道，五方透出真人貌。

仙童仙女彩云迎，五明宫内传真诰。

（真诰，一作"仙教"。）

"一物无"，谓得道之人，万缘俱空，境相不着。惟有真常之道，显然明白，身中五脏真炁，各见本色，五方透出真人之貌。到此一步，功成道就，婴儿出见，身外有身，自有仙童、仙女，迎至蓬莱三岛，五明宫内，传真正官诰，方始仙籍书名。

传真诰，话幽情，只是真铅炼汞精。

声闻缘觉冰消散，外道修罗缩项惊。

（真诰，一作"仙教"；项，一作"颈"；声闻，是有学从师，闻法得悟；缘觉，又云"独觉"，悟十二因缘得道，谓之"二乘"。）

成道之后，既得真诰，上传平日所行功法，真一之道，话烹铅炼汞之幽情。若是声闻缘觉，闻之如冰之消散。外道修罗，得闻男女同修之法，缩项而失惊，故云难信之法也。

点枯骨，立成形，信道天梯似掌平。

九祖先灵得超脱，谁羡繁华富与荣。

（得超，一作"悉解"。）

人能得修真正之道，筑基牢固，得药得丹，便如点其枯骨，立得成全其形骸，为长生不死之真人，方信道圣人。三寸上天之梯，人人俱有，只在目前，似掌之平也。得道之后，九玄七祖，皆得超脱。至于世间富贵荣华，不啻朝露，其谁羡之？

寻烈士，觅贤才，同安炉鼎化凡胎。

若是悭财并惜宝，千万神仙不肯来。

（悭，一作"堪"；惜，一作"吝"。）

上古仙师修炼，得真师口诀，真正之法，须要财法相助，方能成就。若自无财力，务要云游四海，遍寻真烈之士，英贤之才，两相付托，结为心友，重立誓盟，告闻天地，同安炉鼎，得药、得丹，两相成就，此乃"彼施财，我施法"，财法二施，等无差别。若是贪财惜宝，悭吝之人，纵有至人仙子，不肯相依相投，故云"千万神仙不肯来"。

修真士，不妄说，妄说一句天公折。

万劫尘沙道不成，七窍眼睛皆迸血。

仙师慈悲心切，恐世人心迷，不肯信受奉行，发此大誓，苦劝后学。云我是修真之士，非比凡俗，不肯妄说一字一句，诳惑世人。若妄说一句，迷误后人，便遭天公谴责，万劫尘沙，不得成道，得其恶疾，七窍眼睛，皆迸出血。仙师发此大誓，度人之心切矣。学者可不警哉？

贫穷子，发誓切，待把凡流尽提接。

同赴蓬莱仙会中，凡景熬煎无了歇。

（誓，一作"愿"；待，一作"要"；赴，《全唐诗》作"越"；熬煎无，一作"煎熬尽"。）

仙师自称为贫穷之子，发誓大切，待把凡夫世人，尽皆提携接引，同入长生之路，俱赴蓬莱仙会之中，作神仙之种。如若不信，沉溺爱河，流入欲海，辗转轮回，在凡俗景中，火坑之内，煎熬无有了歇。

> 尘世短，更思量，洞里乾坤日月长。
> 坚志苦心三二载，百千万劫寿无疆。

（里，一作"府"。）

世间凡夫，不得真道，百岁绝无，七十者稀，都不免还他个死。既知在世不久，甘心待死，不肯回头向道。若是五更枕上，自家思量，上古神仙诸佛，也是人修得。急便承当，拜求明师口诀，修炼长生不死之仙方。依师指示，坚志苦心，下工修炼，金液大还丹，功成道备，作为神仙，百千万劫，寿同天地之无疆也。

> 达圣道，显真常，虎兕刀兵更不伤。
> 水火蛟龙无损害，拍手天宫笑一场。

（更不，一作"不敢"。）

世法无常，惟有求明师口诀，晓达圣道，修身炼己，得药得丹，温养火功，斯乃真常之道。及至脱胎神化，飞腾自在，得成真人，便如虎使其爪，兕使其角，贼使其刀剑，不能损其身。便如末劫水火蛟龙，亦不能害其体，那时飞升天宫，拍手笑一场也。

> 这些功，真奇妙，分付与人谁肯要。
> 愚徒死恋色和财，所以神仙不肯照。

仙师所言，这些大道用功之法，真寂奇妙。争奈世人愚痴，讥笑讪谤，不足语道，便如两手明白分付与他，谁人肯承当？要学修炼，明道之人，万中无一，都是愚痴之徒，死恋财色，甘心待死，不肯回头学道。所以，神仙不肯照顾，传授金丹大道。

> 真至道，不择人，岂论高低富与贫。
> 且饶帝子共王孙，须去繁华锉锐分。

（论，一作"问"；分，一作"纷"；一作"锋"。）

仙师言至真大道，岂有悭吝不传之事？人人有分，个个有缘，亦无择人而授之理。然虽不问高低贫富，亦必要办一片至诚心来求，即如帝子王孙之富贵，若学道，也须屏去繁华世态，除去万缘杂念，虚衷苦志以相求，方可语以至道。苟非其人，决不轻传。

> 瞋不除，态不改，堕入轮回生死海。
> 堆金积玉满山川，神仙冷笑应不采。

（态，一作"怒"。）

若是愚迷执着，不肯谦恭受益，瞋心不除，骄态不改，傲慢恣肆，没世堕入六道轮回，生死海中。一失人身，万劫难复，便富比石崇，堆金积玉，乃世间凡宝，终有尽时，不是长生之至宝，神仙视之，亦惟有冷笑不采耳。

> 名非贵，道极尊，圣圣贤贤显子孙。
> 腰金跨玉骑骄马，瞥见如同隙里尘。

（显，一作"示"；腰金，一作"腰间"。）

世间名利，便官居极品，名振一时，非为大贵。惟有金丹大道，极尊极贵，圣贤相传，法子法孙，永远相授。至若尘世，腰金跨玉，骑骄骏马，都是幻缘，道眼观之，瞥然如同壁缝日影之中，微尘相似。

> 隙里尘，石中火，何在留心为久计。
> 苦苦煎熬唤不回，夺利争名如鼎沸。

（在，一作"枉"。）

隙里尘，即叠上句"石中火"者，喻人一身如石中火，原非久长，特凡夫不悟，每日尘劳汨汨，终朝业识茫茫，八苦交煎，无有了期。是故仙师，千经万论，劝谕修行，世人业重罪深，不肯回头，夺利争名，如汤锅之沸，甘受苦恼，乃死之徒。

> 如鼎沸，永沉沦，失道迷真业所根。
> 有人平却心头棘，便把天机说与君。

世间凡夫，贪恋世缘，奔奔碌碌，犹如鼎沸，未有休息，因此失道迷真，沉沦业海，乃是前生、今世业报，罪根深重，难复天真。若是宿有仙骨道缘之人，一闻便悟，平却心头荆棘，坚心苦志，矢念靡移，务期道成，终无退悔。遇此等之人，便将天机造化，口诀细微，仔细传授，俾令修炼，证果天仙，了此生死大事。

命要传，性要悟，入圣超凡由汝做。

三清路上少人行，畜类门前争入去。

（传，一作"诀"；畜类，一作"大道"；前，一作"中"。）

仙师重明命基大事，非同小可，须要坚心致志，烈誓刺血，告明上圣至士，皈心盟天而传，故命要师传。性要悟者，教学人直究本来，真参实证，灼见自性，透体光明，故性要自悟。如此性命双修，至于成功，入圣超凡，皆由此身自修自证。无奈世人，不肯信受，回头修炼，只要贪求世间七情之欲，甘心堕落于异类中，不能出离，故云"三清路上少行人，畜类门前争入去"。

报贤良，休慕顾，性命机关堪守护。

若还缺一不芳菲，执着波查应失路。

（机关堪，一作"关联须"；还，一作"是"。）

祖师重重吩咐，告报贤良有德之士，休要顾世缘，恩妻爱子，贪利图名。惟有性命机关，堪当守护，不可疏虞。须知爱惜性命，而求超出生灭之苦。若只修一缺一，是为偏枯，而不得芳菲，开花结果，执着波查世缘，应失大道真正之门路也。

只修性，不修命，此是修行第一病。

只修祖性不修丹，万劫阴灵难入圣。

（只修性，不修命，一作"悟真常，不达命"。）

仙翁慈悯后学，错路修行，不知正道之人，执着为无真空，休妻弃子，入山修道，枯坐灰心（此是顽空，非真空也），盲修瞎炼，为是坐禅。此等愚人，乃是修行第一病，毒气深入，虽有良医妙药，救他不得，少不得还他一死。便如有一等铁脊梁汉，直到辟支地位（后人连声闻果，尚不得到，岂易到辟支地位），定有禅定千年，即出得阴神，难入圣位，不修金丹，难成正道也。

按佛经，初果须陀洹，名预流果，已入圣位。至四果阿罗汉，经称能飞行变化，住寿命，动天地。若辟支佛乘，又在罗汉之上，特较菩萨乘为稍逊耳。谓之入圣而未优，至于了悟真空心性之旨，则命在其中，即谓之大觉金仙。故紫阳张真人云："我得达摩、六祖不传之秘。"是以孚佑帝君宣演《八品》《三品》诸经，深明三教合一之理，第恐世人，只知修性，不知修命，未到"穷理尽性，以至于命"地位，故谆谆告戒之也。若尽诋佛法，只知修性，不知修命，何以帝君于参黄龙机悟后，所呈偈云"自从一见黄龙后，始觉从前错用心"也。后学于此，切勿错会。

> 达命宗，迷祖性，恰似鉴容无宝镜。
> 寿同天地一愚夫，权握家财无主柄。

（达命宗，一作"悟命基"；鉴，一作"整"；一愚夫，一作"丈夫儿"；权，一作"把"；无主，一作"为本"。）

有等学得仙师，指示命宗口诀，着于边见，修炼命基坚固，祖性未悟，自己本来面目未见，恰似有鉴台而无明镜。不知性宗智慧，变化超脱，出神入定之道，虽然有寿而无智慧（此即《楞严》所谓"十种仙行"），如世之愚夫，空有万金之宝，其于营运之妙用，全无主张把柄也。

> 性命双修玄又玄，海底洪波驾法船。
> 生擒活捉蛟龙首，始知匠手不虚传。

（双，一作"全"；驾，一作"渡"。）

修行人，既经参悟，了明性体，复炼内药，了却命根，辐辏丹头，和合温养，内外火功，无亏无欠，无虞无险，无疏无失，如此双修，朝屯暮蒙，前收后起，两般作用，真玄之又玄。正如海底洪波，驾起法船，度脱三灾八难、九横五苦之厄，于海中生擒活捉青龙之头，到此真境界中，始知当初真师老匠之手段，不是虚传假相，茫无实济也。到此粉骨碎身，难报祖师深恩，后学宜遵，不可虚度光阴也。

注内凡有不合本歌意者，俱略为更订，但取惬于祖意而止。

《沁园春》注 [①]

紫虚了真子萧廷芝元瑞　述

七返还丹，

火生数二，成数七。返者，自下而返上；还者，自上而还下。或曰：木三金四，合成七数，故曰"七返"，其说亦妙。盖金木，乃水火之父母，五行之宗祖，还丹之根基也。苟以涕、唾、津、精、气、血、液为七返，谬之甚矣！云房诗曰："七般灵物尽为阴，若将此物为丹种，怎得飞升贯玉京。"《紫庭经》曰："七件阴物何取焉。"还丹之名不一，或曰大丹、内丹、玉壶丹、绛雪丹、赤赫金丹、龙虎大药、九转神丹、宇宙之主、神符白雪、龟精凤髓、兔髓乌肝、先天地精，皆不过真铅、真汞交结而成，固非凡铅凡汞、金石草木有质之药。汞是九转真汞，铅是七返真铅。惟兹二味，是天地之真气，日月之至精。于外配则明象乾坤，于内配则符合造化。有生有杀，为虎为龙，蕴情义而遣作夫妻，继祖宗而故称父子。二味既晓，两性须知。因媒而男女和谐，赖母而子孙成长。圣人至秘，玄之又玄，修丹之士，当反求诸己而已矣！

在人先须，炼己待时。

道不远人，百姓日用而不知也。炼己，乃炼形之道，莫不擘裂鸿濛，凿开混沌，采真一之精，抱先天之炁，而为丹基也。不可以非类而造化，故《参同契》云："燕雀不生凤，狐兔不乳马。同类易施功，非种难为巧。"金华洞主答太室山人曰：积其阳魂，消其阴魄。以其阳兵，战退阴贼。八卦相荡，五行相克。归根复命，还丹烜赫。以精炼形，非凡砂石。或者以炼己为炼土，其说亦妙。盖药产西南，坤地也。大要知时，苟失其时，天地之间，

① 选自清乾隆年间刘体恕刊本《吕祖全书》卷三十一。

凭何节候而生万物？阴阳之炁，凭何而生龙虎哉？弦后弦前，乃时中之造化；坎离交处，乃刻里之工夫。到此微妙，莫非口诀。

正一阳初动，中宵漏永。

宇宙在乎手，万化在乎身。毗陵师曰："炼丹不用寻冬至，身中自有一阳生。"时中有时之工夫，刻中有刻之工夫。

温温铅鼎，光透帘帏。

铅鼎，即造铅鼎也。温温，谓火力不使之亏欠，必也温养而成丹。毗陵师曰"金鼎常留汤用暖，玉炉莫要火教寒"，是也。帘帏者，眼也。云房有"闭户垂帘默默窥"之句。下工夫处，神光晃耀，透彻帘帏也。

造化争驰，龙虎交会，

夫造化之争驰也，龙吟云起，虎啸风生。必也使水虎擒火龙，互相交会。《入药镜》曰："铅龙升，汞虎降，驰二物，勿纵放。"苟运火失时，则虎龙不交，铅汞飞走矣。紫阳诗曰："西山白虎正猖狂，东海青龙不可当。两手捉来令死斗，化成一块紫金霜。"两手捉来，不过要其交会，方能凝结成宝也。

进火功夫牛斗危。

夫火者，太阳之真精，有名而无形。故《参同契》曰：既得真铅，又难真火，岂轻议哉？火起于水中者何？盖坎属水，坎中有真阳，乃真火也。龙虎会合，金木交并，则真火炎其中矣。进火之工也，有刚柔文武，斤两法度，二八临门，六一固济，循卦爻，沿刻漏，了屯蒙，明否泰，分二弦，辨晦朔，始复终坤，起晨止晦，则阴阳舒卷，金水调和。如或火候失时，霖旱不节，隆冬大暑，盛夏严霜，金宫既砂汞不调，玉鼎乃蝗虫竞起，金虎木龙沸腾，坎男离女奔逸，此皆运火过差，灵汞飞走。所谓：纤芥不正，悔吝为贼，毫发差殊，不作丹是也。可不慎之？牛斗危者，当牛斗值时下功也。

曲江上，见月华莹净，有个乌飞。

人之小肠，九盘十二曲，谓之曲江也。月乃药之用，言其莹净无瑕，乃至宝也。有个乌飞，乃阴中含阳也。刘海蟾诗曰："几度乌飞宿桂柯。"又曰："乌飞兔不惊。"古诗曰："有个乌飞入兔宫。"皆此意也。

当时自饮刀圭，

当行功交会之时，下手自土釜采而饮之，故《入药镜》曰"饮刀圭"。识土釜者，可与语刀圭之妙。

又谁信，无中养就儿。

还丹之道，乃无中生有，渐采渐炼，结成圣胎，无质生质，养就婴儿。故紫清先生诗曰："世事教人笑几回，男儿曾也会怀胎。自家精血自交媾，身里夫妻是妙哉。"

辨水源清浊，

《清静经》云："天清地浊""男清女浊""清者浊之源"。无他，阳清而阴浊也。轻清者，浮而在上，真水银是也；重浊者，沉而在下，真铅是也。二物两用，可不辨明清浊升降之道乎？

木金间隔。

木居东方甲乙，在象为青龙，在卦为震，乾之长男也，火之母也，金之妻也，青衣女子也，碧眼胡儿也，东海青龙也，木液也。金居西方庚辛，在象为白虎，在卦为兑，坤之少女也，水之母也，木之夫也，素练郎君也，白头老子也，西山白虎也，金精也。隔居卯酉，无由聚会，须托黄婆媒合而为一也。紫阳曰："木金间隔会无因，须仗媒人勾引。"然后木生火，金生水，水火同乡，则金木交并矣！

不因师指，此事难知。

金丹大药，古人以万劫一传。玉笥灵篇，学者之十迷八九。圣师口口，历代心心。若非心传口授，纵使三杰之才，十哲之智，百端揣度，亦终不能下手结就圣胎矣！所谓："饶君聪慧过颜闵，不遇明师莫强猜。只为金丹无口诀，教君何处结灵胎。"刘海蟾诗曰："此道迥昭彰，如何乱揣量。"金丹之道，若不遇真师，实难知之矣！

道要玄微，天机深远，

大道无形，生育天地；大道无情，运行日月；大道无名，长养万物。吾不知其名，强名曰道。杳杳冥冥，其中有精；恍恍惚惚，其中有物。视之不见，听之不闻，抟之不得，无中生有，天机深远，玄妙难测。《阴符经》曰："天有五贼，见之者昌。""知之修炼，谓之圣人。"苟非洞晓阴阳，深达造化，安能凿开混沌，采天地父母之根而为大丹之基？擘裂鸿濛，取阴阳纯粹之精，而为大丹之质。攒簇五行，和合四象。三花聚顶，令一气不昏；五气朝元，使阳魂不乱。放纵于杳冥之中，往来于恍惚之内。搬运出入，移神阳舍，功成行满，位证天仙也。况金液还丹，惟有一门，岂可与傍门小法，并日而语耶！

下手速修犹太迟。

千经万论，皆不言下手工夫，惟传之口诀。夫下手之初也，动乾坤之橐籥，采坎离之刀圭，摄一身之神，归于天谷穴中，容而养之，则神气归根，名曰"回风混合"，密固根源，此乃守真一之道也。《龙虎经》曰："神室上下釜，变化在手中。"所以正一真人，论青蛇之剑；西蜀老翁，得金锤之妙。吕公喻之为火杖，青城空同谓之剑不是道。此皆穷尽踪迹，擘划元根。若无下手，徒论金丹，万无一成矣！古歌云："圣人识得造化意，手抟日月安炉里。"《阴符经》云："宇宙在乎手，万化生乎身。"夫学而不遇，必遇至人；遇而不勤，终为下鬼。老子曰："上士闻道，勤而行之。"仙道惟人可以修。古云："神仙只是凡人做。"当知轮回事速，业报难逃；富贵荣华，殆非久计。下手速修，犹恐太迟也。

蓬莱路，仗三千行满，独步云归。

蓬莱三岛，乃海上仙山也。在人一身，亦有蓬莱三岛：顶曰上岛，心曰中岛，肾曰下岛。紫清先生诗曰"人身自有一蓬莱"，是也。三千功行，乃九年抱一之数也。九年功满，或分形散影，或出有入无；或轻举远游，隐显莫测；或换骨升仙，遨游蓬岛；或太乙见召，移居中洲，各随其功行之浅深也。《窑头坯》歌曰："九年功满都经过，留形住世不知春。忽尔天门顶中破，真人出现大神通，从此天仙可相贺。"《参同契》曰："道成德就，潜伏候时。太乙乃召，移居中洲。功满上升，膺箓受图。"彭真人注曰：太乙真君，乃内炼之主司也。世人初得道，镂名金简，于此洲膺箓受图，乃获上升也。

《沁园春》注①

林屋山人全阳子俞琰　解

七返还丹，

七，火数也。炼丹之法，其先以红投黑而生药。既有药，然后进火，炼黑入红而成丹，故曰"七返还丹"，即非自寅至申之七时也。张紫阳《悟真篇》云"金公本是东家子，送在西邻寄体生。认得唤来归舍养，配将姹女作亲情"，是此义也。

在人先须，炼己待时。

《楚辞②·远游》篇云："毋滑而魂兮，彼将自然；壹气孔神兮，于中夜存；虚以待之兮，无为之先。"即炼己待时之谓也。要在收视返听，寂然不动，凝神于太虚，无一毫杂想。少焉，神入气中，气与神合，则真息自定，神明自来，不过片晌间耳。郡康节《先天吟》云："若问先天一字无，后天方要着工夫。"丹法亦然。采药于先天，则无为；进火于后天，则有为。不可以一律齐也。

正一阳初动，

白紫清《珠玉集·丹髓歌》云："炼丹不用寻冬至，身中自有一阳生。"然吾何以知身中之一阳生也？盖弹指声中，巽豁开而心觉，恍惚之时是也。

---

① 选自清乾隆年间刘体恕刊本《吕祖全书》卷三十一。
② 楚辞，底本作"离骚"，校者改。

吾于此时，鼓之以橐籥，煅之以猛火，则真铅出坎，而河车不敢暂留停，运入昆仑峰顶，乃可以为还丹。邵康节《恍惚吟》云："恍惚阴阳初变化，缊缊天地乍回旋。中间些子好光景，安得工夫入语言。"非洞晓阴阳造化，畴克知此？

中宵漏永。

中宵，即夜半子时也。《周易参同契》云"含元虚危，播精于子"，是也。又云："晦朔之间，合符行中。"谓三十日夜半，子时之前，介乎晦朔之间也。若蹙之于一日，则每夜子时之前，即晦朔之间，初不拘于三十日之半夜也。《悟真篇》云"日月三旬一遇逢，以时易日法神功"，其说明矣。漏者，滴漏，有内，有外。在内，乃气之出入息也。薛紫贤《复命篇》云"此心却似糠灰火，静坐时闻滴漏声"，是也。在外，即是漏也。或疑《悟真篇》有"须知大隐居朝市，休向深山守静孤"之说，殊不知在深山，则难得灯与漏也。或又疑曰：陈泥丸《翠虚篇》云："若言刻漏无凭信，不会玄机药未成。"而又云"目视土圭，夜瞻刻漏"，谬之甚矣。何其说之自相戾也？曰：修炼之初，功夫未纯熟，恐或差违，故必外立刻漏，以为时候之准则。若至于功夫纯熟，丹田有种，则精生有时，时至神知，虽当寝寐，不待唤醒，而亦自觉悟，又何必刻漏为哉？漏永者，言其点点相续，无间断也。在吾身求之，则真息绵绵，勿令间断，如漏水之相续无异也。

温温铅鼎，光透帘帏。

鼎，谓下丹田也。子时将至，而阳气潜萌于其下，所以温温也。帘帏者，眼也。垂眼下视，有垂帘之象，故曰帘帏。丹田有药，而阳气上升，透于两眉之间，是以有光，譬室中有烛，烛光映于窗牖而明。盖非窗牖之明，乃烛之明也。或者乍见此景，而惊讶以为奇异，则心动而神散矣。欲望成丹，不亦远乎？

造化争驰，

争驰，谓坤之末、复之初也。其时琼钟一扣，玉洞双开。《复命》谓"两畔同升共一斤"，是也。

虎龙交媾，

《参同契》云："龙呼于虎，虎吸龙精。两相饮食，俱相吞并。"作丹之时，要在心息相依，然后神凝气聚，交媾为药。陈朝元《玉芝书》云："玄黄若也无交媾，争得阳从坎飞。"故必阴阳交媾，丹田有药，乃可以进火也。

进火功夫牛斗危。

牛斗危，乃身中火候之方位，谓进火功夫。自子而发端，至寅而搬运，如天之生物，胚胎于子，至寅而出也。《参同契》云："始于东北，箕斗之乡。旋而右转，呕轮吐萌。"《翠虚篇》云："有一子母分胎路，妙在尾箕斗牛女。"与此同旨。或以牛斗危，为犹斗危，引用《悟真篇》"两手捉来谓死斗"之语，以发明之，是亦一说也。

曲江上，见月华莹净，

《翠虚篇》云："西南路上月华明，大药还从此处生。记得古人诗一句，曲江之上鹊桥横。"古仙本以小肠有九盘十二曲，是为曲江。后人复以鼻口之间为曲江，二说俱通。而翠虚又以西南路上，发明其说，可谓深切著明矣。盖西南，属坤，坤为腹。药生于丹田之时，阳气上达，丽于目而有光，故自目至脐，一路皆虚白晃耀，如月华之明也。

有个乌飞。

"有个乌飞"者，身中之天地交，坎离合，二气缊缊，结成一滴露珠，而飞落丹田中也。陈希夷《指玄篇》云："有个乌飞入桂宫。"《翠虚篇》云："红莲含蕊，露珠凝碧，飞落华池滴滴。"《珠玉集·还源篇》云："人能明此理，一点落黄庭。"白紫清词云："而今识破金乌，飞入玉蟾窟。"皆此义也。

当时自饮刀圭，

医书言：方寸匕，又言刀圭者，刀头圭角，些子而已。"自饮"云者，遍历三宫，降而入口，与《悟真篇》谓"脱胎入口身通圣"，其义一也。或疑既脱胎，何为复入口？遂以为丹自外来，从而吞咽外物，去道远矣（余意引"脱胎入口"句，不如引"逆修入口遍身香"句更明）。《翠虚篇》不云乎："采之炼之未片饷，一气渺渺通三关。三关来往气无穷，一道白脉朝泥丸。泥丸之上紫金鼎，鼎中一块紫金团。化为玉浆流入口，香甜清爽遍舌端。"是岂自身外而来者耶？

又谁信，无中养就儿。

金丹大道，至简至易，于无中生有、养就婴儿，如涕、唾、精、津、气、血、液之类，止可接就，以为阶梯，非丹宝也。学者，局于管见，往往以先入之说为主，更不肯参究丹书，虽有道者，欲与开发，孰为之信？《翠虚篇》云："怪事教人笑几回，男儿今也会怀胎。自家精血自交结，身里夫妻是妙哉。"盖夫妇，即阴阳之异名，非真有所谓夫妇也。或者偏执"竹破竹补"之说，遂谓以人补人，而专意三峰邪术，又安信金丹乃清静无为之道，而果于无中生有哉？（因执有作，乃无中生有，及至无为，却于有内生无，俱各次第而行。）

辨水源清浊，

清浊之说，盖尝辨之矣。一曰天清地浊禀生成，一曰取清舍浊更玄玄。今曰水源清浊，则请就"水源"两字辨之。盖天一生水，其位北，以八水同归于此，故谓之水源。《翠虚篇》云"促将百脉尽归源"，盖谓此也。在上曰清，在下曰浊。始者上下相交，混而为一，久之则渐渐矴，渐渐清，清则至药生于其中矣。刘海蟾《还金篇》谓"水澄凝琥珀"，是也。乃若"留清去浊"之说，则自是一义，愚注《参同契》，于"形体为灰土，状若明窗尘"下，已详言之。[①]

---

① 俞琰《周易参同契发挥》：古歌云：用铅不用铅，须向铅中作。及至用铅时，用铅还是错。又云：铅为芽母，芽为铅子。既得金华，舍铅不使。其旨深矣。人徒知子时肾气生，得火烹炼，凝而成液，遂认为真铅，而欲取以点化离宫之真汞。殊不思既成液矣，则有形有质，其体重浊，安能逆流而升上？神仙之作丹，不过于此状，发火于其下，以感其气尔。火力既盛，其气瀚然上腾，与山川之云起相似。迨夫升入泥丸，然后化为甘雨，下入重楼，盖未尝用其质也。丹法所谓取清舍浊，正谓此也。清者，浮而在上，所谓状若明窗尘是也；浊者，沉而在下，所谓形体为灰土是也。炼外丹者，取其飞结于鼎盖之上者，号曰明窗尘。魏公以此发明内丹，欲学者触类而长之也。

木金间隔。

人身有一物，分而为二，其浮者为木，沉者为金，一东一西，故谓之间隔。若得斗柄之机斡运，使之上下循还，如天河之流转，则木性爱金，金情恋木，而刑德并会，不间隔矣。彼有以两目交光于中央，为金木不间隔，此一说。然以《参同契》《悟真篇》考之，则所谓"金木间隔"者，盖在内而不在外。（三四同居共一室，一二夫妇为偶配。三四木金也，一二水火也。）

不因师指，此事争知。

《悟真篇》云："饶君聪慧过颜闵，不遇真人莫强猜。"盖丹经所陈，或假物以明理，或设象以寓意，名义不同，学者卒然读之，莫不有望洋之叹。且以五行言之，或曰金木，或曰金土，或曰水火，或曰金火，或曰金水，或曰水土，使人心目俱眩，诚不易知也。

道要玄微，

丹道之要有二，曰交媾，曰进火。虽有先后次序，要皆一片功夫，萧紫虚《金丹大成集》谓"刻里功夫妙更奇"是也，玄哉微哉！

天机深远，

天机，谓半夜子，阳初动之时也。天机将至，人能动吾之机以应之，则天人合发，内外相符，结而为丹矣。虽曰一日十二时，凡相交处亦皆为，而古仙必用半夜子，阳初动之时者，其时太阳正北方，而人身气到尾闾关。盖与天地相应，所谓"盗天地，夺造化"，惟此时为然。乃若丑时，则太乙已偏，人身之气，已过尾闾矣。寅时，则太阳已出地，人身之气，已过肾堂矣，皆不可用也。《玉芝书》云"凡炼丹，随子时阳气而起火，其火方然，余外别时起火，其火不全"，斯言尽之矣。

下手速修犹太迟。

下手，谓烹炼之时，握一身之神，归于天谷穴中，而不可纵放，非真有所执也。或泥"下手"两字，正合《悟真篇》"两手捉来令死斗"之说，于是努力提拳，或掩耳鼻，或摩腰腹，或以大指掐掌心，或以中指抵脐轮，不亦劳乎？"速修犹太迟"，谓光阴迅速，而贵乎及时修炼也。

蓬莱路，仗三千行满，独步云归。

"三千行满"，谓九年三千日也。三千日内，务要积德累行，十二时中不可须臾离道。刘虚谷《还丹篇》云"大丹欲就三千日，妙用无亏十二时"，是也。丹法片饷结胎，百日而功灵，周年而胎圆，九年而行满，皆有程度，决无今日遇师，明日便能成仙之理。当知一年而小成，九年而大变。始而易气，次而易血，次而易脉，次而易肉，次而易髓，次而易筋，次而易骨，次而易发，次而易形。九年而阅九变，炼尽阴气，变成纯阳，然后可以遗世独立，羽化而登仙也。曾至游《集传》载陈朝元戒世云："为善事者，必享福报；积阴德者，子孙荣昌。不殄天物，不肆盗淫，不毁正教，善事也。救死扶伤，急人患难，无纵隐贼，阴德也。不作善事，不积阴德，则恶道无所不入矣。"朝元此言，盖为俗人说也，况学仙者乎？大抵欲修仙道，先修人道；人道不修，则仙道远矣。又岂不见《悟真篇》云："大药修之有易难，也知由我亦由天。若非积行修阴德，动有群魔作障缘。"学者讵可以"我命在我"之说自诿，而不务功行为急哉？呜乎！功行三千，大罗为仙；行满八百，大罗为客。吾党其勉诸！

大药无过精气神，要枢总在沁园春。

先生深会纯阳意，尽把玄机说与人。

元真乙未四月望日，三山王都中炷熏再拜谨题

附录四

吕祖《百字碑》注 ①

〔元〕张三丰　注

养气忘言守，

凡修行者，先须养气。养气之法，在乎忘言守一。忘言，则气不散；守一，则神不出。诀曰：缄舌静，抱神定。

降心为不为。

凡人之心，动荡不已。修行人，心欲入静，贵乎制伏两眼。眼者，心之门户，须要垂帘塞兑。一切事体，以心为剑，想世事无益于我，火烈顿除，莫去贪着。诀云：以眼视鼻，以鼻视脐，上下相顾，心息相依，着意玄关，便可降伏思虑。

动静知宗祖，

动静者，一阴一阳也。宗祖者，生身之处也。修行人，当知父母未生之前，即玄牝也。一身上下，乾坤八卦，五行四象，聚会之处，乃天地未判之先，一点灵光而成，即太极也。心之下，肾之上，仿佛之内，念头无息，所起之处，即是宗祖。所谓动静者，调和真气，安理真元也。盖呼接天根，吸接地根，即阖户之谓坤、辟户之谓乾。呼则龙吟云起，吸则虎啸风生，一阖

① 选自青空洞天刊本《张三丰全集》。

一辟，一动一静，贵乎心意不动，任其真息往来，绵绵若存。调息至无息之息，打成一片，斯神可凝，丹可就矣。

无事更寻谁？

若能养气忘言守，降伏身心，神归炁穴，意注规中，混融一炁，如鸡抱卵，如龙养珠，念兹在兹，须臾不离。日久工深，自然现出黍米之珠，光耀如日，默化元神，灵明莫测，即此是也。

真常须应物，应物要不迷。

此道乃真常之道，以应事易于昏迷，故接物不可迷于尘事。若不应接，则空寂虚无。须要来则应之，事去不留，光明正大，乃是不迷。真性清静，元神凝结。诀曰：着意头头错，无为又落空。

不迷性自住，性住气自回。

凡人性烈如火，喜怒哀乐，爱恶欲憎，变态无常，但有触动，便生妄想，难以静性。必要有真惩忿，则火降；真寡欲，则水升。身不动，名曰炼精，炼精则虎啸，元神凝固；心不动，名曰炼气，炼气则龙吟，元气存守；意不动，名曰炼神，炼神则二气交，三元混，元气自回矣。三元者，精、气、神也；二气者，阴阳也。修行人应物不迷，则元神自归，本性自住矣。性住则身中先天之气自回，复命归根，有何难哉！诀曰：回光返照，一心中存，内想不出，外想不入。

气回丹自结，壶中配坎离。

修行人，性不迷尘事，则炁自回，将见二炁升降于中宫，阴阳配合于丹鼎，忽觉肾中一缕热炁，上冲心府，情来归性，如夫妇配合，如痴如醉。二气细缊，结成丹质，而炁穴中水火相交，循环不已，则神驭炁、炁留形，不必杂术自长生。诀曰：耳目口三宝，闭塞勿发通。真人潜深渊，浮游守规中。直至丹田气满，结成刀圭也。

阴阳生反覆，普化一声雷。

功夫到此，神不外驰，气不外泄，神归炁穴，坎离已交，愈加猛烈精进，致虚之极，守静之笃，身静于杳冥之中，心澄于无何有之乡，则真息自住，百脉自停，日月停景，璇玑不行，太极静而生动，阳产于西南之坤。坤，即腹也，又名曲江。忽然一点灵光，如黍米之大，即药生消息也。赫然光透，两肾如汤煎，膀胱如火炙，腹中如烈风之吼，腹内如震雷之声，即复卦天根现也。天根现，即固心王，以神助之，则其炁如火，逼金上行，穿过尾闾，轻轻运，默默举。一团和气，如雷之震，上升泥丸，周身涌跃，即"天风姤卦"也。由月窟，至印堂，眉中漏出元光，即太极动而生阴，化成神水甘露，内有黍米之珠，落在黄庭之中，点我离中灵汞，结成圣相之体，行周天火候一度，烹之炼之，丹自结矣。

白云朝顶上，甘露洒须弥。

到此地位，药即得矣。二气结刀圭，关窍开通，火降水升，一炁周流，从太极中，动天根，过玄谷关，升二十四椎骨节，至天谷关，月窟阴生，香甜美味，降下重楼，无休无息，名曰"甘露洒须弥"。诀曰：甘露满口，以目送之，以意迎之，送下丹釜，凝结元气以养之。

自饮长生酒，逍遥谁得知。

养气到此，骨节已开，神水不住，上下周流，往来不息，时时吞咽，谓之长生酒。诀曰：流珠灌养灵根性，修行之人知不知。

坐听无弦曲，明通造化机。

功夫到此，耳听仙乐之音，又有钟鼓之韵，五气朝元，三花聚顶，如晚鸦来栖之状，心田开朗，智慧自生，明通三教经书，默悟前生根本，预知未来休咎，大地山河，如在掌中，目视万里，已得六通之妙，此乃实有也。吾行实到此际，若有虚言以误后学，天必诛之。遇之不行，罪遭天谴。非与师遇，此事难知。

都来二十句，端的上天梯。

自"养炁忘言"，至此二十句，皆是吕祖真正口诀，工夫无半点虚伪，乃修行上天之阶梯。得悟此诀与注者，可急行之，勿妄漏泄，勿示匪人，以遭天谴。珍重奉行，克登天阙。

吕祖抱度人洪愿，而传此《百字碑》；张祖抱度人大愿，而注此《百字碑》。张祖之心，即吕祖之心也。故曰：纯阳、三丰，乃神仙中耳目。西月跋。

纯阳吕公百字碑测疏 ①

〔明〕淮海参学弟子陆西星　谨测

养气忘言守，降心为不为。

夫学道修真之子，进步入门，先须理会"性命"二字。性有性源，命有命蒂。性源要清净，命蒂要坚固。命蒂固则元气充，气充而精自盈矣。性源清则元神定，神定而气自灵矣。何谓命蒂？真息是也。何谓性源？心地是也。我师教人有法，开口便说养气降心，而养气降心，自有真诀，故曰"养气忘言守"。"忘言守"，养气之真诀也。五字之中，"忘"字、"守"字，要有下落。盖忘言者，非缄闭其口而使之不言也。涵固精神，沉潜内守，情境两忘，无心于言，而言自不出也。若存心缄默，固闭深藏，反成心病。守之云者，守此气也。守之者谁？神守之也。守于何处？《道德经》云："多言数穷，不如守中。"中者，神气归复之处，人之大中极也。《参同契》云："闭塞其兑，筑固灵株。"闭兑者，即忘言之义。灵株者，即神气之根。盖能常守于此，则心息相依，子母相见，神气混融，打成一片，绵绵迤迤，久之而成大定。少焉静极生动，真火熏蒸，金精吐华，冲关透顶，灌注上下，气得其养，其妙用有如此者。《道德经》云：人之生也，"负阴而抱阳，冲气以为和"。要知人身中之气，即天地之冲气也。尔其升降阖辟，常与天地之气相

① 选自陆西星《方壶外史》。

为流通。医书谓此气周流人身，随呼吸以往来，昼夜八百一十丈。一呼一吸为一息，昼夜一万三千五百息，而息息各归于其根。《庄子》云："真人之息以踵，众人之息以喉。"以踵者，心息相依，归乎其根也。古仙有云："昔日逢师传口诀，只要凝神入气穴。"忘言守中，非凝神入气穴而何？此之谓归根，此之谓复命，深根固柢，长生久视之道端在于此。夫养气之诀，既已直露于前，故此下复说降心之诀。盖降心者，降伏妄心，非真心也。夫人之一心，本来无二，但以迷觉而分真妄。《金刚经》云："云何降伏其心？"人生而静，天之性也；感于物而动，性之欲也。既有欲矣，则情随境转，真以妄迷，纷然而起欲作之心。故《道德经》云："化而欲作，吾将镇之以无名之朴。"今夫众人皆欲为，而我独镇之以不为，则妄念息而此心将自降矣。妄本无体，皆因真心迷惑而然，今而不为则必有以真见。夫一切有为之法，皆如梦幻泡影，虚妄不常，是以忘机绝虑，将此希求贪着之心，裂教粉碎。是谓"以真销妄"，妄尽真存，正觉现前，方名见性。如此则言不期忘而自忘，守不期固而自固，是知了命之宗关于性地。我师十字之中，千古内炼之丹诀，无出于此。直至采药行火、抱元守一，彻始彻终，无过此诀，妙哉！妙哉！

动静知宗祖，无事更寻谁？

上言养气降心，静守内炼，乃无为之道。复恐世人不知此外复有有作之基，乃高真上仙以术延命之事，故吃紧提出"动静"二字，要人知宗认祖。盖金丹之道，无为为体，有为为用，动中采，静中炼，二者不可偏废。故知动而不知静，则基址不立，而无积精累气之功；知静而不知动，则天机不合，而失临炉采药之旨。要之，动其宗也，静其祖也。祖者性祖，静则得之；宗者命宗，非动不立也。知性祖，故修定于离宫；知命宗，故求玄于水府。如是双修，方为究竟。然方其无事之时，忘言默守，屏事息机，无思也，无为也，寂然不动，泰然大定，斯已矣。更俟寻谁？何以学道之人，寻铅觅地，结侣求财，种种外求，席不暇暖，此中正好参详，方见良工心苦。我师说到此地，已将肝胆照人，分明指出修行门径。奈何世人不能领悟，直将容易读过，良可惜哉！

真常要应物，应物要不迷。

何谓真常？性祖是也。何以明之？"凡所有相，皆是虚妄"，会有变灭而不能久。故佛经云：万法无性。惟此一真法界，方为实相，故曰真常。然所谓真常者，非与物即，非与物离，要在能静能应、常应常静，而常不迷。能不迷则应物无迹，而真性见矣。是谓炼己纯熟，而有为之道，始可行也。二"要"字，上不要断灭，下不要着相，皆吃紧醒人之辞。

不迷性自住，性住气自回。

对境忘情，方云大定，故曰"不迷性自住"。性住，则己汞住矣。己汞既住，方可求铅，故曰"性住气自回"。回者，来归之义。《契》云："金来归性初，乃得称还丹。"曰"归"、曰"还"，"回"之义备矣。

气回丹自结，壶中配坎离。

气自外回，丹从中结。壶中者，大丹凝结之处也。坎离者，阴阳互藏之卦象，铅汞、水火之异名。丹法以乌兔为药材，必须取坎填离，以铅投汞。二者匀平配合，混入中宫，然后龙吟虎啸，而产玄珠于正位。其言自住、自回、自结者，要皆自然之妙用，所谓有为中之无为。一有安排布置，则涉于邪伪之私，而去道远矣。

阴阳生反覆，普化一声雷。

此十字者，妙不可言。盖阴阳反覆，乃作丹之大旨；普化雷声，乃作丹之秘诀。所谓天机闇密，正在于此。夫神仙丹法，皆以阴阳反覆而成。故以药材而言，则阴中用阳，阳中用阴，此阴阳之反覆一也；以交媾而言，则女居日位，男配蟾宫，此阴阳之反覆二也；以合丹而言，则举水以灭火，以金而伐木，此阴阳之反覆三也。如此颠倒异常，大类可见。至其天机玄妙，则在"普化"句中。邵子之诗有云："忽然夜半一声雷，万户千门次第开。识得无中含有意，许君亲见伏羲来。"盖地中有雷，于卦为复。一阳来复，所谓爻动之时，身中冬至，正好寻铅，得诀修之，则大地山河皆成七宝，故云"普化"。言一声者，重始炁也。此中别有单符单诀，贵在师传，学人更当洁己虚心，以期际遇可也。

白云朝顶上，甘露洒须弥。

此十字，言气回之征验。盖先天之炁，生于爻动之期，此时运剑追来，度鹊桥，贯尾闾，循督脉而上，通于泥丸。但觉油然渝然，如白云之朝于顶上者，顷之化为玉浆，味如甘露，洒于须弥，降于重楼，入于中宫，所谓"气回丹结"，其象如此。须弥，山名。佛语须弥，此云妙高，即顶上之义。《紫庭经》云："采之服之未片饷，一道白脉冲泥丸。化为玉浆流入口，香甜清爽遍舌端。"意盖本此。

自饮长生酒，逍遥谁得知。

气化为水，甘美莫加，故玉液琼浆，随宜立号。《悟真篇》云"长男乍饮西方酒"，此长生酒也；"雪山一味好醍醐"，此长生酒也；"壶内旋斟延命酒，鼎中收取返魂浆"，此长生酒也。是皆己所独得，无人与共，故曰"自饮"。逍遥，快乐自得之义。夫此酒既不能与人共，此乐又能与人知耶？

静听无弦曲，潜通造化机。

《太上日用经》云："无弦之曲，不言而自声，不鼓而自鸣。"盖丹在身中，太和充溢，是以目有神光，耳有灵响，口有甘津，鼻有异香，理所必至，无足异者。吾师意在简文，聊举其一，即其余可推也。

都来二十句，端的上天梯。

吾师百字灵文，乃千圣登真之梯筏，学人谁不知诵？求其融会贯通，以得夫立言之意者，盖亦鲜矣。星谔劣不文，蒙师提掣有年，金丹大道，尝窃与闻。考之此篇，若合符节，乃敢僭为测疏，作济度之津梁，开时人之眼目。极知狂诞，无所逃罪，然使好道之伦，玩索而有得焉，庶几不负吾师之教乎！

时隆庆辛未（1571）五月十有一日

百字碑注 [1]

〔清〕刘一明

百字碑注序

　　纯阳吕祖，乃道门中第一慈悲圣贤也。自唐至今，千年有余，或隐或显，隐显不测，警愚化贤。诗词歌赋，流传于世者，不可枚举。其专言修真次序，药物火候，无一不备者，莫若《敲爻歌》《百字碑》；而其言简理明，易足开人茅塞者，又莫若《百字碑》。其字仅一百，其句仅二十，丹法有为无为，了命了性，始终全该，谓之"上天梯"，真天梯也。然为天梯，而世之修真者不以为天梯者，每多求奇好异，以其此文无奇无异而弃之。殊不知金丹之道，真常之道，不奇之中而有最奇者存，不异之中而有大异者在，特人未之深思耳。如此文始言者，不过养气、降心、住性耳，有何奇异乎？其行持之效，能结丹，能服丹，能逍遥，能通造化，岂不最奇大异乎？咦！不奇而奇，不异而异，学者能于祖师法言，极深研几，循序渐进，未有不深造而自得者。予读是文，多有受益，因叹有此天梯而人不识，大负祖师度世之苦心，爰是于每句之下，注解数语，以阐其微，愿结知音，同上天梯，以报祖师之恩可也。

　　　　时嘉庆三年岁次戊午三月三日，素朴散人自序于自在窝中

---

① 选自刘一明《道书十二种》。

百字碑注

唐·纯阳帝君吕祖　著

素朴散人悟元子刘一明　注

后学向海源　重刊

养气忘言守，

性命之道，始终修养先天虚无真一之气而已，别无他物。采药，采者是此；炼药，炼者是此；还丹，还者是此；脱丹，脱者是此；服丹，服者是此；结胎，结者是此；脱胎，脱者是此。以术延命，延者是此；以道全形，全者是此。始而有为，有为者是此；终而无为，无为者是此。长生，长者是此；无生，无者是此。古经云："知得一，万事毕。"此语可了千经万卷矣。但此气非色非空，无形无象，不可以知知，不可以识识，视之不见，听之不闻，搏之不得，恍恍惚惚，杳杳冥冥，不可形容。强而图之，这个○而已；强而名之，儒曰太极，道曰金丹，释曰圆觉。本无可言，有何可守？如其可言可守，则非先天虚无之气，乃是后天呼吸之气。先天之气，历万劫而不坏；后天之气，随幻身而有无。世间未得真传之流，不知先天之气为何物，误认后天有形之气。或言在气海，或言在丹田，或言在黄庭，或言在任督二脉，或言在两肾中间。或闭口调呼吸以匀气，或闭息定胎息以藏气，或搬运后升前降于黄庭以聚气，或守或运，等等不一，皆欲妄想结丹。试问：将此有形之气，终久凝结于何处？凝结作甚模样？其必凝结成气块乎？每见世之守上者，多得脑漏；守下者，多得底漏；守中者，多得膨胀。守明堂者，失明；守顽心者，得癫症。欲求长生，反而促死，哀哉！殊不知，先天虚无之气，包罗天地，生育万物，其大无外，其小无内。放之则弥六合，卷之则退藏于密。仅可知，不可言；仅可养，不可守。无言无守，言守两忘，不养而养，入于养气之三昧矣。夫大道活活泼泼，不落于有无边界，落于有则着相，落于无则着空，着相着空，皆非天地造化流行之道，亦非圣贤真空妙有之道。曰"养炁"，则必有所养者在，不着于空也；曰"忘言守"，则必无方所，无定位，不着于相也。不着空，不着相，则必有不空不相之养者在。不空不相之养，寂然不动，感而遂通，感而遂通，寂然不动，养气之道在是矣。

降心为不为。

上言养气无言无守，似乎一无所为矣。夫人有生以后，先天之气充足，阳极必阴，于此而能保全先天之炁不失者，其惟上德之圣人乎？其次中下之人，一交后天，先天之炁潜藏，后天之气用事，阳渐消，阴渐长，历劫根尘俱发，一身气质俱动，识神张狂，客邪作乱，当此之时，"四大一身皆属阴，不知何物是阳精"，虽欲养炁，无处可养，而亦不得其养。祖师《黄鹤赋》云："上德者，以道全其形，是其纯乾之未破；下德者，以术延其命，乃配坎离而方成。"以道全形者，无为之事；以术延命者，有为之事。上德之人，先天之气未失，纯阳之体，守中抱一，即可全其本来之真形；中下之人，先天之炁已伤，阳为阴陷，必须窃阴阳，夺造化，先固命基，从有为而入无为，方能成真。又古仙云："还丹最易，炼己最难。"又《沁园春》云："七返还丹，在人先须，炼己待时。"炼己之功，莫先于降心，但降心须要识得心。心有人心道心之分，有真心假心之别。道心者，本来"不识不知，顺帝之则"之心，为真心；人心者，后起有识有知七情六欲之心，为假心。真心益人性命，假心伤人性命。降心者，降其人心之假也。然降人心，非是守心空心，亦非是强制定心，须要顺其自然。《悟真》云："顺其所欲，渐次导之。"只此二语，便是降心妙诀。故曰："降心为不为。"曰"为"者，心必降也；曰"不为"者，不强降也。降而不降，不降而降，"有用用中无用，无功功里施功"矣。盖人之顽心，积习成性，如火炼成顽铁一块，至坚至固，牢不可破。若束之太急，是以心制心，心愈多而块愈坚，反起心病，《阴符经》云"火生于木，祸发必克"者是也。故降心必用渐修之功，方能济事。渐修之功，无伤于彼，有益于我，为而不为矣。

动静知宗祖，无事更寻谁？

先天真一之气，为生天生地生人之祖气，无理不具，无时不在，所谓性命之宗祖，存此者圣，昧此者凡。但此气落于后天，隐而不现，即或一现，人为利名所牵，私欲所扰，当面错过，旋有而旋失。欲寻此气，先要认得道心，盖先天之气，藏于道心也。道心为体，先天之气为用，同出异名，道心即修道之宗祖。夫道心者，主人也；人心者，奴仆也。认得道心为宗祖，以主人而使奴仆，奴仆听命于主人，不降而自降，一动一静，皆是道心运用，即人心亦化为道心，内无妄念，外无妄事，内外安静，客气难入，处于无事之境矣。能至无事，空空洞洞，只有道心，别无他物，此外更寻谁耶？

真常须应物，应物要不迷。

既知宗祖，处于无事，则真者可以能常矣。真者能常，一切外假不得而伤。但真常之道，不是避世离俗，亦非静坐止念，须要脚踏实地，身体力行，从大造炉中，锻炼出来，方为真，方是常。若知真而不知行真，虽能无事，如同木雕泥塑之物，外虽无事，而内难免有事，所谓"禅机本静静生妖"也。此乃闭门捉贼，假者不能去，而真者必受伤，何能真常乎？故曰："真常须应物，应物要不迷。"曰"真常应物"者，以真应假也；曰"应物不迷"者，借假修真也。盖真藏于假之中，假不在真之外，无假不能成真，无真不能化假，只在常应常静，于杀机中盗生机，于波浪里稳舵篙耳。果能不迷，即是真常，果能真常，虽终日应物，未曾应物，处于无事之境而不为万物所移，何碍于应乎？

不迷性自住，

应物不迷，则道心之真常存矣。道心之真常存，则人心之假不生；人心之假不生，则气质之性不发。气质之性不发，则天赋之性明明朗朗，如水晶塔子一般，无染无着，不动不摇，而自住矣。总之，性住之效，全在"应物不迷"功夫，迷则人心用事，真性昧而假性发；不迷则道心用事，假性化而真性现，住性之道，"不迷"尽之矣。祖师《黄鹤赋》云："依世法而修出世之法。"旨哉言乎！

性住气自回。

性者，理也。在天为理，赋之于人为性，故名其性曰"天性"。气者，命也。在天为气，受之于人为命，故名其命曰"天命"。人生之初，理不离气，气不离理，命不离性，性不离命，理气一家，性命一事。因交后天，理气不连，性命各别矣。若能性住，不为客气所移，而正气自回，无命者而仍有命，性命仍是一事，理气原不相背，所谓"尽性至命"者是也。大抵气回之要，总在性住，果能性住，则气自然而回，无容强作也。

气回丹自结，

丹者，圆明之物，系阴阳二气交合而成。当性住之时，万虑俱息，是谓真静真虚。静极则动，虚极生白，先天之气，自虚无中来，片刻之间，凝而成丹，所谓"一时辰内管丹成"也。大抵还丹之要，在乎气回；气回之要，在乎性住；性住之要，在乎不迷；不迷之要，在乎降心；降心之要，在乎知宗祖。知得宗祖，降心应物，不为物迷，性自住，气自回，丹自结。三"自"字，在"应物不迷"处来，应物不迷，即是炼己之功，所谓"炼己纯熟，还丹自结"也。《了道歌》云："未炼还丹先炼性，未修大药且修心。性定自然丹信至，心静然后药苗生。"特以还丹最易，炼己最难。若炼己不炼到无己时，则性不定，心不静，丹何能还乎？然炼己若不知宗祖，其功莫施。三丰翁云："筑基时须用橐籥，炼己时还要真铅。"真铅，即宗祖。若不遇真师，诀破真铅一味大药，谁敢下手？

壶中配坎离。

气回丹结，真种到手，仅还得娘生本来面目，谓之"还丹"，又谓之"小还丹"。此丹犹未经真水火锻炼，尚是生丹，未成熟丹，不堪吞服济命。必须将此丹，锻成一个至阳之物，方能延得年，益得寿。坎，外阴而内阳，其中之阳为真，为中正之阳，非幻身肾中之浊精，乃先天真一之神水；离，外阳而内阴，其中之阴为真，为中正之阴，非幻身心中之血液，乃先天虚灵之真火。此水此火，乃虚空天然之水火，非一切有形有象之水火。用此水火，烹煎灵药，十二时中，不使间断，勿忘勿助，绵绵若存，用之不勤，《入药镜》云"水怕乾，火怕寒"者是也。曰"壶中配"者，天然水火，不假外求，神明默运，药物老嫩，火候进退，随时加减，消息于宥密之中，不使有一毫渗漏也。

阴阳生返覆，普化一声雷。

水火烹炼之功，即朝屯暮蒙之功。朝屯者，进阳火也；暮蒙者，运阴符也。时阳则进阳，时阴则运阴，阴而阳，阳而阴，阴阳抟聚，自生返覆。返覆者，"恍惚里相逢，杳冥中有变"，返之覆之，阴阳混化，先天灵苗，由嫩而坚，自生而熟，自渐而顿，忽的造化炉中迸出一粒至阳之丹，如空中乍雷一声，惊醒梦里人矣。

白云朝顶上，甘露洒须弥。

当阳丹出鼎，吞而服之，点一己之阴汞，如猫捕鼠。"白云朝顶上"者，冲和清气上升，五气朝元也；"甘露洒须弥"者，华池神水下降，万病回春也。须弥山，在天地之正中，即人中有一宝之象。中之一宝，即是圣胎，又名黄芽。祖师示张珍奴词云："地雷震动山头雨，要洗濯，黄芽出土。"正是此义。

自饮长生酒，逍遥谁得知？

当圣胎凝结，神水流通，浇灌丹田，自然无质生质，无形生形，而一切勉强之功无所用矣，故曰"自饮长生酒，逍遥谁得知"也。曰"自饮"、曰"谁得知"者，盖以长生逍遥之事，乃窃阴阳，夺造化，"先天而天弗违，后天而奉天时"之事，虽天地神明，不可得而测度，而况人能知之乎？

坐听无弦曲，明通造化机。

庄子云："摄精神而长生，忘精神而无生。"长生者，有为了命之道；无生者，无为了性之道。了性之道，即九年面壁之功；面壁之功，即十月温养之功。九年之说，非实有九年之期，九为纯阳之数，即金液九还、阴尽阳纯之义，所谓"一毫阴气不尽不仙"也。十月之说，圣胎成就，脱化之期，如妇怀孕十月，婴儿出胞，亦法象也。十月温养之功，防危虑险，万有皆空，不使有一毫客气入于胎元之中，如壁列万仞，一无所见也。十月温养，九年面壁，二者是一义，非是两件，皆古人取其义而象之耳。惟其温养面壁，故曰"坐听无弦曲"。坐非身坐，乃心清意静，不动不摇之坐。有弦曲，则有声有音；无弦曲，则无声无音矣。无声无音，一空而已。既云无声无音，听个甚的？曰"听"，则是空而又不空，不空而又空，非顽空，乃真空也；曰"坐听"者，离却见之一边，绝不着于色矣；曰"听无弦曲"，听而不听，已是离却听之一边，又不着于声矣。《金刚经》云："若以色见我，以声音求我，是人行邪道，不得见如来。"如来者，如有所来，而实无来，此真空本来面目，即超脱圣胎之大法门，成全法身之真口诀。要之，无为之功，总在"坐"之一字。坐则止于其所，"内观其心，心无其心。外观其形，形无其形。远观其物，物无其物。三者既悟，惟见于空"，空无所空，无无亦无。无无既无，名为照了，打破虚空，独露全身，不生不灭，方为了当。有生者，所以脱幻身而固命基，还丹之道，从无而造于有也；无生者，所以脱法身而了性宗，大丹之道，从有而化于无也。有生无生，即造化之机。知此道者，始而从无造有以长生，终而从有归无以无生，有无不立，性命双修，明通天地造化之机，而与天地为一矣。

都来二十句，端的上天梯。

"养气忘言守"一句，统言修道之全体大用也。"降心为不为"一句，言炼己筑基也。"动静知宗祖，无事更寻谁"二句，言炼己筑基，须要识得心也。"真常须应物，应物要不迷"二句，言炼己之实功也。"不迷性自住，性住气自回，气回丹自结"三句，言炼己功勤，还丹自结也。"壶中配坎离"一句，言丹还后，内炉之功也。"阴阳生返覆"一句，言阴阳变化，由嫩而坚也。"普化一声雷"一句，言脱丹法象也。"白云朝顶上，甘露洒须弥"二句，言服丹后之法象也。"自饮长生酒，逍遥谁得知"二句，言服丹结胎之法象也。"坐听无弦曲"一句，言十月温养之功也。"明通造化机"一句，是总结了性了命之大义也。以前十八句，还丹大丹，始终次序，火候工程，悉皆吐露，至简至易，约而不繁，依法行持，自卑登高，由近达远，端的为修道者上天梯也。曰"二十句"者，并结尾二句言之耳。

《百字碑》注解①

〔民国〕魏则之

吕祖《百字碑》，丹经中最为简约，而发挥丹道，已无余蕴，学者应熟读深思。兹为解释之如下：

---

① 选自魏则之《一贯天机直讲》。

养气忘言守，

养气为一事，而须忘言、忘守。忘言者，塞兑也；忘守者，不守之守也，是应知而不守。若"守"字看重，真去守窍、守气，即不合矣，故曰"忘守"。言、守俱忘，方能养气也。忘言不动，忘守清净，亦即"勿忘勿助"之意。气与神相因而至，所以不说须以神守。盖归窍，即守也，不必别有所守。神居之地有三，天谷、应谷、灵谷是也。天谷，即泥丸；应谷，即绛宫，有感即应，是为应谷；灵谷，即谷道，亦即阴跷一窍是也。归于天谷，静而不动；归于应谷，可以外驰；归于灵谷，即事潜藏矣。元神返天谷，识神归灵谷，即潜藏而归于无矣。应谷者，内外相应，与气相合之地也，是为绛宫。修道者，应在应谷下手也。

降心为不为。

"降心"者，"降伏其心"之谓也。泯去识神，是为降伏其心。"为而不为"者，以无为为有为，于有意、无意之间为而不为，以降伏其心。盖仅为即着有，不为即落空。为而不为，即是一意不散，一念不起，亦即"绵绵若存""勿忘勿助"之意也。降心到此，因而生动静工夫矣。

动静知宗祖，

"祖"者，乾元祖炁，在人为性；"宗"者，坤元元气，在人为命。祖为元神，宗即元气，两者同出异名，分而为铅汞，但汞实在气中也。祖为先天太极之理炁，宗则父母精神凝合而生出之一气也。后天身上之宗祖，祖是元神，宗为有情识之命根，亦即外来之气也。宗祖全在动静上分，动知宗，而静知祖，知即"活子""活午"时也。身心两静，元神出现，即性也、祖也；静极而动，空中生阳，收归身上即命也、宗也。动极而静，静极又生动，循环转辗，周而复始。静为神，动为气，神气相合，方知动静。静极而动，一阳来复，元气到身，即须进阳火；动极而静，一阴来姤，凉液下降，即须退阴符。而知动、知静，即是知宗、知祖；有此二者，方成人道，而可进修仙道。其进修途程，即在"知"字之中。盖此中有息息归根、心息相依之理在内也。

无事更寻谁。

仅仅上文三句，而修道之要，已发挥无余蕴矣。照此行功，即可转凡成圣，无事他求也。若以为不足，而更寻他道，即是"外道"矣。以不守之守养气，以不为之为养心。动者，气也；静者，神也。养气、养心，方知动静有宗、有祖。备言火候，大道简易，本无他事也。

真常须应物，应物要不迷。

此道为"真常"之道，能养心养气，即得"真常"，而保其元神、元气矣。然一面仍须应物，能扩然大公，物来顺应，事事物物，顺其理而应之，即是"应物不迷"也。物中有六根、六尘，内而六根，外而六尘。根尘相接之时，应即物付物，而不为所眩惑。譬如见财物、女色等等，能处之有道，而不为所诱惑。是即能保其元神、元气而不失，即是真常之道也。

不迷性自住，性住气自回。

不迷于物，性自能住。性住天谷，而为天谷元神，自能"明心见性"矣。元神既住，则真息自回。"回"字两口，有"口对口、窍对窍"之意也。性命二者，本不可分。学者能炼性坚固，元神为其主宰，而得自然神觉，则命功亦随性功而进步。凡息变为真息，而玄关成象矣。盖元神与真息相依，神定气住，即息息归根。《庄子》曰："真人之息以踵，其息深深，若存若亡。"此即性住气回时之情状也。

气回丹自结，壶中配坎离。

性住气回，则一神一气，自结合而成丹。盖元神、元气，真性、真息，相依相抱。神驰外，气亦驰外；性归根，气自归根，故曰"尽性以至于命"。佛书专说性理而不及命，及以性功既到，命功自随，为自然之结果，而可必得者也。上两句及本句之三"自"字，即透此中消息之语，学者可以知所用力矣。"壶中"，即状如蓬壶之一窍，亦即丹鼎之意。水火既济，坎离相配，此结丹之现象也。既已性住气回，自然于鼎中结丹矣。坎，月也；离，日也。日月相配，而成"丹"字也。

阴阳生反覆，普化一声雷。

配合坎离，即是取坎填离。取坎中之一阳，返之于离，以复其乾健之体；降离中之一阴，还之于坎，以复其纯坤之象，此即阴阳反覆之事也。修道作用，全在反覆阴阳。人生自破体以后，阴日盛而阳日衰，阳尽即死。此即顺而行之，有生、有死也。修道者反之，自还虚、筑基、炼己，以至小周天、大周天，其作用全在采取空中之真阳，返还于吾身，以炼化吾身之浊阴，所谓"逆而修之，成仙成佛"是也。故"反覆阴阳"一语，已将作丹之全体大用，包括无遗矣。然欲行此道，其下手应候"地雷复"之时。《易·复卦》之词曰："复，其见天地之心乎！"当天心发现，活子时到，应聚火载金，驾动河车，以行周天。由小周天至大周天，其道同也，必候"一阳来复"，子时到来，方可下手，做返还炼化之功。吕祖曰："地雷震动山头雨，待洗濯黄芽出土。"此时阳火阴符，周流上下，无中生有，由有返无，升降进退，而阴尽阳纯，化为一炁之阳气，此即黄芽出土时也。学者得诀修之，则虽草野愚氓，亦可超凡入圣，脱胎而仙。《易》曰："帝出乎震。"震木为东三之祖性，"先天而天弗违"，故曰"普化一声雷"也。

白云朝顶上，甘露洒须弥。

"白云朝顶上"者，大药成熟，一阳来复，阳炁缘督上升，到于乾顶。此即《悟真篇》所谓"依他坤位生成体，种在乾家交感宫"也。"甘露洒须弥"者，阳气到顶，一阴来姤，化为凉液，由顶下降，如一滴甘露，经重楼而归黄庭。此为服食而得丹，大周天之事也。

自饮长生酒，逍遥谁得知。

甘露入口，香味异常，服食得丹，而能长生久视，故曰"长生酒"也。《悟真篇》曰："长男乍饮西方酒。"《无根树》曰："醍醐酒，返魂浆，起死回生是药王。"即此是也。此为自酿、自饮之长生酒，非能与他人共之者，"如人饮水，冷暖自知"也。甘露服下，遍体清凉，心中快乐，无可比拟，儒家谓"真乐"，颜子之"不改"者是也。此乐只我自知，亦唯我本性虚明与太虚同体，逍遥自在，实有非语言可以形容者也。

静听无弦曲，潜通造化机。

此二句总结言之。最初下手，自还虚始，吹无孔之笛，听无弦之曲，而"性自住""气自回""丹自结"。三"自"字，便是"潜通"。末后"还虚"之一着，又以我之虚空，通天地之虚空，久久行持，自然粉碎虚空。人但见我无为，而不知我已参赞天地之化育，故曰"潜通造化机"也。

都来二十句，端的上天梯。

此章仅仅二十句而已，依次说尽修道之功夫矣。照此下功，则上天有梯，可循序而至也。

吕祖《百字篇》玄疏①

〔民国〕徐海印

养气忘言守，降心为不为。

吕祖著《百字篇》，言简意赅，殊为玄妙。若三丰翁，若潜虚翁，均有注释行世矣。仆何敢饶舌？然祖师度世心长，既留此篇于世，读者不妨各随一己之所见，以解释玄理，使玄理愈显，大道愈明，锦上添花，岂不更美乎哉？因重疏之，以彰玄元道妙之传云。按《百字篇》，又称《百字碑》，盖后人泐之于石，故有《篇》与《碑》之异耳。

祖师于此篇，开首两句，揭出"养气"与"降心"二项。须知"养气"，即所以降妄动之心也。养气降心，丹家谓之筑基炼己，老圣所谓"虚其心，实其腹"。工夫须一贯进行，气养则阳明盛。阳明增一分，则俗阴去一分。俗阴去一分，则妄想杂念减一分。乃至浑然一色太和，习气销除尽净，则心自不动而降伏矣。故《孟子》云："不动心。"又云："我养吾浩然之气。"要知孟子所以能四十不动心者，正以其"善养浩然之气"故也。俗儒不知，以

---

① 选自徐海印《天乐集》。

养气、养性打作两橛，则误矣。玄宗之养气也，心息妙合，摄召先天太和之炁，以合我身中五脏之炁，谓之"一气和泰和"。先后二气融和，内外浑然，至其极也，则后天尽化，纯乎先天。复以身中先天，感召乾坤法界先天。至身心与法界合，融内外两重真阴阳而成大丹，丹熟则超凡入圣矣。此"天人合发"之大机大用，须在"无名天地之始"处下手。学者须识"身外虚空一着"，藏神于虚（鼻外虚空一规之中），与息相谐合，称为"蛰藏气穴"，又称"凝神入祖窍"，即《参同契》"真人潜深渊，浮游守规中"之工夫也。神既凝化，自然知息之出入。切不可着身，全然安放在外面。动静阖辟，唯息是守。守而不离，谓之勿忘。守而勿执勿逐，谓之勿助。勿忘勿助，以柔以默。古云："塞兑垂帘默默窥。"老圣曰："绵绵若存，用之不勤。"是其诀也。不勤者，不劳也。

先师传天秩仙翁之诀，每教人先下静功一月。以静定之心，凝入气穴之中，神息自易均匀冲和，和极则入于杳冥恍惚之境，此初行之法效也。然初行功者，未必即入杳冥，每先睡去。半月以后，自然不睡，而渐入静定境界矣。出息微微，若有若无。周身酥软快活，亦不着意。更进一步，则神气两定，外息断绝。定中内外两忘，心境俱寂，成〇如此之象，谓之"真空现前"。此真空一着，最为重要，自结胎以至脱胎，无不在中进行。若分内外两重言之，则外面做到〇如此境界，谓之戊土，先天一炁自来，成九还之功。身内做到〇如此境界，中央静净，一意不动，一念不起，谓之己土，五行四象自合，成七返之妙。内亦如此〇，外亦如此〇，吕祖所谓"口对口，窍对窍"。学者能内外俱空俱净，戊己二土会合，时间由短而长，则一切效验，不求而自至，真有水到渠成之妙。能一定三四小时，定到浑沌鸿蒙，不知不识，忘形忘象，则气不求养而自养，心不求降而自降矣。何以故？寂然不动，根境俱泯，言语道断，心行处灭，更有何法而不空也。故身愈虚而真气愈集，心愈寂而真性愈明。养气降心，妙在一"定"字，斯即"为而不为"之妙也。不着于有为，亦不着于无为，有无俱遣，寂照忘知，从容中道，非天下之至神，其孰能与此哉？杏林翁曰："岂知丹诀妙，镇日玩真空。"吕祖曰："妙宝炼成非偶尔，真空了却始超然。"浮邱祖曰："真空由我，大返大还。浑然一气，归合先天。"若非真空一着，焉知养气、降心一贯之妙理？又焉知忘言守一、无为而为、为而无为之妙行也哉？

动静知宗祖，无事更寻谁。

丹道动中寓静，静中寓动，动静反复，乾坤互用，要在识宗祖。何谓宗祖？即是○虚空一着。步步不离，则头头合道。故吕祖云"默默虚空最认真"也。盖静而虚，则不着色身；动而虚，则不着外境。内外不着，动静不离本际，非动寂一如而何？《易》曰："天下之动，贞夫一者也。"贞夫一，则虽动而常寂。虽寂而不碍于动，非天下之至圣，其孰能与于此哉？苟动静不知宗祖，打成两橛，岂妙窍同玄之旨乎？若是身心洞虚，内外不着，三际俱空，人我两忘，泰然大定，窈然无为，斯亦可以妙契太玄矣。又何待起追求之心，向外寻觅哉！祖师揭"无事"二字甚妙，直须放舍一切，心中闲闲地，灵台无一物，方许少分相应。现今学道者，炼黄白、炼服食，种种驰扰，皆属贪痴一念所致，胥与忘机绝虑之旨、冲漠无为之宗相乖，欲超脱生死，岂不难乎？

真常要应物，应物要不迷。

真常之道，动亦定，静亦定，动寂不二，行止无违。工夫必到十二时中，常在大定，无丝毫走作，则能不离寂定而起威仪，乃至言谈祇对，不碍事而常定，方为"大定持之"之境，古人谓之"打成一片"。至此真俗圆融，欬唾掉臂，瞬目扬眉，一喝一棒，莫非本分，尽成无作妙行，能令十方智者，同入妙庄严海，所谓"得其环中以随成"是也。上文"无事"二字，性定冲漠之境也。此处揭"不迷"二字，亦随处自在，不被境转之意也。非忘情顿证者，孰能如是乎哉？知一切法，皆自心现。心外无境，自然不迷。众生所以迷者，迷头认影也。修士所以不迷者，住头观影也。达本明宗之人，处处逢源，与本分无间，故能随处自在。曹山称为随堕，《庄子》称为撄宁，皆示"应物不迷"之旨也。

不迷性自住，性住气自回。

修士能至触境不迷，则如如不动，自性常住。自性常定，即是真空，能摄召先天一气。须知先天一气，非属性外，乃本源自性中之妙有也。果证寂灭一心，则总摄一切，岂特气回，一切法无不回也。故曰："一念回机，便同本得。"吕祖自称"回道人"，良有以也。自住自回，端在一"自"字之妙。若^①不识"自"，徒劳心力；若果识"自"，万派朝宗，水到渠成，何烦安排耶？

气回丹自结，壶中配坎离。

修士苟证真空，则妙有自回。妙有若回，金丹自结。法尔如是，不由造作安排，故称"自然"。壶中者，〇中宫也。坎离属象，即真水真火、真阴真阳两般药物。须知一到真空，则自性中本具之地水火风四大自复，四象自然和合。最上一乘，以自性圆觉为丹。性空真火属离，性空真水属坎，水火互融为配。配者自配，非着意去配合也。故自住自回，自结自配，一到真空境界，妙用全彰矣。

阴阳生反复，普化一声雷。

此两句，颇示玄元妙用。阴阳者，动寂也。寂能生动，坤转为复，动而不离于寂，则乾转为姤。复所以发生，姤所以藏密。动寂一际，六根大定，六识不行，即《大易》用九"见群龙无首吉"，壶子"未始出吾宗"之妙也。故玄宗修士，动中用静，静中用动，乃至离动离静，如太虚空，身心与法界冥合，冲气融通，积久则更有"普化一声雷"之大动生焉。按之丹书，乃大药产生之象，此天人合发至极玄处，一定至四五小时，此种景象自生。然须知仍属大定中之过程，亦不可贪着，纵使髑髅粉碎，我此定终不移动丝毫，方为了当耳。

或曰："此二句火候行持，如何得妙？"

答曰："受师总诀曰：外不着色身，内不起一念，有息在外面依，无息在外面定。金丹之学，古人谓之'学混沌'。能到他动他的，你定你的，我总是混沌无知，则得道必矣。故吕祖曰：'曰希曰夷，是道之基。曰玄曰妙，是道之窍。'与子道破，混沌中含至妙。"

白云朝上阙，甘露洒须弥。

此亦大定中之境界，真气弥漫，上至顶而下至踵，周流无碍，《日用经》

---

① 若，底本作"苦"，校者改。

所谓"冲和气透，醍醐灌顶"是也。三丰翁曰："一片白云香一阵，一番雨过一番新。终日绵绵如醉汉，悠悠只守洞中春。遍体阴精都剥尽，化作纯阳一块金。此时气绝如小死，打成一片是全真。"翠虚真人《紫庭经》曰："采之炼之未片饷，一气渺渺通三关。三关往来气无穷，一道白脉朝泥丸。泥丸之上紫金鼎，鼎中一块紫金团。化为玉浆流入口，香甜清爽遍舌端。吞之服之入五内，脏腑畅甚身康安。"示此效也。

自饮长生酒，逍遥谁得知。

此即禅悦为食之妙。此长生酒，乃太和之气，凝合而成。三丰翁曰："下口将来入口吞，十二雷门都惊惧。醉兮醉兮复醉兮，丹田春透红如玉。蟠桃漫饮瓮头香，巽风鼓动元和气。"又曰："呼吸运起玄关火，青天劈破鸿濛裂。黄河逆转上昆仑，九窍三关都透辟。化为琼浆吞入腹，哑子吃蜜难分说。"又曰："玄中妙，妙中玄，河车搬运过三关。天地交泰万物生，日饮甘露似蜜甜。"佛氏亦有甘露之称，然身证其妙者亦鲜矣。唯老氏之长生酒，堪与匹配耳。曰逍遥，曰自饮，正示自受用三昧，非他人所能知也。渊乎妙矣！

坐听无弦曲，明通造化机。

此二句，仍示定中境界。《庄子》曰："无声之中，独闻和焉；冥冥之中，独见晓焉。"若神息冲和，妙乐自闻，微妙音声，至静中彻闻，我只尽闻不住可也。定能生慧，此慧乃自性圆明，朗照万法，摄归自性海中，故能明通一切。《大洞经》曰："洞观无碍空，元始通其明。骊珠现真形，内外洞照清。"又曰："洞明清净光，帝心大神通。"又曰："洞微无窒碍，化及众幽灵。"又曰："定和妙明觉，玄息自长生。"又曰："静真明至理。"又曰："十通由斯生。"可以证焉，造化之机，生灭相待之机也。洞明自性，则知生灭灭生，不出现前离念心体，识自本心，则枢机在我，可以转物，不被物所转矣。

都来二十句，端的上天梯。

此《百字篇》，仅二十句，能遵而行之，可以超生，真可谓渡河之宝筏，登天之灵梯。凡我好道之伦，熟读而玩味之，再与潜虚翁《测疏》，拙著《玄疏》，会而观之，自得其趣，不被盲师曲引，误入歧途矣！

附录五

太乙金华宗旨 ①

吕祖全书《先天虚无太乙金华宗旨》小序

从来语之从重者，不妨姑置其余。《太乙金华宗旨》一编，出自苏门吴氏抄本，阐说"存心养性"之学，多与儒、释二教相同。其初系旌阳真君，受斗中孝悌王之传，不落言诠文字，所谓"净明大法，忠孝雷霆"是也。洎康熙戊申岁，我吕祖奉勑，偕邱谭二真，降坛于毗陵白龙精舍，宣扬宗旨，传示净明法派潘乾德等七人。后缘人多物故，星散不齐，孝悌王于康熙壬申仲夏，复奉帝勑，重提宗旨。时有屠乾元，付兹于张坎真，订辑成书，兼录祖师及诸真弟子序文。时师于古红梅阁，又授是旨于坎真等七人。合诸前七人，皆系净明法派，不在南北两宗，乃祖师代旌阳阐述宗旨，以诏后学也。

夫是书编次之例，与医卜星相等书判然迥别。彼则从浅入深，引人入胜，不嫌由轻及重，由显及微。兹既以《金华宗旨》名篇，自宜以开说宗旨渊微，阐明心性筌蹄处列诸前帙，使学者顾名思义，开卷了然。其余丘、谭二真之说，非不详述源流，戒律行持大略，而于本旨切要处，了无当焉。张君只依降笔先后，笼统列为二十章，前谭真，次吕祖，终邱真，不分所言轻重，未免本末失宜，恐后日阅书者初时展卷，咸目为金华科仪矣。则于祖师宗旨之名，反多歧视。今既采入《全书》，自应仿照刘本章程，斟酌尽善，

---

① 选自清乾隆年间邵志琳刊本《吕祖全书》卷四十九。

何可仍张君原订，漫无区别也。谨将祖师所宣宗旨十三章弁首，而谭、邱二真之说作为宗旨垂示，附于卷末。其中有立言似非正大，字句涉于舛讹者，悉皆删正之，庶使后学诸贤审祖师之要旨，而推类以尽其余也。设有责以妄易成书者，予亦何敢辞其罪乎？

乾隆乙未仲春三日，钱塘万善子邵志琳敬序

孝悌王《太乙金华宗旨原》序

昔奉纶音，命上真飞鸾演化，五陵之内，奏拔多人。至戊申岁，于毗陵遴选七人，具闻天阙。每降乩白龙精舍，与诸子所谈，无非尽性至命之学，非若世人言性者，不兼言命；言命者，或略于言性。本体上复加工夫，有工夫莫识本体，以致失之毫厘，谬以千里。盖言性真达先天，言命不离冲漠。性命合一，体用兼该，形色合天性以为用，天性超形色以还元。六根六尘，皆为形色；有形有色，悉本天真。离六尘无见性之地，舍六根无立命之基。识得六尘，皆是本根，则滴滴归源矣。见得六根，皆光明藏，则处处灵通矣。是故有一物不归性量，毕竟见性之未真；有一处不关命脉，难言立命之已至。学人本性命之学，上达玉清，下彻泉壤。法身周遍大千，曲成万物，广大悉备。言性而命无不该，言命而性无不具。彼以龙虎法象，炼形炼气，何为乎？

是书也，本为七人宏愿，流传万劫，有具出世福、肩荷法门者，虔奉修持，何患不立致九霄，而飞升紫府也？

康熙太岁壬申十一月朔旦，斗中阐教孝悌明王序

许旌阳真君《太乙金华宗旨》原序

天地设位，圣人成能。圣人亦人也，何以成能于天地？盖自日月垂象，四时运行，百卉蕃昌，人物变化，参错不齐，愚人见其自无而之有，莫不执有而滞于形。至人则见其自有而返于无，故皆观象而归于化。所以数往者顺，知来者逆。顺则为人、为物，为山川崖谷，为草木禽鱼，为风雨露雷，为龙蛇怪异。凡事变不可名状者，何易悉数？逆则为仙、为佛，为威音，为

453

元始，为赞化育之至圣，为知化育之至诚。甚矣！一顺一逆之间，为人鬼异路，圣凡分界。本是同得之圣体，而独让至人成能，而与知与能之愚，百姓日用之而不知返其本初，亦甚可哀也已。

《易》曰"乾坤毁，则无以见易"，亦谓无从指示凡夫耳。若至人，即至天地毁形，再从混沌立基，亦可生天生地，生人生物，以至于无穷。是故有日月，即为我之照临；有阴阳翕辟，即为我之一动一静；有屈伸运行，即为我之神明变化。自本自根，诚一毫不假他求，绝无阶级，一了百了。盖人身一天地，天地有日月，人身亦有日月。天地有日月，万象开明，故曰"乾坤为易之门户"。人有日月，精华发露，其犹重门洞开，从此直登丹阙，而上玉清也，抑何难哉？丹经玄奥，以玄牝为出入之门。独是宗旨，则以乾坤为门（乾坤，即阴阳也；阴阳，即坎离也。坎离为大道之枢机，故曰"以乾坤为门"）。学人得此门也，穷神知化，与元始比肩，与威音齐位，而知化育之至诚至圣，又无论矣。噫！至人之能事，其全矣乎！要不外目前之利用出入，愚百姓之易知简能，此至人普度心传，所以为无量欤！

康熙壬申仲冬，净明教主许逊序

孚佑帝君《太乙金华宗旨》自序

《易大传》曰："神无方也，无体也。"言神至于无方体，则名言之而难尽矣。往来不穷，利用出入，日用之而不知，与天地合其德，与日月合其明，与鬼神同其变化。至矣哉！盛德大业，言之不可终穷，拟议之而无可形似，灵文秘籍，俱归尘腐。予之定是宗旨，不落名言，无从拟议，无所谓驱雷掣电，亦无所谓换斗移星。其所以斡旋天地、转运阴阳者，在握其寸机而已。寸机转，则千钧皆转，非至神至妙，其孰能与于此？

自戊申岁，于白龙精舍，传示七人，命之曰《太乙金华宗旨》。盖秘之也，非秘也，亦喻言以取象也。日月光华，人知其发越。金水之光华，能翕而受，人固不知也。无方体穷尽，而究归于能翕而受，则自坤元而返乎乾元也。是故得其机，则妙用在我，而乾坤皆范围之而不过矣。机者何？得一而已。一不可名，一何可守？归之太虚，而浩浩落落，一片神行。其间变化无端，妙用不测。吾何以名之？名之曰"太乙"。噫！至矣，尽矣。

宇庵屠子辈，编辑宗旨成书，各授弟子，为之阐发大意，而著之简端。是为序。

康熙壬申孟冬，大罗天仙斗中阐法真人吕嵒撰

张三丰祖师《太乙金华宗旨》原序

道也者，时焉而已。日月往来，寒暑迁变，草木生长，禽鸟飞鸣，以及吾人日用动静，莫非运用一时之中。变化无端，时至自见。斯为天地之心，不可以一名，而况于他乎？我来也晚，阳穷于上，剥换尽矣。兹当一阳初复，倏然而来，莫穷其迹，莫究其因，大地阳和，已无不潜行而默运。以为此天地之转运也，而天地不得而自主；以为此日月之进退也，而日月亦听其自然。风云变易乎上，草木萌动于下，大矣哉！时之为用也。

是故言道者，不离目前，即一言一动，一事一物，无不可以见天地之心。盖此天地之心，任阴阳剥换，时令推迁，而无思无为，终古寂然不动。今人舍目前而谈玄说妙，则违乎时也。违时，即与道背驰，何时而有见道之日乎？天下之动贞于一，动变不居，何可言尽？观乎时而万变，皆在目前矣。从目前一一消归于太虚，谓之见天地之心可，谓之大道之宗旨可。时也，化也，要不离乎目前而得之矣。何道之可名？何太乙之可言乎？故曰："道也者，时焉而已。"

壬申长至后二日，三丰道人张道衍序

邱长春真人《太乙金华宗旨》原序

昔随侍吕祖，初至白龙庵，与诸子标示宗旨，如《易》从爻卦以前，言太极也。越数年，再至芳茂山，许子深庵，偕易庵、沧庵辈，又得大畅宗风，如《易》言"太极生两仪，两仪生四象"，而四时行，百物生。天地日月，山河鬼神，同体合德，无时无处，而非宗旨之大全矣。

今何时乎？大地冰坚，草木黄落，龙蛇蛰藏，风日冥漠，将以为万物退藏，而归于宁阒乎？乃朔风何自而来？冻云何自而起？霜清月落，晓日迎暄，鹤羽翩跹，来寻法侣。提起旧时公案，一一如在目前。往日白龙旧游，

· 455 ·

及芳茂道场，又成故迹。则当此玄冬，亦任草木之凋残，风霜之变易而已，何容心哉？其聚其散，孰往孰来？聚而来，其犹朔风凭虚而忽至；散而往，其若冻云飘然而西驰。聚者不可以为常，散者岂终就于灭？物情变化，来往无端，则自五行四时而太极，而归于无极也。万古一时，寒暄一息，有此刻之烛光日影，霜花笔妙，则为宗旨之现前，为宗风之大畅，为作序之大成。舍此而言五行四时，太极无极，恐未免失之千里矣。

康熙壬申仲冬，斗中阐教真人邱处机序

谭长真真人《太乙金华宗旨》原序

圣真无日不在世度人，究竟何曾度得一人？亦世人能自度耳。若世人与圣真性量，有增减分毫，便是度不去。圣祖初发愿度生，已度尽百千万亿劫无量众生。度此七人，非七人也，即七如来，毗卢遮那无量法身也。诸子不离凡夫地，何以即与古佛同尊？子辈原无信不及，所以圣祖当下即度得去。若有一毫信不及，千生难免轮回也。自古圣贤，千言万语，无非要人识得此性光，通天彻地，古今圣凡，一齐透过，无少等待，无不完成，所谓尽性者尽此，至命者至此，采药者采此，修证者修证此而已。此宗旨，所以为万法归宗，至尊法旨。任尔为仙佛，为人天，为山河，为六道，为鬼怪，为昆虫草木，无不承受法旨，皈命大宗。苟有万分信得及者，不离当下，即与度去。有一毫信不及，饶他千生万劫，永堕迷途。

向立严誓，七人外不得妄传。岂圣祖普度之公心？只虑世人障蔽甚深，罪业烦重，不能开法信心，而反生疑谤，是益其罪也。究竟圣祖度世之宏愿，与学人谨凛之畏心，原无二无别。知此，不独仰体祖训，先圣后圣，殊途而一致矣。

康熙壬申孟冬，神霄雷霆侍宸、斗中真人谭处端序

王天君《太乙金华宗旨》原序

善承受法旨，护持道教，千百年于此矣。不惟派下贤嗣，潜修默证，呼吸感通，即愚夫、愚妇，有能发一念，向道真切者，无不敬礼，而左右维持

之。此固发愿之初心如是，亦一体感召，虚空上下，自无隔碍，本来如是。列祖诸真，法身遍满大千，心心相印，法法归宗。往古来今，超凡入圣者，不离自本自根，当下一齐正觉，何果何因？何修何证？善也披诚宣力，追随恐后，亦如风霆雷露，随时应化于覆载之中，栽培倾覆，一任万类之各正性命而已，而造物者无心也。

自七贤之敬受《宗旨》，白龙精舍，遂为选佛道场，十方三世，一时会集，百灵呵护，日月开明。有情无情，尽成法侣；上天下地，悉与证盟。道祖设教以来，真未有若此广大悉备、易简直截，如《宗旨》之尽泄玄机者。是日受命鉴证盟誓，善敬辞曰："无庸有此证也。以七人历劫多生，种诸善缘，得遇圣真传示无上妙道。即佣夫爨媪，牧竖樵童，畴非听法之上器；甚至魔神蛟党，龙蛇异类，亦无不在此证盟之内。七人何藉于余，余又何必为七人证？"吕祖再三申命，曰："天不爱道，传示七人。将由此七人，化度无量。有诽谤法门，诋毁贤圣，惟尔护法，呵谴而默相之；法子有不敬慎、凛遵戒律，或轻授匪人，尔护法亦严加谴罚。"善同七人，跪而受命。

呜呼！列祖普度慈悲，原无分上下。其奈世人，积业如山，无自仰承法雨？七人果能体此化度慈心，随地随时，多方接引，无负自度度人之宏愿，则尽法界众生，皆投诚归命，亦何待雷露风霆？惟是广生大生，以各正性命于两间可耳。

壬申王侯腊之辰，先天首将王善谨序

潘易庵《太乙金华宗旨》原序

忆自戊申冬，我纯阳圣祖，传示《宗旨》，同盟七人，再拜而受。七人之外，无传也。其奥旨，不过一二语，全不涉语言文字。迨其后，七人各有所叩。我圣祖慈悲，亦不吝教诲，日积月累，乃至成帙。噫！此非传示之初心，然亦救度婆心，所必至欤！

越二十余年，宇庵复收辑散编，与门下细加校订。余伏读是书，弥深愧恨。昔年圣祖奏之上帝，拔录七人，诚何心哉？谓度此七人，即度尽阎浮，彻古彻今，照耀无尽，度生无量。我圣祖之心亦无量，不特七人合而为一人，将合天下古今有情无情，尽归慈航，出彼迷涂，同登道岸。白龙一灯将熄，兹地一灯，复光明辉耀。是灯也，乾坤得此而定位，三才由此而变化，百昌由此而蕃膴，人天法界，地狱众生，无不由此而超脱。

吾不知灵文秘典为何物，不知水火丹铅为何用，诚识此灯光，无日不照彻于天地，无日不洞达于人心，无日不光被于草木禽兽。则是《宗旨》，原非秘授于七人，而七人即欲秘，而无容秘也已。德自愧恨，负祖训良多，敢以我祖普度之慈心，略述之如左。

康熙壬申孟冬，净明嗣派弟子潘乾德谨序

刘度庵《太乙金华宗旨》原序

乾坤定位，成形成象，变化无穷，藐余一身，亦从变化中有此幻相，孰从此幻相而定其主宰？不有主宰，又何所宗而言其旨趣乎？宗也者，有主之谓也。虽然，有主则邻于物，物则不化，不化则能视者不能听，能听者不能持行，喜矣不能怒，喜怒矣不能哀乐，无贵乎其有主也。大矣哉！圣训之示人也无方。神矣哉！学人之变化无尽。

自余七人，归依纯阳圣祖，性情不同，志向各异，时而逃于禅，时而耽于俗学，我祖不禁也。非惟不禁，且随机指示焉。诚何所主哉？嗟乎，妙万物而为言者，一而已。曲成万物，穷神达化，安往而非得一以利用耶？所谓宗者非他，神明此一焉而已。天得一以清，地得一以宁，万物得一以化育，吾人得一，则变化生身。身非幻化而有尽者也，即今日建法坛，序《宗旨》，人天拱听，万法皆归，无量世界，无限众生，皆从此而立命者，其宗旨之谓乎？丹经玄奥，一扫皆空，不离目前，而鬼神莫测，虽秘之不终秘，其亦焉敢忽诸！

康熙壬申孟冬，净明嗣派弟子刘乾善谨序

许深庵《太乙金华宗旨》原序

余小子亨，自束发随诸先生后，恭聆祖训，多历年所。至戊申岁，同受教《宗旨》，我祖口传之，亨也耳听之，手录之，未敢一字藏之私室。片言只字，有合《宗旨》者，敬奉而归之同盟，盖慎之也。至今日，宇庵、惺庵一一检出，授爽庵敬录成帙，非时节因缘适至，何以越二十余年，书成而序，序又不外乎七人也？噫！异矣。

昔口祖授之而传之口，已无从觅我祖之心传矣。亨也耳听手录之后，亦无从觅余敬奉之至诚矣。惺庵束而藏之秘笈，宇庵识之而未敢轻露，则是《宗旨》将以不露而遂隐耶？抑毁藏之遂泯没耶？非然也。有昔日之传者、听者、录而藏之者，则有今日之编辑之者、校订之者，与夫序者、跋者，何尝有所隐，而至泯没无传乎？以其时则二十年之久，以其人则七人之星散，以其地则法宇人寰之各异。要之，风鸣叶落，山峙溪流，下榻升床，饥餐渴饮，无非《宗旨》之发挥，无非我祖之心传而口授，无非亨辈之耳听而手录。藏者藏其文，非藏其旨；编辑者编辑其语句，非编辑其无穷。序跋者，总皆剩迹，非水流花落，天然之旨趣也。得此意以见我祖，不读《宗旨》，而宗旨现前，则录者、藏者、序而传之者，殊觉多事矣。

康熙壬申孟冬，净明嗣派弟子许乾亨谨序

顾旦初《太乙金华宗旨》原序

融自幼好道，而以心神躁动，不能入道。忆童年读《中庸》及"率性谓道"句，则欣然喜。至"戒惧慎独"句，则惴惴焉畏之。谓其功苦难，行之不可终日也。后读《文成先生录》有云"不睹不闻是本体，戒惧慎独是工夫"，随转语云"戒惧慎独是本体，不睹不闻是工夫"。又云："本体即工夫，工夫即本体。"而后知子思之所谓"戒惧慎独"，非束缚之粗迹，而存养之妙谛也。盖自形生神发而后，吾之心，顺流于物感者多矣。非得存养以逆转其真机，则源本不清，而"率性"二字，多流为任意，盖非逆无以为顺也。

厥后广参三教，访明阳朱道师，而与闻"回光守中"之旨。读《大易》，而粗识"数往知来""水火不相射"之义。最后约《楞严正脉》，而知"返闻旋流"，为入圆通之方便。无非即本体为工夫，非别有工夫以求吾本体。三教圣人，立言虽异，其宗旨则不约而同也。

融今年符卦数，而心神躁动之病，犹未能瘳，则于三大圣之堂奥，茫乎其未有入也。然窃闻之太上云："致虚极，守静笃。万物并作，吾以观其复。夫物芸芸，各归其根。"夫芸芸之物，而既各归其根矣，则天下安有一不归根复命之人？安有一物不在虚静之中乎？此之谓不致之致，不守之守也。人特日用而不知耳！诚知之，则狮乳一滴，可散十斛驴乳；神丹一粒，扫却九种金丹。庸讵知极躁极动之物，非即至静至虚之物？而极躁极动之人，非即归根复命之人乎？则夫日用动静，亦听其自然，而谓之率性可，谓之任意亦可，即广其名而谓之回光反闻、坎离既济，或顺或逆，俱无不可也。

壬申冬，张子爽庵集《金华宗旨》书，诸祖各为序，惺庵、宇庵，亦各有言，以附潘、刘诸先生之后，可谓汇众美为大观，极一时之盛事矣。而张子必欲融一言，是白璧而益之瑕也。自壬申迄今，历三四年，融辞之益坚，而彼征之益力。无已，则自述其夙昔所见闻，与其平生虽好道而不入道之病，以求证于诸祖、诸先生者如此。

　　　　　　　　康熙乙亥孟夏，净明嗣派弟子顾日融盥手谨序

庄惺庵《太乙金华宗旨》原序

忆自丙午秋闱后，先母忽遭危疾。予小子维泣叩于周埜鹤乩坛，蒙纯阳圣祖默佑，亲体获痊。而是冬及春，维复患病几殆，又荷多方开导，冥冥扶持，俾身渐安而智渐启。此小子发心向道之始也。自是与易庵、度庵、深庵、宇庵、埜鹤，暨胞弟诚庵，无日不谈玄。每聚必叩圣祖，甚至终日不倦，竟夕忘疲，沙飞乩走之间，不啻耳提面命。一言佩服，往往刻骨铭心。盖三载如一日云。

戊申岁，感圣祖厚恩，传授《金华宗旨》，直泄无上真传，尽扫支离俗学，可谓天不爱道。而维也七人，交修共证，靡间晦明，良师胜友，真极一时之盛矣。二十年来，怅知交之星散，悲同气之摧残。成连忽去，海水苍茫，钟子云亡，高山寂寞。惟对残月而唏嘘，临晓风而叹息已耳。欲复闻圣祖之绪余，岂可得哉？不意壬申孟夏，圣祖忽降宇庵坛内。维闻之，如久客还家，如幼儿遇母，盖欢忻涕泪交集也。年几半百，尚未知非，深负仙佛之恩，自堕尘劳之网，清夜扪心，汗流浃背，誓将及时精进，慎毋虚负此生，自度度人，共臻上乘，使《金华宗旨》一灯，照耀天壤，庶几报答祖恩之万一乎！但恐道远力微，习深魔重，万望吾师、吾友，不以为不屑教而弃我也。

　　　　　　　康熙癸酉仲夏，净明嗣派弟子庄乾维百拜谨序

屠宇庵题《太乙金华宗旨》缘起

忆自丙午岁，余小子元，奉教于易庵先生之门。先生授以《净明忠孝录》一册，曰："此旌阳真君四字天经也。真君昔从谌母受斗中孝悌王之传，以儒证道，以道振儒，化度弟子多儒流，惇叙人化，服勤官政，志节卓然。间出而斩除妖魅，拯救生灵。无非本性地之光明，为济世之勋业，即《录》中所谓'净明道法，忠孝雷霆'者也。"小子敬奉而读之，盖天经地义之蕴，尽性至命之学，一以贯之矣。元服膺弗失，他日敬启先生曰："真君自晋代证果上升，迄今千数百岁，代有传人。净明一灯，照彻天壤。其当吾世，可亲承法语之提诲耶？"先生曰："是不难。真君因蓂霄启会，奏闻上帝，命大罗真人纯阳吕祖、神霄侍宸长真谭祖，协理龙沙大法，飞鸾演化，降周子埜鹤坛中，已数年矣。"余且惊且喜，斋戒薰沐，随侍先生，顶礼坛前，即蒙圣祖收录。每承开导，无非养性存心，民胞物与之至意。

迨戊申冬，降乩白龙精舍，命易庵先生以下七人，先期具疏设誓，而传《宗旨》。其证盟者，王天君也。越两日，先后朝礼上帝大帝，暨道祖列真。是日万灵萃止，八景浮空，鹤驾龙舆，游翔上下。祖降玄坛，七人拜而受教，直接孝悌王之真传，即《太乙金华宗旨》也。其初授也，不落言诠，绝无文字，直指羲皇画前之《易》，根于无，妙于有，自一本而万殊，由万殊而一本。亘古亘今，贞恒不变，其"金华"之谓乎？嗣后发挥宗旨，虽非一言，总之动静无端，阴阳无始，其流行于日用，则六位时成。即今日影辉窗，拈毫呵冻，凝神定虑，敬述缘起，无非由"朝乾夕惕"之本怀，时而为"或潜""或见"之面目。盛德大业，不离现前，即现前为本体，即本体是工夫，神矣哉！斯其至矣。真净明递传之嫡血也。

自戊申，迄壬申，历二十余年，七人或存或亡，各各星散。元也敬奉我祖垂戒，不敢轻以向日之取得于提命者示人。今岁仲夏，孝悌明王，忽奉帝勅来降，重提旧时《宗旨》。元即检笥中散简，授同学张子爽庵。订辑书成，复蒙列祖，暨易庵先生辈，各各赐序简端，命元述缘起一大事因缘时节，岂偶然哉？

元等昔以七人受教于祖，今派下诸同学，又适符七人之数，益信道缘之不可思议也。自今以往，传示无穷，化度无量，即邵子所谓"我不得而知之，圣人亦不得而知之"者耶？

康熙壬申仲冬，净明嗣派弟子屠乾元敬题

张爽庵书《太乙金华宗旨缘起》后

壬申孟夏，旬有四日，值纯阳圣祖证道之辰，宇庵先生偕真斋沐朝礼。礼竟，辄为扶鸾之举，真佐焉。翼日，真庵潘子适至，伏蒙圣祖首录余二人，命宇庵先生为本师。至五月六日，于古红梅阁，遍礼诸真，始得授《太乙金华宗旨》。嗣后向道者日众，时庵李子继之，返庵冯子，偕乃季近庵复继之，而许子凝庵、潘子卓庵，又其踵焉者也。复于八月朔，特集五人，传《宗旨》于阁上，如余二人科律。而许子则又命之奉教于惺庵先生。盖以列圣相传之秘，始授诸先生者，既则广传于我七人，虽时节因缘使然，亦我七人之凤植有以基之也。然真自奉教以来，且喜且惧，诚恐弗克上达，以伤我圣祖慈悲训迪之苦心，即失宇庵先生殷勤指示之深心。又虑同学六人，异日或先登觉岸，而余独瞠乎其后也。

会宇庵先生，检昔年法宝授余，因掇取其遗文，发明宗旨者，辑而订之。阅十余日，而始成帙。敬录以呈我圣祖，祖曰："此段因缘，子与宇庵，均有重任。试为子序之，以垂示方来可也。"嗣是易庵、度庵、深庵三先生起而续序焉。诸上真又各抉其玄奥，以立极于无穷。其词约而该，其意简而至，非独求之金匮石室，罕有其文。即探诸两大藏玄言，亦无以过此。此诚天地未有之奇，而为古今来一大观也。吾因是有感已，世之高谈性命者，往往以神仙为窈渺荒唐之说，摈斥而不足道。间有修真向道之士，又或堕旁门曲径而不得真师。即得真矣，而或以若信若疑之心，失之觌面者，不少也。乃以余七人之承拔录者如此，所传示者如此，所谆谆提命者又如此，此犹以为窈渺荒唐而不足信乎？犹有不得其真，而失足于他歧乎？犹可介于或信或疑之间，而不一心向往乎？况易庵诸先生辈，又昔吾党之泰山梁木也。余生也晚，不幸而不获闻绪论于晤言色笑之余，犹幸而获闻遗响于乩走沙飞之际，则苟得诸先生接引之心，即有以得我圣祖普度之心，并有以得诸上真垂慈拯拔之至意矣。然则斯会也，岂特余一人之大幸？实七人以及无量众生之大幸也。凡我同志，尚勉旃哉！

康熙壬申仲冬己酉，后学弟子爽庵张坎真挑灯谨识

先天虚无太乙金华宗旨

孚佑上帝纯阳吕祖天师　著

武林王世陛云轩　重镌

钱塘邵志琳纯一　增辑

天心第一

吕祖曰：自然曰道，道无名相，一性而已，一元神而已。性命不可见，寄之天光。天光不可见，寄之两目。古来仙真，皆口口相传，传一得一。自太上化现东华，递传嵩以及南北两宗，全真可为极盛。盛者盛其徒众，衰者衰于心传，以至今日，滥泛极矣，凌替极矣。极则返，故蒙净明许祖，垂慈普度，特立教外别传之旨，接引上根。闻者千劫难逢，受者一时法会，皆当仰体许祖心，必于人伦日用间，立定脚跟，方可修真悟性。

我今叨为度师，先以《太乙金华宗旨》发明，然后细为开说。"太乙"者，无上之谓。丹诀甚多，总假有为而臻无为，非一超直入之旨。所传"宗旨"，直提性功，不落第二法门，所以为妙。"金华"，即光也。光是何色？取象于金华，亦秘一"光"字在内，是先天太乙之真炁，"水乡铅，只一味"者，此也。

回光之功，全用逆法，注想天心。天心，居日月中。《黄庭经》云："寸田尺宅可长生。"尺宅，面也。面上寸田，非天心而何？方寸中，具有郁罗萧台之胜、玉京丹阙之奇，乃至虚至灵之神所注，儒曰虚中，释曰灵台，道曰祖土、曰黄庭、曰玄关、曰先天窍。盖天心，犹宅舍一般。光，乃主人翁也。故一回光，则周身之气，皆上朝，如圣王定都立极，执玉帛者万国。又如主人精明，奴婢自然奉命，各司其事。诸子只去回光，便是无上妙谛。光易动而难定，回之既久，此光凝结，即是自然法身，而凝神于九霄之上矣。《心印经》所谓"默朝飞升"者，此也。

宗旨行去，别无求进之法，只在纯想于此。《楞严经》云："纯想即飞，必生天上。"天，非苍苍之天也，即生身于乾宫是也。久之，自然身外天也。

金华，即金丹。神明变化，各师于心。此中妙诀，虽不差毫末，然而甚活，全要聪明，又须沉静，非极聪明人行不得，非极沉静人守不得。

元神识神第二

吕祖曰：天地视人如蜉蝣，大道视天地亦泡影。惟元神真性，则超元会而上之，其精气则随天地而败坏矣。然有元神在，即无极也。生天生地，皆由此矣。学人但能护元神，则超生在阴阳外，不在三界中。此见性方可，所谓"本来面目"是也。

凡人投胎时，元神居方寸，而识神则居下心。下面血肉心，形如大桃，有肺以覆翼之，肝佐之，大小肠承之。假如一日不食，心上便大不自在，以至闻惊而跳，闻怒而闷，见死亡则悲，见美色则眩，头上何尝微微些动也（问：天心不动乎？）。方寸中之真意，如何能动？到动时便不妙，然亦最妙。凡人死时方动，此为不妙。最妙者，光已凝结为法身，渐渐灵通欲动矣，此千古不传之秘也。

下识心，如强藩悍将，欺天君闇弱，便遥执纪纲。久之，太阿倒置矣。今凝守元宫，如英明之主在上，二目回光，如左右大臣，尽心辅弼，内政既肃，自然一切奸雄，无不倒戈乞命矣。

丹道以精水、神火、意土三者，为无上之诀。精水云何？乃先天真一之炁。神火，即光也。意土，即中宫天心也。以神火为用，意土为体，精水为基。凡人以意生身，身不止七尺者为身也。盖身中有魄焉，魄附识而用，识依魄而生。魄，阴也，识之体也。识不断，则生生世世，魄之变形易质无已也。惟有魂，神之所藏也。魂昼寓于目，夜舍于肝。寓目而视，舍肝而梦。梦者，神游也。九天九地，刹那历遍。觉则冥冥焉，渊渊焉，拘于形也，即拘于魄也。故回光所以炼魂，即所以保神，即所以制魄，即所以断识。古人出世法，炼尽阴滓，以返纯乾，不过消魄全魂耳。回光者，消阴制魄之诀也。无返乾之功，止有回光之诀。光，即乾也。回之，即返之也。只守此法，自然精水充足，神火发生，意土凝定，而圣胎可结矣。蜣螂转丸，而丸中生白，神注之纯功也。粪丸中尚可生胎离壳，而吾天心休息处，注神于此，安得不生身乎？

一灵真性，既落乾宫，便分魂魄。魂在天心，阳也，轻清之气也。此自太虚得来，与元始同形。魄，阴也，沉浊之炁也，附于有形之凡心。魂好生，魄望死。一切好色动气，皆魄之所为，即识也。死后享血食，活则大苦，阴返阴也，以类聚也。学人炼尽阴魄，即为纯阳。

回光守中第三

吕祖曰：回光之名何昉乎？昉之自文始真人也（即关尹子）。光回，则天地阴阳之气无不凝，所云"精思"者此也，"纯气"者此也，"纯想"者此也。初行此诀，是有中似无。久之功成，身外有身，乃无中似有。百日专功，光才真，方为神火。百日后，光自然，一点真阳，忽生黍珠，如夫妇交合有胎，便当静以待之。光之回，即火候也。

夫元化之中，有阳光为主宰。有形者为日，在人为目，走漏神识，莫此甚顺也。故金华之道，全用逆法。回光者，非回一身之精华，直回造化之真气。非止一时之妄想，真空千劫之轮回。故一息当一年，人间时刻也；一息当百年，九途长夜也。凡人自囮（户卧切，音和）地一声之后，逐境顺生，至老未尝逆视。阳气衰灭，便是九幽之界。故《楞严经》云："纯想即飞，纯情即堕。"学人想少情多，沉沦下道。惟谛观息静，便成正觉，用逆法也。《阴符经》云："机在目。"《黄帝素问》云"人身精华，皆上注于空窍"是也。得此一节，长生者在兹，超生者亦在兹矣。此贯彻三教工夫也。

光不在身中，亦不在身外。山河日月大地，无非此光，故不独在身中。聪明智慧，一切运转，亦无非此光，所以亦不在身外。天地之光华，布满大千；一身之光华，亦自漫天盖地。所以一回光，天地山河，一切皆回矣。人之精华，上注于目，此人身之大关键也。子辈思之，一日不静坐，此光流转，何所底止？若一刻能静坐，万劫千生，从此了彻。万法归于静，真不可思议，此妙谛也。然工夫下手，由浅入深，由粗入细，总以不间断为妙。工夫始终则一，但其间冷暖自知，要归于天空地阔，万法如如，方为得手。

圣圣相传，不离反照。孔云"致知"，释号"观心"，老云"内观"，皆此法也。但"反照"二字，人人能言，不能得手，未识二字之义耳。反者，自知觉之心，反乎形神未兆之初，即吾六尺之中，反求个天地未生之体。今人但一二时中闲坐，反顾己私，便云反照，安得到头？

佛道二祖，教人看鼻尖者，非谓着念于鼻端也。亦非谓眼观鼻端，念又注中黄也。眼之所至，心亦至焉，何能一上而一下也？又何能忽上而忽下也？此皆认指而为月。毕竟如何？曰"鼻端"二字最妙，只是借鼻以为眼之准耳。初不在鼻上，盖以太开眼，则视远而不见鼻矣。太闭眼，则眼合而不见鼻矣。太开失之外走，易于散乱。太闭失之内驰，易于昏沉。惟垂帘得中，恰好望见鼻端，故取以为准。只是垂帘恰好去，彼光自然透入，不劳你注射与不注射。

看鼻端，只于最初入静处，举眼一视，定个准则，便放下，如泥水匠人用线一般。彼只起手一挂，便依了做上去，不只管把线看也。

止观是佛法，原不秘的。以两目谛观鼻端，正身安坐，系心缘中。道言"中黄"，佛言"缘中"，一也。不必言头中，但于两目中间齐平处，系念便了。光，是活泼泼的东西，系念眼之齐平处，光自然透入，不必着一念于中宫也。此数语，已括尽要旨。其余入静、出静前后，以《小止观》书印证可也。

"缘中"二字，妙极。中无不在，遍大千皆在里许。聊指造化之机，缘此入门耳。缘者，缘此为端倪，非有定着也。此一字之义，活甚妙甚。

"止观"二字，原离不得，即定慧也。以后凡念起时，不要仍旧兀坐，当究此念在何处？从何起？从何灭？反复推穷，了不可得，即见此念起处也，不要又讨过起处。觅心了不可得，吾与汝安心竟，此是正观，反此者名为邪观。如是不可得已，即仍旧绵绵去。止而继之以观，观而继之以止，是定慧双修。此为回光。回者，止也。光者，观也。止而不观，名为有回无光；观而不止，名为有光无回。志之！

回光调息第四

吕祖曰：宗旨只要纯心行去，不求验而验自至。大约初机病痛，昏沉、散乱二种尽之。却此有机窍，无过寄心于息。息者，自心也。自心为息，心一动而即有气，气本心之化也。吾人念至速，霎顷一妄念，即一呼吸应之，故内呼吸与外呼吸，如声响之相随。一日有几万息，即有几万妄念。神明漏尽，如木槁灰死矣。然则欲无念乎？不能无念也。欲无息乎？不能无息也。莫若即其病而为药，则心息相依是已。故回光，必兼之调息，此法全用耳光。一是目光，一是耳光。目光者，外日月交光也。耳光者，内日月交精也。然精，即光之凝定处，同出而异名也。故聪明，总一灵光而已。坐时用目垂帘后，定个准则，便放下。然竟放又恐不能，即存心于听息。息之出入，不可使耳闻。听惟听其无声，一有声，即粗浮而不入，细即耐心，轻轻微微些，愈放愈微，愈微愈静。久之，忽然微者遽断，此则真息现前，而心体可识矣。盖心细，则息细，心一则动气也。息细，则心细，气一则动心也。定心必先之养气者，亦以心无处入手，故缘气为之端倪，所谓"纯气之守"也。

子辈不明"动"字。动者，以线索牵动言，即"制"字之别名也。既可以奔趋使之动，独不可以纯静使之宁乎？此大圣人视心气之交，而善立方便以惠后人也。丹书云"鸡能抱卵心常听"，此要妙诀也。盖鸡之所以能生卵者，以暖气也。暖气止能温其壳，不能入其中，则以心引气入。其听也，一心注焉，心入则气入，得暖气而生矣。故母鸡虽有时出外，而常作侧耳势，其神之所注，未尝少间也。神之所注，未尝少间，即暖气亦昼夜无间而神活矣。神活者，由其心之先死也。人能死心，元神即活。死心非枯槁之谓，乃专一不分之谓也。佛云："置心一处，无事不办。"心易走，即以气纯之。气易粗，即以心细之。如此，而心焉有不定者乎？

大约昏沉、散乱二病，只要静功日日无间，自有大休息处。若不静坐时，虽有散乱，亦不自知。既知散乱，即是却散乱之机也。昏沉而不知，与昏沉而知，相去奚啻千里？不知之昏沉，真昏沉也。知之昏沉，非全昏沉也，清明在是矣。

散乱者，神驰也。昏沉者，神未清也。散乱易治，昏沉难医。譬之病焉，有痛有痒者，药之可也。昏沉，则麻木不仁之症也。散者，可以收之；乱者，可以整之。若昏沉，则蠢蠢焉，冥冥焉。散乱尚有方所，至昏沉，全是魄用事也。散乱尚有魄在，至昏沉，则纯阴为主矣。静坐时，欲睡去，便是昏沉。却昏沉，只在调息。息，即口鼻出入之息，虽非真息，而真息之出入，亦于此寄焉。凡坐，须要静心纯气。心何以静？用在息上。息之出入，惟心自知，不可使耳闻。不闻则细，细则清。闻则气粗，粗则浊，浊则昏沉而欲睡，自然之理也。虽然，心用在息上，又要善会用，亦是不用之用，只要微微照听可耳（此句有微义）。何谓照？即眼光自照，目惟内视，而不外视。不外视而惺然者，即内视也，非实有内视。何谓听？即耳光自听，耳惟内听而不外听。不外听而惺然者，即内听也，非实有内听。听者，听其无声。视者，视其无形。目不外视，耳不外听，则闭而欲内驰。惟内视、内听，则既不外走，又不内驰，而中不昏沉矣，此即日月交精、交光也。

昏沉欲睡，即起散步，神清再坐。清晨有暇，坐一炷香为妙。过午人事多扰，易落昏沉。然亦不必限定一炷香，只要诸缘放下，静坐片时，久久便有入头，不落昏睡矣。

回光差谬第五

吕祖曰：诸子工夫，渐渐纯熟，然枯木岩前错落多，正要细细开示。此中消息，身到方知，吾今则可以言矣。吾宗与禅学不同，有一步一步征验。请先言其差别处，然后再言征验。

宗旨将行之际，预作方便，勿多用心，放教活泼泼地，令气和心适，然后入静。静时正要得机、得窍，不可坐在无事甲里（所谓无记空也）。万缘放下之中，惺惺自若也。又不可意兴承当（凡太认真，即易有此。非言不宜认真，但真消息，在若存若亡之间，以有意、无意得之可也）。惺惺不昧之中，放下自若也。又不可堕于蕴界。所谓蕴界者，乃五阴魔用事。如一般入定，而槁木死灰之意多，大地阳春之意少。此则落阴界，其气冷，其息沉，且有许多寒衰景象。久之，便堕木石。又不可随于万缘。如一人静，而无端众绪忽至，欲却之不能，随之反觉顺适，此名主为奴役。久之，落于色欲界。上者生天，下者生狸奴中，若狐仙是也。彼在名山中，亦自受用风月花果，琪树瑶草，三五百年受用去，多至数千年，然报尽还生诸趣中。

此数者，皆差路也。差路既知，然后可求证验。

回光证验第六

吕祖曰：证验亦多，不可以小根、小器承当，必思度尽众生；不可以轻心、慢心承当，必须请事斯语。静中绵绵无间，神情悦豫，如醉如浴，此为遍体阳和，金华乍吐也。既而万籁俱寂，皓月中天，觉大地俱是光明境界，此为心体开明，金华正放也。既而遍体充实，不畏风霜，人当之兴味索然者，我遇之精神更旺，黄金起屋，白玉为台，世间腐朽之物，我以真气呵之立生，红血为乳，七尺肉团，无非金宝，此则金华大凝也。

第一段，是应《观经》日落大水行树法象。日落者，从混沌立基，无极也。上善若水，清而无瑕，此即太极主宰，出震之帝也。震为木，故以行树象焉。七重行树，七窍光明也（西北乾方，移一位为坎。日落大水，乾坎之象也。坎为子方，冬至雷在地中，隐隐隆隆，至震而阳出地上矣，行树之象也。余可类推）。第二段，即肇基于此。大地为冰，琉璃宝地，光明渐渐凝矣，所以有蓬台而继之佛也。金性既现，非佛而何？佛者，大觉金仙也。此大段证验耳。

现在可考证验有三：一则坐去，神入谷中，闻人说话，如隔里许，一一明了，而声入皆如谷中答响，未尝不闻，我未尝一闻。此为神在谷中，随时可以自验。一则静中，目光腾腾，满前皆白，如在云中，开眼觅身，无从觅视。此为虚室生白，内外通明，吉祥止止也。一则静中，肉身絪缊，如绵如玉，坐中若留不住，而腾腾上浮，此为神归顶天。久之上升，可以立待。此三者，皆现在可验者也。然亦是说不尽的，随人根器，各现殊胜，如《止观》中所云"善根发相"是也。此事如人饮水，冷暖自知，须自己信得过方真。

先天一炁，即在现前证验中自讨。一炁若得，丹亦立成，此一粒真黍也。一粒复一粒，从微而至著。有时时之先天，一粒是也。有统体之先天，一粒乃至无量也。一粒有一粒力量，此要自家胆大，为第一义。

回光活法第七

吕祖曰：回光循循然行去，不要废弃正业。古人云："事来要应过，物来要识过。"子以正念治事，即光不为物转，即回此时时无相之回光也可行之，而况有真正着相回光乎？

日用间，能刻刻随事返照，不着一毫人我相，便是随地回光，此第一妙用。清晨能遣尽诸缘，静坐一二时最妙。凡应事接物，只用返照法，便无一刻间断。如此行之，三月两月，天上诸真，必来印证矣。

逍遥诀第八

吕祖曰：

> 玉清留下逍遥诀，四字凝神入气穴。
>
> 六月俄看白雪飞，三更又见日轮赫。
>
> 水中吹起藉巽风，天上游归食坤德。
>
> 更有一句玄中玄，无何有乡是真宅。

律诗一首，玄奥已尽。大道之要，不外"无为而为"四字。惟无为，故不滞方所形象。惟无为而为，故不堕顽空死虚。作用不外一中，而枢机全在二目。二目者，斗柄也，斡旋造化，转运阴阳。其大药，则始终一水中金（即水乡铅）而已。前言回光，乃指点初机，从外以制内，即辅以得主。此为中下之士，修下二关，以透上一关者也。今头路渐明，机括渐熟，天不爱道，直泄无上宗旨，诸子秘之秘之！勉之勉之！

夫回光，其总名耳。工夫进一层，则光华盛一番，回法更妙一番。前者由外制内，今则居中御外。前者即辅相主，今则奉主宣猷，面目一大颠倒矣。法子欲入静，先调摄身心，自在安和，放下万缘，一丝不挂，天心正位乎中。然后两目垂帘，如奉圣旨以召大臣，孰敢不至？次以二目，内照坎宫，光华所到，真阳即出以应之。离，外阳而内阴，乾体也。一阴入内而为主，随物生心，顺出流转。今回光内照，不随物生，阴气即住，而光华注照，则纯阳也。同类必亲，故坎阳上腾。非坎阳也，仍是乾阳应乾阳耳。二物一遇，便纽结不散，絪缊活动，倏来倏往，倏浮倏沉。自己元宫中，恍如太虚无量，遍身轻妙欲腾，所谓"云满千山"也。次则来往无踪，浮沉无辨，脉住气停，此则真交媾矣，所谓"月涵万水"也。俟其杳冥中，忽然天心一动，此则一阳来复，活子时也。然而此中消息要细说。

凡人一听耳目，逐物而动，物去则已。此之动静，全是民庶，而天君反随之役，是常与鬼居矣。今则一动一静，皆与人居，天君乃真人也。彼动即与之俱动，动则天根；静即与之俱静，静则月窟。动静无端，亦与之为动静无端；休息上下，亦与之为休息上下。所谓"天根月窟闲来往"也。天心镇静，动违其时，则失之嫩；天心已动，而后动以应之，则失之老。天心一动，即以真意上升乾宫，而神光视顶，为导引焉，此"动而应时"者也。天心既升乾顶，游扬自得。忽而欲寂，急以真意引入黄庭，而目光视中黄神室焉。既而欲寂者，一念不生矣。视内者，忽忘其视矣。尔时，身心便当一场大放，万缘泯迹，即我之神室炉鼎，亦不知在何所，欲觅己身，了不可得。此为天入地中、众妙归根之时也，即此便是"凝神入气穴"。

夫一回光也，始而散者欲敛，六用不行，此为涵养本原、添油接命也。既而敛者自然优游，不费纤毫之力，此为安神祖窍、翕聚先天也。既而影响俱灭，寂然大定，此为蛰藏气穴、众妙归根也。一节中具有三节，一节中且有九节，且俟后日发挥。今以一节中具三节言之，当其涵养而初静也，翕聚亦为涵养，蛰藏亦为涵养，至后而涵养皆蛰藏矣。中一层可类推，不易处而处分矣。此为无形之窍，千处万处一处也；不易时而时分焉，此为无候之时，元会运世一刻也。

凡心非静极，则不能动，动动妄动，非本体之动也，故曰"感于物而动，性之欲也"。若不感于物而动，即天之动也。不以天之动，对天之性句，落下说个"欲"字。欲在有物也，此为出位之思，动而有动矣。一念不起，则正念乃生，此为真意。寂然大定中，而天机忽动，非无意之乎？无为而为，即此意。

诗首二句，全括金华作用。次二句，是日月互体意。六月，即离火也。白雪飞，即离中真阴，将返乎坤也。三更，即坎水也。日轮，即坎中一阳，将赫然而返乎乾也。取坎填离，即在此中。次二句，说斗柄作用，升降全机。水中，非坎乎？目为巽风，目光照入坎宫，摄召太阳之精是也。天上，即乾宫。游归食坤德，即神入炁中，天入地中，养火也。末二句，是指出诀中之诀。诀中之诀，始终离不得，所谓"洗心涤虑为沐浴"也。

圣学以"知止"始，以"止至善"终。始乎无极，归乎无极。佛以"无住而生心"，为一大藏教旨。吾道以"致虚"二字，完性命全功。总之，三教不过一句，为出死护生之神丹。神丹维何？曰：一切处无心而已。吾道最秘者沐浴，如此一部全功，不过"心空"二字，足以了之。今一言指破，省却数十年参访矣。

子辈不明一节中具三节，我以佛家"空假中"三观为喻。三观先空，看一切物皆空。次假，虽知其空，然不毁万物，仍于空中建立一切事。既不毁万物，而又不着万物，此为中观。当其修空观时，亦知万物不可毁，而又不着，此兼三观也。然毕竟以看得空为得力，故修空观，则空固空，假亦空，中亦空。修假观，是用上得力居多，则假固假，空亦假，中亦假。中道时，亦作空想，然不名为空，而名为中矣。亦作假观，然不名为假，而名为中矣。至于中，则不必言矣。

吾虽有时单说离，有时兼说坎，究竟不曾移动一句。开口提云："枢机全在二目"。所谓枢机者，用也。用此斡旋造化，非言造化止此也。六根七窍，悉是光明藏，岂取二目，而他概不问乎？用坎阳，仍用离光照摄，即此便明。

朱子（云阳师，讳元育，北宗法派）尝云："瞎子不好修道，聋子不妨。"与吾言何异？特表其主辅轻重耳。日月原是一物，其日中之暗[①]处，是真月之精，月窟不在月而在日，所谓"月之窟"也。不然，只言月足矣。月中之白处，是真日之光，日光反在月中，所谓"天之根"也。不然，只言天足矣。一日一月，分开止是半个，合来方成一个全体。如一夫一妇，独居不成家室；有夫有妇，方算得一家完全。然而物难喻道，夫妇分开，不失为两人；日月分开，不成全体矣。知此，则耳目犹是也。吾谓瞎子已无耳，聋子已无目。如此看来，说甚一物？说甚两物？说甚六根？六根，一根也。说甚七窍？七窍，一窍也。吾言只透露其相通处，所以不见有两。子辈专执其隔处，所以随处换却眼睛。

百日立基第九

吕祖曰：《心印经》云："回风混合，百日功灵。"总之，立基百日，方有

---

① 暗，底本作"异"，据《吕祖全书宗正》《道藏辑要》二本《太乙金华宗旨》改。

真光。如子辈尚是目光，非神火也，非性光也，非慧智炬烛也。回之百日，则精气自足，真阳自生，水中自有真火。以此持行，自然交媾，自然结胎，吾方在不识不知之天，而婴儿以成矣。若略作意见，便是外道。

百日立基，非百日也。一日立基，非一日也。一息立基，非呼吸之谓也。息者，自心也。自心为息，元神也，元气也，元精也。升降离合，悉从心起；有无虚实，咸在念中。一息一生持，何止百日？然百日，亦一息也。

百日只在得力。昼中得力，夜中受用；夜中得力，昼中受用。

百日立基，玉旨耳。上真言语，无不与人身应；真师言语，无不与学人应。此是玄中之玄，不可解者也。见性乃知。所以学人，必求真师授记，任性发出，一一皆验。

性光识光第十

吕祖曰：回光法，原通行住坐卧，只要自得机窍。吾前开示云"虚室生白"，光非白耶？但有一说，初未见光时，此为效验。若见为光，而有意着之，即落意识，非性光也。子不管他有光、无光，只要无念生念。何谓无念？千休千处得。何谓生念？一念一生持。此念乃正念，与平日念不同。今心，为念。念者，现在心也。此心，即光，即药。凡人视物，任眼一照去，不及分别，此为性光，如镜之无心而照也，如水之无心而鉴也。少顷，即为识光，以其分别也。镜有影，已无镜矣。水有象，已非水矣。光有识，尚何光哉？

子辈初则性光，转念则识。识起而光杳不可觅。非无光也，光已为识矣。黄帝曰："声动不生声而生响"，即此义也。《楞严推勘入门》曰："不在尘，不在识，惟选根。此则何意？尘是外物，所谓器界也。与吾了不相涉，逐之则认物为己。物必有还，通还户牖，明还日月，借他为自，终非吾有。至于不汝还者，非汝而谁？明还日月，见日月之明无还也。天有无日月之时，人无有无见日月之性。若然，则分别日月者，还可与为吾有耶？不知因明暗而分别者，当明暗两忘之时，分别何在？故亦有还，此为内尘也。惟见性无还，见见之时，见非是见，则见性亦还矣。还者，还其识流转之见性，即阿难使汝流转，心目为咎也。初八还辨见时，上七者皆明其一一有还，姑留见性，以为阿难拄杖。究竟见性既带八识，非真不还也。最后并此一破，则方为真见性，真不还矣。"子辈回光，正回其最初不还之光，故一毫识念用不着。使汝流转者，惟此六根；使汝成菩提者，亦惟此六根。而尘与识，皆不用。非用根也，用其根中之性耳。今不堕识回光，则用根中之元性。落识而回光，则用根中之识性。毫厘之辨，在此也。

用心即为识光，放下乃为性光。毫厘千里，不可不辨。识不断，则神不生；心不空，则丹不结。

心净则丹，心空即药。不着一物，是名心净；不留一物，是名心空。空见为空，空犹未空；空忘其空，斯名真空。

坎离交媾第十一

吕祖曰：凡漏泄精神，动而交物者，皆离也。凡收转神识，静而中涵者，皆坎也。七窍之外，走者为离；七窍之内，返者为坎。一阴主于逐色随声，一阳主于返闻收见。坎离即阴阳，阴阳即性命，性命即身心，身心即神炁。一自敛息，精神不为境缘流转，即是真交。而沉默跌坐时，又无论矣。

周天第十二

吕祖曰：周天非以气作主，以心到为妙诀。若毕竟如何周天，是助长也。无心而守，无意而行，仰观乎天，三百六十五度，刻刻变迁，而斗柄终古不动，吾心亦犹是也。心即璇玑，气即群星。吾身之气，四肢百骸，原是贯通，不要十分着力。于此锻炼识神，断除妄见，然后药生。药非有形之物，此性光也，而即先天之真炁。然必于大定后方见，并无采法。言采者，大谬矣。见之既久，心地光明，自然心空漏尽，解脱尘海。若今日龙虎，明日水火，终成妄想去。吾昔受火龙真人口诀如是，不知丹书所说，更何如也。

一日有一周天，一刻有一周天。坎离交处，便是一周。我之交，即天之回旋也。未能当下休歇，所以有交之时，即有不交之时。然天之回旋未尝少息，果能阴阳交泰，大地阳和，我之中宫正位，万物一时畅遂，即丹经沐浴法也。非大周天而何？此中火候，实实有大小不同，究竟无大小可别。到得功夫自然，不知坎离为何物，天地为何等，孰为交，孰为一周两周，何处觅大小之分别耶？总之，一身旋运，虽见得极大亦小。若一回旋，天地万物，悉与之回旋，即在方寸处，亦为极大。金丹火候，要归自然。不自然，天地自还天地，万物各归万物。欲强之使合，终不能合。即如天时亢旱，阴阳不和。乾坤未尝一日不周，然终见得有多少不自然处。我能转运阴阳，调适自然，一时云蒸雨降，草木酣适，山河流畅，纵有乖戾，亦觉顿释，此即大周天也。

问："活子时甚妙，必认定正子时，似着相？""不着相。不指明正子时，何从而识活子时？既识得活子时，确然又有正子时。是一是二，非正非活，总要人看得真。一真，则无不正、无不活矣。见得不真，何者为活？何者为正耶？即如活子时，是时时见得的。毕竟到正子时，志气清明，活子时愈觉发现。人未识得活的明了，只向正的时候验取，则正者现前，活者无不神妙矣。"

劝世歌第十三

吕祖曰：

吾因度世丹衷热，不惜婆心并饶舌。
世尊亦为大因缘，直指生死真可惜。
老君也患有吾身，传示谷神人不识。
吾今略说寻真路，黄中通理载大易。
正位居体是玄关，子午中间堪定息。
光回祖窍万神安，药产川源一炁出。
透幙变化有金光，一轮红日常赫赫。
世人错认坎离精，搬运心肾成间隔。
如何人道合天心，天若符兮道自合。
放下万缘毫不起，此是先天真无极。
太虚穆穆朕兆捐，性命关头忘意识。
意识忘后见本真，水清珠现玄难测。
无始烦障一旦空，玉京降下九龙册。

步霄汉兮登天关，掌风霆兮驱霹雳。

凝神定息是初机，退藏密地为常寂。

吾昔度张珍奴二词，皆有大道。子后午前，非时也，坎离耳。定息者，息息归根中黄也。坐者，心不动也。夹脊者，非背上轮子，乃直透玉京大路也。双关者，此处有难言者。地雷震动山头者，真气生也。黄芽出土者，药生也。小小二段，已尽修行大路。明此，可不惑人言。

昔夫子与颜子登泰山顶，望吴门白马。颜子见为匹练，太用眼力，神光走落，故致蚤死。回光可不勉哉！

回光在纯心行去，只将真息凝照于中宫。久之，自然通灵达变也。总是心静气定为基，心忘气凝为效，气息心空为丹成，心气浑一为温养，明心见性为了道。子辈各宜勉力行去，错过光阴，可惜也。一日不行，一日即鬼也。一息行此，一息真仙也。勉之！

附：神霄侍宸谭长真真人宗旨垂示

开宗阐教

真人曰：吾承旌阳真君、纯阳圣祖，保奏于天帝，新任此职，上奉真君命，阐扬道法，教育正人。不特为出世之仙佛，且先为辅世之圣贤，故吾同圣祖，特传宗旨，收拾文人，为大道栋梁。子辈各宜一力担当，实心肩荷，毋甘自弃。

净明源流

真君曰：源流是上清派，以茅君为第一代。茅君十传而浸失其真。晋初兰公传谌母，谌母传许祖，许祖传十大弟子。再七代，有玉真、中黄两先生继之。今又失其传，故吾特为演出，即宗旨是也。玉真、中黄，犹儒家孔孟，而许祖犹文、武，茅君犹尧、舜也。

净明弟子十一人：神烈真人吴猛，字世云。正持真人陈勋，字孝举。元通真人周广，字惠常。神惠真人曾亨，字兴国。洪施真人时荷，字道扬。精行真人甘战，字伯武。勇悟真人施岑，字太玉。潜惠真人彭抗，字武阳。和静真人盱烈，字道微。普惠真人钟离嘉，字公阳。冲道真人黄仁览，字紫庭。时偕许真君飞升者六人，陈勋、周广、曾亨、时荷、盱烈、黄仁览也。余皆以次上升焉。

净明另为一派，不在南北两宗。目前忠孝可风者，皆净明学人也。龙沙显迹，我与诸真多方接引，无非欲使子辈，亲承此派耳。然亦机缘使然，不可强也。

太乙法派

真人曰：金华太乙之传，另有宗派，以纯阳圣祖为第一代开宗大道师。此三教中大纲领，仙释中真骨髓也。在坛弟子，俱依乾、坎、艮、震、巽、离、坤、兑为次。潘易庵，名乾德；屠宇庵，名乾元；庄惺庵，名乾维；诚庵，名乾心；周埜鹤，名乾龙；刘度庵，名乾善；许深庵，名乾亨。以后七人所授弟子，即从"坎"字叙列，周而复始。此七人者，生生世世，或为眷属，或为法侣。今世又会着一处，时节因缘已到也。

戒律

真人曰：凡吾法子，平时立心行事，有不遵守戒律、轻言妄动者，立付雷部处分，不少宽假。传过宗旨，量力行去。有静功而自暴自弃者，天君量重轻加责，使自知警。戒律非他，不忠不孝，贪淫杀生，诸大罪业。总之，举心动念，俨若天君监临，自然虚灵不昧，省过寡愆。一切外人谤言，亦无由而起。慎之！

附：全真宗主邱长春真人宗旨垂示

行持

真人曰：吾顷随同纯阳圣祖，及谭道兄奏闻玉陛，启白许祖，立一精进指迷大格（即《净明玉格》），令诸子宝而行之。其格宗《太上感应》鸿文"欲求天仙"二句，为上真灵梯。一年凡三考，四月为一期，犹佛之结制僧腊也。《善过格》，改为《净明玉格》，功自记，善待四月，吾偕圣祖、道兄鉴定。以善在心源，不在事上。若言功，则易见。言善，则惟见性者知之。

初学人，道心未坚，宜各防王天君鞭打。晨起，即持《天君宝号》十声。然后持《斗姥心咒》，及《天皇心咒》。不惟不敢怠惰，并可卫持。何则？下元末劫，六天阴魔，皆侧目子辈。又蛟党畏惧，思所以害子者百计。故持此咒，一以卫道，一以防身，且可积功行以为神霄之资耳。上午持《天尊号》，以生东华太乙之气；下午持《九佛号》，以返西方归宿之乡。独《天君号》早晨持，或心有怖畏时持，或睡时默持。盖人心中一点是非分明处，便是灵官，所谓"静则金丹，动则霹雳"。然未始无真天君也。

斗姥心咒　唵，嘛哩唧哶，娑诃。

天皇心咒　唵，毘卢喳嗦唎吽摄。天王伽哪霹雳摄。

天尊宝号　无量度人，三清三境天尊。

九佛宝号　金华光佛，日月光明佛，多宝如来，宝胜如来，妙色身如来，广博身如来，离怖畏如来，甘露王如来，阿弥陀如来。

天君宝号　先天首将，三五火车王天君。

看书，当以《净明忠孝录》第一，《玉皇心印经》《水月集》第二。《心印经》即是宗旨，受过其诀者，方可以此印心。若与人谈论，只讲《净明录》可也。

《水月集》说"回光"二字，原引而不发。重在回风，而未畅其旨。然注书不注诀，从来至此无人敢言者。

《心印经》，不受宗旨者，也该持诵。昔宋有士子，一生爱奉，后感玉帝赐神丹，白日上升。若能一心久持，成真必矣。

授记

真人曰：今日之会，特为法门大事，授记诸学人。皆对虚空，遥礼上帝群真，各发肩荷道门无量度人之愿：历劫生生，永相提拔；从兹以往，心心为善；各人自度。度得人方妙，不为人度更妙，受人度得尤妙。噫！山河永峙，日月恒明，太虚无尽，此愿不迁。子辈不当此时有圣师良友，度脱此生。刹那间，合眼茫茫也。合眼后，未必即受生矣。三千大千世界，天各一涯，何能复有良缘？今日嘉会，是夙世修来者。过此而又要修，不知几劫，方有是会也。勉之勉之！

宗旨亦有次第，须看本人发心，循序指示，方为有益。不比经书，可以通前彻后，立时讲贯也。

以上《宗旨》，及《天皇心咒》，遵太上遗制，非孝悌仁义之人，不可妄传。传过者，当发演化度生之愿。若不生演化心、度生心，非惟不能了道，抑且万劫沉沦。志之毋忽！

今日所传，皆天君证盟，天君亦即在心也。夫此宗旨，先天而存，后天而老，为儒、道、释三教宗源。以后只称"宗旨"，不可言"金华"。记之记之。

张爽庵《宗旨》原跋

《宗旨》一书，阐明先天性学之奥，圣祖盖悯世人之随缘逐流者，终身走失其天光，而不知存守。而稍知学道者，又惑于炼气延年之小术，而不知有本性元神。是以特立教外别传之旨，接引后学，乃见性明心之大道也（一书原委，数语隐括）。学道之士，诚能默（塞其兑）以基之，静（止其念）以体之，虚（澄其神）以涵之，则有以通乎一，而达化穷神矣。盖一也者，合显微，兼动静，彻上下，贯古今，运阴阳，而生变化者也。得其一，则范围天地而不过，曲成万物而不遗，诚道法之统宗，性命之极致，而非所为炉鼎龙虎、铅汞银砂之说也。

真以固陋，虽不足与窥其微，然窃虑玄言奥旨，散轶无纪，或至久而湮没，不复自揣，辄为编辑，而次第其先后焉。庶几我圣祖之心传，昭然若揭，而使后之学道者，得是书为尽性至命之梯航也。则行远升高之助，未必无补于万一云。

> 康熙壬申孟冬，净明嗣派后学弟子张坎真拜跋

金华宗旨阐幽问答 ①

问：先天之学，心也；后天之学，迹也。欲免轮回，须从无形做工夫？

答曰：无形②做功夫。究竟何以做？将谓静中可得，动则失。不知动之所以失，由静之无以得。夫静无得、动有失，皆未达道也。汝所云，形而上，止言其当然，未识其所以然，刻下惟于有迹探无迹，有迹而无迹，迷者千里，悟者一朝。

又问：何是有迹探无迹？

答曰：空嗟男子学婵娟，妙里寻芳总一偏。不识正中中又正，无端起处是真玄。

问：如何心得静？

答曰：事事物物穷之难，时时刻刻存之易。存者，存其心。心存方有主，有主方能治事。夫一操一舍之间，天人之分，贤愚之别，未可轻视也。但存心易于断续，行之久自无间。无间则续，续则光明，光明则气充。气充，则昏散不除而除矣。噫嘻！天下事，惟此事大，余皆末焉耳！百忙之中寸存，万事中一理。不体此二语，终难入于圣域。

问：观心？

答曰：观心清静。心本无二，止一精真。通前彻后无他，不离见闻缘，超然登佛地。然观心，亦有深浅：有强观，有自然观；有尘外观；有尘内观；有不内外观，有普观。尔将何观观心乎？吾道一步一步，亦不中躐等。而参之终始地位，亦不外此，起手即是落手。从观起手，功夫也。观深，妄净，方是真空。若止言空理，而不假观行，则是口头禅。凡夫终是凡夫，何

---

① 据邵志琳《吕祖全书宗正》卷十一、《重刊道藏辑要》室集，录入点校。
② 形，《道藏辑要》作"从"。

为修也？

问：回光返照？

答曰：不照何以见？非筏莫渡，非非法莫渡，渡即是渡，筏终是筏。见筏无筏，知渡非渡。回光不以目，而以心，心即是目。久久神凝，方见心目朗然。不证者，难言此，反启着相之弊。不证由于精虚，且观心觅①窍，以生其精，精稍凝即露，即见玄关窍妙，参悟功夫，方有着落。不然，是渺茫之言，言之亦觉自愧欺人。吁！大道幽深实难言，一步一步到花妍。花中有实却无实，即是凡夫超后天。吾②有广大灵慧，千万袅娜，法座宽深，说法无际。且待尔等造就，日积月累，心开见佛，方知龙眠深处，不吾欺也。

至于眼观脐下，是外功。内功心目生，才是真丹田。左转右转，其理本同。丹经云："自然之所为兮，非有邪伪道。"又有眼前见光者，鼠光也，非虎眼，非龙精之光。心光不属内外，若色目望见，即为魔矣。汝等污染久之，一时难清。其实生死事大，一念回光，收复精神，凝照自心，即是佛灯。满屋财气，只在各人认真、不认真，看吸得多少？我此事，神鬼俱惊，惟有德者当之。何谓佛灯？常令烛照，即是佛灯。与其屋内、屋外点灯供我，不若此一盏灯，彻夜不昧，照彻五蕴皆空，方知救苦救难一尊观世音。

心灯一盏，人人本有，只要点得明，便是长生不死大仙人。汝等勿要忘了此心，使神昏昧无主，则精神散漫。此法直揭大乘宗旨，一超直入工夫。回光者，即他日身后明白境，不独现在也。必须逼我说出来，汝等才发信心，亦大泄天机矣。汝等照此行去，不期效而自效，平生参学，方贯串得来。不是今日东、明日又西，说些野狐禅，便为了事。

问：如何才谓之上菩提路，才为到家？

答曰：本未离家，只因自心迷惑，指南为北，以致有千程万途之跋涉。其实，只在当下，拾得衣中珠，仍是自己珍。一念回光，即是在那菩提路上，家园切近，上好丛林，不用出家，即此是兰若。我此法心传，却是一超直入工夫，谓之保本修行。力聚者，开宏光天化日，也不为希罕。即力浅根

---

① 觅，《道藏辑要》作"觉"。

② 吾，《道藏辑要》作"无"。

劣，亦不失小仙小神身分。诸子领之。

问：从性学入手否？

答曰：性学，非命学不了。先从性探，引命之作，命通方得彻性。性非命不彻，命非性不了。故《易》云："穷理尽性，以至于命。"尽性罢了，又何以至于命？不得穷到底，焉知神物隐于此？可以生人，可以杀人，生杀只在这个，并非另有玄关。

又问：守真如之性可乎？

答曰：真如之性，怎能守得？既曰如是，活活如如，何容拟议？拟议尚不能，焉能守之？不守而守，无可守也。守则把持，真如不现。莫把捉，四大本空，五阴非有，何处容汝捞摸？

问：致心一处？

答曰：致心一处固然，然心无定处，又须活泼善探，不在形色。形色，俱是后天。知者，心之用；空寂者，心之体。若着在后天，则是气质用事，理之不尽，了之不能矣。

又问：若不致心一处，如何得主张？

答曰：超动静，得主张；无主张，却是主张。莫荒唐，飘飘荡荡，雷雨风云现样。造化齐彰，活活泼泼，不是寻常，却是寻常。天花乱坠，诸神献瑞，实堪庆快平生，一了百当。举目神光大法场，结果一起光。说甚恍朗，莫把捉，仔细详。把捉则愈驰愈远，止有火炽，而无水养。水火不均平，焉得神丹长？道人总是彻骨谈，毫无诬强。尔等善体，大道在望。实不待来生再了，转瞬大光明，照彻五蕴皆空，弥纶世界如掌。

问：神入气中？

答曰：如何入？神不入气中，无不在耳。所谓神入气中者，后天之神耳，非先天之神。途路入门功夫，气中即心中，要仔细认，即玄关之启处也。若着力，则凿，非玄关之启处，周身之气也，大有危险，不可不知。玄关，乃天地之正中，窍中有窍，亦无可指之处，若有可指，则是造化五行中，焉是出造化事？玄学不落造化，却有造化，非身体力行自证者，不能语语金针，句句入彀，默会而已，不在多言。

问：神气？

答曰：神无质，神即气也。神气不能分。离气，则神无所立，亦无所为气矣。气运，即是神运。

又问：神气既不能分，道家又何云炼气化神？

答曰：存清去浊之谓。惟清，故灵。神，即气之清者也。若炼神还虚，虚非气乎？气即神，神行乎气，又谓反其所由生。

问：以气感气？

答曰：以气感气固然。若指人身中气，真凡而不可用矣。何时超升，仙佛不是如此。冲虚之气，摸不着，点点心儿索。至于运气小术，亦可栽培肉身，以延其寿。若以为大道，必须肉身上做工夫，则是旁门之言。沾着些须不是他，要从无沾依中幻化为用，不是这般说法，却是那边行履，光明法界，何处容情？佛语亦中听，仙家奏乐音，可惜人不懂，缺少个知音。总之，外功于大道无涉。大道真修，先要精化气，此精不是交感精，丹书内已历历言之。这一层已先难讲，何况二关事、三关事更难说。大道幽深，实非戏语。有人说到入路，便以为究竟极则，不知出路若何，出而复入又若何？

问：修持？

答曰：修者，去其污染也。无污染，有何修持？若再修持，头上安头。

问：从何体认？

答曰：体认者，认体也。心体无形，体认即是工夫。体认一分，积得一分，积厚流光，道在眼前矣。汝仍从用探体去，到得体现，方有妙用。妙用显体，人不知之。

问：三才立极，如何是人极？

答曰：人极在心，即天心也。在人曰人，在天曰天。上帝临汝，无二尔心。本心通天，即通上帝。一念感召，位入仙班矣。

汝等无学，愧吾未教。吾将所藏，细为汝道。道其所道，曰太极。太极之理，贯彻天人。天本乎此而立阴阳之极，生生不息之机，实肇于此。人有是理，而为私所蔽，故不显其理，止存其质。动静之间，偏侧莫晓，昏昏乎岁月，忽忽乎流行，放荡无忌，瞥而不返。吁嗟乎！红光一透，瓦解冰消，莫知其所之也。所谓士希贤，贤希圣，归而返之，由于致知。致知之要，存乎一心。心纯笃，则日进而不已；心恶杂，则流荡而不息。嗟嗟！二三子，侍吾久矣，未敢直透其旨。盖静敬者寡，诚一者鲜，所谓道不虚行耳。

风雨闹，人事逍遥；说玄机，大半是空中实到。不积德，没依靠，故将人事作梯航，做得了时机宜到，做不了时也有红尘诰。天地无私，何须人计巧？汝等有事亦不妨，只要精神不散漫，如猛火聚炉，方有专一之意，方可入菩提路而证涅槃。不然者，渺茫其说，昏默其旨，不识自己性命根源端的，焉有进步？

问：一切细参功夫，须要寻常而切己？

答曰：有何工夫？不行而密，不肃而敬，笃恭以持己，显晦合一，体用无殊，工夫何在而何不在？所谓大道，以默以柔，无时而不适，无事而不泰然。

问：某止知静其体也，动其用也，显其着也，晦其隐也，歧而二之，莫能合而一之。前蒙示"显晦合一，体用无殊"，是就无形者而言？

答曰：有形中，无形中，无有形中，亦无无形中，中中一内，察其体用之无殊，求其隐显之莫测。

问：蒙示不行而密，不肃而敬，工夫何在、何不在，即是显晦合一，体用无殊。若就流行者言，分明是有动、有静，岂以动静皆天然而无欲，谓之合一无殊？抑以纷纭万变，皆莫能逃于太虚中，谓之合一无殊耶？

答曰：水之有波，波非水耶？因其外动，而内以含，内静而波之波，水之水也，如是而已矣。藏于中，形于外，乌得不谓之合一，不谓之无殊乎？

问：存心以致其知？

答曰：有何存？

又问：知致而镜明，镜明而垢见，纤翳无所容，所谓明得尽，渣滓便浑化了也？

答曰：其养也，其贼也，毕于是矣。究其中无一个主宰，如日月往来，寒暑定岁，四时代谢，八节兴衰，齐之此中，始成岁功，而运行无滞，命之所由立也。性之寓，亦在是矣。尔其焚香静验，久而有得。江湖泊久，云蔽西山。知日出，是其时矣。

问：兢业者，即是本体。本体本自兢业，合着本体，即是工夫，所谓"不行而密，不肃而敬"也。自其精明而言，谓之知；自其鉴察而言，谓之敬；自其无妄而言，谓之诚；自其生理具于此，谓之仁；自其无内外可分，无动静可别，无极、太极，谓之一。笃恭而天下平。中也者，和也。言中，而和在其中矣；言和，而中不待言矣。动无不和，即静无不中，表里一贯，头正尾直？

答曰：常言之，常行之。庸言庸行，至诚无妄，三家至秘无多语。

问：昨言镜明垢现，蒙示其养也，其贼也。是否涵养省察因此，嗜欲纷华亦因此，即是识精，未经点化之阴神，释家之所谓种性是也？

答曰：将疑焉？将信焉？明明白白一个大路，到其际，自前进矣，久而自化种性为佛性。

问：寻根即可透悟否？

答曰：寻根觅底到海边，有个夜叉现。阴极方能生阳，未到穷阴，难透其源。从根探摸，正不着空、不着有之妙法耳。此吾之异传在此，通天彻地，大道快活，阳神普大千，一口吸尽水江西，狮子奋迅才出窟，万兽齐惊声顿希。咄！小道旁门，焉足一闻？吾语汝，将肉身全莫讲，照此再从心源探，即是坎府求元，水底蛟龙出现。未探水，不究源，总是皮肤又皮肤。逢人说学道，止不过徒博虚名，所谓挂榜修行，吾门大忌如此。参要真参，悟要实悟，通天彻地，尽是法身，俱是我性光现。

问：坎、离？

答曰：即先天之所化，不是有为，亦非无语，只此一言半句玄。能会者，即得证真常；不会者，终归无用。即如作事，必得中人，要须中用，事方有成。不然间隔东西，木三金四，哪得究里？此乃切骨之谈，毋忽！

问：念虑纷杂，一念未止，一念续之。如鱼之吸水，口进腮出；如夏日之令，昼长夜短。则于玄牝窍妙，尚不得着眼而观，何望真机之阖辟，如练如绵？

答曰：心地光明今古烛，何云玄牝没根源？功夫久久成妙瞩，阴阳全识是机先。

问：天地非日月不显，日月退藏，则天地混沌。神与炁合，炁结神凝，是否即坎离交？

答曰：坎离交于不知不觉之地，而运行未尝稍息焉。天之道，无时不转移，妙在不期而合，非有心为之。生死固在天，天其有心乎？

问：坎离交在内，由此而大药产。一点元性微明，藏在坤腹，光透帘帏，纯清绝尘，息住气宁，止存空明，是谓天地心，主持万化？

答曰：气宁息住，机之复，生之理，所以活泼，即俗云"活子时"也。

又问：自此从微至著，应乾卦三阳。三阳退处，即是三阴，是谓小周天。重入胞胎，性归于命，蓄久发暴，烈火飞腾，此时火燥，恐启后天情识，故"吸闭"以防危，使之下降而无生；"撮舐"以助火，使之上升，清虚而无灭，谓之大交，匹配真汞。虚即真汞，真汞即性空，其交著于内之外，从此退符，仍隐土釜，炼之又炼，存清去浊，至于虚无极，是谓绝学无忧？

答曰：不治其本，难齐其末。一天雷雨风云，孰得而主使之？孰得而止遏之？修身如执玉，磨其磷，琢其玷，功深力积，润泽非一时，非大力量不能成此。朝更夕改，触发一时，而气偏于一隅。又所谓玉之有玷，洗之难强也。子其勉力，坎离之所以有，乾坤之所造；乾坤之所以名，坎离之所化。

问：拨动顶门关椊，忽尔自合自开，恁么中不恁么，不恁么中恁么，其意所到乎？其天命之流行乎？此时道眼清明，天开寿域，头头显露，浩浩渊渊，正法眼藏，涅槃妙心，愈活泼，愈精明。丹经云"饶他为主我为宾"，是外来者为主，我反为宾。只是不忘照心，任其点化腹阴，名之为"天王补心丹"亦可。此便是以神驭气，以气控精之旨。所谓鹰拿燕雀，鹘打寒鸦，其近是欤？

答曰：婆娑妙论。

又问：和光同尘，却不染尘，世事沾他不得。以其运也，谓之河车；以其不违天则，谓之法轮。其团如卵，其白如练，其软如绵，其轻如波。其硬也，铁脊梁汉；其成片也，海水浸堤；其不容己也，揭地掀天。上升为云，下降为雨，电掣雷轰，抽添自见。漏声滴滴，元酒堪尝。种种机遇，总属一串之事，所谓"有物方能造化生"？

答曰：不可以形容，形容则界限分矣。如此玄谈，不可以为功。总之，积一寸，则厚一寸；积一尺，则厚一尺。方以象地，圆以象天。空不见空，实不见实。空实无异，到处奇奇，不见不了，见亦无终。呵呵大笑，一字不通。

问：在尘出尘？

答曰：不止此，此系初机。在尘出尘，仍有尘在，非系无因。因果一齐光，停停当当，春色满溪涨，此又何说？于无言说中，强生言说耳。

问：动而无动，静而无静，是合一否？

答曰：动亦无关，静亦无滞。动即是静，静却非动。动静合一，绵绵密密，好个胎息。

问：如何是绵绵密密？

答曰：愈静愈静，方是绵绵密密。

问：心随动静，为循环否？

答曰：心不随动静为循环，心亦随动静为循环。无心是心，焉可分别？

问：然则无分别乎？

答曰：分别无分别。

问：绵绵密密，是正道否？

答曰：绵绵密密，还归不绵绵密密，一步一步天台路。

问：人一身皆属阴，即坐到澄澄湛湛的，不过后天阴魄，伏诸病根。一勺死水，一流便浊了。旦夕将心撮在一处，只恐触物心惊，反成心病。曷若于今年初尽处、明日起头时、五蕴山头一段空内，讨出一个消息？会得的，活泼泼地；不会得的，只是弄精魂？

答曰：可知者，行不到；可行者，知不及。有无相生，隐显莫测。黑漫漫，白茫茫，变化须臾，又何可拟议？

问：沐浴？

答曰：沐浴者，涤垢之谓也。

浑合即斩，逍遥两间，荡荡心田。灵机活泼，万感皆虚。噫！人而天，天而神之不可测，妙也，玄也。光明者，心之用；空寂者，心之体。空寂而不光明，寂非真寂，空非真空，鬼窟而已，大道不是如斯。元精已失，证空无有处，真是落空亡外道。云边磨日月，草里挂行藏，说甚么海水汪洋，千顷金波漾。世人惑于外道，鬼窟行藏，亦难改矣。二三子，静守吾道，勿摇惑其心。吾欲汝等为上乘，不欲汝等归中下流。中下流，非至善。至善之极，动静无常，神妙不测。即其体也无异，显其用也无方。"先天而天弗违，后天而奉天时"，神明自若也。

问：调息，是鼻息否？

答曰：鼻息，系外息，色身上事。心息相依，方是真息。般若尊者云："出息不随万缘，入息不居蕴界。"岂是鼻也？合辟机关窍妙，非一时可窥，亦须力积之久，一旦豁然贯彻，天地不外也。人为大，三才并立，万化同根，不在色身求，自有真息见。真息无息却有息。吁！大泄机关矣。活泼泼地，至于观息、听息，亦系色身事，借此摄心，非真命脉。真命脉，还从真中求之。观听，是一事。

问：调息作工夫？

答曰：调息固有功夫，然不一其说。有外呼吸，有内呼吸；有凡息，有神息。胎息，即神息，非息莫胎，非胎莫息。胎息功夫，先从息起。若胎息，则"真人之息以踵"，深深矣。入彀之言，莫分内外，却有内外。有内外者，三关之谓也；无内外者，动静合一也。浑成一片，化之谓也。非化不足以语神，亦非见道。纵有悟境，云边漏日光耳。日月光明，通天照亮，非是鬼景。

问：胎因息生，在蛰藏之间，是伏气既久，外息已断，止有内息，而神室金胎，凝结于中，此等功夫，皆天然造化，非可强致？

答曰：不可思议，顿入不思议，即此之谓也。不是悍然不顾为不思议，蛰藏之间，胎也。内息贯通三教工夫，即所谓神息也，即戊己也。外息何足一语？功夫不到不方圆，脱了梯儿又上天。消息于中藏至哲，灵光透出万千千。

问：如何是息？

答曰：打一句哑谜，滑木梯。

问：消息是气否？

答曰：是气，须善养。点明了，诸经不肯说，孔窍其门。

又问：消息露于中宫时，如何？

答曰：一句胜是百句，有权有实，有照有用，才有些抓着痒处，便是得手之言。

"至阴肃肃，至阳赫赫。肃肃出乎天，赫赫发乎地。"此即坎离之说。

问：神依形生否？

答曰：神不依形生。汝将何者为神？一字参透，则通身泰然矣！

问：神气不足？

答曰：神气不足，亏凿已久之故。善补之，补足，则烘然上升，龙虎玄关，一时顿现，方知三界即吾心，吾心非三界，却含三界，圆通无碍，诸仙佛慈光灌顶，希有罕见。盛世之征，太平风景，不是十分，却是一分，具足十分。成得一分，一分不了，又是一分；一分了时，还是一分，岂是寸管窥天，便为得耶？

问：五行即阴阳，属后天否？

答曰：先天，即无五行乎？五行全具，方有后天五行。若无先天五行，后天五行，从何而生耶？道体无形，万象森然已具，古今原有先后，五行生生之理，实无先后。

问：和畅，是神水否？

答曰：尚非神水。神水妙用，洗涤性空。渣滓消融，宛若春风。沾着便化，不受牢笼。空山莫袖手，异味说珍羞。饱饫铭心骨，神水勿自流。一滴归根，万事合头。何用别虑，着甚来由？

问：戊己二土？

答曰：一滴波，中央土，分戊己，还无门户。

又问：炼己待时？

答曰：炼己方可待时。不炼，无时可待。

又问：戊己二土，乃先天妙用，玄禅合一之学？

答曰：先天妙用不轻得，必从后天人功积。人力尽而天力生，方是功夫，菩提路才起头。

问：金丹大要，在于戊己二土。真阴、真阳，真玄、真牝，若不得此同类而施功，焉能以机而集机？点化凡躯，冲关透节，无不赖此大用现前。一天雷雨风云，吻合造化，迥非枯修可比。所谓"和合聚集，决定成就"者也？

答曰：非①类难为巧，真工是实工。分别眼前迹，离合一齐同。风云雷雨内，又谁见之？莫着境，且入境，要个境中境，要识心内心。

问：必大静真空，而后己土，方谓之定？

答曰：戊己有浅深，彻了也是戊己，不彻而彻之，亦是戊己。大定真空，慧光普照，香海现慈云。

问：己土死，戊土生？

答曰：己土亦不死。己土死，则戊土亦不生。戊生即是己活，非此莫能透露。

又问：必己土炼到一丝不挂，而后戊土发生否？

答曰：虽然，己土稍炼足，戊土即发生。必得戊土生，方消得己土中阴滞。不然，只是阴灵，纵有所得，鬼仙而已，吾道不如是。通天彻地，妙

---

① 非，底本作"同"，据《参同契》改。

用周流，返魂浆未吃，难将阴魄消藏。尔等资质，中下居多，一步一步，非可躐等。性天见时则不拘，性天不见，犹如黑漆桶，乱摸行踪，焉可枯禅无据，便为高超上着？聪明特达向谁商，处处行行到底茫。空有竹声敲夜月，无风难入梦魂浆。

水月镜花，无声无臭。万象昭然于人间，不是溪径旁流，惑世欺人也。吾之道，见性明心。明心正，所以见性。三教合同，圆通无滞。真一分，师规严一分，非同凡流。圣贤仙佛，敬慎为先。敬慎即是本体，非有二也。超凡在兹，有何许多言说？所言说者，总是修持事，层层相因，叠叠不化，即落凡夫界，仍堕轮回苦，不是上乘大罗。一了百当，本是一贯，刻不相违，刹那间成了变化。即是凡夫，刹那间成了变化，即是仙佛。仙凡圣愚之隔，只一刹那间。刹那刹那，有何仙佛？此皆道人不得已之词也。

问：先天炁，后天气？

答曰："先天炁，后天气，得之者，常似醉。"阿弥陀佛，安得有此极快活时节？先天、后天，本无二致。所分别者，均是后天耳。分别，则动静不合一，先天炁，亦化而为后天矣。合一，则后天气，亦是先天，并无先后之分。若有先后，分别识耳。分别则后天炽，而念虑纷纭之所由起也。莫可道、莫可名者，祖炁也，即道之体也，体立用行矣。体用不分，亦非颠顶之谓。证者知之，不证者仍是门外汉话。

问：先天、后天之别？

答曰：有沾依，总是后天；无沾依，即是先天。先天何处寻？要从后天寻。后天情识，即是先天妙用。须从"合符行中"工夫探去。合符行中，即静虚矣。不过尚未清，全是滓质浑融。久久陶融渣滓，不期清而自清，金丹方得出炉。

问：丹经朝屯、暮蒙？

答曰：朝屯、暮蒙，比喻之词耳。一进一退之火候，转瞬间见之，何尝必须朝用屯卦、暮用蒙卦耶？玄机人不懂，故吾道直透其旨。

又问：交合、升降、颠倒？

答曰：只是一串事，一句得参，通身皆活，脚头翻转，踏破乾坤。逍遥无事，一个道人，却有经天纬地之学，倒海移山之用。噫，大矣哉！哪里尘俗累得心？总是人心荒唐，执着己见，一个破天荒，还有一个破天荒。

问：夜间不得为之主，何也？

答曰：日间是识神把持，夜间识神入蛰，其平生所作之恶意种子未化，故遇缘发生，非一超直入之路，一刀两断之功。

问：贪、嗔、痴、爱，必须遣除，方是道学？

答曰：虽然，又有说焉。贪嗔痴爱，即是性之用，所谓情也。人迷于情，不知有性，是为凡愚；知有性而不知有情，是为顽空。故吾之教，活泼泼，不落一隅，通天地，合古今，齐物我，无冤亲。闹市里深山，清净场中走马。大觉金仙没垢疵，却是大快活。污地生出莲花，弹指顿超无学。千手千脚观世音，岂是寻常小论？

问：及物穷理？

答曰：及物穷理好，然物有难穷，理穷则物穷。得其本领，以贯万殊，可也。又汝能于无分别中分别乎？能于分别中无分别乎？莫落边语。习气固须除，明理为上。理明，则习气不期除而自除，亦何须用心除？用心除，不得除，却费功夫。及物穷理，就心言，强观中，即及物穷理矣。不是强观是一事，穷理又是一事。汝仍强观入手，便知端的。

心中无私坦荡荡，神清气朗佛和仙。只因念虑些须子，铁柱深根难脱圈。故须观照自心见，方得根虚而有脱尘之想、入彀之机。不然者，尚不知何处颠倒，焉能自新、新民而一贯耶？稍静片刻，暂时观心。诸人观了，复云：即是丛林，何处寻般若？

问：外功？

答曰：内功观照，外功抱一话头，或公案一则。内外兼修，自有灵润周身，晬面盎背之时。汝只观某，不用外功，而身体自壮，即其榜样也。

问：性同情异？

答曰：情亦无异，乃习而不察，流转至今，污染而不可解，究非性之过。性无言说，何咎之有？有言说，亦不外性。汝不闻乎，水有清浊，其湿同也。水清是湿，水浊独非湿乎？是清浊异同，而湿性不异。汝只从一处参，久则豁然贯彻矣。勉之！

又，情即是性，性即是情。如射箭人，弓箭总是物，发用只一活机，有何捉摸？难以悬拟。弓箭射乎，活机亦不离弓；箭离弓，箭又无活机。此即色即空之喻，诸人还会么？

问：除了精气神，方是先天？

答曰：错了。只知清净无为之道，未识阴阳自然之理。阴阳不孤立。天地离了万物，是个甚么？亦不成其为天矣。天有万物，万物能障天丝毫否？试观眼前之景，森罗并列，何尝碍得清虚？有万物，正显其清虚耳。大道真实，如是如是。

问：参禅？

答曰：参禅，须要起疑情。疑则悟，不疑不悟。疑情最难发得起，古哲于善知识前，勤侍服役多年，于一言半句淡话，即得大解脱者不少。宗门原好，但须善参。不善参者，则入宗门流弊。俯视一切，谓与诸佛颉颃，其实毫无半点。汝须善参。汝等知释之用功最上一乘，一纵而登云天，跛履而行千里，此汝心之妄，非释之真径也。释立言，从高处引起，是欲人知其极，不欲人陷于标榜无着之地。慈悲方寸，接引群生。汝以为入手功夫，可以旦夕到岸，无操存涵养、克治琢磨，恐庸俗辈，到老不知自悟，圣贤鄙之。

问：虚极静笃，难能奈何？

答曰：虚极静笃，非一时可能。知静，不静；不知静，亦不静，浑水耳。汝但虚得一分，便得一分轻松快活，此渐法也，顿根有几？总是习染沉疴，方有修行之名。今后从心田认实。幻化不真，何者是实？从此屦去，一旦踏破天关，脚头翻转，方有些个路数。

又问：幻化不真，须绝尽方好？

答曰：幻化不绝尽，幻化为用。众草是药材，蜜和为丸，是草还丹。无草不能成药，无药不能治病，何可去之？小人宜化不宜绝，绝则祸生。其理亦如之。

又问：何为脚头翻转？

答曰：化之谓也，自见冰消瓦解时。儒教中"怡然理顺，涣然冰释"，亦差不多。不过各有力量之大小，功夫之深浅，见地之迟急，天资之敏钝。禅宗说"大事未明，如丧考妣"，何以大事已明，仍如丧考妣耶？

又曰：大道不在静居。静居一室，反增心火之炎。要行、住、坐、卧，总是功夫方得。坐在千峰顶上，不离十字街头。我恁么说，诸人还会也么？

问：智慧不足，难以证道？

答曰：何不足之有？若论本体，本无不足，天然具足，何增何减？若论功夫次第，则有不足。不足者何？朝污夕染，将一个清水，闹得浑浆，澄之不清，摇之愈浊，此修行之说，所由起也。修者修其行，行修而性亦修矣。

又问：必得大圆镜智，方是证道？

答曰：虚名耳。无边为大，慧通为圆，光明普照为镜，无私心为智。非真如圆镜一面，不过如圆镜之义耳。勿执着。

又问：识与智，有何分别？

答曰：识即是智。在凡夫谓之识，在仙佛谓之智，净与不净之分耳。

问：三际断时，后天尽否？

答曰：不然。三际虽断，后天亦不尽。中道而行，有许多化化生生，熏陶渣滓尽净，不得化化生生也，难得根识拔尽。此吾之异传，即诸天尚有不知此中三昧，何况浅学凡夫？不在五行中，何处觅真宗？龙行非兔径，浅草不深隆。

问：生机？

答曰：生机洋溢，即是大活泼。非活泼，不足以助道。

问：刀圭？

答曰：刀圭系细脉，返魂浆先吃。

问：幻化非真？

答曰：汝知幻否？知幻即离。真空妙觉原不迷，总是时光破碎。幻相无相，即得真常流注。真常流注，不是识心普护。一法齐捐万法彰，顶上梅花步，措措措，别有个仙人掌上扶。蓝缕穷乞食，不是卖灵符。吐吐吐，清净无为是主。

问：优游涵养？

答曰：优游涵养，化之谓也。小有小化，大有大化。化之则神，惟化，始可以语神。

问：先后天分别？

答曰：后天不离先天，先天即是后天，同一天也。云蔽其中，世人见云，则不见天，吾见云乃天也，故云不为碍。

问：如幻熏修？

答曰：如幻熏修，轻易亦不能证得，效即是功，知否？

问：何为真种？

答曰：心空不说真种子，却即是真种子。如来藏，包括无限生发。

问：海底何喻？

答曰：海底，即人心之深处也。海枯终见底，人死不知心。极深研几，可也。

又问：心之深处？

答曰：深心，则远行矣。远行，方于造化有窝穴。有窝穴，方能改移造化。有造化，方能默转天心。浅者不能证地位，故只说到皮毛，以为极则矣。远行不动尊，妙理却难伸。处处闻啼鸟，山花深处行。

问：《楞严经》七处征心，不知何者是真心？

答曰：即此不知者是。知而无知，不是无知而无知。

又问：如何是常住真心？

答曰：诸识不识，即是常住。不识中识，即是智慧。若起分别驰心，即是轮转而为凡矣。

问：心之定在处？

答曰：心无定在。心若有定在可指，即是妄心。离妄即真。汝今见吾否？

又问：心中不得清净，奈何？

答曰：心中哪得清净？即在这不清静中，寻清净耳。及至清净中发出不净相，正是真清净，才得清净。

问：何者是心？

答曰：何者非心？无心即是心。有心则不圆通，无心则入渺茫。非无心，非有心，有有无无之间，无心是心。

又问：真心？

答曰：真心无形，有形即归幻妄。然真心，亦非无形，不泥于形而实形形，形色天性，圣贤学问同之。

又问：真心，从心源觅否？

答曰：源头净，则天理现前。日用常行，不碍至道。源头不净，纵有所见，犹如风灯零乱，焉是真常？汝等莫将真心，唤作妄心看。所谓真心者，光光净净之心，故能通天彻地，而无丝毫之伪，并非挽和铜铅、云边见月。即为得手，即此见精。从何处觅？觅则不得。道在眼前人不识，空把锄头仔细瞧。

问：真空妙有？

答曰：心空不空，谓之真空；心有不有，谓之妙有。勿滞一偏，方入中道，而有入德之基。

问：某所见甚浅，求指引入心之深处？

答曰：亦不浅。心地门头，深深浅浅，亦不一致耳。一样话，深者见深，浅者言浅，圆见圆机，故无有定。然浅者深攀，亦学者所应勉力。深处现在未离，因见有异，故有浅深之说。可以一网打尽，当下见了本来，哪里有深浅层次之可寻、高下厚薄之可探？不悟者，又难言。若照吾如此说，又是增上慢人，一斤斗说到西天矣。

问：如何能不挂一丝？

答曰：本不挂一丝。不挂一丝，精之极矣；精极明坚，已入果地矣，非可易视。

又曰：渣滓消磨，见闻通邻，止一精真。菩提之境，净极明坚，烈焰腾空，照彻无极世界。哪得能毂？

问：人空？

答曰：定性声闻不是禅，却是禅中第一天。只要精凝光透白，方知流逸是何人。得了人，上得乘；未得人，莫说化乘乘，说甚么人空、空人。

问：究竟是一个“无”字？

答曰：不可以“有、无”言。由浅入深，次第为之，其理无二，功夫层次，却有区别。有个到家的“无”，有个不到家的“无”，善参之。

问：金色同否？

答曰：金色足，是同。分量原有不一，小归小神，大归大神，各因各果。有半途而去者，亦入神道、仙道，各随其功力之浅深，非一定也。

问：金翁，何喻？

答曰：金翁，即识神。自性自度，自度即化，识即金翁。

又问：金，即真精否？

答曰：纯一不杂之谓，非世间之金。虚得一分，即足得一分，足则生华，金出炉矣。然还须锻炼，愈炼愈精，愈精愈明，久则化识神为佛慧，香海慈云，阿弥陀佛。

问：三关？

答曰：三关是一关，并无先后、上下可分。若分别，则是有定所，不是常寂光也。常寂光，如指南针，东西南北不转移，却是斗柄云横。鼓打更深咚咚响，闪光铄处不由人，惊得梦魂更。

又问：何为上宫？

答曰：上宫无宫是宫，三关虽无次第可分，然功力之证，亦有三关之别。打通列上功，位尊爵又崇。普雨天花落，究竟一空空。一空空，用不穷，性中得命是真功，何尝人力浓？行深般若，自见奇隆。奇隆不隆，却是虎龙。境中有境，说甚通通。不假一毫功，却是天然锦绣同。了却无生，还把颠来倒去公共。阳气潜藏要出谷，一声霹雳静中闻，电光烁处寻真种。功上加功是大文。

又曰：《道德》五千言，《阴符》三百字，何尝有一句在皮毛上讲究？后人妄以传妄，迷失本来性真，不求自己命本元辰，以致有烧茅弄火之流，运气搬精之辈。即调息、数息，亦不过后世设法，藉此摄心耳。

问：积累既久，则金光外现？

答曰：内外者，玄关立而后见。不玄关，犹如水火煮空铛，事事无着落。玄关彻，天心见，不是黑窟生涯鬼面。

问：经言："庚方月现"，是否喻其明之微，而未全吐也？

答曰：是。

问：心之昭昭灵灵者，道家以之作金针，为主脑；释家因其是轮回根本，而谓之净业？

答曰：看。

问：月无所谓盈亏，乃人见有盈亏耳？

答曰：天地一气，鸿蒙未辟以前，不必论。太极既剖以后，方从阴阳中道合，莫抛却中国见，入了野夷乡。

问：如何是定？

答曰：心无定见，精凝为定。指南针儿不用拿，随我东西拨转他。幻出世情无异味，仍是当年一枝花。花花花，果结在花家。花中不见果，正是果位夸。因果交彻理，即此是仙家。佛道原无二，只因世见差。归我清净德，莹然不生花。

问：通身是手眼？

答曰：手眼是活，参活句，莫参死句。死句无活，活亦非句。

问：光明须消灭否？

答曰：光不可消灭。日月光明普共，何尝着得分毫？道人心性一齐抛，世事原来颠倒。半虚半实空中妙，半有半无自在好。半是无言半有言，其中大用细寻讨。了了了，尺地延生，半天云晓。灵机难到手。到手者，非大德莫能担荷。灵机到手，鬼神莫测其由来，何况人乎？

问：静中坐出端倪，是何意旨？

答曰：谁家玉匣开新镜，露出清光些子儿。一破不迷，任你口似悬河，我只一以贯之。

问：回光返照，乃生死海中之渡筏。玉液炼形，即举水制火之妙喻。至于人心之觉，其体一，而其用二，有昏觉之觉，有自然之觉。昏时之觉，如电光之一瞬，若耳目之视听焉。自然之觉，如声之自入耳，物之自接目，无为而无不为，无在而无不在。念虑一起，神目昭然。《易》曰"知几其神乎"，莫知所从来。常应常静，是否即所谓"无位真人，最上一乘"也？

答曰：所喻是，仍须心印。

问：行气主宰，即眼是也。眼为阳窍，道在眼前，虽能视能听，而实超乎动静，是人心之常处也。非销识，莫能眼明；非眼明，莫能销识。是否？

答曰：大得参透一关，一关打破又一关。关有次第删，不粘不滞为尚，以默以柔为强。卧听钟声，行趋佛路。

又问：眼是真心否？

答曰：不是，幻光也，藉以逐阴邪，行气主宰。若即以之为妙窍，若即以之为至宝，则知浅不知深矣。

问：蒙示："浩浩落落，潇潇洒洒，一腔热血，大地不腥膻。烈火烧金莲，和盘托出钱。步步是先天，不着后天缘"等句；敬参："大地山河，皆吾法身。五浊恶世，皆是清净道场。"慈悲而慧，一炁流行，运用自然。得意生身，和盘托出先天元性、历劫不坏之慧命，如金钱之洒落？

答曰：须验方知。此处落机，深而又深，极之无极。苍茫古道少人行，片语同时大地春。婆娑世界都包许，说甚黄昏静掩门。

问：耳根音闻入门？

答曰：耳根清净，大士圆通法门。尔从此证入，即得闻熏闻修，方知如幻三昧，即一毗卢性海矣。乾元面目，不外于兹。六根清静，一精真妙，须回向真如寂。体是寂，用是照，寂照方名一。须知寂照双融，非大定不能。寂而照，照而寂，寂照本空，空却是寂照。寂寂寂寂，还归无寂寂，方是真寂寂。真寂寂，却不寂，即是寂，寂无可寂是真寂，哪管哪照，寂寂照寂。禅理要深攀，玄理不易迹。

道在目前，目前却难明。人好奇喜新，错过目前，不知何处是道。道也者，当下即是。昧了当下，即是心驰意走。念念不由人，皆因神力浅。神力浅，皆由心驰。日月行藏，实是至道。淡淡乎天之根，冥冥乎元之始。几几乎道之危，神神乎光之赫。日就月将，讨得真消息。消息在平洋，不是静中藏，却要静中藏得。

问：妙理难参？

答曰：难参者何？顶相难睹耳。

又问：何得转关？

答曰：一句转关，只在根下磨勘。磨得断，两头空，空中方见祖和宗，的的证圆通。

万行庄严，正是菩提之妙用。一灵光耀，却是仙道之无常。脱却牢笼超世界，东方宝月照山河。适从华山过，头陀总不知。佛力原无限，道释不同过。噫嘻乎！鬼神知察分明，而难料者，吾心不动处。今而后，吾知一矣，不知其二。

惟其无知，所以无不知。无不知却无知。照此参解，不难取证。异时浓香异蔼，触处熏净。噫！得大自在。感激师恩指示，得臻如此受用。先灵萃聚，克尽孝道天心。回思尘寰中事，如梦中又梦。哀悯众生，兴大悲心。众生同在大觉中，竟昧然不悟，故亦不轻众生。因众生与圣无异，只在一转念间耳。

问：何为先天？

答曰：心，即先天。先天者，对后天而言之也，对待之说。心绝对待，方是真常，而不拒诸相发挥，《楞严经》已明言之矣。

又问：心绝对待，即无极之谓欤？

答曰：无极者，真空；有极者，妙理。无极即有极，非有极之外，又有无极也。范围天地而不过，曲成万物而不遗。枢纽阴阳，色色归根，如此妙极，只是不见。此乃天地之先，鸿蒙未判以前之说，然即混沌以后之事。无分先后却有分，不是难凭一味吟。识得个中颠倒用，心同黄土变成金。如此说先天，是先天无可言矣。然又有有言之先天，有言之先天，何也？圣凡之分矣。圣，即是先天；凡，即是后天。于此先后天，俱名为后天，不得谓之先天。先天者何？无形是也。然无形亦不独立，凭有形者证。有形为无形之用，无形为有形之体。即此有形，又是无形，此即"动静合一"之妙，方是"真空妙有"之真空。正说法，天花落下缤纷，希有罕遇，好希奇，却也是古佛禅机。

问：凭依修持法？

答曰：莫凭依。无倚依，见真心，真心不是无依倚，却是毗卢顶上行。老禅客，作家僧，却也难得，只在一心，并无剩法未了义。

问：何谓神通？

答曰：妙应万物之谓神，无在而无不在之谓通。

问：报身？

答曰：报身无报，亦强名耳，圆满之谓也。若真有报身，即是二见矣。二而不一，一亦无一，是真一，寂照不二一。

又问：法身？

答曰：法身，义所以聚积诸法，而却不能着得语言。

问：心有名乎？

答曰：心无名，即道，亦强名。大道出于象数名言之外，何可名得？

问：生死？

答曰：分段生死，化作变易生死，仍有生死。且将这分段生死，不分段，变易而轮回短。空空无有，问我说行踪。飘飘一叶风，仙去若无踪。

又问：何谓无生？

答曰：生而无生，故曰无生。无生还有一曲，汝唱一个无生曲，世间听，才是无生。

问：感召？

答曰：有得太阴精、有得太阳精者，其实还是一个，不过各人根器。

太上堂堂大道，不外日用常行，何尝是鬼窟生涯？有一等人，将色身算作法身，求之气运上升，以为结胎产婴儿张本。自高自足，不知大道，沙里淘金。金乌飞入蟾窟，皆是未生前事。见浅者，焉能窥其堂奥？说有执有，说空滞空，不识大道渊源。先从渊源探摸，的见空劫以前自己，方知神龙变化、夫唱妇随之理。何尝执有？亦不执空。妙有真空，真空妙有，现于一毫端，小大相融。一多无碍，方说得鼎炉中事。超生受生，一目了然，不是那些说话。吾教各尽其业，素位而行。胸怀磊落光明，做得人世间顶天立地奇男子，尽孝纯忠大丈夫。方不枉人世一遭，垂千古而不朽。心中潇洒即是仙，心中无累即是佛，心中无私即是圣。保全汝良知良能，各人有的，并非外求，更不在肉身计较。死后一坏黄土，尽够汝埋。贤愚同归，富贵一致，哪些是我？惟我这一点灵明，秋空月皎，宝镜澄辉，烈火腾腾好种莲。西方路上是金仙，不用妄求除念妄，香花果实一齐鲜。

请七日闭关，岂办道功？

答曰：吾汲汲遑遑，周流四海，劝善化恶，消其黑氛上冲，引其光明善气。故吾设教，如大海水，各随器量取。七日是良宵盛事，人生有几，得遇其会？吾所为何事？岂不大愿，即于某日起可也。

问：起七请功？

答曰：行、住、坐、卧，提醒此心，常令不昧。无时刻之间，功即接续不断，亦不必拘拘坐时参，不坐时便不参。然坐必以律，亦事之当然。坐三刻，行一刻，饮食按时，冷暖自护。有事照常办事，正于办事中，即是用功处。总要念念从何来，念从何去？看破这窝窟贼巢，方得大踏步直上瑶天。其余肉身上功，一概不必。吾此道，肉身功在其中，一通百通，山河大地，总是吾身。些须心肝五脏秽物，有何办头？吾今日，亦发愤启迪。只要尔等，福缘承当得起，亲验亲证，将这些旁门左道，一概为吾辟却。大道是甚的，性命是甚的，说哪里话？至于一切四威仪中，照律行持均可，参语广多，姑拈一则因缘，如何是牛吃草、草吃牛？如何是有无不二？如何是分开动静？又如何是色空俱遣？遣后还有色空否？参！

极高处摸不着，极下处飘不起。奈何？

历尽蒲团三十载，算来还是一金翁。

清净为宗，光明为用。大震雷霆，显我元功。

妙道无边，人心是极。水天一色，月照潭空。

旷落中感召神奇，悠然间自存不息。

伏处未着力，起处空寂寂。

青云路，蓬岛居，一壶一勺，自在闲娱。风飘飘其无声，水洋洋其无痕。此中玄妙理，无事且沉吟。

清白中有把柄，混沌时有归宿。

月淡星稀，炉烟缥缈。万神齐唱太平年，正是中天景运鲜。

天云无二唱青莲，云不遮天，云亦由天。

天下事事在人为，却也须暗中默运。二气流行，莫非鬼神之昭著。苍苍者天，赫赫者日月，不可欺掩如是夫。

尘净鉴空，万物全归一己。宝明觉性，大千显露真常。

净业不同染业，说来凡圣齐捐。空空洞洞大光天，活活仙人出现。

人之生也，抱气于浑涵之中而生质，及其觉也，而阴阳已分。嗜欲纷华，吉凶悔吝，茫不自知。怠阴阳大判，元气不可复，继之以亡而已矣。其气是天地之气，非尔我得以私之，其中有理存焉。善者善之，恶者恶之。堕恶趣，落异类，其魄之归，其魂之散，其感之薄，其遇之值，皆非一类观也。而其大端，禾不生黍，凤不乳马，各有不同，看人之趋向何如耳。

天质愚智不同，而其所赋之性有异乎？不肖者不及，何智者又过之？此其中，道之明一也。贤者较愚者迥别，殊不知，贤者未登其实，不如愚者，各自思之可也。

吾自设教以来，高高下下，不一其致。总鉴其人之诚信与否，各有感召不同，趋向不一。吾来此大有因缘，忙忙踏遍四海九州岛，正欲于今日垂示梯航，知吾教是正大光明，并非鬼魃行藏，辟邪说，正人心，统归于中和善气。亦非拘拘令人如笼中鸟，又非旁门外道、枯禅、苦节，废时失业，以为自高。不知大道堂堂，日用常行，均皆至道，时当显也。即缨络庄严，弥纶世界，亦不为奢，时当俭也。即一炉一几，二三子诚敬侍侧，亦不为省，丰俭随时，调和得中，还须放开眼界，勿泥目前。堂堂男儿汉，帏幄千丈光。

逢时遇节，礼拜装香，正是道律禅仪。只因诸子性分中事，与吾一炷香，脉络相承，并非道人好饰仪文，而诸子诚意所通，即世间物，亦蓬莱景也。清风两袖，一任云飘。诸子少兴趣，道人乐陶陶，有甚笼牢？清光灼灼，万境齐抛。红黄相间杂，净水一杯消。帘卷西风，银桂香飘。红酒醺酥豪高，不许闲人门儿敲。说与知音，秋容淡荡好。

一尊古佛显慈航，渡得乾坤大地忙。万象普观无二致，心念念说花黄。静夜钟声敲古寺，风花雪月一炉香。吾道宏深，非如俗眼。止目为仙，绝人逃世。栖处岩谷，以为自得。了手闲人，消受天地、风花雪月之报。说妙谈玄，周游蓬勃岛，不乏其仙，吾之道不如是也。代天抒化，普度贤愚，同归圣果至善，并非小溪小径。故尔等，须倍加敬慎，乘此天恩，得获良益。虽得益者，浅深不同，各随器量因果，无不具足。道人全脉在此，显化昭灵，以为后世及秉教向道诸人，知吾道是参赞化育之道，并非自了旁门。诸子既奉吾教，亦各发愿立心，成己成物，成物正所以自成，自成非成物不可。

诸人静心听吾言，九曲黄河天隘险。总是人心现，大地本无偏。坦坦平平，渡得江河堰，道人化迹九州岛显。遍掌乾坤日月巅，青锋剑挂在肩头，寻遍人间恶善。几个儿孙相推托，老父母反觉赘庞厌。兄和弟心下相多，各存一个颜面。不知本来清净不清净，一味胡厮缠。命该清净，生来即清净矣。命不该清净，纵或强除枝叶，亦不过是脱胎入胎，返遗下许多孽债，又重增一种公案。依旧不了缘，添了烦恼怨。总是肉眼凡夫，止顾目前受用，不计天理昭彰，疏而不漏。几见个后人发越，不从孝悌阴骘中来？吾下尘凡久久，总不过劝人安命。安命则命有了时，不清净者自得清净。一派和霭风，暗中鬼神解颐，吉神拥护。久久难化为气，莫知何以然。左右逢源，灾消福增。不然，则眼前视为得计，其实暗增黑氛。气化为难而不觉，亦莫知何以然。日见消阻，精神颓败，鬼神夺其魄，智识不如人。头头走不着，不识自己愆尤。由渐而积，反怨天无天理，人无顾济。此等凶愚，实堪痛恨，又可怜悯。故吾下界，普济群生，规引善果。善者善之，恶者恶之。鉴观有赫，丝毫不爽。大善有大果，小善有小果。各因各果，亦莫知何以然而然。诸子其敬聆之。

常目在兹，克明峻德，圣贤学问，不异玄禅。乃世人不察三教异同，纷纷立论，真是醉梦中狂解，跑马看花，真堪一笑。而留心斯道者，又犯喜静恶动之弊，人人不免，不知强离冤牵，依旧不了缘。纵或绝人逃世，深入山林，而山中虎豹豺狼，魍魉魑魅，暴雷烈风，令人心惊神颤。况乎血肉之躯，衣食供给，在在需人，稍失调护，寒暑浸霪，遽成苦恼病痛。临时不悟，走入旁蹊，反晦学道，毫无益处，适足害人。又有一等志慕山林，不顾时事之行藏，宜否？一味尘离，诡异怪行，以为别于流俗，不知废时失业，以致事体缺欠，精神日渐颓败，道亦莫能解悟。不识自己起足，走入旁蹊，反言为善不昌，道不可学。此等荒谈，真堪大笑。加之邪师僻友，紊乱道宗，毫厘千里，沽名钓誉，实为吾道害。噫！今日得二三子，奋志向上，参妙透玄，为吾门宝。而学道之锢弊，以致人事灰颓，皆由自入旁门。究竟善心起念，深堪怜悯。若能于人事中修之，则更胜于山林。吾道流传下去，总是人事中修持，不喜深山鬼窟，逃世绝人，作自了汉。

吾之得与天地同其悠久者，因体天地好生之心。尔等，如果发愿，随力随才，无损于己，有益于人。既有益于人，亦不能不损于己，然损于己，无全损之理。若全损，人得之，亦不能消受。除非大义所在，或往因夙偿，否则不必。不过随时随事，勉力而行，只要的当无咎，转祸为福，即是吉星，即是吾门抒化大弟子，他日冥冥受报，得握人间祸福柄，不亚吾也。吾意亦非浪施，须要善会，即一言一行，有益于人，总是抒化之一端耳。

凡人终日，闲时尽多，忙时甚少。如尔等在此，止此一事，过此便万绪千头。其实行、住、坐、卧，总是一事，人自忙耳。故吾前云：只是当下不昧，即心不驰而意不走。省下许多功夫，脚踏实地，随遇而安，也不妄想，也不学道，即此便是大道。学久，则神凝气聚，浑合无间，神力绵绵，方消得魔障，出得牢笼，上得天空，一步一步祟。

人情冷暖，世事变幻，颇难预料，均无一定。花开时人玩赏，花落时一堆潦草。要撮得去，扫得净，方是佳时共好。诸子，既皈吾教，勿贪势利，树倒藤枯，好一堆烂柴。不可不知，尘俗念，须要勾了，何必唠叨置心田而不放？试看古今贤哲，有几个世上富贵快心？即如关云长恨失荆州，大江水洗不尽英雄豪哲。较之尔等，区区小得失，何足记忆？

学道之士，正欲于葛藤扯绊中，方见经纶妙手。不然，何为奇才？庸俗而已。顺境谁不会过？只到逆境略加，怨天尤人之心不免。殊不知，平素有何功德，消受天地生养之报，还自思量否？今而后，诸子放下心，炼成灵宝人难识，消尽阴魔鬼莫侵。只须当阳一露，百句话头，有何排遣不下，有何隔碍？本体空空，不离万象中。包函万象消万象，即此一语出牢笼。

问：习静？

答曰：试问足下，何时静？何地静？若欲此身安，是养生小术，为天地人所忌，所谓偷懒辈也。乌得谓之学，不得谓之道。道也者，广大高明，随时随处而无不通，其流行也。其化育也，道以生道，而变化出焉。乃修道者，动欲离尘去俗，殊不知和其光，同其尘。何谓也？天以天，地以地，人以人，未离乎人，宁可远人？况道不远人，日用常行，无非道也。道在天地，而为天地。道在人，而为人。存神知化，道岂远于人耶？

问：人有利钝之分，教有立言之异。如天资明健，本体透露，明足以察其机，健足以致其决，工夫自归于易简，原不妨径趋佛路，一超直入如来地。如本体昏蔽，则是致虚之功未致。致虚，即集义也。适合其宜之谓义。适合其宜，即是人心恰好处。恰好处，即中也？

答曰：人心昏蔽，亦有鉴照。不过困知生，知省力、费力之别。惟照方能致虚，到恰好处，已无安排矣。

言教亦有不实不尽，总是应病与药。若各经各典拘拘一个道理，只要一部足矣。又何必唠唠叨叨，做下许多桦页？有对大菩萨说者，有标指者，有为愚夫立方便者，有贤愚共赏者。如《清静经》虽好，不及《心经》。《心经》有体有用，双遮双表，不落一偏，真佛语也。《清静经》系后人标窃太上之名，虽好如《太上道德经》，天机浑成，纯朴归元之作，故千古不磨。乃太和元气。大道从此昭著。《心经》由此开宗，为万世梯航。显于言表，而隐文奥义，实非寻常。各家注亦止注得皮毛，仁者见仁，智者见智。百姓日用不知，故君子之道鲜矣。

一个人可以为善，可以为恶，或先善而后恶，或先恶而后善，总无定评。故吾不轻许人，亦不轻慢人，安知后来不如今耶？

礼斗科仪，吾教甚重。恭敬其心，万法来朝。礼一朝，胜如坐七一日。今且礼心上之斗可也。

谨按：学者问言多未中綮，帝师答语妙已入深，金针尽度矣。惜尚未悟，在读者知此，自不辜负慈心，并以告天仙嗣派者。广化子惠觉又志。

《金华宗旨》后跋

《阴符》三百字，《道德》五千言，何尝有一语在色身讲论？乃后世言长生之术者，无不错认。乾、坤、坎、离诸名色，着相求之。又执"有为属命，无为属性"之说，配合身心，身为外丹，心为内丹，是将性命看成两橛矣。《金华宗旨》，许旌阳真君谓为"四字天经"，即所谓净明道法、忠孝雷霆也。源流载之，悉详此教外别传之旨，言性而命在其中，言命而性在其中。斗中孝悌王序云："离六尘无见性之地，舍六根无立命之基。知六尘是本根，则滴滴归源。知六根皆光明藏，则处处灵通。"数语足尽其妙，尚何容赞一词？所惜者，万善子，既已补入全书，又云："出言似非正大，字句涉于舛错者。悉皆删易之。"审此，恐非全璧。通幸沾法乳，授《太乙金华》秘奥，又侍演《金华阐幽》，修辑全书宗正，同受者，亦符七人之数。因将《宗旨》一一请证，略加删订，一灯复继，千室共明。其赖此超凡入圣者，将无所终极焉。

嗣派弟子通宵谨识

《金华宗旨》后跋

忆昔余小子元，奉教于易庵先生之门，先生授以《净明忠孝录》一册，曰"此旌阳真君'四字天经'"。真君从谌母，受斗中孝悌王之传，以儒证道，以道振儒，化度弟子多儒流。惇叙人伦，服勤官政，志节卓然。间出而斩除妖魅，拯救生灵，无非本性地之光明，为济世之勋业。即《录》中所谓"净明道法，忠孝雷霆"者也。小子敬奉而读之。

他日，吕祖命易庵先生以下七人，传示《宗旨》。其鉴证者，王天君也。是日，万灵萃止，八景浮空。七人拜而受教，直接斗中孝悌王之真传，即《太乙金华宗旨》也。其初授也，不落言诠，绝无文字，直指羲皇画前之《易》。根于无，妙于有，自一本而万殊，由万殊而一本，亘古亘今，贞恒不变，其金华之谓乎？嗣后发挥《宗旨》，动静无端，阴阳无始，其流行于日用，则六位时成。

即今日影辉窗，拈毫呵冻，凝神定虑，敬述缘起，无非由朝乾夕惕之本怀，为或潜或见之面目。盛德大业，不离现前，即现前为本体，即本体是工夫，神矣哉，真《金华》递传之嫡血也。迄今历二十余年，孝悌王又重提旧时《宗旨》，元即授同学张子爽庵，订辑书成，复蒙列祖各序简端，命元述缘起一大事因缘，时节岂偶然哉？元等昔以七人受教于祖，今派下诸同学，又适符七人之数，益信道缘之不可思议也。自今以往，传示无穷，化度无量，即邵子所谓"我不得而知之，圣人亦不得而知之"者耶？

金华嗣派弟子宇庵屠乾元敬题

按：此经于康熙戊申，蒙孚佑上帝，垂示人间。其时受法弟子为潘易庵、屠宇庵、庄惺庵、庄诚庵、周埜鹤、刘度庵、许深庵七人。至壬申岁，复提倡《宗旨》，时又有张爽庵、李时庵、冯返庵、冯近庵、许凝庵、潘真庵、潘卓庵，亦适符七人之数。乾隆乙未，钱塘邵志琳，得苏门吴氏抄本，自加订定，刊入《全书宗正》。今届重订之期，广化子复厘定之，归入集中，而嘱予详志前此诸人姓氏，爰胪列之，俾不致湮没云尔。

正化子法嗣恩洪谨识

《金华宗旨》后跋

"金华"之义，何昉乎？尝观魏伯阳真人《参同契》曰："太阳流珠，尝欲去人。卒得金华，转而相因。"我孚佑帝师，亦尝于玄妙观题蕉云"美金华要十分开"。"金华"之见于经典者甚多，而唯此二则，最关道妙。"金华"之关于道妙者固钜，而深得宗旨，则为尤鲜，此非天仙之传，不足以明之。更非天仙道祖，不克以示兹妙典也。此经，由孚佑上帝，特传于世，绘水绘声，拈花拈影于毫端，许现宝王刹坐微尘里，转大法轮，真照世之炬烛，济海之慈航也。因思孚佑帝师，名天仙派，必有留传字句。询之惠觉，蒙敬述云："昔闻有二十字，曰'寂然无一物，妙合于先天。元阳复本位，独步玉京仙'。"并告小子志秋曰："十字着眼，二十字着眼。"子不观夫世之传派者，每多递及而止乎？殆庸有尽也。天仙之派，万古不磨，故以终为始，是统始终而无始，即无终焉。抑不观夫世之传派者，每以人实其额乎？为其有数也。天仙之派，万源不竭，故从今溯古，不分古今，而无古自无今焉。我孚佑帝师，天仙之始祖也。宏教恩师，天仙之二祖也。予其敬志之，小子叩跋是经，谨详识颠末。俾后之读此《宗旨》者，皆知金华之妙，其亦天仙派中人也耶！

待济弟子志秋谨跋